키케로의 의무론

그의 아들에게 보낸 편지

키케로의 의무론

그의 아들에게 보낸 편지

키케로 지음 / 허승일 옮김

이 책은 라틴어 원전을 완역한 것이다.

서광사

키케로의 의무론 (개정판)
그의 아들에게 보낸 편지

키케로 지음
허승일 옮김

펴낸이 — 이숙
펴낸곳 — 도서출판 서광사
출판등록일 — 1977. 6. 30.
출판등록번호 — 제 406-2006-000010호

(10881) 경기도 파주시 회동길 77-12 (문발동)
대표전화 · (031)955-4331 / 팩시밀리 · (031)955-4336
E-mail · phil6161@chol.com
http://www.seokwangsa.co.kr / http://www.seokwangsa.kr

제1판 제1쇄 펴낸날 · 1989년 11월 20일
제1판 제3쇄 펴낸날 · 1993년 8월 20일
개정판 제1쇄 펴낸날 · 2006년 10월 30일
개정판 제16쇄 펴낸날 · 2022년 3월 30일

ISBN 978-89-306-0624-0 93190

양장본 · 라틴어 원문 게재

▲ 키케로, 로마의 카피톨 박물관

이 책의 지은이 키케로(Marcus Tullius Cicero)는 기원전 106년 아르피눔에서 태어났다. 로마의 유명한 철학자, 산문가로 알려져 있기도 하지만, 실상 그는 로마 공화정 시대의 대표적인 정치가였다. 일찍이 그리스에 유학하여 고전 철학과 역사 및 정치학에 정통하였던 그는 법정에서의 웅변으로 정계에 그 이름을 날렸다. 특히 기원전 63년에 카틸리나의 국가 전복 음모 사건을 사전에 발각하여 분쇄함으로써 국부라는 칭호를 받기도 하였다. 기원전 58년 클로디우스의 압력을 받아 잠시 자진 추방의 길에 오르기도 했던 그는 제1차 삼두 정치 시대와 카이사르 집권기에 저술 활동을 했다. 카이사르의 암살 이후 공화국 부활 운동을 하다가 결국 기원전 43년 12월에 제2차 삼두 정치의 희생물이 되고 말았다. 그리하여 19세기 이래 그는 공화주의의 상징으로, 전제주의의 카이사르와 대비되는 유명한 정치가로서 부각되고 있다. 그의 저작으로는 《의무론》, 《국가론》, 《법률론》, 그리고 각종 연설문과 서간문 등 방대한 문집이 남아 있다.

개정판을 내면서

이 책을 출간한지도 어언 17년이 지났다. 그 동안 이 책은 문화공보부 추천도서, 서울대 고전 200선, 2005년에는 서울대 권장도서 100선에 선정되어, 번역자로서 청소년의 윤리 도덕 교육에 일조하지 않았나 하는 뿌듯함이 있었다.

처음에는 청소년들에게 많이 읽게 해야 되겠다는 열의 때문에 원문에 없는 수식어를 첨가한 부분도 있었으나 이번 개정판에서는 앞부분의 몇 문장에서 이를 삭제하고, 번역이 매끄럽지 못하거나 잘못된 부분에는 수정을 가하였다.

로마인 윤리의 원론적인 것을 다룬 것이 키케로의 최고선악론(김창성 옮김, 서광사, 1999)이라면, 이 키케로의 의무론 -그의 아들에게 보낸 편지- 은 로마인들의 실천적 윤리 규범을 다룬 것이다. 이 책은 특히 키케로가 장차 정치가가 될 아들에게 보내는 서간문 형식으로 쓴 것이기에 우리나라의 청년 학도들에게도 깊은 감명을 줄 것이라 확신하며, 《증보 로마 공화정연구》(서울대출판부, 1995)에 '서양의 고전적 윤리 실천 사상-키케로의『의무론』을 중심으로-' 라는 요약된 글을 수록한 바가 있다.

번역에서 가장 큰 문제는 honestum과 utilitas를 우리말로 어떻게 번역할 것인가였다. honestum은 원래 희랍어 το καλον(to kalo/n), utilitas는 το συμφερον(to sumfero/n)의 라틴어 번역어이다. καλον은 (도덕적) 훌륭함을 뜻하고, συμφερον은 유리함을 뜻한다. 전자를 도덕적 고귀, 도덕성, 명예(名譽)로, 후자를 편의, 유리한 것, 유용성, 공리(功利)로 번역해도 되겠지만, 옮긴이는 전자를 도덕적으로 선한 것, 후자를 유익함이라는 역어를 택했었는데, 이번에도 이를 고수하기로 했다.

2006년 10월
군포 서재에서
허승일

옮긴이의 말

과연 우리는 서양에 대해 얼마나 알고 있는가? 우리가 이해하고 있는 서양 사람들의 생활과 사고 방식은 어떠한 것이며, 특히 서양 사람들의 전 생활을 주도하는 윤리와 도덕성은 무엇인가? 이것은 오늘날 우리 모두가 품고 있는 의문이다.

서양 문화의 2대 주류는 그리스, 로마 문화를 일컫는 헬레니즘사상과 로마 제국부터 자리잡기 시작한 기독교 문화를 일컫는 헤브라이즘이라는 것은 다 알고 있는 사실이다. 헬레니즘 시대란 알렉산더 대왕의 출현에서부터 기원전 31년 악티움 해전에서의 로마의 이집트 정복까지의 기간을 말하므로, 키케로(106~43 B.C.)가 카이사르 암살 이후에 쓴 키케로의 《의무론》(*De Officiis*)은 아리스토텔레스 이후 유일하게 헬레니즘 시대, 특히 스토아 학파의 윤리 사상을 상세히 전해 주고 있다. 그리하여 이 책은 서양인에게 가장 많이 읽힌 책 중 하나로서 서양인의 정신 세계를 지배하게 되었다. 예를 들어, 특히 페트라르카를 비롯한 르네상스 휴머니스트들은 키케로의 연구자 내지 찬양자들이었고, 근대 정치 사상가인 존 로크와 몽테스키외도 키케로에게 많은 영향을 받았다. 볼테르가 1771년 "아무도 이보다 더 현명하고 더 진실되며 더 유용한 어떤 것도 쓰지 못할 것이다. 이후로 사람들에게 교훈을 주거나 훈시하려는 야심을 가진 어떤 작가가 만약 키케로의 《의무론》보다 더 잘 쓰기를 원한다면 그 작가는 허풍선이이거나 아니면 그러한 책들은 모두 이 책의 모작이 될 것이다"라고 한 말이나, 프레데릭 대왕이 "지금까지 씌어졌거나 씌어질 수 있는 도덕에 관한 최상의 책"이라고 극찬한 말은 모두가 진실이다. 루소는 "선인이 되기 위해서는 키케로의 〈의무론〉을 알 필요가 없다"고 말했지만, 그 말도 자신은 그 책을 읽었다는 것을 반증하는 것이 아니겠는가? 실제로 그는 《인간 불평등 기원론》 등에서 이 책을 인용하고 있다. 토마스 제퍼슨은 1776년의 미국 독립 선언문에 키케로의 자연법 사상과 인간의 불가양도의 권리들을 삽입할 만큼 키케로에 대해 많은 공부를 하였고, 칸트는 그의 윤리학을 어떤 그리스 철학, 특히 플라톤에게서는 전혀 배우지 않았고 오직 키케로의 저작들, 특히 이 책에서 막대한 영향을 받았다고 한다. 비스마르크가 정치가가 되고자 하는 학생들은 꼭 이 책을 읽으라고 강조했듯이, 이것은 키케로가 장차 정치가가 될 그의 사랑하는 아들에게 친히 써준 정치가론적 성격의 책이므로 충분히 음미해 볼 만한 가치가 있다. 1456년경에는 스페인어, 1488년경에는 독일어 등 각국어로 번역되기 시작한 이 책은 18세기 영국 신사들의 필독서였으며, 오늘날에도 유럽에서 라틴어 강독 교재로 널리 쓰이고 있다는 사실이 이 책의 우수성을 말해 준다.

기원전 44년 3월 15일 카이사르가 암살된 후, 키케로는 카이사르의 양자인 옥타비아누스와 제휴하면서 카이사르파인 안토니우스를 공격, 로마 공화국을 최후로 기사 회생시키려는 정치 투쟁을 벌인다. 그 와중에서 그가 아테네에서 유학하고 있는 아들에게 서간문 형식으로 쓴 글이 바로 이 키케로의 《의무론》인데, 여기서 의무는 현대적인 권리와 의무의 그런 의무도 포함하여 인간이 인간으로서 해야 할 도리 또는 인간이 참되게 사는 길을 뜻하므로 대체로 윤리 실천 강령이라 해도 무방할 것이다.

이 책은 3권으로 구성되어 있다. 제1권의 주제는 도덕적 선(honestum)으로 여기에 속하는 4가지 기본적인 덕인 지식(知識) 또는 지혜(智慧), 정의(正義), 용기(勇氣), 인내(忍耐)에 대해 논하고 있으며, 제2권은 유익함(utilitas)이라는 주제 아래 인간이 살아가는 데 편리하고 유리한 것들을 논하고, 제3권은 도덕적 선과 유익함의 비교에 관해 쓰고 있다. 사실 명예와 부, 사랑과 돈, 정직과 편의 등 양자 중 어느 것을 택할 것인가 하는 문제는 2천여 년전의 로마 공화정 시대의 스토아 학파와 에피쿠루스 학파 사이의 쟁점일 뿐만 아니라, 우리 모두가 일상 생활에서 직면하게 되는 문제들이기도 하다.

수년 전 제자들과 함께 이 책의 라틴어 원본을 읽어 내려가던 중 내용이 너무나 좋아 이 책을 번역, 출판하여 모든 사람이 읽을 수 있게 된다면 얼마나 좋을까 하는 생각을 품게 되었다. 그러나 손을 못 대고 있다가 다 읽은 후, 그것도 오랜 시간이 지나서야 특히 자라나는 우리 청소년들에게 많이 읽혀야 되겠다는 사명감 같은 것이 생겨 번역에 착수하게 되었다. 라틴어 산문의 대가인 키케로가 쓴 원문의 뉘앙스를 살려 충실하게 번역하는 일이 싫증도 나고 어렵다는 생각이 들 때마다 옮긴이에게 용기를 불어넣어 준 것은 하루 빨리 집아이들에게 이 책을 읽게 하여 생활의 지표로 삼게 해야겠다는 일념이었다. 이 때문에 그동안 다른 몇 편의 논문을 쓰지 못하긴 했지만 그래도 참된 철학적 삶의 길을 가르쳐 줄 키케로의 이 책을 대하면서 가슴 뿌듯한 보람과 서양의 '논어'라고 일컬어지는 이 책을 우리 나라에서 최초로 번역했다는 자부심을 느낀다. 아울러 이 책을 번역함에 있어 몇 가지 영역본과 독역본을 참조했음을 밝힌다. 각 권의 처음 부분은 다소 내용이 어려울지 모르나 곧 쉬운 고사(故事)들이 많이 나오기 때문에 흥미를 북돋아 줄 것이며, 특히 옮긴이가 단 주를 참조하면서 보면 많은 도움이 되리라 생각한다.

끝으로, 이 책의 출판을 쾌히 응낙하신 김신혁 사장과 많은 애를 써주신 주상희 편집장을 비롯한 편집부원들에게 고마운 마음을 전하고 싶다.

차례

제 1 권

도덕적 선에 대하여

제 I 권

도덕적 선에 대하여

I 1 나의 사랑하는 아들 마르쿠스야! 너는 이미 일 년 째[1] 크라팁푸스[2] 스승 밑에서, 그것도 아테네에서 수학 중이구나. 너의 스승과 아테네의 높은 권위에 힘입어 너는 철학적 규칙과 지침들을 충분히 터득했으리라고 확신한다. 너의 스승은 자신의 지식으로, 아테네는 자신이 배출한 모범적 철학자들로 너를 성장시킬 수 있으니 말이야. 그렇지만 내가 내 자신의 실력 향상을 위해서라면 철학 영역에서뿐만 아니라 연설 연습에서도 그랬듯이, 지금까지 나는 언제나 라틴어에다 그리스어를 연관시켜 연습해 왔는데, 너도 라틴어와 그리스어를 똑같이 구사하기 위해 나와 똑같은 방식으로 공부하기를 권한다. 알다시피, 참으로 누가 뭐라 하든 내가 이런 점에서 우리 국민들에게 큰 도움을 주었기 때문에, 그리스 문헌을 접

1) Cicero는 그의 아들을 B.C.45년 4월 1일 경에 아테네에 유학보냈는데, 이 글은 Caesar 암살 두 세달 후인 B.C.44년 봄이나 초여름에 쓰기 시작한 것 같다.

2) Cratippus of Mitylene: 미틸레네 출신의 뛰어난 소요학파 철학자. B.C.50년 경 아테네에서 학교 열음.

하는 초심자들뿐만 아니라 심지어 고등교육을 받은 박식한 로마인들까지도 적절하게 말하고 철학적으로 판단하는 데 큰 도움이 되었다고 생각하고 있다.

2 그러므로 사실 그러한 목적을 위해 너는 정녕 이 시대 제1인자인 철학자 크라팁푸스에게서, 그것도 장시간에 걸쳐 원하는 한 얼마든지 배울 수 있는데, 너는 아마 아무리 많이 배워도 만족해 하지 않을 것이다. 그렇지만 우리 아카데미학파와 소요학파[3]는 양자 모두 소크라테스계열과 플라톤계열에 소속되고 싶어 하니까, 진정 나는 아무런 방해도 하지 않을 테니 소요학파의 것과 크게 다르지 않는 나의 철학 책들을 읽으면서, 네 자신이 책들의 내용 자체에 대해 판단을 내리도록 하여라. 그렇지만 확실히 너는 나의 책들을 읽음으로써 너의 라틴어 구사 능력은 더욱 훌륭해 질 것이다. 사실 나는 이 말이 건방진 말로 들리기를 원치 않는다. 철학적 지식 분야에서 능력면으로는 나보다 월등히 낫다고 인정하는 사람들은 많다. 그러나 나에게 연설가의 특수능력—꼭 들어맞고, 명료하고, 잘 꾸며진 단어들을 구사하고, 말로 하는—이 있다고 주장해도, 나는 연설가의 능력배양에 평생을 바쳤기 때문에 생각하건대, 내 주장은 어느 정도 정당하다고 본다.

3 내 아들 키케로야, 나는 이런 이유로 네가 나의 연설문들뿐만 아니라, 이미 연설문들과 거의 비슷한 수준에 오른 바 있는 나의 이 철학책들[4]도 열심히 읽기를 적극 권한다. 사실 연설을

---

3) 아버지는 신아카데미학파, 즉 플라톤학파에 속하고, 아들은 소요학파, 즉 아리스토텔레스학파에 속한다.

4) Cicero는 그의 국가론, 투스쿨룸의 토의들, 최고선과 악에 대하여, 신들의 본질, 아카데미아들, 호르텐시우스, 우정론, 노년론, 운명론, 점술론, 기타(모두 15개의 주제)에 대해 언급하고 있다.

할 때는 더 큰 힘이 나타나지만, 철학 또한 마찬가지로 추구되어야 하니, 왜냐하면 철학은 차분하고도 절제된 연설 형태이기 때문이다. 그리고 내가 알기로는, 포룸[5]에서 행해지는 공적인 연설과 차분한 학문적인 토론 둘 다의 영역에서 노력을 하고 정력을 쏟는 일은 그 어떤 그리스인에 의해서도 지금까지 수행되지 않았다. 다만 훌륭한 논자이며, 별로 격렬하지도 않으면서 매혹적인 웅변가로 네가 테오프라스투스[6]의 제자라고 인정할 수 있는 팔레룸의 데메트리우스[7]를 제외하고는 말이다. 그러나 연설, 철학, 이 두 분야에서 내가 얼마나 진전을 보였는지는 남들이 판단할 문제지만, 분명 나는 양자 모두를 추구해 왔다.

4 물론 나는 플라톤[8]이 광장에서 연설하고자 했다면 매우 장중하고도 유창하게 했으리라고 보며, 데모스테네스[9]가 플라톤에게서 배운 바를 계속 연구하여 발표하기를 원했다면 극히 수사적이고 눈부신 저작 활동을 할 수 있었으리라고 생각한다. 아리스토텔레스[10]와 이소크라테스[11]에 대해서도 나는 똑같이 생각하는데, 그들 각자는 자신들의 연구에 심취한 나머지 서로 경멸했다.

---

5) forum: 도시의 광장. 주위에 주랑(柱廊), 신전, 연단, 상점이 늘어서 있고 정치 및 경제의 중심을 이루었다.

6) Theophrastus of Lesbos: Aristoteles의 후계자.

7) Demetrius Phalereus: B.C.345년 경에 아티카의 Phalerum이라는 데모스에서 출생. 시인 Menandrus와 함께 공부, 공공 연설로 명성떨침.

8) Platon(B.C.429-437): 유명한 철학자로서 Socrates의 제자이며, Aristoteles의 스승. 아카데미 학파의 창시자.

9) Demosthenes(B.C.385-342): Platon의 제자로서 아테네의 가장 유명한 웅변가. Isocrates의 조언을 받아들여 철학을 포기하고 웅변을 택했다고 말해지고 있다.

10) Aristoteles(B.C.385-322): Platon의 제자이며 Alexander대왕의 스승. 소요학파의 창시자.

11) Isocrates(B.C.436-338): Socrates의 제자로서 아테네의 10명의 웅변가 중의 1인. Cicero는 그를 '연설의 아버지'로 부른다.

II 아무튼, 지금 무엇인가 너에게 쓰기로 결심한 이상 많은 것은 후에 차차 쓰기로 하고, 이번에는 가급적 네 나이에도 가장 알맞고, 내 권위에도 가장 합당한 것으로부터 시작하기로 하겠다. 왜냐하면 철학에는 중요하고 유용한 많은 문제들이 철학자들에 의해 정확하게 논의되어 있긴 하지만, 의무에 대해 철학자들에 의해 전수되고 훈계된 것들이 가장 광범위하게 실생활에서 관심의 대상이 되고 있는 것처럼 보이기 때문이다. 공적이든 사적이든, 포룸에서의 정치적인 것이든 가내사이든, 너 혼자만이 하든 타인과 더불어 행동하든 간에 실로 생활의 어떤 부분도 의무에서 벗어날 수가 없으니, 생에 있어서 도덕적으로 옳고 선하고 명예로운 모든 것[12)]은 의무를 이행하는 데 달려 있고, 도덕적으로 옳지 않고 나쁘며 불명예이며 추한 것[13)]은 의무를 이행치 않는 데 있기 때문이다.

5 그러므로 이 탐구 주제는 모든 철학자들의 공동 문제이다. 의무에 대해 어떤 규칙도 제시하지 않으면서도 자신을 감히 철학자로 칭할 수 있는 자가 누가 있겠는가? 그러나 최고선과 최고악을 설정함으로써 모든 의무를 왜곡시키는 학자들[14)]이 없지 않다. 왜냐하면 이와같이 설정하여 최고선이란 덕과는 아무 관련도 없고, 더욱이 최고선을 도덕적으로 옳고 선하고 명예로운 것으로서가 아니라 자신의 이해 득실을 따져 평가하는 사람에게는, 가끔 발동하는 본래의 착한 마음도 억눌러가면서 자기 생각을 계속 고집한다면, 우정은 물론 정의감도, 관대한 마음도 싹틀 수가 없기 때문이

12) honestum($\tau o\ \kappa\alpha\lambda o\nu$)은 영어로 moral goodness, moral rectitude, 독일어로는 Eherenhaftigkeit로서 번역되기도 하는데, 영어의 정직하다는 의미인 honest의 어원도 honestum이라 할 것이다.

13) 원어는 turpitudo로서 honestum의 반대말.

14) 키레네학파와 특히 에피쿠루스학파. 이들은 쾌락을 최고선으로, 고통을 최고악으로 보고 있다.

다. 참으로 고통을 최고악으로 간주하는 자는 결코 용감한 자가 될 수 없고, 쾌락을 최고선으로 놓는 자는 결코 절제하는 자가 될 수 없다.

6 이 진리들은 자명하여 논의할 필요가 없는데도, 나는 다른 책[15)]에서 논술한 바가 있다. 그래서 하는 말인데 만일 이 학파들이 자기들의 주의, 주장에 초지 일관하여 고집을 버리지 않는다면, 의무에 대해서는 아무것도 말할 수 없을 것이다. 그러므로 오직 도덕적인 선 그 자체만을 추구하거나[16)], 혹은 주로 도덕적인 선 그 자체를 추구할 가치가 있다고 말하는 학자들[17)]로부터가 아니라면, 견실하고도 안정적이며 자연이 부여한 인간 본성과 일치하는 의무 규칙은 결코 제시될 수 없을 것이다. 따라서 이런 의무 규칙의 가르침은 스토아학파, 아카데미아학파, 소요학파에 고유한 것이다. 왜냐하면 아리스토,[18)] 퓌론,[19)] 에릴루스[20)]의 이론은 이미 오래 전에 설파당했기 때문이다. 만일 이들 3인의 학자들이 사물에 대한 선택

15) 에피쿠루스학파와 스토아학파의 논쟁은 Cicero의 최고선악론《*de finibus bonorum et malorum*》, (김창성 역, 서광사, 1999)에 상세하게 나와 있다.

16) 스토아학파란 Zenon of Citium(B.C.280) 창설자가 Athens에 Polygnotus의 그림들로 장식되어 있는 Portico에서 학교를 열었다고 하여 붙인 이름. 이들은 honestum을 유일의 선으로 보고 있기 때문에 덕의 생활에서 생기는 쾌락이란 그것의 자연적인 결과이지, 덕행의 목적과 목표가 아니라고 주장하였다.

17) 소요학파: 즉 Aristoteles학파. 이들은 비록 도덕적 선이 중요한 것이기는 하나, 그 밖에도 선한 것으로 건강, 부, 재산, 친구들의 우정 등을 들고 있음. honestum도 이 중의 한 가지로 간주하고 있다는 데에 스토아학파의 견해와 차이가 있음.

18) Aristo of Chius(B.C.260): 스토아철학자로서 Zenon의 제자. 그는 외부 사물이란 선악을 판별할 수 없기 때문에 무관심할 것을 가르쳤으나, 거부당함.

19) Pyrrho of Elis(B.C.4세기)는 회의학파의 창설자. 덕은 유일의 선이며, 진리와 지식은 도달할 수 없는 것이라고 가르쳤지만, 그의 윤리론은 거부되었음.

의 여지만 남겨 놓았더라면 의무에 관해 논의할 수 있는 자신들의 권리를 계속 가질 수 있었을 것이고, 그 결과 의무가 무엇인지를 찾아낼 수 있는 입구에 접근할 수가 있었을 것인데, 아쉬운 바가 많다. 따라서 현시점과 이 문제에서 나는 주로 스토아학파의 입장을 따르려고 하는데,[21] 이 경우 나는 단순한 번역가가 되기는 싫다. 나는 스토아학파로부터, 마치 샘으로부터 그렇게 하듯이, 내 습관대로 나의 판단과 선택에 따라 내 목적에 부합하는 방식대로 그리고 내 목적에 부합하는 양만큼 퍼 올릴 것이다.

7 따라서 의무에 대한 모든 논의가 앞으로 진행될 것이므로, 우선 의무가 무엇인지부터 정의를 내리는 것이 좋을 것 같다. 나는 파나이티우스[22]가 이를 간과했다는 사실에 놀랄 뿐이다. 왜냐하면 어떤 주제에 대해 학문적인 방식으로 제시될 모든 지침은, 무엇에 대해 논의할 것인지를 알기 위해 개념 정의에서 출발해야 되기 때문이다.

III 의무에 관한 모든 논의는 이중적이다. 하나는 최고선에 관한 것이고, 또 다른 하나는 일상적 삶이 그것의 전 영역에 있어서 조직

---

20) Erillus of Carthage는 Zenon의 제자로서 스토아학파. 지식이 유일의 선인 반면, 기타의 모든 것은 선하지도, 악하지도 않다고 가르쳤지만, 그의 윤리철학은 거부되었음.

21) 윤리 문제에 관한 한, 신아카데미학파에 속하는 Cicero는 가급적 스토아학파의 교훈을 따르고 있음에 유의하기 바람.

22) Panaetius of Rhodes(B.C.c.180-111): Diogenes와 Antipater의 제자로서 중기 스토아철학의 창시자. B.C.2세기 중엽에 그리스의 문학, 철학, 역사 등을 연구하기 위해 Carthage를 멸망시키기도 하는 소(少) Scipio장군이 만든 소위 Scipio Circle에서 역사가 Polybius와 더불어 로마현실정치에 심대한 영향을 끼쳤다고 생각됨. 그가 저술한 의무론은 Cicero에게 많은 영향을 끼쳤으나, 오늘날 전해 내려오고 있지 않음.

되게끔 해주는 규칙들에 관한 것이다. 최고선에 관한 예에는 모든 의무들은 완전한가? 어떤 한 의무가 다른 어떤 한 의무보다 더 중요한가? 혹은 이와 비슷한 논의들이 속한다. 그런데 그것들을 위해 규칙들이 제시되는 바의 의무들에 관해 말하자면, 이 의무들이 비록 최고선에 관련된다 할지라도, 이 관련의 사실은 별로 두드러지지 않는다. 왜냐하면 이 의무들은 그보다는 일상적 삶에 관한 지침 쪽으로 정향된 것으로 보이기 때문이다. 이 책에서 내가 설명하려고 하는 것은 바로 이것들에 대해서이다.

8 그외에도 의무에 대한 또 다른 구분이 있다. 우리는 소위 '중간적' 의무와 '완전한' 의무를 구분해서 말한다. 완전한 의무를, 내 생각에는, 우리는 '올바름'이라 부를 수 있을 것 같다. 왜냐하면 그리스인들은 이를 '카토르토마'(κατόρθωμα)라 부르고, 이에 반해 여기에서 다루어지는 보통의 의무를 '카테콘(καθῆκον)'이라 부르기 때문이다. 그리스인들은 이 단어들을 이런 식으로 정의한다. 즉 그들은 올바른 것을 완전한 의무라고 정의하는 반면에, 중간적 의무는 '그것이 행해졌을 때 왜 행해졌는가에 대한 그럴법한 이유가 제시될 수 있는 것'으로 규정한다.

9 따라서 파나이티우스가 보여주고 있듯이, 어떤 행동을 하려고 결정할 때 고려해야 할 사항은 삼중적이다. 우선 첫째로, 사람들은 심사 숙고된 행동이 실제로 도덕적으로 선하고 명예로운지, 아니면 도덕적으로 나쁘고 추한 것인지에 대해 의문을 품는다. 그러한 고려를 하는 데 있어서 사람들은 흔히 상반된 의견으로 갈라진다. 그 다음 둘째로, 사람들은 자신들의 심사 숙고된 행동이 생활의 편리함과 즐거움, 수단과 재력의 통제, 사회적 영향력과 권력을 가져다주는지 그렇지 않은지를 조심스럽게 탐색하거나 추구하

는데, 그러한 여러 가지를 이용하여 그들 자신과 그들에게 딸린 사람들을 도울 수가 있는 것이다. 이 모든 고려는 유익함[23]의 정도에 달려 있다. 셋째로, 의문을 품고 고려해야 할 것은 유익하게 보이는 것이 도덕적으로 선하고 명예로운 것과 상충되는 것으로 보일 때이다. 참으로 유익함 쪽으로 마음이 쏠리면 도덕적으로 선하고 명예로운 쪽이 마음에 걸리고, 도덕적으로 선하고 명예로운 쪽으로 마음이 쏠리면 유익함 쪽이 마음에 걸리는 경우처럼, 마음은 심사숙고함에 혼란을 일으켜 사고하는 데 알 수 없는 불안감이 생기게 된다.

10 구분하는 데 있어서 무엇인가를 빠뜨리는 것이 최대의 결점인데도 위의 구분에서는 두 가지가 간과되었다. 왜냐하면 어떤 것이 도덕적으로 선하고 명예로운가 나쁘고 추한 것인가 하는 문제뿐만 아니라, 도덕적으로 선하고 명예로운 것이 두 가지가 제시되었을 때 어떤 것이 더 선하고 명예로운지, 마찬가지로 두개의 유익한 것이 제시되었을 때 어느 것이 더 유익한지에 관해서도 사람들은 보통 고려하고 있기 때문이다. 따라서 저 파나이티우스가 세 가지로 생각했던 것은 마땅히 다섯 가지로 구분되어야 한다고 확신한다. 첫째 도덕적으로 선하고 명예로운 것에 대하여는 이중적으로 논의되어야 할 것이고, 둘째 유익함에 대해서도 마찬가지로 논의되어야 하며, 그리고 나서 마지막으로 이들에 대한 비교가 검토되어야 할 것이다.

---

23) utilitas(*το συμφερον*): 유익함이라 번역했지만, 영어로는 utility, expediency로 표기되고 있듯이, 유리함, 이득, 편의, 편리함이라 해도 괜찮을 것이다. 심지어 에피쿠루스학파에서 최고선으로 간주하고 있는 쾌락(voluptas)도 이에 속한다.

IV 11 원래 모든 종류의 동물은 태어날 때부터 스스로 생명과 몸을 보호하고, 해롭다고 보이는 것은 피하며, 살아가는 데 필요한 모든 것, 즉 먹을 것이나 은신처 또는 그와 같은 종류의 다른 것들을 구하고 마련하는 본능이 자연으로부터 주어졌다. 또한 모든 동물은 공통적으로 종족을 보존하기 위한 결합 본능과 자식이나 새끼를 낳는 순간부터 보살펴 주려는 본능이 있다. 그러나 인간과 짐승 사이에는 매우 큰 차이가 있다. 짐승은 감각에 의해 움직이기 때문에 지나간 과거의 일이나 앞으로 닥쳐올 미래에 대해서는 거의 알지 못하면서 현재 눈 앞에 보이는 것에만 자신을 적응시키는 데 반해, 인간은 이성을 소유하고 있기 때문에 그것을 통해 사물의 결과를 인식하여 그 원인을 찾아낼 수 있으며, 사물의 전후 관계를 간과하지 않고 유사한 것들을 비교하여 현재의 사물을 장차 있을 미래의 것과 결합하고 연결시킬 수가 있으므로, 쉽게 자신의 전 인생 행로를 내다보면서 그것에 맞추어 살기 위해 필요한 것들을 준비한다.

12 자연은 또한, 인간 본성으로 하여금 이성의 힘을 빌려 인간과 인간이 언어와 사회 생활의 공동 유대를 맺도록 결합시키며, 무엇보다도 자식들에 대한 각별한 애정을 지니도록 한다. 뿐만 아니라 집회와 축제를 열고 거기에 참석하기를 원하게 한다. 더 나아가 자연은 인간 본성으로 하여금 자기 자신뿐만 아니라, 처자식과 돌봐줘야 할 딸린 사람들의 안락과 풍요한 생활을 위해 도움이 되는 것들을 마련하는 데 열중하도록 한다. 이러한 배려와 책임감이 세상을 살아나가는 데 용기백배하게 하는 원동력이 되는 것이다.

13 무엇보다도 인간에게 고유한 것은 진리 탐구다. 그렇기 때문에 종사하는 일과 그 일에 대한 근심 걱정에서 해방되어

정신적 여유가 생기면, 우리는 무엇인가 새로운 것을 듣고 배우기를 갈망하게 되며, 비밀에 싸여있거나 놀랄 만한 일들에 대해 알고자 하는 호기심이나 욕망을 행복한 생활을 영위하기 위한 필수불가결한 것으로 간주한다. 이와 같이 진실하고 단순하며 순수한 것이야말로 인간 본성에 가장 적합한 것이라는 사실을 알게 된다. 진리를 발견하려는 이 욕망에 소위 제1인자가 되려는 욕망이 첨가되는데, 그 결과 인간 본성이 잘 다듬어진 정신의 소유자는 오직 훈계자나 진리의 교사 또는 유익함을 위해 정의와 법에 따라 명령하는 자에게만 복종하려고 할 뿐, 그외의 어떤 사람에게도 복종을 하지 않으려고 한다. 이런 태도에서 인간 정신의 위대성과 인간과 사물에 대한 경멸감이 생기는 것이다.

14 진실로 저 본능과 이성의 힘은 작은 것이 아니니, 그 까닭은 이 동물, 즉 인간만이 질서가 무엇인지 예의 범절과 언행에서 조심해야 할 것이 무엇인지를 감지하기 때문이다. 그런데 다른 동물들은 가시 세계에서의 미적 감각, 애정 감각, 부분들로 이루어진 전체의 조화감 같은 것을 느끼지 못한다. 이에 반해 인간의 본능과 이성은 이의 유추를 감각 세계에서 정신 세계에로 확대하면서 말하고 행동하고 생각할 때 훨씬 더 아름다움과 일관성과 질서를 유지하려고 하여 언행심사에서 예의 범절에 어긋나거나 비신사적인 행위를 하지 않도록 하며 일시적인 충동과 욕망에 사로잡히지 않도록 하는 것이다.

이러한 것들에서 우리가 추구하는 도덕적으로 선한 것, 명예로운 것이 형성되어 나온다. 경우에 따라서 이때 우리는 정색을 하고 어떤 것이 비록 일반적으로 고귀한 것이 아니어서 아무에게서도 찬양받지 못한다고 하더라도 그것이 여전히 도덕적으로 선하고 명예로우며, 자연이 부여한 인간 본성의 면에서 볼 때 찬양받을 만한 가치가 충분히 있다고 주장하는 것이다.

V **15** 내 아들 마르쿠스야, 너는 플라톤이 말한 것처럼 "육안으로 구별된다면, 지혜에 대한 놀라운 사랑을 일으키게 될"[24] 실로 도덕적으로 선하고 명예로운 것의 형상 자체와 바로 그 모습을 보고 있다. 그러나 도덕적으로 선하고 명예로운 것 전부는 다음 네 개의 부분 중 하나에서 나온다. 그것은 첫째 진리에 대한 통찰과 이해에서 생각되거나,[25] 둘째 인간사회를 유지하며, 각자의 것은 각자에게 나누어 주며, 계약된 것에 대한 신의에서 생각되거나,[26] 세째 고귀하며 굽히지 않는 정신의 위대함과 강직함에서 생각되거나,[27] 마지막 네번째로 행해지고 말해진 모든 것에 절도와 인내가 내재해 있는 질서와 온건함 속에서 생각되는 것이다.[28] 이러한 네 개 부분은 비록 상호 간에 중복되거나 혼합되어 있다 하더라도, 어떤 유의 의무들은 단일 부분에서 나오게 된다. 예를 들면, 우리가 지혜와 예지를 포함시키고 있는 첫번째로 분류된 부분에서 진리에 대한 탐구와 발견이 행해진다. 그리고 이것이 그 덕의 고유한 열매다.

16 실로 사물에 대해 가장 진실한 것이 무엇인지를 가장 많이 알고, 가장 예리하고 빠르게 그 이유를 알아 설명할 수 있는

---

24) Platon: 《Phaedrus》, 250 d.

25) 지식 또는 지혜(sapientia): 즉 지(知). 뒤에서 언급이 되겠지만, Cicero는 지혜를 sapientia와 예지(prudentia)로 나누고, 이들을 지식(scientia)에 포함 시키고 있다.

26) 정의(iustitia): 즉 의(義).

27) 용기(fortitudo): 용(勇).

28) 인내(temperantia): 인(忍). 참음에서 관용, 절제, 온건 등의 덕성이 나온다는 점이 쉽게 이해된다.

사람은 보통 가장 예지가 있고 가장 지혜로운 사람으로 간주된다. 따라서 진리란 사물을 자료로서 취급하며 그 속에서 발견하려고 애쓰는 사람만이 발견하는 것이다.

17 그런데 나머지 세 가지 덕에서 실제 생활을 하는 데 필요한 것들이 마련되고 유지되기 때문에 인간 사회가 이루어지고 유지되며, 정신의 뛰어남과 위대함은 자신과 자신에게 딸린 가족과 기타 사람들을 위해 부와 유익함을 증대시키는 데서 나타나기도 하며, 때로는 부와 유익함, 이것들 자체를 경멸하는 데서 훨씬 더 빛나기도 한다. 그러나 질서와 일관성, 절제 그리고 이와 유사한 것들은 정신 활동뿐만 아니라 어떤 신체 활동을 유발하는 그러한 종류와도 결부된다. 왜냐하면 일상 생활을 해나갈 때에 가능한 한 예의 범절과 질서를 지키기만 한다면 우리는 도덕적으로 선한 것과 명예로운 것을 보존하게 될 것이기 때문이다.

VI 18 그러나 우리가 도덕적으로 선한 것과 명예로운 것의 본질과 그 힘을 구분한 네 가지 가운데에서, 진리에 대한 인식에 내재해 있는 저 첫번째 부분이 인간의 본질과 관계가 가장 깊다. 왜냐하면 우리 모두는 인식과 학문의 욕구에로 유도되어 빠져 들어가게 되는데 거기서는 뛰어난 것을 아름답다고 생각하는 반면, 빗나가거나 잘못하는 것, 알지 못하거나 속임을 당하는 것을 악하고 추한 것으로 간주하기 때문이다. 이러한 유의 본성과 도덕적으로 선한 것에 있어서는 두 가지 오류를 피해야 한다. 하나는 우리가 알지 못하는 것들을 아는 체하여 맹목적인 동의를 해서는 안된다는 것이니, 이러한 오류를 회피하고자 하는 자는(물론 모든 사람이 마땅히 회피하기를 원해야 되겠지만) 사물을 숙고하기 위해 시간과 정력을 들여야 할 것이다.

19 또 다른 오류는 애매모호하고 어려우며, 필요치 않은 것들에 너무 많은 정력과 노력을 쏟는다는 것이다. 우리가 점성학에서 가이우스 술피키우스[29]에 대해 듣고 있고, 기하학에서는 섹스투스 폼페이우스[30]를 우리 스스로가 인정하며, 변증법에서 많은 사람들을, 시민법에서는 더 많은 사람들을 인정하고 있는 것처럼 이러한 오류들을 회피하고 난 후, 그들이 도덕적으로 선한 것들과 인식할 가치가 있는 것들에도 그만큼의 노력과 배려를 기울였다는 점은 마땅히 찬양받아야 할 것이다. 이 모든 것은 진리탐구에 관한 것이지만, 사실 연구 때문에 실제의 생활과 유리되는 것은 의무에 어긋난다. 왜냐하면 모든 덕의 찬양은 활동에서 비롯되는 것이기 때문이다. 그렇지만 활동이란 자주 중단될 수도 있는 것이어서, 연구에 복귀할 많은 기회가 주어진다. 게다가 절대로 휴식을 취하지 않는 정신활동은 우리의 의식적인 노력이 없을 때조차도 계속적인 지식 추구에 전념하게 한다. 그런데 우리의 모든 생각과 정신 활동은 도덕적으로 선한 것과 명예로운 것, 착하고 행복한 생활로 안내하는 것들을 계획하거나 학문과 지식을 추구하는 일에 전념하는 일이 될 것이다.

이상으로 의무의 제1원천에 관한 논의를 끝맺고자 한다.

VII 20 한편 나머지 세 가지 구분에서는 인간사회를 그 자체 속에서 유지케 하고 또 생활 공동체 같은 것을 유지케 하는 그

---

29) Gaius Sulpicius Gallus: 유명한 천문학자. B.C.169년의 프라이토르로서 B.C.167년의 Macedonia전에서 L. Aemilius Paulus의 부장으로서 복무하던 중, Perseus왕과의 대회전이 벌어지기로 한 저녁에 월식현상이 일어날 것이라고 예언함으로써 로마군이 예기치 않은 돌발사태에 경악하여 공포에 휩싸이지 않도록 주의를 주었다. 이 전투에서 로마군이 대승을 했음은 말할 필요조차 없다. B.C.166년의 콘술.

30) Sextus Pompeius: 대(大) Pompeius의 숙부로서 기하학자였음.

러한 생각이 매우 광범하게 전개되는 데, 이것은 정의와 선행 두 부분으로 되어 있다. 우선 정의는 덕의 광채가 최대로 빛나며, 사람들은 정의에 기초하여 선한 사람들이라고 일컬어진다. 이 정의와 결부된 것이 선행으로 친절이나 관대함으로 불리워도 무방하다.

그러나 정의의 제일차 기능은 정의롭지 못한 것에 의해 해를 입지 않는 한 남을 해치지 않으며, 공공물은 공공을 위해 사용하고, 개인의 사유물은 그 개인 자신을 위해 사용케 하는 데 있다.

21 그런데 본래 자연 상태에서는 사유물은 전혀 존재하지 않았으나, 누군가가 먼저 공지에 와서 오랫동안 점유하였던 선점(先占), 사람들이 전쟁에서 얻은 승리, 또는 법률, 계약, 협정, 추첨 등에 의해 사유물이 나타나게 되었다. 아르피눔의 토지가 아르피눔인의 것으로, 투스쿨룸의 토지가 투스쿨룸인의 것으로 불리는 것처럼, 개인의 사적 소유물도 이와 유사하게 분할되었던 것이다. 따라서 각자는 본래 자연 상태에서 공동물의 일부를 자기 자신의 것으로 가지고 있기 때문에, 각자에게 할당된 것은 각자가 소유하게 하도록 하자. 만약 누군가가 자기 몫보다 더 많은 것을 탐낸다면 그는 인간사회의 법을 위반하는 것이 될 것이다.

22 그러나 플라톤이 명백하게 기술하였던 것처럼,[31] 우리는 우리 자신만을 위해 태어난 것은 아니며, 국가는 우리들 본래의 몫과 친구들의 몫을 옹호해 주고 있기 때문에, 그리고 스토아학자들이 주장하고 있듯이 지상에 있는 모든 것들은 인간의 필요를 위해 창조된 것이고, 인간은 서로 도움을 주기 위해, 말하자면 인간은 인간을 위해 태어났기 때문에, 우리는 이 점에서 자연 상태인 인

31) Platon: epist. 9, ad Archytam p. 358 a.

간 본성을 우리의 안내자로 삼아 따라야 하며, 공동의 이익을 위해 항상 그것을 중심문제로 생각하고 서로 간의 의무를 교환해야 하며, 때에 따라 기술, 노동, 재능을 주고 받음으로써 인간사회를, 인간과 인간의 결속을 공고히 하도록 해야 한다.

23 그런데 정의의 기초는 신의이다. 이는 말한 것과 계약한 것의 변치 않음과 진실됨을 뜻한다. 여기서 신의라는 말이 어떻게 나왔는지 사람에 따라 이해가 잘 안 될지 모르지만, 용어들의 생성 과정에 대해 열심히 조사한 바 있는 스토아학파에 따르면, 말해진 것은 잘 이루어졌다는 데서 신의라고 불리게 되었다고 하니 믿기로 하자.

그러나 불의에는 두 종류가 있다. 하나는 불의를 자행하는 자들의 것이고, 다른 하나는 그들에 의해 불의가 자행되어 자신에게 해가 돌아왔을 때 물리칠 수 있음에도 불구하고 물리치지 못하는 자들의 것이다. 왜냐하면 분노를 참지 못하거나 다른 마음의 혼란으로 자극받아 부당하게 타인에게 침해를 가하는 자는 마치 동료에게 무기를 던지는 것과 같기 때문이다. 더욱이 불의에 대해 방어하거나 저항할 수 있음에도 불구하고 그렇게 하지 않는 사람은 마치 부모, 친구 또는 조국을 저버리는 것처럼 잘못을 저지르고 있기 때문이다.

24 그리고 남을 해칠 목적으로 의도적으로 저질러진 저 불의들은 남을 해치고자 하는 자가 남을 해하지 않으면 자신이 남에게서 해를 입지 않을까 하는 공포심에서 흔히 저질러진다. 그러나 대부분은 얻고자 하는 것을 손에 넣기 위해 불의를 자행하게 된다. 이 악함 속에는 탐욕의 문이 활짝 열려 있는 것이다.

VIII 25 그런데 부는, 일부는 생활필수품을 공급하기 위해, 일부는 인생의 쾌락을 향유하기 위해서도 추구된다. 그러나 야심만만한 자들에게는 돈에 대한 욕심은 권력과 세력 그리고 호의를 베풀기 위한 수단을 장악하기 위한 것과 결부된다. 예를 들어 얼마 전에 마르쿠스 크랏수스[32]가 공화국에서 제1인자가 되려고 노리는 사람이 자기 재산의 이자 소득으로 군대 하나 부양할 수 없다면, 그는 충분한 부를 소유하고 있다고 말할 수 없다고 했다. 훌륭한 가구와 우아하고 풍요로운 문화생활 또한 즐거운 것이나 이런 생활을 하려다 보면 끝없는 금전욕이 생겨나는 것이다. 사실 아무에게도 손해를 끼침이 없이 가산을 늘리는 것을 비난할 생각은 없으나, 항상 유념해야 할 사실은 불의 부정한 수단 방법에 의한 재산 획득은 피해야 한다는 점이다.

26 그러나 대부분의 사람들이 군대 지휘권, 관직 보유로 인한 영예, 명성을 획득하려는 욕망에 빠질 때에는 너무 거기에 혹하여 정의에 대한 망각 속에서 헤어나지 못하게 된다. 과연 엔니우스의 다음과 같은 글,[33]

> 동료들 간에 신성불가침이란 없고,
> 왕권에 대한 신의도 없도다.

에서 그것은 더 잘 나타나고 있다. 왜냐하면 많은 사람들이 탁월해

---

32) Marcus Licinius Crassus Dives: 제1차 삼두정치가. 그는 재산가로서 명성을 떨쳤다. 그의 과도한 탐욕에 대해서는 Cicero가 여러 곳에서 언급하고 있다. 기원전 71년에 Spartacus의 노예반란을 평정했고, 삼두정치를 하다가 Parthia에 서 B.C.53년에 살해되었음.

33) Ennius of Rudiae(B.C.239-169): 최초의 로마시인. Calabria의 한 읍의 Rudiae에서 B.C.239년에 태어나다.이것의 출처는 아마 Thyestes인 것같다.

질 수 없고 오직 한 사람만이 탁월해질 수 있는 그런 사회에서는 탁월해지려는 경쟁이 치열하여 '동료들 간에 신성불가침의 사회'를 유지한다는 것은 매우 어렵기 때문이다. 스스로가 제1인자라고 잘못된 고정관념에 사로잡혔던 가이우스 카이사르[34)]는 바로 그러한 생각 때문에 모든 신들의 법과 인간의 법을 유린했는데, 그의 무모함이 이를 입증하고 있는 것이다. 그런데 이런 유에 있어서 어려운 점이 있다. 즉 시민 통치, 군대 명령, 권력, 관직 보유로 인한 명예에 대한 욕망이 대개는 가장 위대한 정신의 소유자이며, 가장 훌륭한 재능이 있는 자들 가운데에서 솟구치고 있다는 사실을 발견하게 된다는 점이다. 그러므로 이런 점에서 잘못을 저지르지 않도록 더욱더 주의해야 한다.

27 그러나 모든 불의에서도 대개 짧게 일시적으로 끝나는 어떤 혼란된 정신 상태에서 오는 불의와, 사전에 치밀한 계획과 의도하에서 저질러진 불의 사이에는 대단히 큰 차이가 있다. 왜냐하면 어떤 돌발적인 행동에 의해 저질러진 불의는 사전 계획과 만반의 준비 태세하에 야기된 불의보다는 가볍기 때문이다.

이 정도면 불의가 행해지는 것에 대해서는 충분히 말했다고 생각된다.

IX 28 그러나 의무 이행의 포기와 의무 유기를 간과하는 흔한 이유들이 있다. 사람들은 상대방에 대한 적대감 때문이거나, 수고를 하지 않으려고 또는 경비를 부담하지 않기 위해서 마땅히 해야 할 의무를 수행하려 하지 않는다. 심지어 사람들은 무관심, 태

34) Gaius Julius Caesar(B.C.100-44): 59년의 콘술. B.C.58-50년에 Gallia 정복. B.C.48년에 Pharsalus에서 Pompeius패퇴시킴. B.C.44년 3월 15일 암살당함.

만, 무능 또는 자기 일에 대한 몰두 또는 언제나 바쁜 일 때문에, 의당 돌봐줘야 할 자들을 방치한 상태로 놔두는 것을 허용하기까지 한다. 그러므로 플라톤의 저서[35]에 다음과 같이 철학자들에 대해 언급되어 있는 것은 불만스러운 것이나 아닌지 주목해야 한다. 즉, 플라톤은 철학자들이 진리 탐구에 몰두해 있기 때문에, 그리고 대다수 사람들은 열심히 일을 하다 보니 상호간에 흔히 경쟁을 벌이게 되는데 그런 것들을 철학자들이 멸시하면서 아무것도 아니라고 생각하고 있기 때문에 정의롭다고 말하고 있다. 이 글의 내용이 불만스러운 것이나 아닌지 주목해야 할 필요가 있다고 한 까닭은 이러하다. 철학자들은 한편으로 남에게 해를 끼치지 않는다는 점에서는 의를 행하는 것이지만, 그러나 다른 편으로는 진리 탐구가 오히려 장애 요인으로 작용해 마땅히 돌봐줘야 할 자들을 방치한 채로 놔둔다는 점에서는 의를 행하지 않는다는 잘못을 저지르고 있기 때문이다. 하여튼 플라톤은 철학자들은 강요당하지 않는 한 공직에 나아가려 하지 않는다고 분명 생각하는 것이다. 그러나 사실 철학자들이 자발적으로 공직을 맡는다면 더 공정할 것이다. 왜냐하면 공직을 맡는다는 것 자체도 정의로운 것인데, 그것이 자발적이라면 더욱더 정직하게 수행될 것이기 때문이다.

29 가산 증식 같은 가정사를 돌보는 데 열중하거나 특정인들에 대한 혐오감 때문에, 남에게는 해를 끼치지 않는다는 점을 애써 보이면서 자기 일만을 한다고 말하는 사람들이 있다. 그러나 이런 자들은 한편의 불의에서 벗어나긴 했지만 또 다른 불의에 빠져 있는 셈이다. 왜냐하면 이들은 사회생활을 해나가는 데 있어 아무런 열의도 보여 주지 않고, 수고도 전혀 하지 않으며, 동전 한푼

35) Platon: de rep. 1 p.347 c; de rep. 7. p. 519.

도 내놓지를 않아 인간사회를 유기 또는 방치하고 있기 때문이다.

이렇듯 두 종류의 불의를 제시하고, 그것에 그 각각의 원인들을 결부시킨 데다가 그 전에 정의가 기초하고 있는 여러 원칙을 확정한 이상, 우리는 우리 자신의 시대에 각별히 애착심을 갖지 않는 한 각 경우마다 그 나름의 의무가 어떤 것인지는 쉽게 판단할 수 있을 것이다.

30 사실 남의 일에 실제로 관심을 갖고 배려를 한다는 것은 어렵다. 비록 테렌티우스[36] 희극의 주인공 크레메스가 "인간사 중 어느 것도 나와 무관한 것은 없도다"라고 생각하고 있다 할지라도, 우리는 먼 곳에서 일어난 남의 일보다 우리들 자신에게서 일어난 좋고 나쁜 일을 달리 판단한다. 그러므로 공정한 것인가, 불공정한 것인가 하는 의문이 생기는 경우에는 오히려 이를 행하지 않는 남들이 잘 가르쳐 준다. 왜냐하면 공정은 스스로가 그 자체의 광채 때문에 빛나며, 의문을 품는다는 것은 우리가 혹시 불의가 아닐까 하고 생각하고 있다는 표시이기 때문이다.

X 31 그러나 정의로운 사람들과 우리가 선인이라고 부르는 사람들에게는, 매우 가치있는 것으로 보이는 것들이 바뀌어 반대의 것으로 되는 경우가 자주 발생한다. 예를 들어, 공탁금을 돌려주고 약속을 이행하는 것같이, 진실과 신의에 속하는 것들이 때로는 바뀌어 공탁금을 돌려 주지 않고 약속을 안 지키는 것이 정의가 되는 경우다. 실로 내가 처음에 정의의 기초로 삼았던 것들에로 돌아가 말하는 것이 좋을 것 같은데, 언제나 생각해야 할 것은 첫째

36) Publius Terentius Afer(B.C.195-159): 영문 표기로는 Terence. 희극 *Heautontimorumenos*, 1, 1, 25. 여기서 Chremes는 Menedemus에게 열심히 일하라고 타이르자, 그는 내 일만에 신경을 쓸 뿐이라는 말을 하는데, 이 말을 듣고 한 Chremes의 답변이다.

타인에게 해를 끼치지 않도록 하는 것이고, 둘째 공공 이익에 따르도록 하는 것이다. 그것들이 때때로 변경될 때 의무도 바뀌어 항상 동일하지 않다.

32 왜냐하면 어떤 약속이나 계약은 약속을 한 자나 약속을 받은 자에게 불리하게 되면 파기될 수 있기 때문이다. 예컨대 우화에도 나오듯이, 만약 해신 넵프투누스[37]가 테세우스에게 한 약속을 이행치 않았더라면, 테세우스는 자기 아들 힙폴리투스를 잃지는 않았을 것이다. 기록에 의하면, 아버지 테세우스가 격분한 나머지 아들 힙폴리투스에게 가하자는 세 가지 벌 가운데에서 선택한 것은, 바로 세번째 것으로서 아들의 파멸, 곧 죽음이었다. 이것이 이루어지자 아버지는 가장 큰 슬픔에 빠졌다. 따라서 너는 네가 약속을 한 자들에게 불리한 약속들은 지킬 필요가 없으며, 만일 그 약속이 네가 약속한 자에게 이익이 되는 것보다 너에게 더 많은 해를 끼친다면, 작은 것보다 큰 것을 우선함은 의무에 어긋나는 것이 아니다. 예를 들어, 만약 네가 누군가에게 법정에서 그의 변호인으로 나설 것을 결심하고 약속했는데, 그 사이에 네 아들이 심하게 앓기 시작했다면, 네가 그 약속을 이행치 않는다 하더라도 이는 의무에 어긋나는 것이 아니다. 더욱이 네가 약속했던 그 자가 후에 너에게 속았다고 불평한다면, 그 자는 의무에 대해 잘못된 개념을 가지고 있는 것이다. 여기서 한 걸음 더 나아가, 공포 속에서 강요된 약속과 허위로 기만된 약속 같은 것을 그 누가 간파하지 못하겠는가? 분명 이런 유의 약속들은 대개의 경우, 프라이토르[38]에 의해 무효

37) Neptunus: 해신. 그리스의 신의 명칭은 포세이돈.

38) 각 프라이토르는 임기가 시작될 때 그의 법의 원리들과 시책들에 대해 공식적으로 공표하는데, 이것이 바로 iuspraetorium의 원천이었다. praetor는 원래 B.C.367년 Licinius-Sextius법들이 제정될 때, 귀족출신에서 임기 1년 의 재판관으로 뽑기 위해 창설된 고위 정무관직이었다. 그러나 콘

가 되며, 어떤 경우는 법에 의해 사면받는다.

33 또한 불의는 흔히 법의 자의적 해석, 즉 교활한, 더욱이 악랄한 법의 해석에 의해서도 발생한다. 여기서 저 '최고의 법은 최고의 불의'라는 말은 이제 대화하는 데 진부한 경구(警句)가 되었다. 이러한 해석으로 인해 국가 간의 정치에서는 많은 잘못이 저질러진다. 한 가지 예를 든다면 적과 30일 간의 휴전을 성립시킨 후 야밤에 적국의 들판을 기습했는데, 그 이유는 30일 간의 휴전은 주간에만 해당하는 것이지 야간의 휴전을 의미하는 것은 아니라는 것이었다.[39] 나는 다음의 사실에 대해서는 진상을 전혀 모르고 다만 얻어 들은 것에 불과한데, 퀸투스 파비우스 라베오[40]인지 다른 인물인지 잘 모르지만, 로마 원로원으로부터 놀라국과 나폴리국 사이의 국경 문제를 해결하도록 전권을 부여받은 중재자로서 파견되어, 양국에 대해 과욕에 눈이 어두어 지나친 행동은 하지 말고 앞으로 전진하기보다는 오히려 뒤로 후퇴하라고 각각 말했다고 하는데, 이것이 사실이라면 비록 우리 로마인이라 할지라도 칭찬받아서는 안 될 것이다. 양국이 그의 말대로 하자, 두 나라 사이에는 상당한 땅이 생겼다. 양국이 각기 동의한 대로 그는 현위치를 국경선으로 정하고 나서 그 사이의 중간 영토를 로마인들에게 바쳤다. 이것은 분명 기만이지 중재자로서의 판결은 아닌 것이다. 그러므로 만사에 있어서 이러한 교활한 짓은 하지 말아야 한다.

술의 부 재시 군대를 명령할 imperium을 보유했기 때문에 후일 그 수가 늘어나 속주 총독으로 임명되기도 하였다.

39) 저 유명한 스파르타의 클레오메네스 왕(B.C.520-491)이 아르고스를 공격했을 때 내 건 구실이었다..

40) Quintus Fabius Labeo: Fabius Qunctator의 손자로서 B.C.183년 M. Claudius Marcellus와 함께 콘술.

XI 그러나 네가 어떤 사람들에 의해 불의의 손해를 보았다고 하더라도 심지어 그런 자들에 대해서까지도 지켜서 해야 할 의무들이 있다. 그 까닭은 복수하는 것과 처벌하는 것 사이에는 분명히 한계가 그어져 있기 때문이고, 게다가 내 생각으로는 불의를 범한 자가 자기 죄를 뉘우쳐 다시는 그런 일을 되풀이하지 않도록 하고, 그 주위 사람들에게도 불의를 행해서는 안 되겠다는 생각을 심어주는 것으로 충분하다고 보기 때문이다.

34 또한 국방 외교에 있어서도 전쟁법들은 최대로 준수되어야 한다. 구체적으로 말해, 분쟁을 해결하는 데는 두 가지 방법이 있는데, 하나는 협상을 통하는 것이고, 다른 하나는 무력 수단을 사용하는 것이다. 그런데 토의는 인간의 고유한 것이고 힘은 야수에 고유한 것이므로, 더 우월한 것인 협상이 안통할 때, 최종 단계에 이르러 보다 열등한 무력에 호소해야 할 것이다.

35 그러므로 분명히 전쟁은 불의가 행해짐이 없이 평화 속에서 살기 위해 수행되어야 하지만, 일단 승리를 거둔 후에는 전쟁 중에 잔인무도했던 자들을 제외하고 모두 보호해주어야 한다. 구체적으로 말해 우리 조상들은 투스쿨룸인, 아쿠아인, 볼스키인, 사비누스인과 헤르니쿠스인들까지도 로마시민으로 받아들였지만, 카르타고와 누만티아는 완전히 멸망시켰던 것이다. 나는 코린트가 파괴되기를 바라지 않았지만 우리 조상들은 특히 코린트가 위치한 그 장소 자체가 전쟁을 하는 데 최대의 이점을 지니고 있다고 믿어, 혹시 장차 그 곳이 다른 전쟁을 유발시키지나 않을까 하는 두려움 때문에 여러 가지를 고려했으리라는 생각이 든다. 내 생각으로는 적어도 음흉한 책략이 일체 발붙일 수 없는 평화 상태를 유지하기 위해 우리는 노력해야 할 줄로 안다. 이러한 나의 말에 귀를 기

울였다면 우리는 지금 여전히 지상 최대의 정부는 아니라 하더라도, 하여튼 어떤 유의 공화정부를 소유하고 있었을 텐데, 내 말을 듣지 않아 지금은 무정부 상태가 된 것이다.

그리고 우리는 무력으로 정복한 사람들에 대해 배려해 줄 뿐만 아니라, 우리 로마 장군들의 신의를 믿고 도망해 온 적병사들도 비록 그들이 공성(攻城) 망치로 우리 성벽을 파손시켰다 할지라도 받아들여야 한다. 이런 점에서는 우리 로마인들 사이에 정의감이 대단히 많이 고무 함양되었기 때문에, 전쟁으로 정복한 국가 또는 민족을 신의로서 보호해 주겠다는 약속을 하고 받아들인 우리는 조상의 관습에 따라 그들의 보호자가 되었던 것이다.

36 또한 전쟁의 공정성에 대하여는 로마 인민의 전쟁을 주관하는 사제단의 법에 가장 확실히 신성하게 기술되어 있다. 여기를 보면, 전쟁이 적에게 만족할 만한 손해 배상을 청구하기 위해 수행되는 것이 아니거나, 또 사전 경고나 공식적인 선전 포고도 없이 수행되는 경우에는, 그 어떤 전쟁도 공정하다고 할 수 없다고 되어 있다. 포필리우스[41]는 속주를 통치하는 장군이었는데 그의 군대에 노 마르쿠스 카토[42]의 아들이 근무하고 있었다. 그런데 포필리우스는 그의 군대 중 일개 군단을 해산하기로 결정을 하게 되어, 바로 그 군단에 복무하고 있던 카토의 아들 역시 제대시키게 되었다. 그러나 카토의 젊은 아들은 전쟁을 워낙 좋아해 군대에 계속 남아

---

41) Marcus Popilius Laenas: B.C.172년의 콘술로서 Liguria의 산지인들을 정복함.

42) Marcus Porcius Cato Censorius major(B.C.234-149): 농업서 저술가. *Origines*의 저자. B.C.196년의 콘술. B.C.184년의 켄소르. 정치가로서 원로원에서 연설할 때마다 무성한 무화과 나무가지를 흔들면서 카르타고는 멸망시켜야 한다고 외쳤던 것으로서 유명하다. 또 그는 헬레니즘사상의 물결이 로마에 흘러들어와 로마청소년들의 질소검박한 생활을 타락시킨다고 하여 그리스 사상가들을 로마에서 추방시키기도 하였음.

있게 되었다. 그때 카토는 포필리우스에게 서한을 보내, 만약 귀관이 본인의 아들을 계속 군대에 남아 있게 허용하고자 한다면 아들 녀석으로 하여금 귀관에게 병사로서의 제2의 충성의 서약을 하게 하라고 간청하였다. 카토는 그 이유로, 첫번째의 병사 선서는 제대로 인해 효력이 상실되었기 때문에, 적과 더 이상 싸울 수 없는 까닭이라고 하였다. 이렇듯 전쟁을 시작할 때 지켜야 할 법은 매우 엄숙하게 준수되었던 것이다 .

37 노 카토가 아들 마르쿠스에게 보낸 것이 분명한 편지 한 통이 있는데, 그 속에서 그는 자기 아들이 마케도니아에서 페르세우스[43] 군대와 전쟁하고 있을 때, 콘술에 의해 제대당해 사사로운 병사로 남아 있다는 사실을 들었다고 쓰고 있다. 그리고 그는 아들에게 전투에는 참가하지 말도록 조심하라고 충고하고 있는데, 그것은 제대당한 사인(私人)은 적과 싸울 수 없다고 법이 규정하고 있기 때문이라고 하였다.

XII 참으로 나는 본래의 명칭이 싸우는 적(perduellis)이었던 것이 외래 손님(hostis)으로 불린 사실을 주목하는데, 이 말은 표현을 부드럽게 하여 거친 것을 완화시킨 것이다. 왜냐하면, 우리 조상들에게는 현재 우리가 외국인(peregrinus)이라고 부르는 것이 적(hostis)을 의미했기 때문이다. 이것은 12표법에 나와 있는 '또는 외국인(hostis)과 재판하는 날로 정해진 하루' 라는 규정과 그리고 또 '외국인(hostis)과의 거래시 소유권은 영구히 불가양도의 상태에 있다' 라는 규정에서도 입증된다. 전쟁이 일어나면, 네가 대항해서 싸워야 할 자를 그토록 부드럽게 부르는 것보다 더 부드러운 명칭이 어디 있겠는가? 그렇지만 오랜 세월이 흘러 이제 그 명칭은 더욱

43) Perseus : Macedonia의 마지막 왕, Paulus에게 정복되다.

거칠게 되었는데, 구체적으로 말해, 외국인의 의미에서 본래의 의미로 되돌아가 무기를 들고 대결하는 적으로 되었다.

38 실로 패권을 장악하고 명성을 추구하기 위해 전쟁을 한다 할지라도, 그 전쟁은 처음부터 내가 조금 전에 말한 그러한 전쟁 수행의 정당한 동기 하에서만 치루어져야 할 것이다. 그러나 패권 장악의 영예를 추구하기 위한 전쟁들은 가혹하게 수행되어서는 안 된다. 예를 들면, 우리는 같은 동료 시민들과 정권을 놓고 정적으로서 또는 경쟁자로서 싸우고 있는데, 이때 경쟁자로서의 싸움은 명예와 지위의 싸움인 반면, 정적으로서의 투쟁은 목숨과 명성을 건 싸움이다. 이와 마찬가지로 켈트 이베리아인들과 킴브리아인들과의 전쟁은 적과의 싸움으로서 누가 패권을 장악하느냐가 아니라, 그야말로 생존을 위한 처절한 싸움이었다. 반면 라틴인, 사비누스인, 삼니테스인, 카르타고인, 피루스왕과는 누가 패권을 쥐느냐는 문제를 놓고 싸웠던 것이다. 카르타고인은 조약을 위반했고, 한니발[44]은 잔인했다. 그 나머지는 이들보다는 정의로웠다. 실제로 우리는 피루스[45] 왕이 포로 송환에 관해 개진했다고 하는 다음과 같은 저 훌륭한 말을 들을 수 있다.

> 짐은 황금을 요구할 생각이 없으니,
> 파브리키우스,[46] 귀관은 몸값을 지불하지 않아도 될 것이오.

---

44) Hannibal: Carthage의 Barca가문의 Hamilcar의 아들. B.C.218년 소위 한니발전이라고 불리는 제2차 포에니전쟁을 일으켰으나, B.C.201년 로마에 굴복함.

45) Pyrrhus(B.C.318-272): Epirus의 왕, Achilles와 Aeacus의 후손, B.C.280-275년에 이탈리아를 침입하여 남부에서 로마인들과 싸웠다.

46) Gaius Fabricius Luscinus: 로마의 영웅. B.C.282년의 콘술. B.C.280년 Pyrrhus와 전쟁함. B.C.275년의 켄소르.

우리는 피차가 전쟁을 사고 파는 자가 아니라
전쟁을 하는 자이므로,
황금이 아닌 검에 의해 우리 두 사람이
사생결단을 냄이 어떠하오.
행운의 여신이 귀관을 원하는가,
아니면 짐에게 군림하시고자 하는지
사나이의 용기로 시험해보도록 합시다.
그리고 동시에 이 말을 수락하기 바라오.
전쟁을 주관하시는 행운의 여신이
귀관의 용기에 찬사를 보낸다면,
확언컨대 귀관의 포로들에게 자유를 주겠소.
위대하신 신의 축복에 따라 귀관에게 선물로 줄 것이니,
포로들을 로마로 데리고 가도록 하시오.[47)]

이것이야말로 아이아쿠스 왕가[48)]의 혈통을 이어받은 제왕의 고귀한 문장이 아니고 무엇이냐?

XIII 39 그리고 만약 사정상 어쩔 수 없어 개인 자격으로 적에게 약속을 했다면, 심지어 그러한 경우에도 신의를 지켜야 한다. 예를 들면, 제1차 포에니전쟁시 카르타고인에게 포로가 된 레굴루스[49)]는 포로 교환 문제 때문에 다시 돌아오기로 맹세하고 로마에 파

---

47) Ennius: 그의 역사시인 *Annales*는 12권이었으나, 오늘날 전해져오고 있지 않다. 여기에 인용된 시행은 아마 9권에 나와 있었던 것 같다.

48) Epirus의 왕들은 부계 쪽으로 Achilles의 아들, Aegina섬의 Myrmidons의 왕, Aeacus의 손자인 Pyrrhus 혹은 Neoptolemus의 후손이라고 주장하였다.

49) Marcus Atilius Regulus: 로마의 영웅, B.C.267, 256년의 콘술. B.C.255년에 패배해 포로가 되었다가 처형당함. 그의 유명한 이야기는 제3권, 99-115에 상세하게 나온다.

견되었을 때의 일이다. 그는 도착하자 마자 우선 원로원에 가서 카르타고의 포로들을 돌려보내서는 안 된다는 의견을 표명하고 나서, 친척과 친구들이 만류하는 것을 뿌리치고, 비록 적에게 한 약속이지만 그것을 어기느니 차라리 고문 당해 죽는 편이 낫다고 카르타고로 되돌아 가는 길을 택했던 것이다.

40 더욱이 제2차 포에니전쟁 때의 일인데, 칸나이 전투가 끝난 후 한니발은 10명의 로마인 포로들을 로마로 돌려보낸 일이 있었다. 만약 그들이 몸값을 지불하고 포로를 석방하는 문제를 해결하지 못한다면, 되돌아와야 한다는 맹세를 하게 하고서였다. 그러나 그들이 한니발에게로 돌아간다는 약속을 지키지 않았기 때문에, 로마의 켄소르들[50)]은 그들 모두에게 죽을 때까지 아이라리우스[51)]로 남도록 조처를 취했다. 켄소르들은 또한 10명 중 한 사람이 자신은 죄가 없다고 주장했으나 예외없이 벌하였다. 즉, 그 자는 한니발의 허락을 받고 맹세를 한 후 자신이 거처하던 캠프를 떠났다가, 잠시 후 무엇인가 잊은 물건이 있다는 구실을 내세워 돌아왔다. 그런데 그 사람은 두번째 캠프를 떠날 때 자기는 이미 첫번째 맹세한 서약의 의무에서 벗어났다고 생각했는데, 말에 일리는 있었으나 사실은 그렇지가 않았던 것이다. 신의를 지키는 데 있어서 항상 고려해야 할 것은 네가 말한 것이 아니라, 무엇을 뜻하고 있는가 하는 그 내용이다.

적에 대한 정의가 어떤 것인가 하는 가장 훌륭한 실례를 우리 선조들은 보여주고 있다. 피루스왕에게서 도망해 온 자가 로마 원로

---

50) Censor: 원래 B.C.443년에 센서스 조사를 하기 위해 귀족 출신에서 임기 18개월의 고위정무관을 뽑기로 하여 창설된 관직. 그러나 그 후 로마시민 중에 윤리, 도덕에 위배되는 자들을 처벌하는 역할도 맡게 되었는데, 여기서 오늘날 검열관이라는 뜻도 지니게 되었음.

51) aerarius: 참정권이 박탈되고 의무만 부과된 로마 시민.

원에서 자기가 왕을 독살하겠다는 약속을 했을 때, 원로원과 가이우스 파브리키우스는 그 도망자를 피루스왕에게 되돌려 보냈다. 진실로 강대한 세력을 형성하고 있었고, 더구나 더 큰 전쟁을 도발할지도 모르는 적을 부당하게 제거하는 것에 그들은 동의하지 않았던 것이다.

41 이상으로 전쟁들의 의무에 관해서는 정말 충분히 언급되었다고 생각한다. 그러나 우리는 심지어 가장 미천한 자들에 대해서조차도 정의가 구현되어야 한다는 점을 기억해야 할 것이다. 가장 천한 상태와 운명에 처해 있는 것은 노예들인데 여기서 우리가 얻게 되는 훌륭한 교훈은 그들을 고용 노동자처럼 다루라고 명령하고 있다는 사실이다. 즉, 심하게 일을 시키기는 하되, 의식주와 같은 근본 문제는 해결해 주어야 한다는 것이다.

한편, 불의가 행해지는 데에는 두 가지 방식이 있는데 그것은 폭력과 기만이다. 기만은 마치 여우의 교활함처럼 보이고, 폭력은 마치 사자의 사나움처럼 보인다. 폭력과 기만은 인간과는 가장 거리가 먼 것이지만, 기만이 더 큰 혐오를 받아 마땅하다. 그런데 모든 불의 중에서도, 남을 가장 많이 기만하면서도 자신은 마치 선인처럼 보이도록 위장하면서 속이는 자들의 불의가 가장 위험하다.

정의에 대해서는 충분히 말했다고 생각된다.

XIV 42 다음으로, 계획한 대로 선행을 행하거나 호의를 베푸는 것에 대해 말해보자. 사실, 선행을 행하고 호의를 베푸는 것보다 인간 본성에 더 적합한 것은 없다. 그러나 주의할 점이 많이 있다. 첫째, 베풂으로써 친절하다고 여겨지게 하려는 베풂의 대상자들 자신과 그밖의 다른 사람들에게 선행을 베푸는 것 자체가 피해를 주지 않도록 해야 하며, 둘째, 친절이 베푸는 자의 재산 능력의 한계를 넘어서는 안 되며, 셋째, 친절이 각자 받을 만한 가치에 따라 베풀어지도록 해야 한다. 왜냐하면 그것은 정의의 기초로서 이것에 근거하여 모든 친절이 베풀어지기 때문이다. 즉, 사람들이 분명히 순수한 마음에서가 아니라 남을 돕는다는 사실을 과시하기 위해 어떤 자에게 은혜를 베풀었지만 오히려 그 자에게는 손해를 입혔다고 할 때, 은혜를 베푼 자들은 친절하거나 관대한 자가 아니라 위험한 아첨꾼들로 판단되어야 한다. 그리고 남에게 물질적인 도움을 주기 위해서 또 다른 사람을 해하는 것은 마치 남의 재산을 가로채 자기 재산으로 만드는 것과 꼭 마찬가지로 불의인 것이다.

43 그런데 참으로 명성과 공직으로 인한 영예를 탐하는 자들이 많이 있다. 그들은 이유야 어떻든 수단 방법을 가리지 않고 친구들을 부유하게만 하면 친구들 간에 자신이 은혜를 베푸는 자로 보이게 될 것이라고 멋대로 생각한다. 그러나 그것은 너무나 의무와는 동떨어져 있는 것이므로 이보다 더 의무와 상반되는 것은 없다. 따라서 친구들 간에 이익이 되면서 아무에게도 해가 되지 않는 바로 그러한 관대함을 베풀도록 해야 한다. 그러므로 루키우스 술라[52]와 가이우스 카이사르가 정당한 주인에게서 돈을 빼앗아 남들에게 준 것은 관대하게 보여서는 안 된다. 왜냐하면 그 자체가 정의로운 것이 아니면 절대로 관대한 것이 아니기 때문이다.

44 또 다른 주의점은 재산 능력보다 더 크게 친절을 베풀지 말라는 것이다. 왜냐하면 사정이 허락하는 이상으로 관대하기를 원하는 사람들은 우선 가족과 가까운 친척들에게 해를 끼친다는 점에서 잘못을 저지르고 있기 때문이다. 즉, 그런 자들은 가족과 가

52) Lucius Cornelius Sulla Felix(B.C.138-78): 귀족출신으로서 Marius와 정치적으로 대결함.

까운 친척들에게 더 공평하게 나누어 줄 수도 있고, 또 상속분으로 남겨질 수 있는 재산을 아무런 인척 관계도 없는 타인들에게 넘겨주고 있는 셈이다. 더욱이 그러한 관대함 속에는 나누어주기 위한 충분한 재산을 확보하기 위해, 불의를 통해 더 큰 것을 강탈하고 탈취하려는 탐욕이 도사리고 있는 것이다. 심지어 본심이 착해서 관대함을 베푸는 것이 아니라, 어떤 명예욕에 이끌려 순전히 과시하기 위해 친절을 베풀고 선심을 쓰는 사람들을 보는 경우가 많다. 그들은 자발적이라기보다는 허세를 부리기 위해 많은 선심을 쓴다고 볼 수 있다. 참으로, 이러한 가식은 관대함이나 도덕적으로 선하고 명예로운 것보다는, 위선과 허세에 더 밀접하다.

45 세번째로 고려해야 할 점은, 친절을 베풂에 있어서 그 대상의 가치에 대한 선별이 있어야 한다는 것이다. 우리가 친절을 베풀려고 할 경우에는 친절을 베푸는 것이 초래하게 될 도덕적 성격이나 친절을 받을 사람의 우리들에 대한 마음가짐, 그리고 공동체 및 사회생활에 대해 취하는 그의 태도 등을 고찰하고 난 후, 그의 정신 상태와 우리의 이익을 위해 그가 전에 행한 적이 있는 의무들과를 먼저 비교해 보아야 할 것이다. 그 대상자에 대해 이 모든 고려를 동시에 해봄이 바람직하다. 그렇지 않으면 다른 많은 이유들이 더 큰 비중을 차지하게 될 것이다.

XV 46 그런데 우리는 완벽하고 현명한 사람들과 더불어 사는 것이 아니라 덕과 유사한 것, 즉 사이비 덕만 지녀도 훌륭하게 행동할 수 있는 사람들과 살아가고 있는 이상, 나는 심지어 약간의 덕이라도 보이는 사람은 어떤 사람이건 간에 무시되어서는 안 된다고 생각한다. 더욱이 사이비 덕보다는 더 완전하고 온건한 덕, 즉 중용, 절제, 그리고 이미 많이 언급한 바 있는 정의 그 자체를 많이 지니면 지닐수록 그만큼 그런 사람에게는 더 많은 혜택을 주어야 한다고 생각한다. 나는 용기라는 덕에 대해서는 언급하고 싶지 않은데, 왜냐하면 용감하고 위대한 정신은 대개 완전하지도 않고 현명하지도 않은 사람에게서 더 열렬하게 나타나기 때문이다. 따라서 저 덕들이 오히려 선인의 속성으로 보인다.

또한 그러한 덕들은 사람의 성격과 관계가 있다.

47 한편, 누군가가 우리에게 행한 호의에 대해 우리가 해야 할 첫째 의무는 우리를 가장 많이 생각해 준 사람에게 최대의 것을 주어야 한다는 것이다. 그러나 상대방의 호의를 평가함에 있어 유치한 청소년의 기질과 어떤 사랑의 열정같은 것으로 하지말고, 변하지 않고 일관성있는 원칙으로 판단하도록 해야 한다. 그러나 상대방의 호의가 베풀어졌지만, 감사한 마음을 보답으로 표시하지 못했을 때에는 더 큰 배려를 하여 감사의 표시를 해야 할 것이다. 왜냐하면 감사의 마음을 표시해 보답하는 것보다 더 필요한 의무는 없기 때문이다.

48 만일 네가 사용하기 위해 빌어온 것들을 헤시오두스[53)]의 말처럼, 가급적 더 많은 것으로 되돌려 갚아 주어야 한다면, 생각지도 않은 호의를 받았을 때 우리는 도대체 어떻게 하여야 할까? 생각건대, 아마 우리는 받은 것보다 훨씬 많이 생산해 내는 기름진 땅을 닮아야 하지 않을까? 만일 우리가 장차 우리에게 도움을 주리라고 생각되는 사람들에게 참으로 주저하지 않고 호의를 베푼다면, 이미 우리에게 도움을 준 사람들에게는 어떻게 대해야 하겠는가? 사실 관대함에는 두 가지 종류가 있는데, 하나는 친절을 베

53) Hesiodus: B.C.8세기의 Boeotia의 저술가. 노동과 나날, 5. 349.

푸는 것이요, 다른 하나는 보답하는 것이다. 친절을 베풀 것이냐, 베풀지 않을 것이냐 하는 선택은 우리의 권한이지만, 남에게 해를 끼치지 않고 보답할 수 있음에도 불구하고 보답하지 않는 것은 선인이라 할 수 없다.

49 한 걸음 더 나아가, 호의를 받았을 때는 그에 대한 선별이 행해져야 한다. 즉, 말할 것도 없이 최대의 호의를 베푼 자에게 최대의 보답을 해야 될 것이다. 이런 점에서, 우선 상대방이 어떤 마음가짐과 어떤 생각에서 호의를 베풀었는지 고려해야 한다. 그 까닭은 많은 사람들이 때로는 모든 것이 병적인 상태에서, 때로는 마치 바람이 갑자기 휘몰아치고 지나가듯 일시적인 마음의 충격을 받아 돌발적인 상태에서 무모하게 선심을 많이 쓰기 때문이다. 물론 이러한 호의는 사려깊고 일관된 판단에 입각해서 행해진 값진 호의와 같은 것으로 생각해서는 안된다.

그러나 호의를 베풀고 은혜를 보답함에 있어 모든 조건이 같다면, 최대의 의무란 도움이 필요한 자에게 가능한 한 최대의 도움을 주는 것이다. 그러나 대부분의 사람들은 반대로 한다. 그들은 내심으로 가장 큰 것을 주리라고 기대하는 사람에게, 비록 그 당사자는 정작 아무런 호의와 도움이 필요하지 않음에도 가능한 한 최대의 봉사를 하는 것이다.

XVI 50 그런데 인간사회와 공동체는 그 구성원 각자가 가장 친밀하게 결합되어 서로 최대의 호의를 베풀 때 가장 잘 유지, 보존될 것이다.

그러나 무엇이 인간 공동체와 사회의 자연적 원리들인지 재검토하는 것이 중요하다. 물론 제1원리는 인간사회 전체에서 두드러지게 나타나고 있다. 사실 인간 공동체와 사회의 연결고리는 사유 능력인 이성과 말하는 능력인 언어인데, 바로 이 이성과 언어가 가르치고 배우며 의사를 전달하고 토론하며 판단하는 것을 통해 인간 상호 간의 결합을 돈독케 하며, 어떤 자연발생적인 형제애와 같은 사회정신을 함양시키는 것이다. 그렇다고 우리 인간에게 흔히 이야기되듯이, 야생마나 사자에게서 볼 수 있는 용감성과 같은 야수의 본성이 아주 없다는 뜻은 아니다. 다만 야수들은 정의, 형평, 선(善)과는 거리가 멀다고 말할 수 있는데, 그 까닭은 짐승들이란 이성과 언어가 결여되어 있기 때문이다.

51 그런데 인간 모두에게 서로 최대로 이용할 수 있도록 활짝 열려져 있는 것이 바로 사회이다. 이런 점에서 인간이 공동으로 이용할 수 있게 자연이 산출한 모든 것에 대한 공동의 권리는 수호되어야 한다. 즉, 법과 시민권에 의해 할당된 권리들은 법 자체의 규정대로 지켜져야 함은 물론, 나머지 권리들도 '친구들 간의 모든 것은 공동 소유다'라는 그리스의 격언처럼 보호되어야 한다. 더욱이 모든 인간의 공동소유는 엔니우스[54]에 의해 제시된 유의 사물로서 보이는데, 그가 든 아래의 한 가지 예는 한정되어 있지만 그 원리는 많은 것에 적용시킬 수 있다.

> 길 잃고 방황하는 자에게
> 친절하게 길을 가르켜주는 사람은
> 마치 자신의 등불로 다른 사람의 등에
> 불을 붙여 주는 것과 같도다.
> 그런데 남에게 불을 붙여 주었다고 해서
> 자신의 불빛이 덜 빛나는 것이 아니니라.

---

54) Ennius Scaenica: 181-183.

이 예에서 그는 한 가지 사실을 충분히 가르치고 있는데, 그것은 손해가 없다면 낯선 사람일지라도 무엇이든 주라고 하는 것이다.

52 여기서 다음과 같은 보편적 가치를 지닌 원칙들이 나올 수 있다. 즉, "흐르는 하천의 물을 이용코자 하는 사람을 훼방하지 말라, 불을 붙이고자 하는 사람이 있거든 불을 붙여주어라, 고민하는 자가 원하거든 상담에 성실하게 응해 주라"이다. 이런 것들은 받는 자에게는 이익이요, 주는 자에게도 손해는 아니다. 그러므로 이런 원칙들은 이용되어야 하며, 항상 무엇인가 공공의 이익이 되도록 해야 한다. 그러나 개인 각자의 재산은 얼마 되지 않는 반면 재산이 필요한 사람들의 수는 한이 없는 이상, 우리는 보편적인 관용의 정신을 갖고 시민들에게 관용을 베풀 능력을 견지하기 위해서라도 '남에게 불을 붙여주었다고 해서, 자신의 불빛이 덜 빛나는 것은 아니다' 라는 저 엔니우스가 말한 목적에 부합되도록 해야 한다.

XVII 53 그러나 인간사회에는 결합의 정도가 가깝거나 먼 경우가 많이 있다. 사실 저 보편적인 사회 결합이 제대로 이루어지지 않을 때 같은 씨족, 같은 민족, 같은 언어를 공통으로 한 보다 밀접한 결합 관계가 생기는데, 이러한 조건들이 인간을 가장 잘 결합시켜 주고 있기 때문이다. 이보다 더 가까운 결합은 같은 도시 국가의 시민들이 되는 것이다. 왜냐하면 시민들 사이에는 공동의 것들이 많기 때문인데 광장, 신, 회랑, 도로, 법, 권리, 법정, 투표권, 그밖에도 많은 사회단체와 친목서클, 그리고 많은 사람들과의 사업 관계와 계약 체결 등이 그것이다. 사실 가까운 친척 들의 결합 관계는 더 밀접하다. 이것이야말로 인간의 보편적인 저 거대한 사회 결합에서 벗어나 하나의 작고 좁은 집단으로 국한시켜 살펴볼 수 있게 하는 좋은 결합 관계이다.

54 왜냐하면 자식을 낳아 종족을 번식시키려는 본능은 자연이 동물에게 부여한 공통의 속성이기 때문에, 최초의 결합의 유대는 부부 간에, 다음에는 부모 자식들 간에 나타난다. 그리하여 결국 모든 것이 하나인 가정이 이루어지는 것이다. 더욱이 가족은 도시국가의 초석이며, 마치 공화국의 배양소같은 것이다. 이어서 형제 간의 결합이, 그 다음에는 사촌, 외사촌 간의 유대가 나타나게 되는데, 이들이 한 가정에서 더 이상 같이 생활할 수 없게 될 때에는 분가하든가, 식민시로 이주하는 것이다. 또 그들이 결혼하고 외척이 생기고, 이렇게 하여 더 많은 근친들이 생겨 늘어나는 것이다. 이러한 번식과 자손들이야말로 공화국의 원천인 셈이다. 더욱이 혈연 관계는 상호 간의 애정과 상호 부조로서 뭉치게 한다.

55 같은 조상의 전통을 물려받아 제사를 같이 지내고, 공동의 묘지를 이용하는 것은 참으로 중요하다.

그러나 모든 결합 가운데서 의기투합하는 선인(善人)들이 친교를 통해 친구가 되었을 때보다 더 뛰어나고 확고한 결합 관계는 없다. 왜냐하면 우리가 자주 말하는 저 도덕적 선은 심지어 다른 사람이 도덕적 선을 지니고 있다는 점을 알아차렸을 때조차도, 우리의 마음을 감동시켜 그의 친구가 되게 하기 때문이다.

56 그리고 모든 덕이 우리를 덕으로 인도하고 덕이 있어 보이는 사람들을 사랑하게 한다 해도, 결국 최대로 작용하는 것은 정의와 관대함이다. 그런데 선인들의 의기투합보다 더 가치있고 더 친밀한 것은 없다. 참으로 생각이 같고 취미가 같은 사람들은 서로를 아껴주고 기쁨을 같이 나누게 되고, 피타고라스[55]가 우정에서

55) Pythagoras of Samos: B.C.6세기의 위대한 수학자.

원하는 것처럼 여럿이 하나로 됨이 성취된다.

서로 호의를 주고 받아 이루어진 그러한 저 친구 집단이야말로 위대하며, 이들 호의가 상호 간에 받아들일 만한 것인 한 그러한 호의는 사회의 결합을 확고하게 한다.

XVIII 57 그러나 네가 제대로 된 이성과 정신에 입각하여 모든 것을 고려한다면, 모든 결합 중에서 우리에게 각자가 속해 있는 공화국의 결합보다 더 중요하며 소중한 것은 없다는 사실을 알게 될 것이다. 부모는 소중하고 자식, 친척, 친구도 소중하지만, 국가야말로 모든 사람의 소중한 모든 것을 포함하고 있다. 그러므로 국가에 도움이 된다면 그 누구가 조국을 위해 목숨을 기꺼이 바치지 않겠는가? 따라서 모든 사악함을 동원하여 조국을 분열시키고, 조국을 완전히 파괴하는 데 몰두하고 있거나 또 몰두했던 그러한 자들의 야비한 짓은 더욱 더 가증스러워 보인다.

58 그런데 만약 의무의 대부분이 무엇에 주어져야 하는가를 비교 대조해 보아야 한다면 최우선은 국가와 부모이다. 그 이유는 우리가 그들에게 최대의 은혜를 입었기 때문이다. 그 다음이 처자와 가솔로, 이들은 우리가 부양해 주기를 바라며 또 다른 잠자리도 없다. 그 다음이 편한 관계에 있는 가까운 친척들로, 이들과는 대부분 공동 운명에 처해 있다.

그러므로 앞에서 말한 대상에게 생활에 필요한 모든 물질적 도움들을, 그것도 최대로 주어야 한다. 그러면서도 우리는 또한 공동생활과 공동 식사, 충고, 대화, 격려, 위로를 하고, 때로는 친구들 간에 우정어린 질책도 해야 한다. 의기투합하는 친구들 사이의 우정이야말로 가장 유쾌한 것이기 때문이다.

59 그러나 이 모든 의무를 행함에 각자에게 가장 필요한 것이 무엇이며, 각자가 남의 도움 없이도 얻을 수 있는 것과 얻을 수 없는 것이 무엇인지 유의해야 할 것이다. 그리고 인간 간의 필요한 유대 관계는 시기와 주위 사정에 따라 같지 않다는 사실을 발견하게 된다. 사람에 따라서는 어떤 사람보다는 다른 사람에게 더 많이 이행해야 할 의무들이 있다. 예를 들면, 너는 곡물을 수확하는 데 있어서는 형제나 친구보다 이웃 사람을 더 빨리 도와주겠지만, 만일 법정에서의 재판 사건이라면 이웃 사람보다는 우선 친척과 친구를 변호해 주려 할 것이다. 따라서 우리가 의무들에 대해서 정확히 계산하는 사람이 되어 가감을 해보고 그 나머지가 얼마인데, 그러니까 각자에게 이행해야 할 의무는 어느 정도라는 것을 알기 위해서는 모든 의무에 있어서 이러 저러한 점들을 고려해야 하고, 또 이것이 실제의 습관과 관행이 되어야 한다.

60 그러나 의사, 장군, 웅변가들도 제아무리 자기 분야의 기술을 습득했다 하더라도, 실제 경험과 실행이 없이는 그 누구도 격찬을 받고 권위를 획득할 수 없듯이, 참으로 내가 현재 의무를 이행함에 있어서 저 교훈들을 마련하여 제시하고는 있지만, 중요한 점은 바로 어떤 경험과 실천을 전제로 하여 요구하고 있다는 사실이다.

이상으로 인간사회에서의 법들에 내재하는 저 원리들로부터 의무가 의존하는 도덕적 선이 어떻게 발전해 나왔는지 거의 충분히 말한 셈이다.

61 그렇지만 우리가 이해해야 할 것은, 도덕적 선과 의무가 흘러나오는 네 가지 덕을 살펴 보았으나, 그 중에서도 위대하고 고매한 정신, 그리고 사소한 인간사를 거들떠보지 않는 그러한

마음에서 이루어진 것이 가장 훌륭하게 보인다는 점이다. 그러므로 비방할 때 걸핏하면 가장 쉽게 튀어나오는 말은,

> 참으로 용감해야 할 그대 젊은 사내녀석들은
> 여자 마음같이 소심하게 행동하고,
> 얌전해야 할 저 처녀는
> 사내녀석처럼 구는구나.

이다. 그리고 또 이런 것도 있다.

> 그대 겁장이인 살마키스인의 후손이여,
> 피땀도 흘리지 않고 전리품을 노획했구나.

이와는 반대로 위대한 정신의 발로로서 용감하고 고귀한 업적을 이룬 일들에 대해 칭찬을 하자면 나는 입이 여러 개라도 모자랄 지경이다. 그렇기에 마라톤 전투,[56] 살라미스 해전,[57] 플라타이아 전투,[58] 테르모필라이 전투,[59] 레욱트라 전투[60]를 주제로 한 웅변가들의 광범위한 수사학 분야가 있는 것이고, 이로부터 우리의 코클레

---

56) Marathon 전투: 아테네 북쪽 20여 마일 떨어진 고원, 여기서 B.C.490년에 Miltiades와 그의 천명의 병사가 Darius의 군대를 패배시켰다.

57) Salamis 해전: Piraeus항구 앞쪽에 있는 만. 여기서 B.C.480년에 Themistocles와 그리스연합군이 페르시아의 함대를 전멸시켰다.

58) Plataea 전투: Boeotia의 Cithaeron산 밑에 있는 영웅적인 소도시. B.C.479년에 그리스에서 페르시아군이 최후의 패배를 당한 곳임.

59) Thermopylae 전투: Thessaly와 Locris 사이의 해안가에 있는 좁은 통로. B.C.480년 여기서 Leonidas와 그의 300명의 전사가 Xerxes군에게 큰 손실을 끼쳤음.

60) Leuctra 전투: Boeotia의 한 읍. 여기서 B.C.371년에 Cleombrotus 지휘하에 있는 스파르타군이 Epaminondas와 테에베인들에 의해 처참하게 패배당했음.

스,[61] 데키우스 부자,[62] 그나이우스와 푸블리우스 스키피오 형제,[63] 마르쿠스 마르켈루스[64]와 그 밖의 수많은 다른 사람들, 그리고 무엇보다도 로마 인민 자신의 정신의 위대함이 돋보이는 것이다. 더군다나 우리는 완전무장을 한 전사의 입상(立像)들을 흔히 보게 되는데, 여기에서 로마인들이 전승의 영예를 얼마나 열망하는가가 여실히 들어나고 있다.

XIX 62 그러나 위기와 고난의 시대에 나타나는 고매한 정신이 만약 정의가 결여되고 공공복지를 위해서가 아닌 자기 자신의 이익을 위해 투쟁한다면, 그것은 잘못된 것이다. 진실로 그것은 덕성이 아니라 오히려 비인간적인 것으로, 인간적인 모든 것을 거스리는 것이다. 그렇기에 용기라는 뜻은 스토아학파에 의해 올바로 정의되었다고 본다. 그들은 용기를 형평을 위해 투쟁하는 덕이라고 말하고 있다. 그러므로 음모와 사악으로 용기의 영예를 얻고자 하는 자는 그 누구도 찬양받지 못한다. 그 이유는 정의가 결여된 것은 그 무엇도 도덕적 선이 될 수 없기 때문이다.

---

61) Horatius Cocles: 다른 2명과 함께 Porsena와 Tarquinus와 대항하여 Tiber강교를 지켜 로마의 함락을 막은 영웅.

62) Publius Decius Mus 부자: 부는 B.C.360년의 콘술로서 Vesuvius산에서 멀지 않은 Veseris 전투에 몸을 던져 목숨을 버림으로써 Latin과 Campania인들을 정복하였고, 자는 B.C. 295년 Sentinum 전투에서 역시 목숨을 버림으로써 Samnium인, Umbria인, Etruria인, Gallia인들의 도전을 종식시켰다.

63) 형인 Gnaeus Cornelius Sclpio는 B.C.222년의 콘술, 동생 Publius Cornelius Scipio는 B.C.218년의 콘술로서 노(老) 아프리카누스의 부다. B.C.217-212년에 형제가 스페인에서 용감하게 싸우다 쓰러진 전사였음.

64) Marcus Claudius Marcellus: 이탈리아에서 Hannibal과 싸워 B.C.212년에 Syracuse를 취했다. 그리고 Gallia부족인 Insubres의 왕 Viridomarus를 자기 손으로 죽이기도 했다. 그는 B.C.208년에 Venusia 근처에 정찰하러 나갔다가 한나발군에게 살해당했는데, 한니발은 숙적이었음에도 불구하고 그를 명예롭게 매장하도록 했다 한다. 다섯번이나 콘술을 역임한 그는, 용감하지만 잔인한 전사로서 로마인들에 의해서는 과찬되었던 인물.

63 따라서 저 플라톤의 저서에 나오는 다음과 같은 말은 매우 훌륭하다. 그는 "정의와 동떨어져 있는 지식은 지혜라기보다는 오히려 간교함이라 불리워야 할 뿐만 아니라 위험에 대비하는 정신 자세도 공익에 근거한 것이 아니라 사욕에서 취해 진 것이라면, 용기라기보다는 오히려 뻔뻔스러움이란 이름이 붙여져야 한다"[65]고 말하고 있다. 그러므로 우리는 용감하고 고매하며 동시에 선하며 정직하고 진리를 사랑하는 자가 되기를 원하는 것이지, 추호도 남을 기만하는 자가 되려고 하지 않는다. 이러한 심성이야말로 정의의 핵심 부분을 이루고 있기 때문이다.

64 그러나 가증스런 것은 이러한 정신의 고양과 위대함을 추구하다 보면, 너무 쉽게 제1인자가 되려는 집념과 과도한 욕심이 생겨난다는 것이다. 과연 플라톤의 저서에 "모든 스파르타인들의 마음 속에는 정복욕으로 활활 타오르고 있었다"[66]라고 언급되어 있는 것과 꼭 마찬가지로, 용감하고 위대한 정신을 추구함에 있어 각자 자신이 특출하다고 생각하면 할수록 그만큼 더 만인 중 제1인자 아니 그보다는 유일한 지배자가 되려는 야심이 커지게 된다. 그렇기에 네가 모든 사람들 중에서 두각을 나타내려고 할 때는 정의에 가장 고유한 형평을 유지하기가 어려운 것이다. 그리하여 공화국에 토론의 결과도 승복하지 않으며 공적이며 합법적인 권위에 도전하면서 가급적 권력을 추구하여, 정의에 입각한 동등자(同等者)보다는 힘을 통한 우월자가 되기 위해 뇌물을 마구 뿌리고, 파당을 짓는 무리들이 생겨났다. 그러나 정도(正道)의 출세가 어려우면 어려울수록 그만큼 명성도 더 돋보이게 되는 것이다. 왜냐하면

---

65) *Menexenus* p. 246 e.

66) *Laches* 197 b.

정의가 결여되도 된다는 시대는 전혀 없기 때문이다.

65 따라서 불의를 행하는 자가 아니라 불의를 물리치는 사람이 강하고 위대한 사람으로 간주되어야 한다. 그런데 참되고 현명하며 위대한 정신의 소유자는 자연 상태인 인간 본성이 최대로 추구하는 저 도덕적 선이 명성에 있는 것이 아니라 행동에서 나타나는 것이라고 판단하며, 외관상 영광된 자로 보이기보다는 자신이 실제로 행동의 제1인자가 되기를 원하는 것이다. 참으로 무지한 대중의 변덕에 따라 아첨하는 사람은 위대한 인물들 속에 포함시켜서는 안 된다. 더욱이 사람은 각기 자신의 야심이 크면 클수록 더욱더 명예욕 때문에 쉽게 불의를 저지르도록 충동을 받는다. 확실히 우리는 지금 토의하기가 매우 어려운 문제를 다루고 있다. 왜냐하면 고생을 무릅쓰고 위험한 곳에 나아가면서도, 자기 행동에 대한 보상으로서 명성을 원치 않는 사람은 거의 없기 때문이다.

XX 66 대개 강하고 고매한 정신은 크게 두 가지 특징으로 나타난다. 하나는 주위의 사물들에 대한 무관심이나 경멸로 나타난다. 왜냐하면 이러한 사람은 도덕적으로 선하고 명예로우며 자연과 인간 본성에 합치하지 않는 한, 그 어떤 것도 찬양, 소망, 추구의 대상으로 삼지 않으며, 그 어떤 누구에게도 정신의 불안정이나 운명에도 굴하지 않는다는 신념을 지니고 있기 때문이다. 다른 하나는, 네가 위에서 말한 바와 같은 정신으로 훈련을 받았기 때문에, 너는 생명은 물론 특히 삶에 가치가 있는 생활을 하는 데 필요한 모든 것들을 위해, 진실로 저 최대 최고로 유익하기는 하지만 많은 고난과 위험이 따르는 일을 아주 열심히 하고 있는 데에서도 나타난다.

67 이 두 가지 용기의 특성의 모든 광채와 웅대함, 여기서 나온 유익함까지도 첨가해야 하겠지만 이들은 후자에 속한다. 그러나 위대한 인물들을 배출하는 데 있어서의 합리적 이유는 전자에 있다. 그 까닭은 정신을 탁월하게 하고 인간사를 경멸하게 하는 것은 전자에 있기 때문이다. 그런데 그것 자체는 만약 네가 오직 도덕적으로 선한 것만을 좋다고 판단하며, 네가 모든 마음의 혼란에서 벗어나 자유롭게 된다면, 두 가지 점에서 현저하게 나타난다. 구체적으로 말해 확고부동한 이유에서, 대부분의 사람들이 유별나고 특출한 것으로 보는 것을 별것 아닌 사소한 것으로 생각하고 경멸하는 것은, 강하고 꿋꿋한 정신의 소산으로 간주되어야 한다. 그리고 또한 인간의 생활과 운명에서 각양각색으로 나타날 때 고통스럽게 보이는 것은 참아 자연 상태인 인간 본성에서 조금도 벗어나지 않고 현자의 권위를 지키는 것, 이것 모두가 확고부동한 꿋꿋한 정신의 소산인 것이다.

68 더욱이 공포에 떨지 않는 자가 탐욕에 눈이 어두우며, 고난에 굴복하지 않는 자가 쾌락에 탐닉하는 것은 일관된 마음이라 할 수 없다. 그러므로 이러한 것들을 유념해야 하며 특히 돈에 대한 욕심을 버려야 한다. 왜냐하면 재산을 사랑하는 것보다 더 혐오스럽고 사소한 것은 없으며, 만약 네가 돈이 없다면 돈에 무관심하는 것보다 더 좋은 것은 없으며, 돈이 있다면 자선과 관용을 베푸는 것보다 더 명예롭고 고상한 것은 없을 것이기 때문이다.

위에서 말했듯이 심지어 명예욕까지도 주의해야 한다. 왜냐하면 그것은 모든 위대한 사람들의 경쟁을 불러 일으켜 원로원의 관직 독점권을 빼앗아가기 때문이다. 참으로 콘술[67]의 국가 통치권을 추

67) 콘술(consul): 원래 왕국이 몰락하고 공화국이 수립되는 B.C.509년에 귀족출신 중에서 임기 1

구해서는 안 되며, 아니 오히려 때로는 수락해서도 안 되고 언제나 사양해야 한다.

69 더욱이 욕심과 공포는 물론 마음의 병인 슬픔과 고통, 그리고 분노와 같은 모든 정신적 혼란 상태에서 벗어나 도덕적으로 확고하고 고귀한 품위를 지키도록 하는 마음의 평정과 근심걱정이 없는 마음을 갖도록 해야 할 것이다. 그런데 내가 말한 대로 마음의 평정을 구하여 공무에서 물러나 은둔 속에서 여가를 즐기는 자들이 과거에도 많았고 지금도 많다. 이런 사람들 가운데 가장 고귀하고 유명한 철학자들과 진지하고 엄격한 특정인들은 국민이나 그들의 지도자들의 행위를 견딜 수가 없어 농촌에 파묻혀 살면서 가사를 돌보는 데에서 기쁨을 누리는 자들도 없지 않다.

70 이런 사람들은 제왕 같아서 부족한 것도 없고 머리를 숙여 복종할 사람도 없기 때문에, 그야말로 자유를 만끽하며 요컨대, 자신이 원하는 대로 하면서 사는 것이다.

XXI 그런데 이것은 권력욕이 있는 자들에게나 내가 말하는 공직에서 물러나 은거하는 자들에게나 다 공통적이다. 다만 권력욕이 있는 자들은 큰 재산을 가진다면 이를 달성할 수 있다고 생각하며, 은거하는 자들은 자신과 얼마 안 되더라도 조그만 재산에 만족한다면 가능하다고 생각하는 데 차이가 있을 뿐이다. 여기서 두 가지 사고방식은 그 어느 것도 전적으로 무시되어서는 안 된다. 그러나 공직에서 물러난 자들의 생활은 더 편하고 안전하며 타인에게 덜 부담이 되고 덜 괴로움을 안겨주는 반면, 공화국을 위해 위대한 일에 매

년의 최고 정무관으로서 2인이 뽑히기 시작했는데, 서로 거부권을 행사할 수 있는 그들은 평화시에는 최고행정수반으로, 전쟁시에는 야전군 사령관으로서 최고의 군대명령권을 보유하고 있었다. 통령 또는 집정관으로 번역되기도 하지만, 원어 그대로 콘술로 역자는 쓰고 있다.

진하는 자들의 생활은 인간에게 더 유익하고, 명성과 권위를 획득하는 데 더 적합한 것이다.

71 그러므로 우리는 아마 학문에 전념하느라고 공무에 나아가지 못한 재주가 뛰어난 사람들과 건강 상태가 좋지 않거나 더 합당한 어떤 이유 때문에 국정에서 물러나면서 남에게 국가 행정에 참가할 수 있는 기회와 그 명예를 넘긴 사람들의 처지는 이해해 주어야 할 것이다. 그러나 이와는 반대로 상기(上記)한 아무런 이유도 없이, 대부분의 사람들이 갈망하고 흠모하는 콘술직 권한과 정무관직을 경멸한다고 공언하는 사람들은 칭찬받아야 하기는커녕, 진실로 잘못을 저지르고 있다고 나는 생각한다. 명예를 경멸하여 아무 것도 아니라고 하는 그들의 판단은, 그들이 말하는 것처럼 그들의 태도와 일치하지 않는다는 데 난점이 있다. 실제로 그들은 공무로 인한 수고와 고민, 그리고 또한 실각과 추방의 어떤 오명이나 불명예를 두려워하고 있는 것처럼 보인다. 사실, 상반되는 상황에서 자신의 언행(言行)이 거의 일치하지 않는 자들이 있기 마련인데, 그들은 쾌락을 극도로 경멸하지만 고통에 더 민감하며, 영예를 거부하지만 불명예로 마음이 동요되는데, 이러한 것을 볼 때 그들이 정말 충분히 일관성이 있다고 할 수는 없다.

72 그러나 자연으로부터 천부적으로 공무 수행의 능력을 부여받은 사람들은 모두 망설임에서 벗어나, 정무관직을 수락하고 국정을 보살펴야 한다. 왜냐하면 그렇지 않으면 국가가 통치될 수도 없고, 정신의 위대함도 들어날 수 없기 때문이다. 그런데 국정을 맡아 공무를 수행하는 자들은 아마 철학자들에 못지 않게, 아니 때로는 그들보다 더, 내가 자주 말하는 바 정신의 위대함과 인간사에 대한 경멸이 첨가되어야 하며, 만약 모든 근심걱정에서 벗어나

근엄하고 일관되게 살려고 한다면 마음의 평정과 편안함이 수반되어야 할 것이다.

73 이는 철학자들에게는 더 쉬운 일이다. 철학자들의 생활이란 운이 그리 많이 작용하지 않고, 부족한 것도 그리 많지 않기 때문에 어떤 역경에 처해도 그들은 그리 심하게 타격을 받지 않는다. 그러므로 이유가 없는 것은 아니지만, 은퇴한 자들에게서보다는 공무를 수행하는 자들에게서 보다 큰 정신활동이 행해지므로, 공무 수행자들의 성공에 대한 야심은 더 크다. 그러니만큼 더욱 더 공무 수행자들은 꿋꿋한 정신을 지녀야 할 것이며, 사소한 근심걱정에서 해방되어야 할 필요가 있다.

그렇기에 공무에 입문할 사람으로 하여금 저 일이 얼마나 도덕적으로 선하고 명예로운가를 고려해 보게 해야 할 뿐만 아니라, 성공할 능력을 지니고 있다는 확신을 갖도록 해야 한다. 동시에 그로 하여금 소심한 성격 때문에 너무 쉽게 의기 소침해서도 안 되며, 야심 때문에 너무 자신감을 가져서도 안 된다는 사실을 깊이 생각하게 해야 한다. 요컨대 모든 일을 시작하기 전에 세심한 준비를 갖추도록 해야 할 것이다.

XXII 74 그러나 대부분의 사람들은 전쟁행위가 시민사(市民事), 즉 평화에 관한 것보다 더 중요하다고 생각하지만, 이러한 의견은 묵살되어야 한다. 왜냐하면 많은 사람들이 종종 명예욕 때문에 전쟁을 추구하였으며, 더군다나 대부분 전쟁은 위대한 정신과 타고난 천부적 재능과 관련되기 마련이어서, 만일 그들이 군대의 일에 적합하고 전쟁을 하려는 욕망에 사로잡혀 있을 때에는, 더욱 그렇기 때문이다. 그러나 진정 사리대로 판단하면, 전쟁에 관한 것보다는 시민사, 즉 평화에 관한 것들이 더 중요하고 더 특별한 실례로서 많이 나타나고 있다.

75 진실로 제아무리 테미스토클레스[68]가 당연히 칭송을 받아야 하고, 그의 이름이 솔론의 이름보다 더 훌륭한 것으로 호칭되며, 살라미스해전이 그의 가장 영광스런 승리의 증거로 인용되고 있다 하더라도, 사실 이것은 아레오파구스 회의[69]를 창설했던 솔론[70]의 계획에 의해 테미스토클레스에게 돌아간 영광일 뿐이다. 그러므로 솔론의 공적이 테미스토클레스의 것보다 못한 것으로 판단되어서는 안 된다. 왜냐하면 테미스토클레스는 국가에 단 한번만 이익을 가져다 주었지만, 솔론은 국가에 항구적으로 이익을 가져다 주었기 때문이다. 즉 솔론의 계획에 의해 아테네인들의 법과 조상 전래의 제도들이 유지되었던 것이다. 그리고 테미스토클레스 자신은 실제로 아레오파구스회의를 도왔다고 결코 말할 수 없겠지만, 그러나 아레오파구스회의는 테미스토클레스가 실제로 그 자체의 도움을 받았다고 말할 수 있을 것이다. 왜냐하면 그 전쟁은 솔론에 의해 구성된 아레오파구스회의의 원로들의 계획에 의해서 수행되었기 때문이다.

76 파우사니아스[71]와 리산드루스[72]에 대해서도 꼭같이 이야기할 수 있다. 비록 그들의 활동으로 그리스에서의 스파르타

68) Themistocles(B.C.c.528-462): 아테네의 뛰어난 정치가. 특히 Salamis해전에서 페르시아함대를 전멸시킨 장군으로서 유명하다.

69) Areopagus: 군신의 언덕이라는 뜻의 이곳은 아테네의 아크로폴리스 바로 곁에 자리하고 있다. 이곳에서 아르콘을 역임한 원로들이 회의를 열어 정사를 결정했다 .

70) Solon(B.C.c.638-558): 아테네의 위대한 입법가, 특히 개혁정치가로서 유명하다.

71) Pausanias, Sparta의 왕. 그리스군의 총사령관으로서 B.C.479년의 Plataea전투에서 페르시아의 Mardonius를 쓰러뜨림으로써 Sparta에 영광을 안겨줌.

72) Lysandrus: Sparta의 해군제독. B.C.405년에 Aegospotami에서 아테네군을 패배시키고 장성(長城)을 파괴시킴.

인들의 지배권이 확대되었다고 생각될지 모르지만, 그들의 업적은 참으로 상당 부분이 리쿠르구스[73]의 법들과 훈련에 기인한 것이다. 아니 오히려 리쿠르구스의 법들과 훈련 때문에 파우사니아스와 리산 드루스는 복종을 더 잘하며 용맹무쌍한 군대를 보유할 수가 있었던 것이라고 말할 수 있다. 돌이켜 보면, 내가 소년이었을 때 마르쿠스 스카우루스[74]는 가이우스 마리우스[75]에 비해 열등하게 보이지 않았고, 공직에 있을 때에는 퀸투스 카툴루스[76]가 그나이우스 폼페이우스[77]에 비해 열등하게 보이지 않았다고 생각된다. 왜냐하면 국내의 현명한 계획과 정책 결정이 뒷받침해 주지 않는 한, 야전군은 미미한 존재에 불과하여 진가를 발휘할 수 없기 때문이다. 유일의 남아다운 특출한 장군인 아프리카누스[78] 역시 누만티아를 멸망시켜 공화국에 이익을 가져다 주었지만, 같은 시대에 티베리우스 그락쿠스[79]를 살해한 사인(私人), 푸블리우스 나시카보다 국가에 더 기여했다고 말할 수는 없다. 비록 나시카의 그라쿠스의 살인행위가 순전히 로마의 국내 문제에 한정된 것은 아니지만(또 폭력과

73) Lycurgus(B.C.9세기): Sparta의 유명한 입법가. Sparta의 국제(國制)를 수립한 정치가.

74) Marcus Aemilius Scaurus: B.C.115년의 콘술. B.C.109년의 켄소르 역임. 그는 덕인의 모범으로서 Cicero의 찬사의 대상임.

75) Gaius Marius(B.C.157-87): B.C.107년부터 일곱번이나 콘술을 역임하면서 이민족을 정벌하였음. 특히 Sulla와 피비린내나는 정쟁을 벌였음.

76) Quintus Lutatius Catulus: Cimbri를 정복한 Catulus의 아들로서 B.C.78년의 콘술. Catilina음모사건 때에는 Cicero를 지지하였고, 그 사건이 진정된 후에 Cicero를 국부라고 부른 최초의 인물이기도 하다.

77) Gnaeus Pompeius Magnus(B.C.106-48): Pharsalus에서 Caesar에게 패해 Egypt로 피했으나 B.C.48년 59세의 나이로 배신당해 살해되었다.

78) Africanus: 소 스키피오.

79) Tiberius Gracchus: B.C.133년의 호민관으로서 농지법을 제정하여 농지분배를 하려고 시도하다가 정적들에 의해 살해당함. 이에 대해서는 역자의 "티베리우스 그라쿠스의 농지법: 그 입법의도에 관한 논의," 《증보로마共和政硏究》, (서울대 출판부, 1995) 참조바람.

무기가 사용되어 전쟁의 성격을 띠고 있다고 하겠지만), 그럼에도 그 행위 자체는 군대의 동원없이 평화를 유지하기 위한 국정의 한 조처로서 취해졌던 것이다.

77 더욱이 아래의 다음 시구가 최상의 것인데, 이에 대해 사악하고 시기하는 자들이 이를 비방하곤 한다는 말을 나는 듣고 있다.

> 무기들은 시민의 평상복인 토가 앞에 내려놓게 하고,
> 개선장군의 월계관보다는, 시민의 찬사를 더 기릴지어다.[80)]

사실 다른 예들을 들을 필요도 없이, 내가 콘술로서 국가를 통치하고 있었을 때 음모자들은 시민들 앞에서 무기를 버리지 않았던가?[81)] 진실로 국가가 그때보다 더 심각한 위험에 처했던 적도 없었고, 그때보다 더 평화가 깃들었던 적도 없었다. 이와같이 나의 설득과 배려의 결과로서 가장 담대한 음모자들의 손에서 무기는 재빨리 저절로 미끄러져 땅으로 떨어지지 않았던가! 전쟁에서 이처럼 큰 업적을 세웠던 때가 일찌기 있었던가? 이와 비견할 만한 승리가 또 어디에 있었더냐?

78 아들 마르쿠스야, 난 이 나의 영예의 유산과 나의 행동을 본받을 의무가 너에게 있는 것이라고 참으로 뽐내고 싶은 심정이다. 더구나 확실히 전쟁영웅이라고 할 수 있는 그나이우스 폼페이우스는 많은 청중들 앞에서 다음과 같은 찬사를 나에게 바쳤

---

80) 이 시행은 B.C.63년에 출간된 Cicero의 시 *De suis temporibus*의 3권에 나오고 있다.

81) 소위 Catilina 음모를 말함.

다. 그는 승리를 쟁취한 곳에서 만약 내가 국가에 대해 기여한 도움이 없었더라면 자신의 세번째 승전은 있을 수 없었을 것이라고 말했던 것이다.

따라서 시민으로서 내정(內政)을 펼 때의 용감한 불굴의 정신은 군인의 용감한 정신에 비해 뒤떨어지는 것이 아니다. 아니 오히려 시민으로서의 용기는 군인의 용기보다 더 많은 정력과 더 큰 열의가 필요한 것이다.

XXIII 79 대체로 고매하고 꿋꿋한 불굴의 정신 속에서 우리가 추구하는 저 도덕적 선은 육체적인 힘에 의해서가 아니라 정신력으로 형성된다. 그렇지만 육체는 단련되어 계획과 이성에 복종하여 일을 추진하고 힘드는 일은 참아 나갈 수 있도록 훈련되어야 한다. 그러나 어쨌든 우리가 탐구하는 저 도덕적 선은 그 전부가 정신의 배려와 인식 속에 있는 것이다. 그리하여 평상복인 토가를 입고 국사를 돌보는 자들은 전쟁을 수행하는 자들에 못지 않은 이익을 국가에 가져다주는 것이다. 그러므로 정치가인 그들의 계획에 따라 흔히 전쟁은 수행되지 않거나 끝나기도 하고, 때로는 새로 선포되기도 한다. 예를 들면, 마르쿠스 카토의 제3차 포에니 전쟁 계획안은 심지어 그의 사후에도 그의 영향력이 발휘되어 실천에 옮겨졌던 것이다.

80 그러므로 확실히 전쟁터에서의 용기보다는 우정어린 대화를 통한 이성적인 분쟁 해결이 더 바람직한 것이다. 그렇다고 하여 단순히 전쟁을 피하기 위해 국가의 이익마저 저버리는 일은 없도록 유의하지 않으면 안 된다. 그렇지만 전쟁을 수행할 때도 분명히 해둘 것이 있다. 즉, 전쟁은 평화를 추구한다는 단 한 가지 목적을 위해 수행하는 것처럼 보이게 해야 한다는 것이다.

참으로 강한 불굴의 정신이란 역경에 처했을 때에 당황하거나 하지 않고, 자기 자신의 중심을 잃어 주위 사람에게서 내침을 받지 않으며, 세상 사람들이 얘기하듯 침착하게 자기중심을 잡고, 계획과 이성에서 이탈하지 않는 데에서 나타난다.

81 비록 이 모든 것은 불굴의 용감한 정신을 필요로 하는 것이지만, 그러나 생각을 깊이 하고 미래를 예견하여 언제 어디서 길사이든 흉사이든 일이 터지면 그 결과는 어떻게 되리라는 것을 미리 알아 이에 대한 만반의 준비를 갖추며, 막상 그 일이 터져 그때에 가서야 비로서 '미처 생각해보지 못했는데'와 같은 말을 하지 않기 위해서는 총명이 필요하다.

이런 것들은 위대하고 특출한 정신 활동이며 현명과 지혜에 내재하는 신의 깊은 정신 활동이기도 하다. 이와는 반대로 무모하게 최전선에 뛰어들어 무기를 들고 적과 싸우는 것은 다소 비인간적이고 짐승과 흡사하다. 그러나 때와 처지가 급박하면 그때는 마땅히 무기를 들어야 할 것이며, 노예가 되는 수치를 당하기보다는 차라리 죽음을 택해야 할 것이다.

XXIV 82 그런데 도시를 파괴하고 약탈할 때에는 무모하고 잔인하게 하지 않도록 많은 배려를 해야 한다. 특히 소요와 혼란 속에서 죄인을 벌하고 다수를 보호하며, 모든 재산을 정직하고 명예롭게 유지하게 하는 것은 위대한 인물의 의무인 것이다. 내가 앞에서 말한 바와 같이 참으로 도시의 일, 즉 시민에 관한 것들보다 전쟁에 관한 일들을 더 중요시하는 자들이 많이 있는데, 그들은 모험적이고 머리를 뜨겁게 하는 전쟁 계획을 차분하고 심사숙고된 시민사에 관한 것보다 더 현란하고 중대한 것으로 간주한다는 사실을 너는 발견하게 될 것이다.

83 물론 위험에 직면했을 때, 우리가 용기가 없고 겁이 많아 마치 위험을 회피하는 것처럼 보여서도 안되지만, 그렇다고 아무런 이유도 없이 우리들 자신을 위험 속에 노출시키는 것도 좋지 않다. 이보다 더 어리석은 짓은 있을 수 없기 때문이다. 따라서 위험에 직면해서는 의사들이 하는 일을 본받아야 할 것이다. 그들은 가볍게 앓는 환자에게는 가벼운 처방을 내리지만, 중환자일 경우에는 심지어 절망적이지만 위험 부담이 있는 치유책을 써보기도 하는 것이다. 그러므로 미친 사람이나 고요한 바다에서 폭풍이 일기를 원하는 것이지, 현명한 사람이라면 폭풍이 불어닥쳤을 때에도 온갖 수단 방법을 다해 그것을 막아내는 것이다. 이는 폭풍의 피해를 가급적 줄이는 데 성공하는 경우 기대되는 이익이 폭풍으로 인한 혼란으로 초래되는 손해보다 크면 클수록 더욱더 그렇다.

그런데 이러한 위험 부담을 안고 있는 것은 일부는 국정 참여를 시도하는 사람들이고, 일부는 국가다. 그렇기 때문에 이러한 위험한 일을 할 때에 어떤 사람은 자기 자신의 생명을 내걸고 하는가 하면, 어떤 사람은 자기의 명성이나 시민들의 호의를 믿고 기대하면서 모험 속으로 뛰어드는 것이다. 그러므로 우리는 공공복지보다는 일차적으로 우리 자신의 위험에 더 대비해야 하며, 타인의 이익보다는 우리 자신의 영예와 명성을 더 고귀하게 생각하여 투쟁을 해야 할 것이다.

84 그러나 한편 조국을 위해서라면 돈뿐만 아니라 자신의 목숨까지도 바치겠다고 하면서도, 개인의 명성에 조금이라도 흠이 가는 일은 국가 이익에 관계됨에도 불구하고 절대로 하지 않으려는 사람들이 많이 있다. 예를 들어 칼리크라티다스[82)]는 스파르타

82) Callicratidas: Lysandrus를 계승한 Sparta의 함대사령관. 그는 강직한 것으로 유명함. B.C.406년 Arginusae에서 아테네함대에게 대패하고 목숨을 잃었음.

의 제독으로서 펠로폰네소스전쟁에서 찬란한 전공을 많이 세웠지만, 함대를 아르기누사이[83)]에서 철수시켜 아테네인들과의 접전을 피해야 한다는 사람들의 제안을 거부함으로써, 결국 전세는 역전되었다. 그 때 그의 답변은 다음과 같았다. "만약 스파르타인들이 함대를 하나 상실하면, 다른 함대를 건조할 것이오. 그러나 본관은 명예로운 퇴각이라면 몰라도, 수치스런 도주는 결코 하지 않겠소." 그러나 이것도 실은 스파르타인들에게는 가벼운 타격이었다. 클레옴브로투스[84)]는 후일의 비난을 두려워하여 무모하게 에파미논다스[85)]와 결전을 벌였는데, 그것은 비참한 파멸뿐이었다. 그 결과 스파르타의 국세는 몰락하게 되었던 것이다.

그런가 하면 퀸투스 막시무스[86)]의 행위는 얼마나 더 훌륭한가! 그에 대해 엔니우스는 다음과 같이 읊고 있다.

> 한 사람, 오직 그만이 지연 작전을 써서,
> 우리 공화국을 부활시켰노라.
> 그는 자신의 명성은 아랑곳하지 않고,
> 오직 조국의 안전만을 중히 여겼도다.
> 지금 그의 명성은 찬란하게 빛나고 있지만,
> 세월이 흐르면 흐를수록,
> 더욱 더 그의 명예는 고귀하게 되리니.[87)]

---

83) Arginusae: 소아시아에서 멀리 떨어진, Lesbos섬에 가까이 있는 한 무리의 섬.

84) Cleombrotus: Sparta의 왕. B.C.371년 Leuctra전투에서 전사함.

85) Epaminondas: Thebes의 가장 위대한 장군. Leuctra전투에서 승리함.

86) Quintus Fabius Maximus Ovicula: B.C.209년 5번째 콘술 역임. Cunctator라는 별명은 B.C.217년 두번째 독재관 임기 중에 저 유명한 지연 작전을 써서 한니발의 전의를 꺾었기 때문에 얻은 것임. 여기서 점진적인 사회주의를 그의 이름을 따 Fabian Socialism이라 한다.

87) 여기에 인용된 시행은 아마 *Annales* 9권에 나와 있었던 것 같다.

국가이익보다도 개인의 명성을 중히 여기는 우를 범하는 일은 또한 시민사, 즉 정치에서도 피해야 한다. 왜냐하면 자신은 최상의 것이라고 느끼고 있지만, 혹시 비난받지 않을까 하는 두려움 때문에 자신의 솔직한 의견을 감히 발설하지 못하는 사람들이 있기 때문이다.

XXV 85 전반적으로 보아 장차 공화국의 정무를 맡아보려고 하는 자들은 필히 플라톤의 두 가지 교훈[88)]을 명심해야 된다고 생각한다. 첫째는 항상 시민의 이익을 염두에 두고, 무슨 일을 하든지 간에 사리사욕을 떠나 시민의 복리를 증진시킨다는 것이고, 둘째는 공화국 전 시민단을 일일이 보살펴야 하는 것인데, 이때 어느 일부 계층의 사람들만을 돌보다가 다른 계층의 사람들을 무시하지 않도록 각별히 조심해야 한다. 왜냐하면 국가경영은 후견인의 일과 같아서 그것을 위탁한 사람들, 말하자면 전체 시민의 이익을 위해 수행되어야 하기 때문이다. 그러나 일부 시민의 이익을 배려해 주다 보니 또 다른 일부 시민을 무시하는 사람들이 있는데, 이들은 공화국에 가장 위험한 소요와 불화를 불러일으킨다. 그 결과 어떤 자들은 포풀라레스로 나타나고, 그 밖의 다른 자들은 열렬한 옵티마테스로 보이게 되는데,[89)] 이때 국가 전체를 생각하는 사람들은 극소수이기 마련이다.

---

88) Platon: de rep. 342 e 또는 420 b를 참조하라.

89) Populares: 로마에는 오늘날의 정당과 같은 것은 없고, 귀족 가문들로 구성된 정치적 붕당들이 있어 공화정치를 펴나갔다. 여기에는 두 가지 방식이 있었는데, 하나는 원로원의 동의를 얻어 정치를 하는 것이요, 다른 하나는 농지분배, 곡물배급, 부채말소, 군제대보상과 같이 원로원의 승인을 얻기는커녕, 오히려 원로원의 반대를 받아 할 수 없이 지역구인 트리부스평민회를 무대로 하여 정치를 하는 방식이 있었다. 후자의 정치가를 Populares, 전자의 정치가를 Optimates라 부르는데, 양자 공히 귀족들로서 어떤 경우는 원로원 편이 되고, 어떤 때는 평민 편이 되기도 한다. 예를 들어, Pompeius가 그러했는데, 그는 삼두정치를 할 때는 Populares, Caesar와 싸울 때는 Optimates였던 것이다.

86 이러한 이유로 아테네인들에게는 큰 불화들이 있었고, 우리 로마 공화국에서는 소요뿐만 아니라 파멸을 불러온 내란들이 발생했다. 막강한 중요 인사로서 공화국의 지도자가 될 만한 자격을 갖춘 시민은 이러한 모든 것을 피하려 하고 또 혐오할 것이다. 또한 그는 부와 권력을 추구하려는 것이 아니라 국가 전체를 보살피기 위해 자기 몸 전체를 국가에 아낌없이 바칠 것이다. 진정 그는 고발을 잘못하여 어떤 사람이라도 혐오나 인기 상실의 대상으로 추락시키지 않을 것이며, 대체로 정의와 명예를 고수하려 하므로 아무리 큰 손해라도 감수하며, 정의와 명예를 지키기 위해서라면 내가 말한 것들을 버리기보다는 오히려 죽음을 택하려 할 것이다.

87 대체로 최대의 불상사는 야망을 달성하고 명예를 추구하기 위해 싸우는 정쟁(政爭)인데, 이에 대해서는 플라톤의 저서[90] 가운데 훌륭하게 묘사되어 있다. "누가 더 공화국을 잘 통치할 수 있을까 하고 상호 경쟁하는 자들은, 마치 선원들이 우리들 가운데에서 누가 배를 가장 잘 조종할 수 있는가 논쟁을 벌이는 것과 같다." 마찬가지로 그는 "자신의 판단에 따라 공화국을 통치하려는 자들이 적이 아니라, 우리들에게 무기를 들고 나서는 자들을 적으로 간주하도록" 우리에게 교훈을 하고 있다. 사실 푸블리우스 아프리카누스[91]와 퀸투스 메텔루스[92] 사이에는 의견의 대립은 있었지만 그렇게 심한 것은 아니었다.

---

90) de rep. 6 p. 488 b.

91) 소(少) Scipio: 원명은 Publius Cornelius Scipio Aemilianus Africanus minor, Aemilius Paulus Macedonicus의 아들로서 노 Scipio의 아들인 Publius Cornellius Scipio의 양자가 됨. B.C.146년 Carthage멸망시킴. Gracchus형제 와는 처남매부지간이었음.

92) Quintus Caecilius Metellus Macedonicus: Macedonicus라는 그의 별명은 B.C.148년에 Macedonia의 Andriscus에 대한 승리에서 얻었음. B.C.143년 콘술. 소 Scipio와는 정적이자 친구였음.

88 진실로 정적들에 대해서는 격한 분노를 나타내야 된다고 믿고, 또 그래야만 위대하고 용감한 사람의 정신 자세라고 생각하는 사람의 말에 귀를 기울여서는 안 될 것이다. 왜냐하면 위대하고 뛰어난 사람에게는 정중함과 관용을 베푸는 것보다 더 찬양할 만하고 가치있는 것은 없기 때문이다. 법 앞에서 평등한, 참으로 자유로운 시민들에게 만약 사전 약속도 없이 아무 때나 불쑥 나타나는 사람들, 또는 예기치 않은 질문을 던지는 자들 때문에 화가 치밀었을 때에, 우리는 짜증이나 성질을 내는 것과 같은 무익하고 가증스런 언행에 말려들지 않도록 소위 마음의 평온과 여유를 지니도록 수양을 쌓아야 할 것이다. 그리고 비록 온화함과 관대함이 선한 것으로 입증된다 하더라도, 공화국을 위해서는 엄격함이 적용되도록 해야 한다. 그 까닭은, 엄격함이 없이는 국가는 통치가 불가능하기 때문이다. 그러나 모든 처벌과 징계에는 분노가 개입되어서는 안 되며, 그것은 누군가에게 벌을 가하거나 말로서 질책하는 자의 개인적인 만족을 위해서가 아닌, 말하자면 공화국의 복리를 증진시키는 데 목적을 두고 가해지도록 해야 한다.

89 또한 내리는 벌이 지은 죄보다 더 크지 않도록 유의해야 하며, 죄의 이유는 같은데 어떤 자는 처벌받고, 어떤 자는 소환조차 되지 않는 일이 일어나서는 안 될 것이다. 특히 최대의 금기사항은 처벌을 할 때 화내는 일이다. 왜냐하면 벌을 주려고 하는 자가 분노하게 되면 결코 과대와 과소의 중간에 있는 저 중용을 지킬 수가 없기 때문이다. 이 중용은 소요학파가 좋다고 인정하는 것인데, 그들이 화내는 것을 칭찬하며 화냄이 좋은 목적을 위해 유용하게 쓰도록 자연이 부여한 선물이라고 말하지 않는다면, 제대로 인정한 것이라고 할 수 있다. 사실 매사에 화를 내지 않도록 해야 하며, 바람직한 것은 공무를 수행하면서 공화국을 통치하는 사람들이

법률들처럼 처벌할 때, 분노에 의해서가 아니라 형평의 원리에 입각해서 해야 한다는 사실이다.

XXVI 90 그리고 심지어 행운의 여신이 미소지어 우리의 뜻대로 삶을 영위할 때는, 더욱 많은 노력을 기울여 건방지거나 자만하지 말고 뭇 사람들의 혐오의 대상이 되지 않도록 해야 한다. 왜냐하면 만사가 순조롭게 잘 풀려나갈 때 역경에 부닥쳤을 때처럼 경망스런 행동을 하는 것은 온당치 않으며, 소크라테스[93)]나 또한 가이우스 라일리우스[94)]에 대해 듣고 알듯이, 전 생애를 통해 항상 평정을 유지하되, 안색을 변치 말고 이마에 주름살을 짓지 않도록 하는 것이 그 얼마나 좋은 일인가. 마케도니아의 왕 필립[95)]은 사실 업적과 명성은 아들 알렉산더대왕[96)]에 미치지 못했지만, 친절과 인간성이라는 면에서는 더 낫다고 나는 본다. 그러므로 필립왕은 항상 위대했지만, 알렉산더대왕은 가끔 매우 추한 모습을 들어내기도 했다. 따라서 우리는 위대해지면 해질수록 그만큼 더 겸손하게 행동할 줄 알아야 한다는 충고자들의 말 이상으로 좋은 교훈이 없다고 본다. 실로 파나이티우스가 전하는 말에 의하면, 그의 제자요 유일의 친구인 아프리카누스는 다음과 같이 말했다고 한다. "계속되는 전투 때문에 사나워진 말들이 제멋대로 날뛸 때에는 더 쉽게 이용하기 위해 조련사에게 넘겨 길들이게 하는 것처럼, 아무에게도 구

---

93) Socrates(B.C.469-399): 가장 위대한 철학자이며 교사. Platon과 Aristoteles로 이어지는 철학 체계는 서양사상의 주류를 이루어 막대한 영향을 끼치고 있다.

94) Gaius Laelius minor: B.C.186년에 출생. B.C.140년에 콘술을 지낸 뛰어난 정치가, 군인, 문필가. 소 Scipio와의 우정으로 유명.

95) Philip of Macedon: Macedonia의 왕(B.C.359-336). B.C.338년 그가 죽기 2년 전에 Chaeronea 전투의 승리로 그리스의 항복을 받아냈다.

96) Alexander대왕(B.C.356-323): Macedonia의 왕으로서 그리스, 아시아, 이집트, 인도까지 정복한 위대한 인물.

속받지 않고 순탄하게 자라 성공했다고 하여 자기 과신과 자만에 날뛰는 사람들은, 인간사가 얼마나 허망하며 행운의 여신이 그 얼마나 변덕이 심한가를 통찰하도록 이성과 배움의 굴레 속으로 들여보내야 한다."

91 그리고 심지어 가장 큰 성공을 거두었을 때조차도 친구의 의견을 최대로 존중해야 하며, 친구들에게는 전보다 더 많은 우정의 표시를 해야 한다. 동시에 우리는 우리의 귀를 즐겁게 해주는 아첨꾼들의 말을 듣지 말고, 우리 자신도 남에게 아첨하지 않도록 주의해야 하는데, 그런 와중에서는 자칫 기만당하기 쉽다. 왜냐하면 우리가 칭찬받는 것은 우리가 당연하다는 생각이 들기 때문이다. 여기서 여러 사람의 말을 잘못 듣고 우쭐대는 사람은 추한 조소의 대상이 되고, 심한 착란에 빠질 때 무수한 실수와 잘못들을 저지르게 된다.

92 그러나 지금까지 사실이 주제에 대해서는 많이 언급해 온 셈이다. 그런데 본래의 문제로 돌아와서, 우리는 공화국을 통치하는 자들에 의해 위대한 정신의 소산이기도 한 최대의 중요국사가 수행되는 것이라고 판단하지 않으면 안 된다. 왜냐하면 공화국행정은 광범위한 분야에 걸쳐 있는 데다가 대다수의 시민생활과 직접 관련이 있기 때문이다. 그런데 위대한 정신의 소유자들은 지금도 있고, 심지어 은퇴하여 여가의 생활을 즐기는 자들 가운데에도 많이 있다. 그들은 어떤 중대한 문제들을 탐구하거나 조사하며, 그들 자신과 관련되는 일의 한계 내에서 활동한다. 그들은 한편으로는 철학자들과, 다른 편으로는 공화국을 통치하는 자들의 중간노선을 취하면서, 그들 자신의 재산을 관리하는 데에서 기쁨을 누리고 있다. 그렇다고 그들은 참으로 온갖 수단방법을 다하여 재산

을 증식시키지도 않으며, 재산이 필요한 일가친척을 모르는 체하지도 않는다. 오히려 그들은 친구들과 공화국에 가산을 아낌없이 나누어 주는 것이다. 그러므로 유의할 사항이 세 가지 있다. 첫째, 정말 그럴 필요가 있다면, 우선 재산을 획득하되, 추하고 가증스런 방법을 통해서가 아니라 착실한 방법을 통해서 하라. 둘째, 그 재산을 지혜와 근면, 절약으로 증식시켜라. 마지막으로 셋째, 그럴 만한 가치가 있다면 가급적 많은 사람들이 재산을 이용하도록 하며, 말초적인 관능의 욕구와 사치를 충족시키려 하지 말고 오히려 호의와 자선을 베푸는 데 쓰도록 하라.

이 세 가지 규칙들을 지켜 살아가노라면, 도량이 넓고 중후하며 품위가 있는 생활을 영위할 수가 있으며, 심지어 단순하고 신의있는 진실한 모든 사람의 친구가 될 수 있다.

XXVII 93 이제 우리는 수치심과 일종의 생활의 미적 감각, 절제와 중용, 그리고 모든 정신 혼란의 진정과 사물들의 한계가 분명하게 들어나고 있는 도덕적 선의 나머지 한 부분에 관해 언급해야 되겠다. 여기에 더 포함시킬 수 있는 것이 그리스어로는, 소위 프레폰(*πρέπον*)이라 말해지는 것으로서, 우리 라틴어로는 데코룸[97]이라 할 수 있다. 이것의 본질은 도덕적 선으로부터 분리될 수 없다.

94 왜냐하면 데코룸한 것은 도덕적으로 선하며, 도덕적으로 선한 것은 데코룸하기 때문이다. 그런데 호네스툼[98]과 데코룸 간에 어떤 차이가 있느냐 하는 문제는, 설명의 필요보다는 직감으

97) decorum: Cicero가 그리스어 prepon을 라틴어로 번역한 말이 decorum인데, 이 말의 뜻은 사물의 적합함의 올바른 인식, 내면적 감정이나 외면적 표상, 언어, 행동, 의상 등에 있어서의 적합함을 의미한다. 영어표기로 형용사로는 proper, 명사로는 propriety이다.

98) honestum: 즉 도덕적으로 선한 것.

로 이해하기가 더 쉽다. 왜냐하면 데코룸한 것은 무엇이든지 간에 그것은 명예로운 도덕적 선이 먼저 있고 나서야 비로소 나타나기 때문이다. 그러므로 여기서 논의되고 있는 도덕적 선의 이 부분에서뿐만 아니라 앞에서 언급한 세 부분에 걸쳐 무엇이 데코룸한지는 명백하게 나타난다. 즉, 이성과 웅변을 사려깊게 이용하는 것과 행동을 신중히 하는 것, 그리고 모든 사물 중에서 어떤 것이 참됨인가를 직시하여 유의하는 것은 데코룸한 것이지만, 반대로 판단을 잘못하여 실수나 오류를 범하여 기만당하는 것은 미쳐 날뛰고 정신나간 것만큼이나 데코룸하지 않는 것이다. 그리고 정당한 모든 것은 데코룸하며, 반대로 불의는 추한 것처럼 데코룸하지 않다.

용기에 대한 생각도 비슷하다. 왜냐하면 용감하고 위대한 정신의 소산은 남자에게 가치있고 어울리는 것으로 데코룸하게 보이지만, 그 반대의 것은 추한 것처럼 데코룸하지 않기 때문이다.

95 그러므로 내가 말하는 이 데코룸하다는 것은 실로 모든 도덕적으로 선한 것, 즉 호네스툼과 관계가 있고, 또 그 관계가 매우 밀접하게 맺어져 있어 어떤 심오한 이성에 의해 식별되는 것이 아니라, 자명한 것으로 나타난다. 사실 소위 데코룸한 것은 모든 덕에서 인식되는 것이고, 사실에 의해서라기보다는 오히려 사유능력에 의해 덕에서 더 잘 분리시킬 수가 있다. 육체의 매력과 미는 건강상태와 분리해서 생각할 수 없듯이, 우리가 말하고 있는 이 데코룸은 실로 덕과 완전히 혼합되어 있어, 다만 느낌과 생각에 의해서 구별되는 것뿐이다.

96 그런데 그것은 두 가지로 구분할 수가 있다. 하나는 모든 호네스툼에 내재해 있는 어떤 일반적인 데코룸을 이해하는 것이고, 다른 하나는 이 일반적인 데코룸에 종속되어 있으면서 호네

스툼의 각개의 부분들과 관계를 맺고 있는 것이다. 그리고 또한 보다 더 우월한 전자는 다음과 같이 정의되는 것이 보통이다. 즉, '데코룸이라는 것은 인간의 본성이 나머지 짐승의 본성과는 다르다는 점에서 인간의 우수성과 합치하는 바로 그것이다.' 그러나 부분이 전체에 종속되어 있는 후자는 다음과 같이 정의된다. '사람들이 원하는 것인 데코룸이란 자연, 즉 인간 본성과 합일하여 그곳에서 어떤 예의바른 신사의 태도와 함께 중용과 절제가 나타나는 바로 그것이다.'

XXVIII 97 이렇게 이해되고 있는 이 사실을 우리는 시인들이 추구하고 있는 데코룸으로부터 평가할 수 있다. 이것에 대해서는 다른 곳에서 자주 많이 언급한 바 있다. 그러나 우리는 시인들이 어떤 성격의 인물이든 적합한 인물을 설정하여 말하고 행동하게 해야 데코룸한 바로 그것을 지켰다고 말한다. 일례를 들어, 아이아쿠스[99]나 미노스[100]가 다음과 같이 말했다면 어떻게 되었을까?

> 저들이여 나를 증오하라,
> 저들이 나를 두려워 할 때에는.

또는,

> 자기 아들들을 먹어치우고, 손수 그 뼈를
> 무덤에 묻어 둔 것은 그 아비 자신이도다.[101]

---

99) Aeacus: Jupiter의 아들이며 Aegina의 왕. 정의로움으로 명성이 나 있었고, 죽은 후에는 Hades의 재판관이 됨.

100) Minos: Jupiter의 아들이며 Crete의 왕. 공정하고 선량한 것으로 생각되어 왔으며, 죽은 후 그는 사자(死者)의 재판관이 됨.

이것은 데코룸하지 않은 것으로서 보이는데, 그 까닭은 그들이 의로운 사람들이었기 때문이다. 그러나 아트레우스[102)]가 그런 말을 한다면 어떻게 될까? 박수갈채가 터질 것이다. 왜냐하면 그 말은 그 인물에 어울리기 때문이다. 그러나 시민들이 각자에게 무엇이 데코룸한지는 설정한 인물로부터 판단을 내려줄 것이다. 그런데 저 위대한 자연 자체가 우리들에게 다른 동물보다는 우월하고 뛰어난 인간의 역할을 하도록 하였다.

98 그러므로 시인들은 매우 다양한 등장 인물들에게서, 심지어 사악한 인간에게서 무엇이 적합하고 데코룸한지를 보게 될 것이다. 그러나 자연은 우리에게 일관된 성격, 중용, 절제, 수치심의 속성들을 부여했고, 또 바로 그 자연이 같은 사람들에 대해 어떻게 행해야 할지에 대해 무지하지 않도록 가르치고 있기 때문에, 그 결과 모든 도덕적 선에 관련되어 있는 저 데코룸이 얼마나 광범위하게 적용되어 나타나는가를 볼 수 있다. 참으로 육체의 미가 지체(肢體)들의 적절한 조화를 이룸으로써 뭇사람의 시선을 끌고, 또 신체 각 부분이 조화를 이루어 균형미, 우아함을 보여 준다는 바로 그 점이 즐겁게 해주듯이, 생활에서 빛을 내는 이 데코룸은 모든 말과 행동에 있어서의 질서, 일관성, 중용을 준수케 함으로써 공생하는 자들의 동의를 얻게 하는 것이다.

99 그러므로 우리는 최선자(最善者)인 옵티마테스뿐만 아니라 그 나머지 사람들, 즉 모든 사람들을 존경해야 한다. 왜냐하

---

101) 아마 출처는 L. Accius(B.C.170-94)의 Atreus인 것 같다. 흔히 인용되는 시구로서 Cicero, pro Sestio, 102에 나온다.

102) Atreus: Pelops의 아들이며 Agamemnon과 Menelaus의 아버지. 그는 동생 Thyestes의 두 아들을 살해, 요리를 만들어 동생을 위한 잔치를 베푼다. Aeschylus, Agamemnon. 1590 ff.

면 각자가 자신에 대해 느끼는 것을 무시하는 것은 자만일 뿐만 아니라, 전적으로 소견이 없는 짓이기 때문이다. 그런데 인간의 이성으로 본다면, 정의와 겸양 간에는 차이가 있다. 정의의 역할의 몫은 사람들에게 해를 끼치지 않는 것이요, 겸양의 역할의 몫은 타인의 감정을 상하게 하여 모욕감을 느끼지 않도록 하는 것인데, 여기서 우리는 데코룸의 의미를 가장 잘 파악할 수가 있는 것이다.

이상의 설명으로 우리가 말하는 데코룸하다의 의미가 무엇인지 이해되었으리라고 생각된다.

100 더욱이 데코룸으로부터 이끌어지는 의무는 자연과의 일치와 자연법의 준수로 이끄는 이 첫번째의 길을 취한다. 만약 우리가 우리의 안내자로 자연을 따른다면 우리는 결코 방황하지 않을 것이며, 오히려 우리는 본질상 예리하게 꿰뚫어보는 것, 인간의 결합을 촉진하고 강화시켜 주는 것, 그리고 강하고 용기있는 것을 추구하게 될 것이다. 그러나 데코룸의 가장 중요한 의미는 지금 우리가 토의하고 있는 덕의 이 부분에 내재하고 있다. 왜냐하면 신체의 움직임이 자연에 합치하는냐 하는 문제뿐만 아니라, 훨씬 더 많은 정신의 움직임도 마찬가지로 자연에 합일하는지 아닌지를 우리가 입증해야 하기 때문이다. 그 이유는 우리가 신체의 움직임들뿐만 아니라 정신의 움직임에 대해 더 많이 동의를 표시해야 할 때는, 오직 그 움직임들이 자연법들과 일치할 때뿐이기 때문이다.

101 사실 정신력과 정신의 본질은 이중적이다. 하나는 그리스어로 호르메(ὁρμή)라고 하는 것으로 욕망에 놓여져 있는데, 욕망은 사람을 충동시켜 이리 저리로 잡아끄는 것이고, 다른 하나는 무엇을 행해야 하며 피해야 하는가를 가르치고 설명하는 이성에 놓여져 있다. 그 결과 이성이 주도하고, 욕망이 복종하게 되는 것이

다.

XXIX 그러므로 무모하거나 부주의한 행동은 일체 하지 말아야 하며, 참으로 입증할 만한 이유를 제시할 수 없는 것은 그 어떤 행동이라도 해서는 안 된다. 이것이야말로 사실 의무에 대한 정확한 기술이다.

102 또한 유념해야 할 점은 욕망을 이성에 복종케 해야 한다는 것이다. 그리하여 욕망이 이성을 앞지르거나, 나태함이나 게으름 때문에 이성을 거들떠보지 않도록 해서는 안 된다. 사람은 마음이 평온해야 하며, 그렇기에 모든 정신의 혼란에서 벗어나도록 해야 한다. 그렇게 하면 여기서 모든 확고함과 온건함의 광채가 빛나게 될 것이다. 왜냐하면 욕망이 너무 강해 원하든 피하든 간에, 고삐풀린 말처럼 끝없이 날뛰거나, 이성의 힘으로 충분히 통제되지 않는 그런 사람들은 틀림없이 한계와 정도를 넘어선 것이기 때문이다. 왜냐하면 욕망은 복종의 미덕을 내팽개치고 이성에 복종하지 않는데, 사실 욕망은 자연법들을 통해 이성에 종속되어 있기 때문이다. 욕망 때문에 정신이 혼란될 뿐만 아니라 신체에도 이상이 오게 된다. 어떤 충격을 받은 사람, 격분한 사람, 공포에 질린 사람, 또는 지나친 쾌락에 빠진 사람들은 그 얼굴만 보아도 안다. 그들의 안색, 음성, 행동과 태도 등 모든 것이 변하기 때문이다.

103 이런 사실들에서 우리가 의무의 형태를 고안해 내는 데 필요한 저 원리가 이해된다. 즉 의무의 개관으로 되돌아와서, 우리는 모든 욕망을 억제하고 진정하지 않으면 안 되고 어떤 일이나 단순한 충동에 의해 깊은 생각도 없이 무모하게 아무렇게나 행하지 않도록 자각하고 항상 주의해야 한다. 왜냐하면 자연은 본래 우리 보고 게임이나 농담을 하라고 이 세상에 내보낸 것이 아니라,

오히려 더 엄격한 생활을 하고, 더 중요하고 큰 어떤 일에 열중하라고 우리에게 생명을 부여한 것으로 보이기 때문이다. 물론 저 게임이나 농담은 실제로 즐길 수 있지만, 그것은 어디까지나 중대하고 보람있는 일을 충분히 하고난 다음, 수면이나 그 밖의 다른 휴식을 취하는 것과 꼭같이 해야 한다. 그리고 농담을 할 때에도 음담패설이나 부적절한 것은 피하고, 고상하고 재치있는 것들을 택해서 하도록 해야 한다. 실제로 우리가 소년들에게 모든 게임을 다 허락해 주는 것이 아니라, 그 중에서도 도덕적으로 선한 행동과 직결되는 것만을 허락해 주듯이, 농담 자체에도 그 어떤 도덕적으로 선한 재치의 빛이 번뜩여야 한다.

104 일반적으로 말하여 농담에는 두 가지 종류가 있다. 하나는 자유인에 어울리지 않는 것으로서, 혐오감을 불러일으키고 창피하며, 추하고 촌스러우며 외설적인 것이고, 다른 하나는 우아하며 세련미가 넘치는 것으로서 명쾌하고 재치있는 것이다. 후자에 속하는 것으로는, 우리 로마인의 플라우투스[103)]와 아테네인들의 고희극(古喜劇)들[104)]뿐만 아니라, 소크라테스의 철학책들에 가득 차 있다. 노 카토에 의해 수집된 농담들은 그리스어로 아포프테그마타(ἀποφθέγματα) 즉 경구라고 울리고 있는데, 이 속에는 많은 사람들의 많은 재치가 넘쳐 있다. 그러므로 세련된 농담과 유치한 농담의 구별은 쉽다. 하나는, 농담을 적절한 때에 하기만 한다면 정신의 휴식처럼 위대한 사람에게 가치있는 것이 될 것이고, 다른 하나는

103) Titus Maccius Plautus(B.C.254-184): 로마의 위대한 희극작가.

104) 고희극(古戲劇)이란 B.C.470-390년 Athens의 옛 정치 희극을 말하는 바, 그 중 Aristophanes(B.C.448-385)가 대표적인 희극시인이다. Plautus와 Terentius는 B.C.320-250년의, 현대 희극에 가까운 신희극(新戲劇)의 작가 들인 Menandrus, Philemon, Diphilius를 모방했다.

추악한 행위에 음담패설까지 곁들여진다면, 참으로 자유인에게는 어울리지 않는 것으로 될 것이다.

게임을 하는 데 있어서조차도 모든 것의 억제력을 상실하고 너무 쾌락에 도취하여 어떤 추악한 불명예로 빠지지 않도록 일정한 한계가 그어져야 한다. 그런 점에서 우리 로마인들의 마르스광장[105]에서의 게임과 사냥놀이는 게임을 하는 데 있어서 도덕적으로 건전한 실례들을 보여주고 있는 셈이다.

XXX 105 그러나 인간의 본성이 다른 가축이나 짐승들보다 얼마나 뛰어난가를 밝히는 것은 언제나 의무에 대한 모든 탐구와 관련된다. 가축과 짐승은 모든 것이 충동에 의한 감각적인 쾌락 이외에는 아무 것도 느끼지 않지만, 인간의 정신은 배우고 사고하는 데에서 함양된다. 그리고 인간은 항상 무엇인가 그 어떤 것을 탐구하거나 행하며 보고 듣는 즐거움에 매혹되어 넋을 잃게 된다. 아니 심지어 누군가가 쾌락에 빠져 있다 하더라도—이 경우 그는 실제로 가축과 같아 명목상의 인간일 따름이지만—만약 약간만이라도 양심이 남아 있는 사람이라면 수치심 때문에 쾌락의 욕망은 감추고 위장하려 할 것이다.

106 이러한 사실에서 우리가 알아두어야 할 것은 육체의 쾌락이란 뛰어난 인간에게 전혀 어울리는 것이 아니며, 따라서 그러한 쾌락은 당연히 경멸하고 버려야 한다는 점이다. 그러나 만약 다소 쾌락에 마음을 두는 자가 있으면, 그로 하여금 쾌락을 즐기는 데 한도를 지키도록 주의를 해야 한다. 그러므로 육체에 영양을 공급하고 육체를 단련시키는 목적은, 건강을 유지하고 힘을 축적해

105) Campus Martius: 로마의 청소년들이 말타고, 수영하고, 기타 각종의 게임과 스포츠를 연마하던 훈련장.

두라는 데에 있는 것이지, 절대로 쾌락을 추구하도록 하는 데 있는 것은 아니다. 그리고 심지어 만약 인간의 본성 중에서 뛰어난 것과 가치있는 것을 고려하고자 한다면, 우리는 사치와 낭비로 타락하고 향락 속에서 유약하게 사는 삶이 얼마나 추하며, 반면에 정신을 바짝 차려 근검 절제하며 진지하고 단순하게 살아가는 것이 그 얼마나 도덕적으로 선한가를 이해하게 될 것이다.

107 또한 우리는 자연에 의해, 말하자면 두 가지 성격을 부여받았다는 사실을 이해해야 한다. 그 중 하나는 공통적인 것으로서, 우리 모두가 이성을 소유하고 있고, 그렇기 때문에 짐승보다는 우월하다는 사실에서 생긴 성격이다. 바로 여기서 모든 도덕적 선과 데코룸이 유도되며, 의무를 창출하는 합리적 사유가 모색되는 것이다. 이와는 반대로 다른 하나는 각 개인들에게 고유한 것으로서 주어진 것이다. 참으로 어떤 사람들은 육상선수로 빨리 달리고, 어떤 사람들은 레슬링선수로서 힘이 세다. 마찬가지로 외견상으로도 어떤 자들은 건장한가 하면, 어떤 자들은 미의 화신임을 볼 수 있는데, 정신에 있어서 차이는 이보다 더 다양하기까지 하다.

108 루키우스 크랏수스[106)]와 루키우스 필립푸스[107)]는 위트가 많고 재치가 있었는데, 루키우스의 아들인 가이우스 카이사르[108)]는 더 재치가 많았고 아주 근면하기까지 했다. 그러나 동시대의 인물인 마르쿠스 스카우루스와 소 마르쿠스 드루수스[109)]에게는 각

106) Lucius Licinius Crassus: B.C.139년에 태어난 위대한 웅변가. B.C.119년, 21세 때에 Carbo를 기소함으로써 명성을 날림. B.C.95년 콘술.

107) Lucius Marcius Philippus: 웅변가. B.C.103년의 호민관으로서 농지개혁법안을 제출했으나 철회함. B.C.91년의 콘술.

108) Gaius Julius Caesar: Lucius Caesar Strabo Vopiscus의 아들. B.C.90년의 아 이딜리스. B.C.87년에 Marius와 Cinna에게 살해되는 시인이자 웅변가. 위트가 많기로 유명함.

각 진지한 면이 있었고, 가이우스 라일리우스는 쾌활한 편이었으며, 그의 친구 스키피오는 야심이 더 컸고, 생활도 더 엄격하였다. 그런데 그리스인들은 어떠한가? 그들 중에서도 우리는 달콤하고 윗트가 있으며, 유머러스한 대화와 모든 웅변에서 그리스인들이 에이로나(ἐιʹρωνα)라고 부르는 거장으로서는 소크라테스를 인정한다. 반대로 피타고라스와 페리클레스[110]는 쾌활하지 않은데도 최고 권위자가 되었다. 우리는 카르타고장군 중에서는 한니발을, 우리 로마장군 가운데에서는 퀸투스 막시무스를 지모가 출중하며, 쉽게 비밀을 감추고 침묵하며, 위장하고 매복하여 적의 계획을 사전에 탐지한 명장으로서 인정한다. 이런 이야기를 할 때, 희랍인들은 테미스토클레스와 페라이의 야손[111]을 다른 사람들보다 먼저 손꼽으면서도, 특히 지모가 출중하고 기민한 예로서는 솔론의 처신[112]을 들고 있다. 솔론이야 말로 자기 생명을 더 안전하게 하는 동시에, 언젠가는 국가이익을 위해 더 큰 일을 도모하기 위해 일부러 미친 척 했던 것이다.

---

109) Marcus Livius Drusus: B.C.122년 Gaius Gracchus의 동료호민관의 동명의 아들. B.C. 91년의 호민관으로서 여러 가지 정책을 수행하고자 했으나 살해당함.

110) Pericles: 아테네의 유명한 정치가. B.C.462-429년 10인 장군회의의 의장으로서 막강한 영향력을 행사. 민주주의 옹호자로서 언급되기도 하는 그는 아크로폴리스에 저 유명한 파르테논신전을 건축한 것으로도 유명함. Plutarchus, Pericles. 5.

111) Jason of Pherae: Pherae의 참주(B.C.395-370)이며 유능한 장군. Thessaly에서 주도권을 장악하고 나서 전 그리스의 통합군을 결성, Persia를 침략하려는 계획을 세웠으나 B.C.360년에 그가 죽음으로써 그의 야망이 실현되지 못하였다.

112) Solon: Salamis의 점유를 놓고 Athens가 Megara와 다투다가 성공을 거두지 못했으므로, 더 이상 그 문제에 대해서는 쓰지도 말고 말하지도 말자는 법을 제정하게 되었다. 이러한 불명예스런 주장의 포기에 대해 격분한 Solon은 일부러 미친 척하여 법망을 피해가며 그 자신이 직접 지은 짧은 한 편의 애가조의 시를 반복하며 돌아다님으로써 아테네인들에게 과거의 불명예와 사랑스런 섬의 재정복을 상기시켰다. 그 결과 그 법은 폐기되고, 선전이 포고되어 원정은 성공을 거두게 되었다.

109 그런데 이러한 사람들과는 아주 다른, 단순하고 솔직한 사람들이 있다. 그들은 그 어떤 것은 비밀리에 음모에 의해서 행해져서는 안된다고 생각하며, 진리의 옹호자이자 거짓의 적들이다. 또한 우리는 자신들이 원하는 바를 추구하는 동안에는 무엇이든 인내하며, 누구에게든 노예처럼 머리를 숙이는 술라와 마르쿠스 크랏수스와 같은 사람들이 있음을 들어 알고 있다. 이런 유형의 인물로서 아주 약아빠지고 가장 인내심이 많은 자는 스파르타인 가운데 리산드루스를 들 수 있으며, 그 정반대 유형의 인물로서는 리산드루스 바로 그 다음 함대 사령관이었던 칼리크라티다스를 들 수 있다. 또 비록 말을 잘 하긴 하지만, 타인과의 대화에서는 평범한 대화를 나누어 대다수 사람들과 다름이 없는 평범한 사람이라는 인상을 심어주려고 하는 사람들이 있는데, 예를 들면 카툴루스 부자[113]와 퀸투스 무키우스 만키아다. 나는 나이 많은 분들에게서 들어 알고 있는데, 푸블리우스 스키피오 나시카[114]에게도 이와 똑같은 면이 있었다고 한다. 그러나 반대로 그의 아버지는 티베리우스 그라쿠스의 개혁[115] 시도를 파멸을 초래하는 것이라 하여 벌하여 죽인 장본인으로, 대화를 나눌 때에 친근미란 전혀 없었는데 바로 그 사실 때문에 그는 위대하고 명성이 자자하게 되었던 것이다. 심지어 철학자 중 가장 엄하고 과묵했던 크세노크라테스[116]조차도 그와는 비교가 안 된다. 인간 본성과 성격에는 이렇듯 무수히 많은 차

113) Quintus Lutatius Catulus 부자: 아버지는 웅변가이며 학자. B.C.102년 Marius와 같이 콘술을 역임. B.C.87년에 Marius의 박해를 피하기 위해 자살했음. 아들은 정치가이며 학자. 앞의 주 76) 참조.

114) Publius Cornelius Scipio Nasica: Serapion의 아들. B.C.111년의 콘술일 때 사망함. 매력있는 신사로서 훌륭한 연설가였음.

115) 이에 대해서는 본 역자의 "폴리비우스의 혼합정체론과 티베리우스 그라쿠스의 개혁," 역사학보 119(1988), pp.47-89 참조바람.

116) Xenocrates of Chalcedon(B.C.396-314): Platon의 제자.

이점들이 있는데, 그렇다고 하여 추호라도 이를 비난해서는 안 된다.

XXXI 110 그러나 무엇보다도 먼저, 모든 사람은 각기 각자의 본성에 어긋나는 것이 아니라, 각자에게 고유한, 우리가 탐구하고 있는 저 데코룸을 보다 더 쉽게 유지하게 해주는 자신의 특성을 지니도록 해야 한다. 그렇게 함으로써 우리는 인간 본성의 보편적인 법칙들을 거역하는 것이 아니라, 우리 자신의 고유한 본성을 따르는 것이 되며, 심지어 다른 어떤 더 중대하고 좋은 것이 있다 해도, 우리가 추구하는 바를 우리 자신의 본성이 명하는 규범에 따라 판단하게 되는 것이다. 왜냐하면 자연, 즉 인간 본성에 대항하여 싸운다든가, 네가 도달할 수 없는 목적지를 가보려고 하는 것은 소용이 없기 때문이다. 여기서 저 데코룸이란 어떤 것인지가 더 잘 나타난다. 그 까닭은 지혜의 여신인 미네르바의 뜻에 반(反)하는 것, 즉 성격에 맞지 않는 것 모두가 데코룸하지가 않으므로, 사람들이 말하듯이 그것은 본성에 위배되며 대항하는 것이기 때문이다.

111 대체로 말해, 만약 데코룸한 어떤 것이 있다면, 참으로 전 생활 과정과 개별적인 행동들의 시종일관된 일치 이상의 것은 없을 것이고, 만약 네가 다른 사람들의 본성을 모방하면서 네 자신의 본성을 무시한다면, 너는 결코 그 일치를 유지할 수 없을 것이다. 사실 대화를 함에 있어 우리는 우리에게 잘 알려진 단어들을 구사해야 한다. 그리스어를 섞어 쓰는 사람들은 으레히 조롱을 당하는데, 우리가 조롱을 당하지 않으려면 우리에게 잘 알려진 단어들을 구사해야 하는 것처럼 우리는 모든 행동과 생활에서 불일치하는 그 어떤 것도 초래해서는 안 될 것이다.

112 참으로 이 본성의 차이는 그토록 큰 의미를 지니고 있기 때문에, 같은 이유로 어떤 자는 자살을 해야 할 운명인가 하면, 어떤 자는 자살이 범죄가 되기도 한다. 소 마르쿠스 카토[117]가 처했던 상황과 아프리카에서 카이사르에게 항복했던 나머지 다른 자들이 처했던 상황은 확실히 서로 달랐겠느냐? 물론 아니다. 만약 그러나 만약 카토 이외의 사람들이 자살을 했다면 그것은 본성에 어긋났을 것이다. 왜냐하면 그들의 생활은 카토에 비해 더 온건했고, 그들의 성격은 더 유순했기 때문이다. 그러나 카토의 경우는 달랐다. 자연은 카토에게 선천적으로 믿을 수 없을 만큼의 엄격한 성격을 부여하였는데에다, 카토 자신이 후천적으로 그것을 영구불멸의 지속적인 성격으로 강하게 하기도 했던 것이다. 그리고 그는 언제나 공화국을 부활시키려는 의도와 계획된 목적을 고수하고자 했기 때문에, 참주인 카이사르의 얼굴을 쳐다보기보다는 오히려 죽음을 택해야 했던 것이다.

113 울리섹스[118]가 저 오랜 기간의 방황 중, 키르케[119]와 칼립소[120]를 여자라 칭할 수 있다면 바로 그 여자들을 위해 봉사하였고, 모든 사람들과의 대화에서는 상냥스럽게 말을 하고 또 유쾌하게 하려고 했을 때 그 얼마나 많은 애를 썼던가! 또 집에 돌아와서는 장차 소원하는 바를 달성하기 위해서라긴 하지만, 그는 심지어 노예들과 하녀들의 모욕까지 받았던 것이다. 그러나 아이악스

117) M. Porcius Cato Uticensis: 노 Cato의 증손자로서 B.C.95년에 출생. 내란시 폼페이우스가 죽자, Utica에서 49세의 나이로 로마공화국을 위해 자결함으로써 카이사르 암살에 심대한 영향을 끼쳤음.

118) Ulixes: 즉 Odysseus(영어로는 Ulysses로 표기됨), Laertas of Ithaca의 아들. Troy전쟁 때 그리스의 영웅 중 가장 날카로운 면모를 보여줌.

119) Circe: Aeaea의 님프. 마법사. 그녀는 일 년간 Ulixes를 자기 집에 감금.

120) Calypso: Ogygia의 님프. 그녀는 Ulixes를 7년간이나 자기 곁에 붙들어 둠.

[121]라면 분에 못이겨 그런 것들을 참기보다는, 차라리 천번이라도 죽으려고 했을 것이다.

이러한 사실들을 곰곰이 생각하면서, 각자는 자신이 지니고 있는 고유한 특성이 무엇인가를 꿰뚫어보고 이를 잘 조절해야지, 공연히 다른 사람의 특성이 자신에게 얼마나 데코룸한지 시험해 보려고 해서는 안 될 것이다. 왜냐하면 각자에게 가장 고유한 것이 각자에게 가장 데코룸하기 때문이다.

114 그러므로 각자는 자신의 고유한 재능과 특성을 날카롭게 통찰하고, 자신의 장점과 결점들에 대해 정확한 판단을 내리도록 해야 한다. 그리하여 배우들이 우리보다 더 예지가 있는 것처럼 보이게 해서는 안 된다. 사실 배우들이란 극에 출연할 때, 최상의 드라마를 선택하는 것이 아니라, 바로 자기 자신에게 가장 적합한 드라마를 선택하는 것이다. 목소리에 의존하는 자들은 비극 에피고노이[122]와 비극 메두스[123]를 택하고, 연기를 장기로 하는 자들은 비극 멜라닙파[124]와 비극 클리템네스트라[125]를 선택한다. 내가

---

121) Aiax: Telamon의 아들. Achilles의 방패가 상으로 Ulixes의 손에 넘어가자 분을 참지 못해 미친 나머지 자살해 버림. Ennius의 비극의 주제.

122) *Epigonoi*: L. Accius가 아마 그리스의 Aeschylus의 작품에서 번역한 비극. Epigonoi들은 Thebes성 앞에서 Polynices와 함께 쓰러졌던 7인의 우두머리의 후손들이었다. 그들은 Thebes를 함락하는 두번째의 전투에서 부친들의 원수를 갚는다.

123) *Medus*: M. Pacuvius(B.C.220-132)의 비극, Medea와 Aegeus사이에서 태어난 아들 Medus는 어머니를 찾아 헤메이던 중에 Colchis에 와서 그의 조부 Aeetes의 동생인 Perses의 손에 죽음을 당할 위험에 처하게 되는데, 그의 어머니가 와서 구원을 받는다.

124) *Mellanippa*: Q. Ennius(B.C.209-169)의 비극. Beoetus와 Aeolus의 어머니. 그녀의 아버지 Neptunus에 의해 장님이 되어 투옥되나, 마침내 아들들이 와서 구출되고 아버지에 의해 다시 광명을 찾는다.

125) *Clytemnestra*: Tyndareus의 딸. Agamemnon의 아내이며 Aegisthus의 간부. 그녀는 간부와 더불어 Troy에서 귀환한 남편을 살해하나, 아들인 Orestes에게 죽음을 당한다. B.C.55년에 Pompeius의 게임들에서 공연되었던 L. Accius의 비극.

기억하고 있는 배우 루필리우스는 항상 비극 안티오파[126)]에 출연하며, 배우 아이소푸스[127)]는 비극 아이악스에 자주 출연하지는 않는다. 그러므로 배우도 무대에서 자기에게 맞는 배역이 무엇인지 훤히 알고 있는데, 하물며 현자인 우리가 우리 자신의 생에 있어서 맡을 역할이 무엇인지를 모르겠다고 할 수 있겠는가?

따라서 우리는 우리가 해야 할 가장 적합한 역할이 무엇인지를 알아내어, 여기에 가능한 한 온갖 노력을 쏟아야 할 것이다. 그러나 어느 때든지 만의 하나라도 그야말로 피치 못할 사정으로 마음에 맞지 않는 일을 떠맡게 되었을 때에는, 맡은 일이나 역할이 데코룸하지 않다 하더라도, 가급적 최소한의, 데코룸하지 않은 것으로 서행할 수 있도록 전심전력해야 할 것이다. 우리에게 부여되지 않은 선을 추구하기보다는 오히려 우리의 본성에 맞지 않는 것을 피하도록 노력해야 할 것이다.

XXXII **115** 그리고 내가 위에서 말한 두 가지 역할에 부가되는 것으로서 세번째는, 어떤 기회 내지 상황이 부여하는 역할이다. 네번째로 역시 우리 자신의 신중한 판단에 따라 우리가 선택한 역할이 있다. 즉 왕의 지위, 군사령관직, 귀족신분, 정무관직, 부와 세력, 그리고 이와 정반대되는 것들은 기회가 있는 것이며, 상황에 따라 조종되는 것이다. 그러나 우리 자신이 무슨 역할을 선택하여 수행해야 할 때에는, 우리 자신의 자유의사에 따라 결정하여 착수하는 것이다.

---

126) *Antiopa*: M. Pacuvius 의 비극. Amhpion과 Zethus의 어머니. 그녀의 전남편 Lycus와 그의 아내 Dirce의 박해에서 아들들의 도움을 받아 구원을 받는다. Dirce에 대한 복수심이 그녀를 미치게 한다.

127) Claudius Aesopus(B.C.122-54): Roscius 다음에 가는 가장 유명한 로마의 비극 배우. Cicero의 절친한 친구.

116 그러므로 어떤 자들은 철학에 전념하는가 하면, 어떤 자들은 시민법 연구에, 어떤 자들은 웅변에 몰두하는 것이다. 마찬가지로 덕 자체에는 여러가지 덕들이 있는데, 그 중에서 한 가지 덕을 지니기를 사람들은 더 원한다. 실제로 부친이나 조상이 어떤 특정 분야에서 뛰어난 일을 해 영광을 누렸다면, 그 당사자인 아들이나 후예들 역시 대개는 바로 그 특정 분야에서 뛰어나다는 찬사를 받기를 위해 본래 노력하는 것이다. 예를 들면, 시민법 분야에선 푸블리우스 무키우스[128)]의 아들인 퀸투스 무키우스[129)]가, 군사면에선 파울루스의 아들인 아프리카누스가 있다. 그러나 한편 부친으로부터 물려받은 찬사에다 자신이 직접 쌓은 어떤 업적으로 얻은 찬사를 첨가시킨 아들들도 있었다. 예를 들면, 파울루스의 아들 아프리카누스는 전공(戰功)의 영광에다가 웅변가의 명성을 더하였고, 코논[130)]의 아들 티모테우스[131)]도 꼭 같은 일을 했는데, 전공에 있어서 아버지에 못지 않은 찬사를 받았고, 거기에다 학식과 재능의 명성을 첨가시켰던 것이다. 그런데 그런 중에서도 조상 전래의 가풍을 무시하고 자기 자신이 하고 싶은 어떤 일을 하고자 하는 자들도 나타나게 된다. 그런 자들 가운데에서는 대개, 미천한 집안에서 태어났지만, 목표를 크게 설정한 자들이 노력을 다해 가장 크게 성공을 거두는 것이다.

117 그러므로 데코룸한 것이 무엇인지를 알려고 할 때, 우리는 이 모든 것을 심사숙고해야 한다. 그러나 무엇보다도 먼저

128) Publius Mucius Scaevola: B.C.133년의 콘술. Tiberius Gracchus와 친밀했음.

129) Quintus Mucius Scaevola: B.C.117년의 콘술.

130) Conon: 아테네의 유명한 제독. Aegospotami에서 Lysandrus에게 패배했으나(B.C.405), Cnidus에서 Sparta의 Pisandrus에게 승리했다(B.C.394).

131) Timotheus: 아테네 함대의 제독(B.C.378-356).

우리는 어떤 인물, 어떤 유의 사람이 되고자 하는지, 또 어떤 종류의 삶을 영위하며 어떤 직업을 택하고자 하는지 결정해야 한다. 바로 이것이 이 세상에서 가장 어려운 문제인 것이다. 왜냐하면 사람은 각자 자기가 제일 좋아하는 것을 자신의 생의 진로로 삼고, 대개 그것을 직업으로 택하는데, 바로 그 때가 사고력이 가장 약한 청년기의 초입 단계이기 때문이다. 그리하여 그는 자기 자신의 적성에 가장 알맞는 것이 무엇인지에 대하여 어떤 확실한 판단을 내리기도 전에, 이미 인생의 진로와 직업을 선택하게 되는 것이다.

118 왜냐하면 우리 모두가 크세노폰[132)]의 저서에서 프로디쿠스[133)]가 다음과 같이 이야기하고 있는 헤르쿨레스[134)]의 경험을 그대로 체험할 수는 없기 때문이다. 즉 헤르쿨레스는 자연이 각자로 하여금 어떤 생의 진로를 선택해야 좋을 것인가 번민하게 하도록 부여한 시기, 즉 성년(成年)에 달했을 때에, 그는 홀로 황량한 곳에 가서 오랫동안 앉아 두 가지 삶의 길, 하나는 쾌락의 길이요, 다른 하나는 덕의 길을, 분간해 내고 어느 길을 택해 걷기 시작하는 것이 더 좋을지 곰곰이 생각하였다. 이것은 아마 '유피테르 신[135)]에게서 직접 태어난 아들' 인 헤르쿨레스와 같은 사람과 관련될 수 있는 것이라 하겠고, 우리에게는 그렇지가 않다. 우리 각자는 모범이

132) Xenophon: 군인, 역사가, Socartes의 제자.

133) Prodicus of Ceos(B.C.5세기): 존경받는 소피스트.

134) Hercules: Jupiter의 아들. 영웅 중의 영웅. 잘 알려진 Hercules의 선택의 글의 내용은 이렇다. "Hercules가 성년에 이르러 덕과 악의 선택의 기로에서 있었을 때에, 두 여인이 그 앞에 나타났는데, 한 여인은 절세의 미모, 순결, 단아와 신중함으로 가득 차 있었고, 다른 여인은 관능적인 자태와 매혹적인 외모와 현란한 옷을 입고 있었다. 후자는 그에게 아무런 고생이나 수고도 없이 모든 쾌락을 즐길 수 있는 가장 짧은 길로 안내하겠다고 약속했다. 전자는 그의 조상과 그의 고귀한 본성을 상기시키면서 신들은 수고나 고통 없이는 실제로 아름답고 선한 것을 하나도 허용하지 않는다고 숨김없이 말하는 것이었다."

135) Jupiter: 로마의 신들 중의 신. 그리스 신의 명칭은 제우스.

된다고 생각하는 사람들을 그대로 모방하고, 또 그들의 목적과 과업을 우리도 추구하고 달성하고자 하는 것이다. 그런데 대개 우리는 부모님의 가르침에 젖어 있기 때문에 부모님의 습관과 성격을 많이 닮게 된다. 어떤 사람들은 다수의 판단에 따라 행동하여 파동에 휩쓸리기도 하는데, 그들은 대부분의 사람들에게 가장 아름답게 보이는 바로 그것을 최대로 열망한다. 그렇지만 어떤 행운에 의해서이거나, 또는 본래 본성이 착하기 때문에 부모의 가르침을 받지 않고서도 정직한 인생의 길을 걸었던 자들이 전혀 없는 것은 아니다.

XXXIII 119 그런데 탁월하고 위대한 재능이나 훌륭한 교양과 학식, 또는 이 두 가지 모두를 갖추고 있음은 물론, 심지어 생의 어떤 진로를 택해야 가장 좋을지를 신중하게 심사숙고할 여유까지 있는 그런 유의 사람들이란 아주 드물다. 이런 경우 심사숙고할 때에도 각자는 모든 계획을 자기의 본성, 말하자면 자기 자신의 적성과 기질에 맞도록 해야 한다. 왜냐하면 위에서 언급했듯이 우리는 행하고 다루는 모든 일에 있어서, 각자 타고난 성품과 기질이 무엇일까에서 데코룸한 것이 무엇인지를 찾아내려고 애쓸 것이기 때문이다. 뿐만 아니라 인생 전부를 거는 결단을 내릴 때에는 여기에 훨씬 더 많은 고려 사항이 첨가되어야 하며, 그 결과 전 생애를 통해 후회함이 없어야 함은 물론, 어떤 의무를 이행할 때에도 흔들림이 없도록 일관하는 지속적인 우리 자신의 인생철학에 입각하여 어떤 의무를 이행한다 할지라도, 마음의 동요가 있어서는 안 될 것이기 때문이다.

120 그러나 인생의 진로를 선택함에 있어서 가장 강한 힘을 발하는 것은 적성이고, 그 다음에 작용하는 것은 운이다. 그러

므로 우리는 말할 것도 없이 어떤 인생을 살 것인가 결정할 때에는 필히 적성과 운, 두 가지를 다 고려해야 되겠지만, 그러나 둘 중에서도 적성에 더 비중을 두어야 할 것이다. 왜냐하면 적성이 훨씬 더 확고하고 변함이 없으므로, 운과 적성의 싸움이란 필히 그 자체가 사멸할 것과 불멸의 여신과의 싸움으로 보이기 때문이다. 그러므로 자신의 적성에 맞춰 자기 인생의 전 계획을 수립한 자는 생의 진로를 선택함에 있어 잘못된 게 없다는 생각을 하는 한, 그것이 진실로 적성이니까 시종일관 변함없이 그대로 실행해 가도록 하라. 그러나 잘못되는 경우도 많은데, 만약 잘못되었다면 인생의 진로와 생활방식을 바꾸어야 한다. 만일 적당한 시기라면 변경은 보다 쉽고 편하게 할 수 있다. 그러나 시기가 좋지 않으면, 진로 변경은 깊은 생각을 하면서 단계적으로 행해야 한다. 이를테면 친구지간의 우정이 더 이상 유쾌하지도 소망스럽지도 않으면, 현자들이 생각하듯 우정을 갑자기 끊기보다는 조금씩 조금씩 관계를 멀리하는 것이 적절한 것처럼 그렇게 말이다.

121 그런데 일단 인생의 진로를 바꾸었을 경우, 우리는 그 변경이 훌륭한 계획에 의거 행해진 것처럼 보이도록 세심한 배려를 해야 할 것이다.

그러나 내가 조상들을 본받아야 한다고 방금 전에 말했지만 예외가 있다. 첫째, 우리는 조상들이 저지른 과오를 본받아서는 안 된다. 둘째, 우리는 적성이 맞지 않는 것들은 본받을 필요가 없다. 그 예를 한 가지 들어보기로 하자. 파울루스[136]의 아들, 즉 소 아프리카누스를 양자로 맞아들였던 노 아프리카누스[137]의 친아들은 건강

136) Aemilius Paulus: 소 스키피오의 실부.

137) 노(老) Scipio Africanus, 즉, Publius Cornelius Scipio Africanus maior. B.C.234년에 출생. B.C.202년 Zama에서의 Hannibal 정복자.

이 나빴기 때문에, 부친이 조부(푸블리우스 스키피오)를 본받았던 것처럼 부친을 본받을 수가 없었다. 그렇기에 만약 법정 변론을 하거나 민회에서의 예비 공청회에서의 연설로 인민을 사로잡거나, 전쟁을 수행할 능력이 없는 사람이라면 자신의 능력이 닿는 것, 즉 정의, 신의, 자선, 중용, 절제와 같은 선한 덕들을 베풀어야 할 것이며, 그렇게 함으로써 가급적 자기의 결점들을 감싸야 할 것이다. 그러나 자자손손 물려받는 최고최대의 유산은 어떤 세습 재산보다도 더 귀중한 조상의 덕과 치적의 명예이므로, 이에 반하는 것은 죄와 수치로 판단되어야 한다.

XXXIV 122 나이가 들어감에 따라 의무들도 달라져 청소년들의 의무와 노인들의 의무가 동일하지 않기 때문에, 이 구분에 대해서도 무엇인가 언급해야겠다.

그런데 나이든 웃어른들을 공경하고, 그들 중 가장 훌륭하고 본받을 만한 분들을 찾아뵙고, 그들의 자문과 영향을 받는 것은 청소년들의 의무인 것이다. 왜냐하면 청소년의 미숙함과 경험의 부족은 노인들의 지혜와 실제 경험에 의해 계발되고 지도받아야 할 필요가 있기 때문이다. 더구나 청소년은 청소년기에 장차 군사적 의무와 시민으로서의 의무를 충실히 수행하기 위해 무엇보다도 특히 일시적 충동이나 욕망을 억제하고, 고생을 극복하고 참을성이 있도록 심신을 단련시켜야 할 것이기 때문이다. 그리고 정신적 긴장을 풀고 쾌락을 추구하려고 할 때에도 무절제하지 않도록 할 것이며, 언제나 수치심을 갖도록 명심해야 한다. 만약 그들이 즐기는 자리에 어른들이 끼는 것을 싫어하지만 않는다면, 그러한 것들은 보다 쉽게 이루어질 것이다.

123 그러나 반대로, 노인들은 나이가 들면서 육체적 수고는 줄어들지만 정신 활동은 실제로 증가하는 것으로 보인다. 그들은 친구와 청소년들 그리고 무엇보다도 특히 국가에 대해 지혜와 실제 경험에 입각한 계획으로서 가능한 한, 최대의 도움을 주고자 참으로 애쓰고 있는 것이다. 그런데 노인들이 가장 유념해야 할 것은 무기력해지고 나태함에 빠지는 것이다. 또 사치는 정말 노소를 막론하고 추한 것인데, 특히 노인의 사치란 가장 추악하다. 더구나 노인의 사치 생활에 일시적 충동에 의한 무절제가 가세한다면, 이야말로 꼴불견의 그 추악함이란 이중적인 성격을 띄게 된다. 그 이유는 늙었다는 것 자체가 부끄러운 일인데다가, 청소년들의 무절제를 한층 더 후안무치한 것으로 조장하기 때문이다.

124 그리고 여기서 내친김에 정무관, 사인(私人), 시민, 외국인의 의무들에 대해서 말해도 괜찮을 것이다.

공인(公人)인 정무관의 고유한 의무란 자신이 국가를 대표한다는 것을 명심하고, 자신의 권위와 품위를 유지하고, 법을 보호하며 권리를 규정하고 하는 이 모든 일이 자신의 신의에 맡겨진 것이라는 것을 기억하는 것이다.

그러나 사인은 동료시민들과 공평하고 동등하게 살아야 하며, 누구에게 예속되거나 복종하지는 않으면서도 누구를 억압하지 않는 그러한 마음을 지녀야 할 것이다. 그리고 국가에 대한 문제에선 언제나 평온과 도덕적 선이 유지되기를 소망해야 하는데, 우리는 그런 사람들을 선량한 시민이라고 생각하고 또 그렇게 부르고 있다.

125 이와는 반대로, 외국인이나 거류외인의 의무란 엄밀히 말해 자기 자신의 일만 하면 되는 것으로 타인의 일에 관심을 가져서는 안되며, 어떤 경우에도 남의 나라의 정치에 관여치 않는 것

이다.

이상으로 인물, 때와 장소, 노소에 따른 고유하고 적절한 의무란 무엇인가 하는 질문에 대한 비교적 공명정대한 우리의 견해를 피력했다고 생각한다. 그러나 모든 일을 수행하는 데 있어서 계획을 세워 일관성있게 추진해 나가는 것보다 더 적합한 것은 없다.

XXXV 126 그러나 내가 언급한 바 있는 저 데코룸은 모든 말과 행동, 심지어는 신체의 움직임과 정지 상태에서조차도 식별된다. 더군다나 그것은 외양으로는 말로 표현하기는 어렵지만 충분히 이해할 수 있는 세 가지 요소, 즉 타고난 미모, 적절한 언어 구사와 행동, 일하는 데 적합한 옷차림 같은 데에서 나타난다. 이 세 가지 요소에 우리가 공존공생하는 사람들의 좋은 의견들에 대해 관심을 갖고 받아들여야 한다는 배려까지 포함되고 있기 때문에 이에 대해서도 잠시 언급해야겠다.

무엇보다도 우선, 자연 자체는 경탄할 만한 우리의 신체 구조를 큰 계획하에 마련해준 것 같다. 그 결과 보기가 좋은 우리의 용모는 노출되었지만, 반면 오직 생리적인 작용과 같은 자연의 요구에 응하기 위해서 주어진 배설기관 같은 신체의 부분들은 추하고 보기가 흉해 감추고 보이지 않게 되었던 것이다.

127 이러한 자연의 신중한 계획을 본받은 것이 바로 인간의 수치심이다. 사실 올바른 정신을 지닌 사람이라면 그 어느 누구라도 자연이 감추고 있는 것들, 즉 생식기들을 눈에서 멀리하며, 배설같은 자연의 요구에 대해서도 가급적 은밀히 혼자 처리하는 것이다. 그리고 자연의 요구에 응해서만 사용하는 저 생식기와 같은 신체 부위들의 경우, 그 부위나 신체의 기능은 실제 이름이 호칭되지는 않는다. 배설 같은 이러한 기능들을 은밀히 혼자 행하기만 한

다면, 그것은 결코 음담패설처럼 추하고 부도덕하지는 않다. 그러나 그러한 것들을 입에 담는다는 것은 점잖지 못하다. 그렇기 때문에 그러한 행위들을 공공연하게 행하지도 않고, 입에 담지도 않는 것이 무례를 피하는 길이다.

128 사실 우리는 견유학파[138]나 과거에는 스토아학파[139]였지만 지금은 거의 견유학파나 다름이 없는 사람들의 다음과 같은 이야기에 귀를 기울여서는 안 된다. 그들은, 우리가 부도덕하지 않는 행위들을 수치스런 일이라고 말하고, 반대로 부도덕한 것들은 본래의 이름으로 부르고 있다고 비난하며 우리를 조롱하고 있기 때문이다. 그러나 실은 강도, 사기, 간통은 그 행위 자체는 도덕적으로 나쁜 부도덕한 것이지만, 그러한 행위를 말하고 또 명칭을 붙여 언급하는 것은 실례가 아니다. 자식을 낳는 것은 그 행위 자체가 도덕적으로 선하고 명예로운 축하할 일이지만, 그 행위에 일일이 이름을 붙여가면서 언급하는 것은 예의에 어긋난다. 그럼에도 불구하고 견유학파나 이들과 거의 다름없는 일부 스토아학파는 많은 다른 논증들을 통해 수치심에 반하는 논의를 펴고 있다. 그러므로 우리는 자연을 따르고, 눈과 귀에 거슬리는 것은 모두 보지도 말고 듣지도 말아야 할 것이다. 서고 걷고 앉고 기대고 하는 데에서 태도, 표정, 시선, 손의 움직임 등 그야말로 일거수 일투족에까지 소위 저

138) 견유학파(Cynici): 이 학파의 주요인물은 Antisthenes였는데, Socrates의 제자이며 Diogenes의 교사이기도 하였다. 그의 강의는 Kynosarges에서 행해졌기 때문에 그런 이름이 붙게 되었다. 그들은 부를 경멸하고, 옷입고 턱수염 깍기를 싫어했다. 아무데서나 자고, 개들처럼 생활하기를 즐겼는데, 통나무 위에 드러누워 있는 Diogenes에게 Alexander대왕이 그대가 소원하는 바가 무엇이냐고 묻자, 제발 햇볕 좀 쬐게 비켜달라고 한 그의 답변은 너무 유명하다.

139) 어떤 스토아학자들은 모든 대상을 본래의 이름으로 불러야한다고 하였다. 사실 스토아주의는, Zenon이 견유학파인 Crates의 제자였으므로, 견유주의의 후손이었다. 따라서 옛 스토아학자들은 견유학파를 인정하였다.

데코룸한 것을 지키도록 하자.

129 이때 우리가 각별히 피해야 할 두 가지 극단적인 것이 있다. 첫째는, 여자처럼 부드럽고 연약하게 보여서도 안 되고 둘째는, 그렇다고 너무 거칠거나 천박하게 굴어서도 안된다는 것이다. 사실 이러한 규칙들이 연극배우와 웅변가들에게만 적용되는 것이지 우리와는 아무 상관이 없다고 생각해서는 안 된다. 확실히 배우들은 오랜 훈련 덕택으로 많은 수치심을 갖게 되어, 습관적으로 그 누구도 속곳을 입지 않고는 무대에 나가지 않는다. 왜냐하면 그들은 불상사가 일어나 신체의 치부가 들어 나면 망신을 당하지나 않을까 두려워하기 때문이다. 사실 우리 로마관습에도 다 큰 아들은 아버지와 목욕을 같이 하지 않으며, 사위와 장인은 함께 때를 밀지 않는다. 그러므로 특히 자연 자체가 우리의 스승이요 안내자인 한, 이런 종류의 수치심을 지니도록 유의해야 할 것이다.

XXXVI 130 그런데 미에는 두 가지 종류가 있다. 하나는 사랑스런 매력이요, 다른 하나는 강건함인데, 사랑스런 매력은 여성의 미요, 강건함은 남성적인 미로 보아야 한다. 그러므로 남성은 강건함에 어울리지 않는 장식은 하지 않도록 해야 하고, 또 제스츄어와 행동에서도 이같은 잘못을 저지르지 않도록 주의해야 한다. 예를 들어, 체육관 내에서의 운동도 종종 혐오감을 더 일으키는 경우가 있고, 무대 위의 배우들의 제스츄어도 꼴불견인 경우가 없지 않으니, 이 두 가지의 경우, 바르고 소박한 행동과 몸짓이 칭찬을 받을 것이다. 그리고 남성의 강건함은 외모로 나타나므로, 외모는 신체운동에 의해 유지되도록 해야 한다. 이 밖에도 너무 혐오스럽거나 지나치게 깔끔하지도 않으며, 그렇다고 해서 촌스럽지도 않고 비인간적인 무지란 나타나지 않는 고매함을 갖추어야 할 것이다. 이와 같은 생각은 옷차림에서도 나타내야 하는데, 이 경우에는 대부분의 사물에서처럼 중용을 지키는 것이 최상이다.

131 우리는 또한 너무 해이해져서, 개선 행렬의 수레가 굴러가듯 지체하는 것처럼 보여서도 안 되지만, 시간이 촉박하다고 해서 너무 서두르지 않도록 주의도 해야 한다. 너무 서두르다 보면 숨은 가빠지고, 안색이 변하며, 입이 벌어진다. 이런 것은 평정을 잃었다는 좋은 증거다.

그러나 이보다 훨씬 더 노력을 들여야 할 것은 정신 활동이 자연법에서 이탈하지 않도록 하는 것이다. 이러한 소기의 목적은, 우리가 마음이 동요되지 않거나 의기소침하지 않도록 주의하고, 또 정신을 바짝 차려 예의범절을 잘 지키기만 하면 달성할 수 있는 것이다.

132 이 정신 활동에는 두 가지 면이 있다. 하나는 사유이고, 다른 하나는 욕망이다. 사유는 주로 진리를 탐구하는 것과 밀접한 관계를 맺고 있고, 욕망은 행동을 유발한다. 그러므로 우리는 가급적이면 최고 최상의 테마들에 대해 사유하도록 하고, 욕망은 이성에 복종하도록 유의해야 한다.

XXXVII 그리고 언변의 힘은 매우 큰데, 두 가지가 있다. 하나는 논쟁에서의 언변의 힘이요, 다른 하나는 대화에서의 언변의 힘이다. 논쟁은 법정에서의 고발과 변호, 민회에서의 공청, 원로원 회의에서의 토의에서 벌어지며, 대화는 서클, 비공식적 토의, 친구들의 회합에서 이루어지는데, 저녁 만찬에서도 행해진다. 논쟁에는 웅변가들이 마련해 놓은 수사법이 있으나, 대화에는 그런 것이 없는데, 그 이유를 나는 전혀 모르겠다. 그러나 배우려는 자의 열성이 있기만 한다면, 가르치려는 선생은 나타나기 마련인데, 대화에 대해 공부하려는 자는 하나도 없고, 수사법을 배우려는 학생들은 웅변가들의 주위에 어디든지 꽉 차 있다. 그렇지만 말과 문장이 쓰이는 그 수사법은 대화에서도 적용될 수 있는 것이다.

133 그러나 웅변은 음성으로 나타나고 있으므로, 우리는 음성에서 두 가지를 추구해야 한다. 그 하나는 분명하게 하는 것이요, 다른 하나는 부드럽게 하는 것이다. 물론 이 두 가지는 타고나야 하는 것이지만, 참으로 음성을 분명히 하는 것은 훈련을 통해 가능하고, 부드러운 음성을 내는 것은 정확한 발음과 리듬있게 말을 하는 자들을 본받음으로써 나아질 수 있다.

카툴루스 부자는 박식은 하였으나, 진정 세련된 학술상의 깊이는 없었다. 그러나 그들은 라틴어를 가장 잘 한다는 다른 장점을 지니고 있었다고 생각된다. 그들의 음성은 감미로왔고, 그들이 구사하는 단어는 너무 딱딱하지도 않고 애매하지도 않았으며, 불분명하게 넘어가지 않으면서 꾸밈도 없었다. 목소리는 전혀 어색하지가 않았으니, 희미하지도 않고 그렇다고 날카롭지도 않았던 것이다. 카툴루스 부자보다 말을 더 유창하게 했던 사람은 루키우스 크랏수스였다. 그는 카툴루스 부자에 못지 않은 우아함과 말 잘한다는 명성을 지녔던 것이다. 아버지 카툴루스의 동생 즉, 삼촌인 카이사르는 정말 유우머와 윗트면에서는 모든 사람을 능가하였는데, 심지어 공공 장소의 논쟁에서도 다른 사람의 웅변을 대화로서 물리칠 정도였다.

따라서 우리가 매사에 데코룸한 것을 추구하려고 한다면, 이러한 모든 것들에 대해서도 노력을 기울여야 할 것이다.

134 그런데 소크라테스학파 사람들이 가장 잘하는 대화는 부드럽고 딱딱하지 않다는 데에 매력이 있다. 대화를 하는 사람

들은 누구나 그 문제는 자기만이 다 아는 양 혼자 떠벌여 다른 사람들의 입을 꽉 다물게 해서는 안 되며, 다른 경우와 마찬가지로 일단 대화를 나눌 때에는 각기 자기 차례가 오면 대화를 하는 것이 공평하다고 생각해야 한다. 그리고 대화의 주제가 무엇인지 가장 먼저 파악해야 한다. 중요한 대화라면 진지하게 말해야 될 것이고, 유머라면 윗트가 있어야 한다. 특히 대화를 나눌 때 어떤 성격상의 결점이 노출되지 않도록 각별히 조심하도록 해야 한다. 이러한 것들은 그 대화 장소에 없는 사람들의 명예를 깍아내리기 위해 악의에 찬 농담이나 악담, 비방과 중상모략을 할 때 흔히 나타나기 때문이다.

135 그런데 대화는 대개 가정의 일이나 정치, 기술의 전수와 학술상의 이론에 관한 것들이다. 그러므로 이야기 도중에 엉뚱한 데로 화제가 빗나가기 시작하면, 어느 정도 이야기가 진전되었다 하더라도 본래의 화제로 되돌리도록 노력을 해야 한다. 왜냐하면 공동 관심사에서 빗나간 화제에 대해서는 우리 모두 같은 시간에, 같은 장소에서, 비슷하게 즐길 수 없기 때문이다. 또한 우리는 대화가 얼마나 즐거운 것인가를 알고, 시작도 좋게 해야겠지만 끝마무리를 하는 데 있어서도 절도가 있도록 주의해야 할 것이다.

XXXVIII 136 그러나 모든 생활에서 가장 올바르게 교훈되고 있듯이 마음의 동요, 즉 이성에 의해 통제되지 않는 과도한 정신상태는 피하는 것처럼, 대화도 이러한 정신 상태일 때에는 행해져서는 안 된다. 즉 대화할 때는 분노나 어떤 탐욕이 표출되지 않도록 하고 무례나 나태한 태도도 보여서는 안 될 것이다. 또 가장 주의해야 할 것은 대화할 때 대화를 나누는 사람들을 존경하고, 아끼고 있는 것으로 보이게 해야 한다는 점이다.

대화를 하다 보면 때로는 책망할 필요도 생기는데, 책망할 때에는 목소리를 높여 더 따끔한 말을 해야 하며, 평상시보다 더 화난 것처럼 보이게 해야 한다. 그러나 뜸뜨거나 절단 수술과 같은 이런 유의 책망은 가끔 그리고 마지 못해 해야 하는 것이며, 다른 치유책이 발견되지 않거나 불가피한 경우가 아니라면 절대로 책망을 해서는 안 된다. 그러나 격분하는 것은 삼가도록 하자. 그 이유는 분을 못이기게 되면 어떤 것도 올바르고 신중하게 행할 수가 없기 때문이다.

137 그런데 책망은 대체로 진지하고 엄격하게 하되 애정어린 책망을 해야지, 모욕적인 언사를 퍼붓는 식이어서는 안 된다. 그리고 심한 책망을 하는 것 자체도 책망받는 자를 위해 하는 것이라는 점을 염두에 두고 해야 한다.

가장 적대적인 사람들과 논쟁을 벌일 때조차도 비록 대화가 쓸데없는 일이라 여겨진다 하더라도, 위엄을 잃지 않고 격분하지 않는 것이 옳다. 왜냐하면 어떤 마음의 혼란상태에서 행해진 것들은 결코 일관될 수가 없으며, 당사자에게 좋은 것으로 생각될 수도 없기 때문이다.

또 자기 자신을 칭찬하며, 특히 거짓말을 하여 상대방의 비웃음을 사면서, 자만에 빠진 전사를 흉내내는 것은 악취미인 것이다.

XXXIX 138 지금 우리가 의논하고 있는 주제에 대한 모든 것, 즉 의무와 데코룸에 관해 가급적이면 전부 설명을 하고 있고 또 그것을 원하고 있는 이상, 내 생각으로는 국가 공직을 역임했거나, 현재 공직에서 명성과 부를 지닌 주요 인사들은 과연 어떤 집을 소유해야 적절한지에 대해서도 언급하는 것이 좋겠다.

집의 제1차적 목적은 유용성에 있다. 그렇기 때문에 건축 설계는 여기에 맞추어 해야 한다. 그렇지만 편리하면서 웅장한 면도 덧붙여 배려를 해야 할 것이다.

그나이우스 옥타비우스[140]는 그의 가문에선 최초로 콘술이 된 분이다. 우리는 그가 팔라티움언덕에 으리으리한 대 저택을 건축함으로써 명예를 얻었다는 사실을 들어 알고 있다. 소문이 나 사람들이 그 집을 구경하러 몰려갔는데, 이것이 정치 신인(政治新人)인 그가 콘술직에 나가는 데 많은 표를 긁어모으는 계기가 되었다고 생각된다. 그런데 후에 이 저택은 스카우루스[141]라는 사람이 사서 헐고는, 그 자리에 자기집 별관을 지었다. 옥타비우스는 이 저택 덕분에 자기 가문에서 최초로 콘술직을 차지했지만, 반대로 당시 가장 위대하며 훌륭한 사람의 아들이었던 스카우루스는 그것을 헐고 그 자리에 자기집 별관을 짓는 바람에, 콘술직 선거에서 낙선했을 뿐만 아니라 오명과 파멸을 초래했던 것이다.

139 진실로 사람의 위엄은 그가 살고 있는 집에 의해 갖춰지기는 하지만, 전적으로 집의 덕을 보려고 해서는 안 될 것이다. 집 주인 때문에 집이 명예롭게 되어야지, 집 때문에 주인이 명성을 얻어서는 안 될 것이다. 그리고 모든 경우 자신은 물론 남들도 생각해 주어야 되듯이, 훌륭한 사람의 집은 많은 손님을 영접해야 하고, 각계 각층의 사람들을 맞이해야 하므로 공간에 대한 배려도 있어야 한다. 그렇지 않고 손님이 없어 집안이 슬쓸하거나, 특히 집 주인이 자꾸 바뀐다면 주인에게 그 넓은 집은 어울리지 않을 것이

140) Gnaeus Octavius: B.C.168년에 프라이토르로서 Perseus에 대항하는 함대를 지휘하여 승리를 거두었다. B.C.165년에 콘술 역임. 그는 Augustus의 증조부인 Gaius Octavius와 형제지간이었다.

141) Marcus Aemilius Scaurus: B.C.115년 콘술(앞의 주 76) 참조)의 아들. 아이딜리스(58 B.C.), Sardinia의 총독(56 B.C.), B.C.52년에 추방당함.

다. 사실 지나가는 사람들이 다음과 같은 말을 하는 것을 들으면 불쾌하기 짝이 없다.

> 오, 옛날에는 좋았던 집이었는데,
> 또 주인이 바뀌었군.[142)]

사실 이 말은 지금도 많이들 하고 있다.

140 그런데 만약 네 자신이 집을 갖고자 한다면, 웅장하게 보이려고 과도한 지출과 지나친 치장을 하지 않도록 주의해야 할 것이다. 왜냐하면 이런 데에서 많은 과오가 실제로 저질러지기 때문이다. 사실 대부분의 사람들은 이런 바람직하지 못한 면에서 중요 인사들의 행위를 열심히 본받는다. 예를 들어, 누가 가장 위대한 사람인 루키우스 루쿨루스[143)]의 덕을 본받고자 하는가? 그러나 얼마나 많은 빌라들이 대 저택을 본받아 건축되었는가! 주택 건축에는 분명히 제한을 두어 중용으로 되돌아가도록 해야 한다. 그리고 이와 같은 중용은 실제 생활과 문화 생활에도 적용하도록 해야 한다.

그러나 이 문제에 대해서는 충분히 말한 셈이다.

141 그런데 모든 행동을 할 때에는 세 가지 유의 사항을 지켜야 한다. 첫째, 욕망을 이성에 복종하도록 해야 한다. 그 이유

---

142) Caesar파의 성원들은 지금은 과거 Pompeius의 친구들의 저택을 점거하고 있다. 예컨대, Antonius는 Pompeius의 저택에서 살고 있었다.

143) Lucius Licinius Lucullus Ponticus(B.C.110-56): Mithridates의 정복자로서 B.C.74년 Aurelius Cotta와 함께 콘술. 부로서 명성 떨침.

는 의무를 수행함에 있어 이보다 더 적합한 것은 없기 때문이다. 둘째, 우리가 수행하고자 하는 것이 어떤지를 정확히 살펴 필요 이상도 아니고, 필요 이하도 아닌 그야말로 그것에 알맞는 배려와 노력을 해야 한다. 셋째, 자유인다운 외관과 위엄은 중용을 지켜 갖추도록 유의해야 한다. 그런데 최선의 방법은 앞에서 말했듯이, 자연 상태와 부합하도록 하는 것이지, 이를 넘어서서는 안 되는 것이다. 그러나 이 세 가지 원칙 중에서 가장 중요한 것은 욕망을 이성에 복종케 하는 것이다.

XL 142 다음으로 해야 할 일의 순서와 때가 적절한가에 대한 문제를 언급하겠다. 그런데 이 두 가지는 그리스인들이 에우타크시아(*εὐταξία*), 즉 좋은 배열이라고 부르는 지식에 포함되는 문제들로, 이것은 우리가 어원이 적합한, modus에서 나온 적합함, modestia로 번역하는 그 에우타크시아가 아니라, 순서에 따라 질서정연한 행위로 이해되는 에우타크시아이다. 어쨌든 우리는 이것을 모데스티아라 부르고 있다. 스토아학자들도 우리처럼 모데스티아란 행해지거나 말해진 모든 것에 제자리를 잡아주는 지식이라고 정의를 내리고 있다. 순서를 정하는 능력과 제자리를 잡아주는 능력은 같은 것이 될 것으로 보인다. 왜냐하면 스토아학자들은 순서를 정한다는 것을 또 사물을 적합하고 적절한 곳에 배치하는 것으로 정의하고 있기 때문이다. 더욱이 그들은 행위의 장소는 시기적절해야 한다고 말한다. 그런데 행위의 적합한 때는 그리스어로 에우카이리아(*εὐκαιρία*), 라틴어로는 오카시오(occasio)로 불리고 있다. 그러므로 내가 말한 것처럼 우리가 설명하는 모데스티아란 결국 적절한 시기에 적합한 행동을 하는 것에 관한 지식이 되는 것이다.

143 그렇다면 우리는 앞서 언급한 바 있는 예지에 대해서도 동일한 정의를 내릴 수 있다. 그러나 우리는 여기서는 온유와 절제, 그리고 이와 유사한 덕들에 대해 살펴보고 있는 중이다. 앞에서 예지의 고유한 특성들을 말했으므로, 이제부터 우리는 오랫동안 이야기해 온 이 덕들 중에서 같이 생활하는 동료 시민들이 허용하는 것이 무엇인지, 부끄러워할 것은 무엇인지 이에 관련되는 것들을 언급해 보기로 하자.

144 우리는 절도있는 행동을 하고자 노력하여 잘 끝낸 웅변에서처럼 우리의 모든 생활이 균형과 조화를 이루도록 해야 한다. 사실 심각한 국면에 직면했을 때, 연회에서나 어울리는 어떤 유쾌한 대화를 나누려는 것은 도덕적으로 좋지 않은 것이고, 비난받을 짓이다. 페리클레스가 10인 장군 회의의 한 사람이며 역시 동료 장군인 시인 소포클레스와 공무로 만나 이야기하고 있을 때, 마침 잘 생긴 소년이 지나갔다. 그러자 소포클레스가 "오, 보시오. 페리클레스여, 얼마나 아름다운 소년이요!"라고 탄성을 발하였다. 이때 페리클레스의 훌륭한 답변은 이러하였다. "아, 소포클레스여. 참으로 장군이라면 손놀림도 조심해야 되지만, 보는 눈도 통제해야 됩니다."[144] 이런 말을 소포클레스가 운동선수 선발 심사시에 했더라면 위와 같은 비난의 소리는 듣지 않았을 것이다. 때와 장소를 가릴줄 아는 힘은 그처럼 큰 것이다. 예를 들어, 누군가가 여행 중이거나 산보 중일 때, 법정에서 행할 소송 사건에 대해서 자신도 모르게 깊은 생각에 잠기거나 어떤 다른 문제에 대해 더 깊이 생각한다면 비난받지 않겠지만, 이같은 행동을 연회석상에서 한다면 때를

144) Strategos인 Pericles와 Sohpocles는 B.C.440년 Samos전쟁을 협의하기 위한 자리에서 일어난 일이었다. 후자는 동성 연애자였는데, 그리스인들은 동성 연애를 자연스런 것으로 간주했다.

가릴 줄 모르는 평균 이하의 인간으로 취급될 것이다.

145 그러나 포룸의 길거리에서 미친듯이 노래를 부른다거나, 어떤 해괴망칙한 행위를 하는 따위의 사람답지 않은 행동들은 쉽게 눈에 띄기 때문에, 새삼 훈계와 교훈을 필요로 하지 않는다. 그러나 사소하게 보이는 것들이 실상 많은 사람들의 눈에 띄지는 않지만, 우리는 이런 사소한 잘못들에서 벗어나도록 더 주의를 해야 할 것이다. 하프를 타거나 피리를 불 때 아무리 조금 틀렸다 하더라도 전문가에 의해 감지되는 것처럼, 정도에서 벗어나는 사소한 잘못은 어떤 경우에는 사실과 다르게, 아니 어떤 때는 침소봉대된 채로 눈에 띄게 된다. 따라서 우리는 인생에서 사소한 잘못이 남의 눈에 띄지 않도록 더욱 더 힘써야 할 것이다. 왜냐하면 음의 하모니보다는 행동의 하모니가 더 중요하고 더 좋은 것이기 때문이다.

XLI 146 그러므로 하프연주시 음악가의 귀가 아주 미세한 음의 틀림도 감지해내는 것처럼, 남의 도덕적인 과오들을 예리하고 철저하게 파헤쳐 볼 생각이 있다면, 중요한 결론은 종종 사소한 것들에서 얻도록 해야 할 것이다. 상대방의 눈빛, 이마의 찌프림이나 폄, 슬픈 표정, 환희, 폭소, 떠듬, 침묵, 목소리의 높고 낮음 그 밖의 것들에서 우리가 취한 행동이 적합했는지, 혹시 의무와 예의범절에서 벗어나지나 않았는지 쉽게 판단할 수 있다. 같은 방식으로 우리는 남의 행동을 살펴보고 그것에 비추어 우리 자신의 모든 행동과 태도를 진단하여, 부적합한 것이 있으면 회피하는 것이 무익하지는 않을 것이다. 왜냐하면 흔히 있는 일로서 우리는 우리 자신에게서 과오를 발견하기보다는 오히려 남의 실수에서 과오를 발견하기가 더 쉽기 때문이다. 그러므로 교실에서 선생님이 교정할 목적으로 하는 행동들을 모방함으로써 학생들은 자기의 잘못들을 쉽게 고치는 것이다.

147 실제로 의무를 수행함에 있어 이럴까 저럴까 망설여지고 주저되는 경우, 확고한 판단을 내리기 위해 학식이 있거나 실제 경험이 많은 분들을 찾아 뵙고, 어떤 종류의 의무가 적합한지 문의하는 것은 잘못이 아니다. 왜냐하면 대부분의 사람들은 자연 자체에서 이탈한 것은 거의 회피하는 경향이 있어 그들을 제대로 이끌어 주기 때문이다. 이들과 상담할 때, 우리는 조언자가 말하는 바가 무엇이며, 또 느끼는 바가 무엇인지, 그가 그렇게 느끼는 그 이유들이 무엇인지 명심해야 한다. 사실 화가와 조각가들, 그리고 심지어 시인들까지도 자신의 작품이 대중의 주목의 대상이 되기를 원한다. 많은 사람들이 비판을 가해오면, 자기 작품에 어떤 잘못이 있는가에 대해 자기 자신이나 남들에게 물어 수정을 가하는 것처럼, 남들의 판단에 따라 해야 할 일과 해서는 안 될 일, 변경하거나 수정해야 할 일들이 많이 있는 것이다.

148 그러나 시민 공동체의 관습과 기존제도에 따라 행해진 것들에 대해서는 어떤 훈계도 해서는 안 된다. 왜냐하면 그것들 자체가 훈계이기 때문이다. 그러나 다음과 같은 생각을 하여 잘못을 저지르는 일은 없도록 해야 한다. 즉, 소크라테스나 아리스팁푸스[145]는 그들 도시 국가의 관습과 기존법 및 제도에 반하는 것을 행하거나 말하지 않았느냐? 그러니까 나도 그들과 똑같은 언행을 해도 괜찮지 않느냐고. 그러나 그들은 위대하고 신처럼 선한 사람들이었기 때문에, 그러한 특권을 지녔던 것이라고 생각해야 한다. 반면 견유학파의 모든 철학 체계는 거부해야 마땅한데, 그 이유는 그

145) Aristippus: 키레네학파의 창설자.

것은 수치의 적이기 때문이다. 도덕적인 수치심이 없다면 올바른 것은 있을 수 없고, 도덕적인 선, 명예같은 것은 존재할 수 없다.

149 더욱이 우리에게는 도덕적으로 선하고 위대한 일을 하면서 생을 보내고 있는 사람, 참된 애국자들처럼 국가에 혁혁한 공훈을 세웠던 사람이나 현재 세우고 있는 사람들은 시민사나 군사면에서 정무 관직에 앉아 있으면서 명성을 누리고 있는 자들과 똑같이 존경하고 공경해야 할 의무가 있다. 그리고 노인들에게 많은 것을 할애하며, 장차 정무 관직을 맡을 자들에게 복종해야 하며, 동료 시민과 외국인을 분간해야 하고, 또 외국인의 경우, 그가 사적으로 왔는지 공적으로 왔는지를 분간해야 한다. 세부적인 것에 대해서는 언급하지 않겠지만, 한마디로 우리에게는 인류 전체의 공동의 결속과 유대를 존중하고, 방어하며, 유지할 의무가 있는 것이다.

XLII 150 기술과 기타 생계 수단, 즉 직업의 귀천에 대해서 우리는 이미 대체로 다음과 같이 배웠다. 우선, 사람들의 혐오의 대상이 되는 세금 징수자와 고리대금업자들의 직업은 바람직하지 못한 것으로 간주된다. 또 귀하지 않은, 즉 천한 것은 모든 고용노동자들의 생계 수단이다. 그들은 기술을 파는 것이 아니라, 단지 손으로 하는 노동력을 파는 것인데, 이들의 경우 일의 대가로 받는 보수 그 자체는 노예 상태의 임금수준이기 때문이다. 물건을 도매상인들에게서 사가지고 즉각 소매하는 것은 천하게 여겨야 한다. 그 이유는 그들이 전혀 거짓말을 하지 않으면 어떤 이익도 볼 수 없는데, 거짓말하는 것보다 더 도덕적으로 나쁜 것은 없기 때문이다. 또 수공업자와 같이 손으로 물건을 만드는 모든 사람들은 천하게 평가받아야 하니, 그 까닭은 작업장에서 일하는 사람치고 자유인 출신은 없기 때문이다. 테렌티우스가 말하는 바로는,[146] 모든 직업 중에서 가장

146) *Eunuchus*, 2, 2, 26.

천한 것은 감각적인 쾌락을 만족시켜주는 다음과 같은 사람들이다. 즉 생선 장수, 백정, 요리사, 가금업자, 어부들이다. 괜찮다고 생각한다면 여기에 향로 장수, 무희, 전 삼류 극단원들을 첨가시켜도 좋다.

151 그러나 전문지식이 필요하거나 상당한 유용성이 있는 기술, 즉 의술, 건축술, 도덕적으로 선한 것들에 관한 교습술은 출신 성분에 적합한 사람들에게 명예로운 직업이다.

그런데 무역이 소규모라면 천하게 생각해야 하지만, 그것이 대규모로서 세계 각처에서의 물품을 수입하여 대량으로 많은 사람들에게 속임이 없이 분배한다면 비난을 퍼부어서는 안 될 것이다. 아니 심지어 공정하게 일단 무역을 하여 큰 재산을 마련하여 만족감을 충족시키고 나서 바다에서 항구로 활로를 찾듯이, 이제는 바로 그 항구에서 시골의 토지로 와서 그들의 진로를 개척하는 것은 최상의 찬사를 받을 만하다고까지 생각된다. 그러나 소득이 획득되는 모든 직업 중에서 농업보다 더 좋고 즐겁고 자유인 출신에게 더 적합한 것은 없다. 농업에 대해서는 전에 《노 카토》에서 충분히 언급했으니, 이 문제에 관해서는 네가 그 책을 읽고 알도록 하여라.

XLIII 152 이제는 도덕적으로 선한 것들에 속하는 네 가지 부분에서 의무들이 어떻게 나오는지 충분히 설명된 것 같다. 그러나 도덕적으로 선한 것들 자체에서도 도덕적으로 선한 것이 두 가지가 있는 경우, 어떤 것이 더 도덕적으로 선한지에 대해 상충과 비교가 흔히 발생할 수가 있는데, 이 점이 파나이티우스에 의해 간과되었다. 구체적으로 말해 도덕적으로 선한 모든 것들은 네 가지 부분에서 나오는데, 첫째가 지식 탐구, 둘째가 공동체의 사회적 유대 관계, 세번째가 꿋꿋한 불굴의 정신, 네번째가 자제하는 행동에서 나온다. 그러므로 의무를 설정함에 있어 종종 이들 자체에서도 상호 비교될 필요성이 있다.

153 따라서 지식 획득—진리 탐구—과 연관되는 의무들보다는 공동체 의식, 즉 정의에서 생기는 의무들이 자연 상태인 인간 본성에 더 적합한 것같이 보인다. 이러한 나의 견해는 다음의 논의에 의해 확인될 수 있다. 즉 만약 어떤 현인이 모든 것이 풍족하여 알 만한 가치가 있는 모든 것에 온 정력을 쏟아 연구하여 충분한 생활이 보장되었음에도 불구하고, 사람이란 전혀 볼 수 없는 완전한 은둔상태에서 생활한다면, 그것은 생활에서 유리된 것이라 할 수 있다. 그런데 모든 덕들 가운데에서 제1의 덕은 그리스인들이 소피아(*σοφίαν*, 지혜)라고 부르는 사피엔티아(sapientia, 지혜)이다. 실상 그리스인들이 프로네시스(*φρόνησιν*, 예지 또는 총명)라고 부르는 예지, 프루덴티아(prudentia)는 우리는 다른 뜻으로 이해하고 있는데, 즉 추구되어야 할 사물과 회피되어야 할 사물에 관한 실제 지식인 것이다. 다시 본론으로 돌아와, 내가 제1의 덕이라고 말한 저 지혜란 신들의 일과 인간사에 관한 지식인데, 여기에는 신들과 인간의 공동체적 유대 관계 및 사회 자체 내에서의 인간과 인간의 지식도 포함되는 것이다. 만약 지혜가 모든 덕들 중 가장 중요하다면, 사실 그렇듯이, 공동체와 관련되는 의무야말로 가장 중요한 의무라는 결론이 나오기 마련이다. 왜냐하면 참으로 사유와 명상은 그 결과로서 어떤 실제 행동이 뒤따라 나오지 않는다면, 자연 상태인 인간의 본성면에서 다소 결함이 있고 불완전한 것이기 때문이다. 더욱이 이러한 행동은 인간의 이익을 지키는 데에서 가장 식별이 잘 되고, 따라서 그것은 인류사회의 요체이다. 그러므로 이러한 행동을 사변적인 지식보다 더 높이 평가해야 함은 물론이다.

154 그리고 이것을 실제로 가장 선한 바로 그 사람들이 보여주고 있고, 또 나는 그렇다고 판단한다. 왜냐하면 사물의 본질을 통찰하고 인식하는 일에 몰입하여, 가장 인식할 만한 가치가 있는 연구의 대상들을 잡아 골똘히 생각하면서 연구하는 사람에게 돌연 조국이 위험과 위기에 처했다는 소식이 들려왔을 때, 아무리 그가 별을 세고 지구의 크기를 잴 수 있다고 자부한다 하더라도 자신이 나서기만 하면 조국을 구하고 도울 수가 있는데도 모든 것을 떨치고 나서지 않을 자가 그 어디에 있겠는가? 가장 선한 사람들은 부모의 일이나 친구의 일 또는 자신의 일에 위험이 닥치면 위와 같은 행동을 할 것이다.

155 이로부터 우리는 인간의 유익함과 관련되는 정의에 입각한 의무들이, 지식의 추구와 이에 대한 의무들보다 더 높이 평가되어야 한다는 사실을 이해할 수 있다. 왜냐하면 정의는 우리 동료 시민들의 복리와 관련되어 있고, 또 인간의 유익함보다 더 인간에게 소중한 것으로 되어야 할 것은 없겠기 때문이다.

XLIV 그렇다고 해서 전 생애와 모든 힘을 사물에 대한 인식에 바친 학자들이 인간의 유익함과 편리함을 증진시키는 일과 동떨어져 있다는 말은 아니다. 왜냐하면 그들은 교육과 훈련을 통해 많은 사람들이 국가에 더 선량하고 더 유익한 시민이 되게 하였기 때문이다. 예를 들면, 피타고라스 학파인 리시스[147]는 테베스의 에파미논다스를 가르쳤고, 플라톤은 시라쿠세의 디온[148]을 가르쳤으니, 하여튼 많은

147) Lysis: Italy의 Tarentum출신의 뛰어난 Pythagoras학파 철학자. 고향에서 박해를 받자 Thebes로 도망을 가 그곳에서 Epaminondas의 아버지로 부터 환대받았음.

148) Dion: 소 Dionysius의 숙부로서 후에 그의 왕국을 정복함. 처음에는 Pythagoras철학파에 소속해 있었지만, B.C.389년에 Platon이 Syracuse를 방문하자, 그의 추종자가 되어 그가 B.C.353년 임종할 때까지 그의 충실한 제자로 남아 있었음.

사람들이 많은 사람들을 가르쳤던 것이다. 나 자신은 내가 진실로 조국에 무엇인가 기여했다고 생각하는데, 그것이 어떤 것이든 간에 내가 국가에 기여를 하게 된 것은, 박식한 스승들에게서 가르침을 받아 그것을 갖추고 실행했기 때문이다.

156 학자들은 살아 있는 동안에 배우기를 갈망하는 학생들을 가르치고 지도할 뿐만 아니라, 죽은 후에도 글로 기록들을 남겨서 계속 영향을 끼친다. 참으로 그들은 추호도 법, 관습, 국가규율에 관련된 것이라고는 소홀히 한 적이 없으며, 은퇴한 후에도 그들은 여생을 바쳐 국가에 봉사하는 우리들의 업무에 기여했던 것으로 보인다. 그러므로 이론과 지식의 탐구에 몸바친 분들 자신은 인간의 유익함을 위해 자신의 온갖 지혜와 예지를 쏟는 것이다. 바로 이러한 이유 때문에 지혜가 내포되어 있기만 하다면, 말을 많이 하는 것이 입을 굳게 다물어 신통치도 않은 사색만을 일삼는 것보다 더 낫다. 왜냐하면 단순한 사색은 자기 자신의 문제에 관한 것이지만, 말하는 것은 우리가 공동체 의식으로 결속되어 있는 동료시민들의 이익과 직결되는 것이기 때문이다.

157 그런데 벌떼가 벌집을 만들기 위해서 군집하는 것이 아니라 본래 군집성이 있어서 벌집을 만드는 것처럼, 우리 인간들은 본래 벌보다 더 군집성이 있는 데다가 행동하고 사유하는 데 총명이 더해져 머리를 쓰게 된다. 그러므로 만약 인간의 이익을 보호하는 데, 즉 인간사회를 유지하는 데 집중되어 있는 저 덕인 정의가 사물의 인식과 무관하다면 그 인식도 고립된 것이요 공허한 것으로 보일 것이다. 마찬가지로 정신의 위대함, 즉 용기가 인간의 결속과 공동체 사회에서 동떨어진 것이라면 그것은 일종의 야수적, 비인간적인 만용이 될 것이다. 여기서 인간의 결속과 공동체를 유지하는

일이 사변적 지식의 추구보다 우선해야 한다는 결론이 나온다.

158 우리에게 본래 필요한 것들은 다른 사람들의 도움이 없다면 구할 수도 없고 또 다른 사람들을 위해 산출해 낼 수도 없기 때문에, 일상 생활에 필요한 것들을 마련하기 위해서 인간 사회와 공동의 유대관계가 비롯되었다고 주장하는 자들이 있지만, 사실은 그렇지가 않다. 그리고 만약 생활 필수품과 생활비에 관련되는 모든 것들이 이야기 책 속에 나오듯이 신의 마술지팡이에 의해 제공된다면, 가장 능력있는 사람은 각자 자기 맡은 바 모든 일에서 벗어나 오로지 진리 탐구에만 전념할 것이라고 사람들은 말한다. 이 또한 전혀 사실과 다르다. 왜냐하면 모든 사람은 각자 고독에서 벗어나려고 같이 연구할 동료를 구해, 때로는 가르치면서 배우고자 하며, 때로는 들으면서 말하기를 원하기 때문이다. 따라서 인간사회를 결속, 유지시키는 모든 의무는 저 진리 탐구와 학문에 관련되는 의무보다 우선되어야 할 것이다.

XLV 159 인간 본성에 가장 적합한 이 공동체 의식이 심지어 또한 절제와 중용보다도 언제나 우선해야 하는지의 문제는 아마 검토되어야 할 것이다. 그러나, 나는 우선되어야 한다고 생각지 않는다. 왜냐하면 공동체 의식 중에서도 어떤 부분은 너무 추하고 부끄러운 것이어서, 현자라면 조국을 구하는 일까지도 행하지 않을 그런 것이 있기 때문이다. 포시도니우스[149]가 그런 것들을 매우 많이 수집했는데, 그 내용은 너무 충격적이고 혐오스럽기 때문에 입에 담는 것조차도 부도덕한 것처럼 보인다. 따라서 현자라면 공화국을 위해서 그런 것을 감행하려 하지 않겠지만, 공화국도 분명히 그런

149) Posidonius: B.C.135년 경에 출생한 유명한 스토아철학자, Panaetius의 제자. Syria의 Apamea가 고향이나, Rhodes에서 살다가 말년에는 로마에서 Cicero의 집에서 머물렀다.

것을 현자가 하기를 달가와하지 않을 것이다. 그러나 이것은 걱정할 것이 못되니, 공화국의 이익을 위해 현자가 그런 일을 할 경우란 생기지 않을 것이기 때문이다.

160 그러므로 의무들을 비교 선택함에 있어서의 우선 순위는 인간사회를 유지하는 데 관련되어 있는 의무들이다. 그리고 이것은 자연적인 귀결이니, 왜냐하면 신중한 행동은 지식과 예지를 수반할 것이기 때문이다. 그러므로 신중하게 행동하는 것이 현명하게 생각하는 것보다 더 가치가 있다.

이상으로 이 문제는 충분히 설명되었다고 본다. 의무의 본질이 분명하게 밝혀진 이상, 의무에 관한 문제를 취급할 때에 어떤 의무가 어떤 의무에 우선해야 하는지를 아는 것은 어렵지 않게 되었다. 더구나 공동체 자체 내에서조차도 의무의 등급이 있어서 그들 가운데 어떤 의무가 다른 의무들보다 더 중한지 이해할 수 있으니, 그 첫째가 불멸의 신들에 대한 의무이고, 둘째가 조국에 대한 것이요, 세번째가 부모에 대한 것이고, 그 다음부터는 점차 밑으로 내려가면서 나머지 의무들이 정해져 있는 것이다.

161 이 간략한 논의를 통해 우리가 이해할 수 있는 것은 인간들이란 흔히 어떤 행동이 도덕적으로 선하거나 악한지 망설이면서 결정을 내리지 않을 뿐만 아니라, 도덕적으로 선한 것 두 가지가 제시되었을 때, 그 중 어떤 것이 더 도덕적으로 선한지를 주저하며 결정을 못 짓고 있다는 사실이다. 이 점이 바로 내가 위에서 언급했듯 파나이티우스에 의해 간과되었던 것이다. 그러니 이제부터 나머지 문제를 다루어 보기로 하자.

제 2 권

유익함에 대하여

제 2 권

유익함에 대하여

I 1 내 아들 마르쿠스야, 나는 앞의 제1권에서 도덕적 선, 아니 정확히는 모든 종류의 덕으로부터 어떻게 의무들이 나오는지 충분히 설명했다고 생각한다.

다음 단계로, 이제부터는 생활의 안락함, 사람들이 향유할 사물을 획득하는 수단, 권세와 부에 관계되는 그러한 유의 의무들을 취급하고자 한다. 이에 대해 살펴보면 앞에서 이미 말했듯이 다음과 같은 문제들이 있다. 첫째 유익한 것은 무엇이며, 유익하지 않은 것은 무엇인가, 둘째 유익한 것 중에서 더 유익한 것은 무엇이며, 가장 유익한 것은 무엇인가 하는 것이다. 먼저 나의 구상과 원칙에 대해 몇 마디 언급하고 나서, 이 문제들에 대한 토의를 시작하겠다.

2 나의 책들은 참으로 많은 사람들로 하여금 읽고 쓸 생각을 품게 했지만, 그럼에도 불구하고 나는 때때로 우리가 철학이라고 규정한 그 명칭이 특정한 선인들에게 혐오감이나 불러일으키지 않는지, 또 그 사람들이 내가 철학에 너무나 많은 노력과 시간을 할애하고 있다고 놀라고나 있지 않은지 두려운 생각이 든다.

그런데 자발적으로 자기 자신을 국가에 내맡겨 헌신적으로 통치하는 자들에 의해 공화국이 통치될 때, 얼마나 나는 전심 전력을 다해 국가에 봉사했던가. 그러나 모든 것이 카이사르라는 한 사람의 주인의 손에 들어가고, 나의 계획이나 권위는 어느 곳에서나 찾아볼 수 없으며, 마침내 공화국을 지키려는 나의 동지들인 가장 훌륭한 사람들[1)]마저도 잃었을 때에, 나는 슬픔을 잊기 위해 싸우지 않으면 헤어나지 못할 그런 슬픔에 빠지지 않았으며 또한 박식한 자에게 어울리지 않는 감각적 쾌락에도 빠지지 않았던 것이다.

3 아! 공화국이 출범했을 때처럼 확고부동하여 국가 개혁을 열망하기보다는 오히려 국가 전복을 기도하는 자들의 손에 떨어지지만 않았던들 얼마나 좋았으랴! 그 이유는 첫째, 공화국의 기반이 튼튼했을 때 했던 것처럼, 지금쯤 나는 집필하는 일보다 정치를 하는 일에 더 열을 올리고 있을 것이며 둘째, 흔히 전에 그랬던 것처럼, 집필을 해도 논문의 형태로서가 아니라 정치 연설을 하는 형태로 쓰고 있을 것이기 때문이다. 그러나 나의 모든 근심 걱정의 대상이었고 온갖 노력을 바쳐 헌신했던 공화국이 이제는 더 이상 존재하지 않으므로, 포룸과 원로원에서 정치 연설을 하는 내 목소리는 물론 사라지고 말았던 것이다.

4 그러나 나의 정신은 가만히 그대로 정지 상태에 있을 수는 없는 까닭에 어린 시절부터 철학 연구에 전념했던 나로서는 다시 철학 연구로 복귀하는 것이 슬픔을 잊는 가장 좋은 방법이 아니겠느냐고 생각했다. 젊었을 때 나는 철학을 배우는 데 많은 시간을 할애했었다. 그러다가 그 후 국가 정무관직을 맡고서는 나는 전

1) Pompeius, Cato: 그리고 내란기의 Caesar와 대항하여 싸우다가 희생된 다른 자들.

심전력을 다해 공무를 수행했던 것이다. 하기야 법정에서 친구들을 변호해 주고, 국사를 돌보는 데 많은 시간을 보냈지만, 또한 그만큼 많은 나머지 시간을 철학을 연구하는 데 바치기도 했던 것이다. 그러나 그 모든 시간은 철학책을 읽는 데 소비했을 뿐, 글을 쓸 여유란 전혀 없었다.

II 5 그러므로 현재의 최대의 국가 재난시에 나는 우리 로마 시민에게 충분히 알려지지는 않았으나, 인식할 가치가 가장 많은 소재를 글로 쓴다는 선한 일을 하게 되었다는 자부심을 갖게 되었다. 진실로, 불멸의 신들 앞에서 지혜보다 더 바람직한 것이 무엇인가? 지혜보다 더 도움을 주는 것이 무엇인가? 인간에게 지혜보다 더 좋고 더 가치가 있는 것이 무엇인가? 따라서 지혜를 추구하는 자들은 철학자라고 호칭되고 있으며, 만약 네가 철학이라는 말을 해석하고자 한다면 그것은 지혜에 대한 탐구이기에 그 어떤 다른 의미가 될 수 없는 것이다. 더욱이 지혜란 원로 철학자들이 정의를 내렸듯이 인간사와 신들의 일들, 그리고 인간과 신들의 일들에 관계되는 원인들에 관한 것이다. 만약 철학 연구를 과소평가하여 비난하는 자가 있다면 나는 그것을 잘 이해할 수가 없으니, 그렇다면 그 자는 칭찬받아 마땅한 일을 무엇이라 생각하고 있는지 반문하고 싶기 때문이다.

6 사실 정신의 안락과 마음의 편안함을 추구한다고 할 때, 진실되고 행복한 생활을 장려하는 데 적합하고 가치 있는 것을 언제나 탐색하고 있는 연구자들의 연구와 비교될 만한 것이 과연 존재할까? 또 우리가 선한 마음의 불변성과 덕성을 설명할 수 있다면 그것을 가능하게 하는 것은 오직 이 방법뿐으로서, 그 외는 전연 딴 방법이 없다.

아주 사소한 것을 아는 데 방법이 없는 것은 아니나, 가장 중요한 관심사를 아는 방법이란 전연 없다고 하는 것은 별로 생각지 않고 말하며 최대 중요사에서 실수를 범하는 자들의 말이다. 한 걸음 더 나아가, 실제로 덕을 배우는 길이 있다면 철학을 배우는 이 길뿐인데, 만약 여기서 이탈되었다면 어디서 그것을 찾을 수 있겠는가?

그런데 내가 철학 연구를 옹호할 때에는, 내가 다른 책들[2] 속에서 그랬듯이 나는 이 주제에 대해 꽤 자세하게 논의하는 경향이 있다. 그러나 지금 이 시각 국가 정사를 돌보는 직무를 박탈당한 후, 왜 내가 오로지 이 특수한 철학 문제 연구에 몰두하게 되었는가를 설명하려고 했을 뿐이다.

7 그러나 사람들은 나에게 이의를 제기하는데, 특히 철학자들과 박식한 자들이 나에게 이렇게 반문한다. 즉 내가 속한 학파는 아무것도 파악할 수 없다고 주장하면서도, 한편으로는 내가 온갖 주제에 대해 의견을 제시하는 경향이 있으며, 또 바로 지금 이 시각에도 의무에 관한 교훈들을 논하고 있는데, 이러한 것이 충분히 일관성 있는, 즉 언행일치한 것이라고 생각하느냐고 말이다. 그러나 나는 그들이 내 입장을 충분히 이해해 주기 바란다. 왜냐하면 우리 신아카데미학파 사람들은 정신적으로 잘못되어 방황하거나, 주제 파악도 제대로 못 해 연구하는 대상도 모를 정도는 아니기 때문이다. 사실상 토론뿐만 아니라 생활하는 데 규범이 없다면, 정신 활동, 아니 오히려 생활이란 어떤 것이 될까? 우리에게는 이것이 해당되지 않는다. 그러나 다른 학파의 사람들이 어떤 것은 확실하고 어떤 것은 불확실하다고 말하는 것과 마찬가지로, 우리는 이들

---

2) 그의 상실된 *Hortensius* 등.

과는 달리 다만 어떤 것은 가능하고 어떤 것은 불가능하다고 말하고 있는 것뿐이다.

8 그러므로 내가 나에게 가능해 보이는 것을 추구하지 못하도록 하고, 반대로 불가능하게 보이는 것을 거절하지 못하게 하는 것이 무엇인가? 또 의견을 개진함에 있어 나로 하여금 오만함을, 즉 독단을 꺼리면서 지혜와 가장 동떨어져 있는 무모한 주장을 회피하려고 하는데도 그러지 못하게 방해하는 것은 도대체 무엇인가? 그런데 반대로 우리 학파는 모든 문제를 논의한다. 그 이유는 만약 논의가 가능한 면과 불가능한 면, 양면으로 진행되어 비교되지 않는다면 가능한 것 그 자체가 분명하게 규명될 수 없기 때문이다.

그러나 이 문제는 우리 아카데미학파에 의해 아주 훌륭하게 설명되었다고 생각된다. 그렇지만 나의 사랑하는 키케로야, 비록 네가 가장 오래되고 가장 유명한 소요학파에서 지금은 그 학파의 창시자들과 비견될 만큼 훌륭한 크라팁푸스 스승 밑에서 공부에 전념했다 하더라도, 나는 네가 너의 학파와 밀접하게 관련을 맺고 있는 우리 아카데미학파에 대해서도 무지하지 않기를 원한다.

자, 이제부터 본론으로 들어가 교훈을 살피기로 하자.

III 9 의무를 수행하는 데에는 다섯 가지 고려할 사항이 제시되었다. 그 중 두 가지는 데코룸과 호네스툼에 관련되는 것이고, 다른 두 가지는 생활의 편리함, 부, 권세, 생활 능력과 관계된다. 그리고 다섯번째는 내가 말한 것들이 상충되는 것처럼 보일 때 어느 것을 선택할 것인가 하는 판단과 관련되는데, 이미 도덕적 선에 관한 부분은 완전히 다루었으므로 너는 이 대목을 매우 철저하게 이해하고 난 후 이것을 선택하기 바란다.

지금부터 다루려고 하는 것은 '유익함'이라 불리는 바로 그것이다. 그런데 이 말은 잘못 사용되고 왜곡되어 점차 사람들은 도덕적으로 선한 것을 유익함에서 분리시키면서, 어떤 것은 유익하지 않으면서도 도덕적으로 선할 수가 있고, 도덕적으로 선하지 않는 것이 유익할 수도 있다고 인정할 정도에까지 다다르게 되었다. 인간 생활에서 이것보다 더 해로운 생각은 생길 수가 없을 것이다.

10 실상 최고의 권위를 지닌 철학자들은 이론상 사유에 의해 구분할 수 없게 혼합되어 있는 성질의 것임에도 불구하고, 이 세 가지 혼합된 개념들을 엄밀히 합리적인 원칙에 입각해, 동시에 유익한 도덕적 선, 분명히 유익하지 않는 도덕적 선, 분명히 도덕적으로 선하지 않는 유익함으로 구별하고 있기도 하다. 실로 정당한 것은 무엇이든 간에 또한 유익하다고 그들은 생각하고, 마찬가지로 도덕적으로 선한 것은 무엇이든 간에 또한 정당하다고 그들은 생각한다. 따라서 도덕적으로 선한 것은 무엇이든지 간에 또한 유익하다는 결론이 나온다.

그런데 이 이론을 제대로 이해하지 못한 자들은 종종 교활하고 영악한 자들을 찬양하면서, 교활함을 지혜라고 판단한다. 그러나 그들은 이러한 오류에서 벗어나야 할 것이다. 그리하여 그들의 모든 사고 방식은 전적으로 다음과 같은 희망과 기대로 모아져야 한다. 즉 그들이 바라는 바를 성취하려면 그것은 사기와 교활한 간계에 의해서가 아니라, 오로지 도덕적으로 선한 생각과 정의로운 행위에 의해서만 가능하다고 깨달아야 한다는 희망과 기대 말이다.

11 그런데 인간이 살아가는 데 있어 꼭 필요한 것은, 일부는 금, 은, 지하 자원에서 나오는, 그리고 그와 같은 종류의 생명이 없는 것들이고, 일부는 각기 본능과 욕망을 지니고 있는 생물

들이다. 구체적으로 말하면 이들 중 어떤 것은 이성을 결여하고 있고, 어떤 것은 이성을 사용하고 있다. 말과 황소, 기타 가축들 또는 벌은 이성이 없는 존재들이지만, 힘써 일함으로써 인간이 이용하고 살아가는 데 다소 기여하고 있다. 반면 이성을 소유한 존재는 두 종류로 구분되는데, 하나는 신들이고, 다른 하나는 인간이다. 인간이 신들의 은총을 받으려면 신들을 숭배하고 경건한 생활을 해야 할 것이요, 신들과 가깝고 신들 다음의 위치에 있는 인간들은 인간에게 가장 유익한 존재가 될 수 있을 것이다.

12 해가 되고 방해가 되는 것들도 위와 같이 두 가지로 구분할 수가 있다. 그러나 사람들은 신들이 인간에게 어떤 해도 끼치지 않는다고 생각하고 있기 때문에 신은 일단 제외하고, 인간이 인간에게 가장 해를 끼친다고 생각하고 있는 것이다.

상호 부조에 관한 한, 사실 우리가 생명이 없는 것이라고 말하는 것들 자체는 대부분 인간의 노동에 의해 생성되는 것이다. 인간의 손과 기술이 가닿지 않았더라면 그것들을 소유할 수가 없었을 것이며, 인간의 관리가 행해지지 않았더라면 그것들을 이용할 수가 없었을 것이다. 또한 참으로 건강에 대한 배려, 항해, 농사, 밭에서 나온 오곡백과의 수확과 저장 등 그 어느 것도 인간의 노력이 없었다면 불가능했을 것이다.

13 인간들이 이러한 일을 수행하지 않았다면, 지금 우리에게 넘쳐나는 물품들을 수출하고, 우리에게 모자라는 물품들을 수입한다는 것과 같은 것은 참으로 확실히 상상도 할 수 없었을 것이다. 똑같은 이유로 인간의 손과 노동이 없었더라면, 우리가 사용하는 데 필요한 돌(石)을 땅에서 파낼 수 없었을 것이며, '깊숙히 매장되어 있는 철, 동, 금, 은'도 캐낼 수 없었을 것이다.

IV 만약 인간이 공동생활을 해 나가는 데 있어서 어려운 일에 부딪쳤을 때 서로 도움을 주고 받아야 한다는 사실을 배우지 않았더라면, 실제로 어떻게 처음부터 냉기를 제거하고, 더위의 고통을 경감시켜주는 집을 마련할 수 있었으며, 또 그 후 폭풍이나 지진으로 파괴되었거나 오래되어 낡아 허물어졌을 때 그 집들을 수리할 수가 있었겠는가?

14 여기에 상수도, 운하, 농지의 관개 시설, 방파제, 인공 항구들을 덧붙여 생각해 보자. 인간의 수고가 없었더라면, 이러한 것들은 어디서 생겨났겠는가? 이외에 다른 많은 예에서 우리가 분명하게 인식할 수 있는 것은, 인간의 손과 노동의 대가가 없었다면, 우리 인간은 그 어떤 방법으로도 생명이 없는 것들에서 생기는 이득과 유익함을 얻을 수가 없었으리라는 사실이다.

마지막으로, 인간이 서로 돕지 않았다면 동물들로부터 우리는 어떤 이득이나 편리함을 취할 수가 있었을까? 각 짐승을 이용할 수 있다고 처음으로 깨달은 것은 분명 우리 인간이었다. 그리고 오늘이 시각에도 인간의 노력이 없었다면 우리는 짐승들을 먹이거나 보호하지도 못했을 것이며, 아직도 때맞추어 새끼들을 받아낼 수 없었을 것이다. 그리고 우리 인간들은 지금도 해로운 짐승들을 없애고, 이용이 가능한 짐승들은 산 채로 잡고 있는 것이다.

15 여러 가지 기술이 없다면 생활이란 전혀 영위될 수가 없다. 그러면 무엇 때문에 나는 자꾸 많은 기술들을 열거해야만 하는가? 그 이유는 참으로 이렇다. 만약 그렇게도 많은 기술들이 인간들에게 부족한 것을 도와주지 않는다면 어떻게 환자들이 치료를 받을 수 있으며, 어떤 건강의 기쁨을 맛볼 수 있으며, 무슨 생활의 안락을 누릴 수 있겠는가? 이런 모든 점에서 인간의 세련된 문

화 생활은 열등한 동물의 생활 상태와는 천양지차가 있는 것이다. 실로 인간들의 결집이 이루어지지 않았다면 도시들은 건설될 수 없었을 것이고, 또 사람들로 들끓지 않았을 것이다. 도시 생활의 결과로 법과 관습이 생겼고, 그러다 보니까 사적(私的) 권리들의 균등한 배분과 생활하는 데 필요한 확실한 사회 질서가 등장하게 되었다. 이 제도들 다음으로 마음의 온화함과 수치심이 뒤따라 나오게 되었고, 또 그 결과 생활은 더 안전하게 되었으며 생활 필수품과 편리한 시설을 주고 받고 상호 교환함으로써 부족한 것이 없게 되었던 것이다.

V 16 이 문제에 관해서는 필요이상으로 언급한 셈이다. 실상 진심에서 우러나오는 서로 간의 협동이 이루어지지 않았다면, 전쟁시의 장군이든 평화시 국내의 제1인자이든 그 누구도 국가 이익을 위해 위대한 일을 성취할 수 없었을 것이라고 파나이티우스가 길게 말을 늘어놓고 있다는 그 사실을 모르고 있는 사람이 어디에 있겠는가? 파나이티우스에 의하면 테미스토클레스, 페리클레스, 키루스,[3] 아게실라우스,[4] 알렉산더가 다른 사람들의 도움이 없었다면 그러한 위업을 달성할 수 없었을 것이라는 것이다. 그리하여 그는 아무도 의문을 제기하지 않는 사실을 입증하기 위해 필요치도 않은 증거들을 내세우고 있다.

그렇지만 한편으로 우리가 인간들의 결합과 합의에 의해 큰 이익을 얻는 것과 마찬가지로, 다른 한편으로는 인간이 인간에게 가하는 해보다 더 무서운 것도 없다. 위대하고 박학한 소요학파 학자인 디카이아르쿠스[5]가 쓴《인간의 파멸》이란 책이 있는데, 그는 그 속

3) Cyrus대왕: 페르시아제국 창건.

4) Agesilaus: Sparta의 왕(B.C.398-360).

5) Sicily의 Dichaearchus of Messana는 박식가로서 Aristoteles의 Theophrastus에 다음가는 가장 중요한 제자였다.

에서 다른 모든 인간의 파멸의 원인으로서 어떤 인종을 싹 쓸어버린 홍수, 역병, 황폐, 그리고 수많은 야생 동물들의 갑작스런 습격을 한데 묶어 제시하고 있다. 그리고 나서, 그는 이러한 온갖 종류의 재난에 대해서 보다는 오히려 인간들에 의한 공격, 구체적으로 말해 전쟁이나 소요에 의해 얼마나 많은 사람들이 살상되어 왔는지 비교하고 있다.

17 인간이 인간에게 최대의 이익을 가져다 주는 원천이기도 하고, 또 최대의 손해를 끼치는 원천이기도 하다는 것은 여기서 의심의 여지가 없게 되었다. 따라서 나는 누구나 이러한 상태에서 사람들의 마음을 사로잡아 자기 자신에게 유리하게 붙잡아 두는 것이 바로 덕의 속성이라고 규정한다. 그런데 생명이 없는 것들과 동물들을 이용하고 다루어 인간 생활에 유익하게 되도록 하는 것은 기술들에 의한 것인데, 이 기술들을 습득하려면 인간의 노력이 필요하다. 그러나 그 반면에 재산을 증식시키기 위해서라면 만반의 준비 태세가 갖추어져 있어 재빨리 작용하는 인간의 분별력이야말로 지혜와 덕을 통해 분발되는 것이다.

18 그리고 참으로 모든 덕은 대개 세 가지로 이루어져 있는데, 그 첫째는 [지혜]로서, 어떤 주어진 사물에서 진실되고 순수한 것이 무엇이고, 공감이 가는 것은 무엇이며, 그것에서 생기는 결과는 무엇이며, 각 사물의 원인이 되는 것은 무엇인지, 즉 인과 관계를 인식하는 능력이다. 둘째는 [인내]로서, 그리스인들이 파토스(*πάθος*)라고 부르고 있는 혼란된 마음의 동요를 억제하고, 호르마이(*ὁρμάι*)라고 부르는 본능적인 욕구를 이성에 복종시키는 능력이다. 그리고 세째는 [정의]로서, 우리와 함께 공생 공존하는 사람들을 적절하게 기술적으로 이용하는 것이다. 즉 우리는 본래 우리

에게 부족하여 필요한 것들을 그들의 도움을 받아 풍족하게 소유하고, 만약 그들이 무엇인가 우리에게 불이익을 가져다 주는 것이 있다면, 그것을 없애고, 우리에게 해를 끼치려고 기도하는 자들에 대해서는 응징하여 형평의 원칙과 인정이 허용하는 범위에서 처벌하도록 하는 것이다.

VI 19 이제부터 동료시민들의 호감을 사고 또 그대로 유지하는 능력을 보유할 수 있는 방법이 무엇인가에 대해서 논의하려고 하는데, 그 전에 잠깐 몇 마디 언급해둘 것이 있다.

운(運)에는 두 가지 큰 힘이 있는데, 하나는 순탄한 경우인 행운이고, 다른 하나는 역경인 불운으로 이를 모를 사람이 어디 있겠는가? 즉 행운의 여신이 순풍을 불게 하면 우리는 그것을 이용하여 항구에 도달할 수 있지만, 역풍이 불면 의기소침하게 된다. 그런데 운명 그 자체는 드물기는 하지만 여러 가지 다른 재앙들을 인간에게 내리는데, 첫째는 생명이 없는 자연의 재해로서 태풍, 폭풍우, 배의 난파, 건물의 도괴, 화재 등이고, 둘째는 야수들로부터 채이고 물리고 공격당하는 것이다.

20 그런데 이런 것들은 내가 말했듯이 좀 드문 경우이다. 그러나 한편, 실제로는 여러 다른 시기에 걸쳐 종종 많은 군부대의, 특히 최근에는 3개 군부대의 전멸,[6] 여러 장군들의, 특히 최근에 유일의 최고 사령관의 패배,[7] 그 외에도 대중의 증오와 여기서

---

6) Caesar의 세 승리, 즉 Pharsalus에서의 Pompeius에 대한 승리(B.C.48), Thapsus에서의 Metellus Scipio에 대한 승리(B.C.46), Munda에서의 Pompeius의 아들들에 대한 승리(B.C.45)를 말한다.

7) Pompeius가 Pharsalus전투에서 Caesar에게 대패한 것을 말함. 여기서 패한 후 그는 이집트로 도망갔으나 B.C.48년에 배반당하여 59세의 나이에 살해당한다.

비롯된 공적 있는 사람들의 잦은 추방, 사형, 도주 등을 상기해 보라. 다른 한편으로는 반대로 성공의 경우로서 정무관직과 군사령관직으로 인한 명예 그리고 승리들을 상기해 보라. 그러나 행운의 길사이건 불운의 흉사이건 간에, 이 모든 것들에 비록 운이 작용했다 하더라도 동료시민들의 노력과 협동심이 없었다면 결코 일어날 수 없었을 것이다.

따라서 우리에게 유익하도록 어떻게 동료 시민들의 호감을 사 협동심을 유발시킬 수 있는가 하는 지식에 대해 언급하고자 한다. 말이 좀 길어졌지만 유익함의 중요성에 비추어 본다면, 지금까지의 언급이 좀 짧게 생각될지도 모른다.

21 그런데 사람들은 타인인 동료 시민의 재산을 늘리고 명예를 높이기 위해 도움을 주는데, 그때마다 그 동기를 보면 다음 중 하나에 속한다. 첫째 그들은 어떤 이유로 그를 좋아하기 때문에 호의를 베풀어 돕는다. 둘째 그의 덕을 높이 평가해서 최고의 행운을 얻을 만한 가치가 있는 사람이라고 생각하고 그를 존경하는 마음이 우러나 돕는다. 셋째 그의 신의를 굳게 믿어서 그를 돕는 것이 그들 자신의 이익을 꾀하는 것이라 생각하고 그를 돕기도 한다. 넷째 그의 권력을 두려워하여 마지 못해 그를 돕기도 한다. 다섯째 이와는 반대로, 예컨대 그들은 왕들이나 포퓰라레스가 아낌없이 막 베풀어 증여하는 선물 따위 등을 기대하여 그를 돕기도 한다. 여섯째 마지막으로, 그들은 뇌물과 물질적 보상을 주겠다는 약속 때문에 그를 위해서 행동하기도 하는데, 이 마지막 동기는 그러한 행위로 즐거움을 맛보는 그들에게나 그 방법을 사용하려고 애쓰는 자들 모두에게 가장 비열하고 추잡한 동기라고 나는 생각한다.

22 왜냐하면 덕으로 이루어져야 하는 것이 돈으로 해결된다면, 만사는 사도(邪道)에 빠지게 되기 때문이다. 그러나 돈으로 해결하는 이 방법이 때로는 불가피한 경우도 있으므로, 나는 그것의 사용 방법에 관해 설명하려고 하는데, 그렇지만 이에 앞서 더 바람직한 덕성의 자질들에 관해 토의해 보기로 하겠다.

사실 사람들은 여러 가지 이유 때문에 다른 사람의 군대 명령권과 정무관직에 따른 권한에 스스로 복종한다. 그들은 첫째 호의에 의하거나, 둘째 선의의 관대함에 의하거나, 셋째 상대방의 사회적 지위로 인한 명성 때문에, 또는 넷째 그들 자신의 복종이 장차 유익하게 되리라는 기대감 때문에, 다섯째 정말 힘으로 복종을 강요당하지나 않을까 하는 두려움 때문에, 여섯째 선물 증여와 이로운 약속을 받아낼 것이라는 기대감에 사로잡히거나, 마지막으로 일곱번째, 우리 나라에서 가끔 보듯이 뇌물 때문에 영향을 받아 행동하게 되는 것이다.

VII 23 그러나 위에 열거한 모든 동기 중에서 권력을 유지하고 확고히 하는 데는 경애보다 더 적합한 것은 없고, 공포보다 더 낯선 것도 없다. 엔니우스는 정말 감탄조로 다음과 같이 읊고 있다.

> 그들은 자기들이 두려워하는 자를 증오하노라.
> 누구나 자신이 증오하는 자가 죽기를 바라노라.[8)]

그런데 어떤 권력도 다수의 증오를 견뎌낼 수는 없다. 전에 몰랐다면 최근에는 알았을 것이다. 이 참주, 즉 율리우스 카이사르는 군대를 이용하여 국가의 목줄을 눌렀고, 또 그가 죽은 후인데도 불구

---

8) 아마 Ennius의 *Thyestes*에서 나오는 한 줄의 대사인 것 같음.

하고 국가는 전보다 더 아주 비굴하게 그에게 쩔쩔매고 있는 터인데, 그의 암살은 사람들의 증오가 얼마나 치명적인 결과를 초래하는지를 보여주고 있는 것이다. 뿐만 아니라 그 밖의 다른 모든 참주들의 유사한 운명에 의해서도 같은 교훈이 도출되는데, 실제로 참주치고 그 누구도 일찌기 이러한 죽음에서 피할 수 있었던 자는 없었던 것이다. 정녕 공포 정치란 단지 권력을 유지시킬 뿐인 나쁜 안전 장치이지만, 이와 반대로 선의(善意)는 실제로 그것을 영구히 믿을 만하게 지켜 주는 안전판인 것이다.

24 그러나 시민들을 군대 명령권의 힘으로 통솔하는 자들은 물론 엄정함을 덧붙여 보여주어야 할 것이다. 예를 들면 노예들을 더 이상 다른 방도로서는 통제할 수 없을 때, 주인들이 노예들에 대해 사용하는 잔임함과 같은 것이다. 그러나 사실 자유국가에서 자기 자신의 지위를 두려움을 느끼는 공포의 대상으로 삼는 자들이 있는데, 이보다 더 정신 나간 짓을 하는 것도 없다. 왜냐하면 아무리 어떤 개인의 권력에 의해 법률들이 유린되고 아무리 관직을 마음대로 독점하는 자유의 정신이 위협 받는다 하더라도, 이것들은 언젠가는 침묵의 판결로서이거나 관직에 대한 비밀 투표를 통해 원래의 모습을 드러낼 것이기 때문이다. 그런데 중간에 얼마간 억압당했다가 다시 회복될 관직을 마음대로 독점하는 자유는 위험에 처해 보지 못했던 자유보다 더 날카로운 이빨로 물어뜯을 것이다. 따라서 안전뿐만 아니라 권력과 권한을 가장 강하게 지지해 주는 모든 시민의 마음에 호소하고, 공포를 추방하고 어진 사랑을 유지하는 정책을 채택해서 가장 널리 유지하도록 하자. 그러면 우리는 공적 사적 생활에서 원하는 바를 가장 쉽게 구할 수 있을 것이다.

더욱이 자신이 남들이 두려워하는 공포의 대상이 되기를 원하는 자들은, 언젠가는 반드시 자신이 공포로 몰아 넣은 자들을 두려워하여 벌벌 떨게 될 것이다.

25 예를 들어 저 노 디오니시우스[9]에 대하여 우리는 정말 어떤 평가를 내려야 할까? 그는 두려움에 사로잡혀 벌벌 떨곤 하였고, 이발사의 면도날이 무서워 자신의 턱수염을 활활 타는 숯불로 태우곤 하였다. 또 페라이의 알렉산더[10]는 어떤 심정으로 생을 영위했다고 생각해야 할까? 전해오는 문헌상의 기록에 의하면, 그는 자기 아내인 테에베를 매우 사랑하였다고 한다. 그런데도 연회장에서 저녁 식사를 끝마치고 돌아와 아내의 침실을 찾아갈 때면 언제나 그는 몸에 트라키아인[11]이라는 문신을 새긴 잘 알려진 한 미개한 이국인에게 검을 빼어들고 앞서 가도록 명령하곤 하였다. 그 뿐인가? 그는 미리 사람들을 보내 숨겨 놓은 무기라도 없는가 하여 아내의 옷이나 보석함을 뒤져 보게 하곤 하였다. 오! 불쌍한 자여! 미개한 이국인이며 낙인 찍힌 노예를 자신의 아내보다 더 믿을 만하다고 생각하다니! 그러나 부인에 대한 그의 의구심은 전연 잘못이 아니었다. 왜냐하면 그는 아내의 손에 죽음을 당했는데, 아내는 그가 첩을 두었다고 의심했기 때문이다. 진정 어떤 권력도 공포의 억압하에서는 오래 지속될 수가 없다.

---

9) 노 Dionysius(B.C.430-367): B.C.406-367년에는 Syracuse의 잔인무도한 참주로서 통치했다.

10) Alexander of Pherae: Thessaly 내에 있는 Pherae의 참주로서 B.C.369-358년 지배했다. 그의 형 Jason의 딸 Thebe와 결혼. 그녀의 세 오빠의 도움으로 살해됨. 질투가 아니라 남편에 대한 공포, 남편의 잔인한 성격에 대한 증오가 살해의 동기였다고 함.

11) Thracia인들은 그리스 참주들의 비밀경호인으로 고용되었는데, 오늘날 스위스인들이 프랑스에서 고용되는 것과 꼭 같다.

26 그 한 예로서 팔라리스[12]를 보라. 그의 잔인함은 타인의 추종을 불허할 정도로 악명 높았다. 그는 살해되었는데, 내가 말했던 페라이의 알렉산더처럼 음모에 의해 죽은 것도 아니었고, 우리의 이 사람 즉, 카이사르처럼 소수의 음모자들 손에 죽음을 당한 것도 아니었다. 아그리겐툼의 전 민중이 그를 공격하여 살해했던 것이다.

또 마케도니아인들이 데메트리우스[13]를 버리고 모두가 한마음이 되어 피루스에게 간 이유는 무엇일까? 그리고 라케다이모니아인들이 부당하게 통치권을 행사하자, 돌연 모든 동맹국들은 그들에게 등을 돌리고서 그들이 레욱트라에서 참패당할 때[14] 수수방관하고 있지 않았는가?

VIII 이와 관련하여 나는 국내사보다는 오히려 외국에서 실례들을 생각하게 된다. 그렇지만 한 가지 덧붙여 둘 것은 우리 로마 인민의 제국이 부당한 억압에 의해서가 아니라 호의적인 봉사 정신에 의해 유지되는 한, 전쟁이란 우리 동맹국들의 이익을 위하거나 우리 제국의 패권을 유지하기 위해 수행되었다는 것이다. 그렇기 때문에, 전쟁들의 결과는 관용이 아니면, 필요한 만큼의 가혹한 처벌이었다. 로마 원로원은 각국의 왕, 부족, 국민들의 항구이자 피난처였다. 그리고 우리 로마 정무관들과 장군들의 최대의 야망은 오직 단 하나, 속주와 동맹국들을 공평과 신의로서 방어한다면 받게 될 최대의 찬사 바로 그것이었다.

---

12) Phalaris of Agrigentum: Sicily의 남해안의 도시국가인 Agrigentum의 참주. Solon과 동시대인. 그는 신하들의 돌을 맞아 살해된다.

13) Demetrius Poliorcetes(B.C.336-283): Antigonus 1세의 아들로서 B.C.295- 287년 Macedonia의 왕. 그는 B.C.287년 동방의 Lysimachus를 공격하기 위해 진군하던 중, Epirus의 왕 Pyrrhus의 공격을 받았는데, 그 자신의 신하들이 불만에 차있는 것을 알자 안전을 위해 그리스로 도주하였고, 그의 군대는 Pyrrhus에게 도망갔다.

14) 스파르타인들은 B.C.371년에 Leuctra에서 테에베인들에게 패배했다.

27 그러므로 우리 로마는 지배국이라기보다는 오히려 더 정확하게는 보호국이라 불릴 수가 있었다. 술라시대 이전부터 우리 로마는 이미 이 관행과 규칙을 등한시하더니, 술라의 승리 이후에는 완전히 이전의 정책과 결별하였다. 참으로 동맹국들에 대한 어떤 강압정책도 공정치 못하다고 생각되는 시대는 이미 지나가버렸으니, 그것은 로마 시민들에게조차 그처럼 잔학한 행위가 가해지는 것을 볼 때 알 수 있다. 그러므로 술라의 경우, 명예롭지 못한 승리는 도덕적으로 선한 명분을 수반할 수가 없었다. 왜냐하면 그는 선한 시민들과 부자, 그리고 확실히 로마 시민의 재산을 빼앗아 광장에서 창을 땅에 꽂아 놓은 채 경매에 붙여 팔면서도 뻔뻔스럽게 "나는 나의 전리품을 팔고 있는 것이요"[15)]라고 말했기 때문이다. 그의 뒤를 이어 등장한 카이사르는 불경스러운 명분을 내세우면서 승리를 한층 더 치사하게 악용하였다. 즉 그는 각 시민들의 재산을 몰수하는 데 그치지 않고, 그의 권력을 이용하여 모든 속주와 지역들을 송두리째 파멸로 몰아 넣었던 것이다.

28 그리하여 이민족들이 카이사르에 의해 정복당해 멸망했는데, 그 실례로 우리는 개선 행진 중에 운반되다가 불타는 마씰리아[16)]의 도시 모형을 보았다. 이는 마씰리아의 인민 주권이 상실되었다는 증거를 세계 만방에 보여주는 것이고, 또 마씰리아라는 한 도시 국가에 대한 승리를 축하하는 행렬이었던 것이다. 사실 과

---

15) Sulla는 B.C.82년에 로마를 점령하고 그 다음 해에 독재관이 되었다. 로마인들은 경매의 표시로서 하나의 창을 세워두었다. 이 관습은 전쟁에서 취한 전리품의 판매에서 유래하였다.

16) Massilia: 지중해연안에 있는 Gallia Narbonensis 내의 그리스 식민 도시. 오늘날의 마르세이유. 수세기간 고대세계에서 가장 중요한 상업 도시들 중의 하나. 초기에는 로마와 우호관계를 유지해 왔으나, 내란기에는 Pompeius와 로마원로원의 편을 들어 Caesar가 스페인을 향해 진군할 때 문을 열어주지 않고 반항하다가 공격을 당해 함락되었다.

거에 마씰리아의 도움이 없었더라면 우리 로마장군들은 알프스산 너머 전쟁들에서 결코 한 번도 승리할 수 없었을 텐데도 말이다. 그 밖에도, 만약 태양이 이보다 더 파렴치한 어떤 것을 일찍이 보았다면, 나는 우리 로마가 우리의 동맹국들에 대해 저지른 다른 많은 불법행위들에 대해 언급할 것이다. 따라서 우리는 응당 받아야 할 벌을 받고 있는 것이다. 정말로 우리가 많은 범죄인들을 처벌하지 않은 채 그냥 가만히 놔두지만 않았던들, 단 한 사람 즉, 카이사르에게 결코 그처럼 제멋대로 할 수 있는 큰 권력이 집중되지는 않았을 것이다. 그의 상속 재산은 단 몇 사람에게 넘어갔지만, 그의 권력에 대한 탐욕은 많은 사악한 자들에게로 승계되었던 것이다.[17)]

29 진실로 시민간의 전쟁인 내란의 씨앗과 내란 발발의 동기는, 파멸한 악한 사람들이 저 피묻은 창을 기억하고 또 기대하는 한 결코 없어지지 않을 것이다. 푸블리우스 술라[18)]는 그의 친척 즉, 루키우스 술라가 독재관이었을 때, 창을 잡고 휘둘렀는데, 36년이 지난 후에도 그는 한층 더 악의 피로 물든 창을 휘두르는데 머뭇거림이 없었다. 더욱이 저 술라가 독재관이었을 당시 서기였던 또 다른 코르넬리우스 술라[19)]는 이때 즉, 카이사르 때도 시 재무관이 되었다. 이 사실에서 우리는 이러한 프레미움이 자꾸 제공된다면 내란은 결코 종식될 수 없다는 점을 깨달아야 한다.

그러므로 로마에는 도시의 성벽들만이 남아 있을 뿐인데, 그 성

---

17) Caesar는 Sulla의 돌연한 정계은퇴를 보고 정치의 ABC도 모른다고 말했다고 한다.

18) Publius Cornelius Sulla: 독재관인 L. Cornelius Sulla의 조카. 삼촌의 시대인 B.C.82년과 Caesar가 독재관시절인 B.C.46년에 몰수한 재산을 판매하는 일을 주관하였다. 내란기에는 그리스에서 Caesar의 부관을 지냈다.

19) Cornelius Sulla: 독재관인 Lucius Sulla의 피해방민. 그는 Sulla의 독재관하에서는 서기를, Caesar의 독재관하에서는 재무관을 지냈다.

벽들조차도 이제는 극도의 죄악들에 대한 두려움으로 벌벌 떨고 있으니, 우리는 정말 공화국을 완전히 상실한 것이다. 그러나 우리가 이러한 파국에 봉착하게 된 것은, ―왜냐하면 이제 본 주제로 돌아가야 하기 때문인데―우리가 국민의 아낌없는 사랑과 존경을 받는 존재, 즉 경애의 대상이 되기보다는 오히려 공포의 대상이 되기를 더 원했기 때문이다. 만약 이러한 재앙이 의롭지 못한 지배와 참주 때문에 로마인에게 발생할 여지가 있었다면, 지금 우리 각자는 무엇을 생각해야 할까? 선의의 힘은 크고 공포가 갖는 힘은 매우 약하다는 사실이 분명해진 이상, 다음으로 우리는 어떤 방법으로 우리가 원하는 바 정직과 신의와 더불어, 애정과 존경 즉 경애를 가장 쉽게 획득할 수 있는지를 논의하도록 해보자.

30 그러나 우리 모두가 똑같은 정도의 정직과 신의, 그리고 경애를 모두 필요로 하지는 않는다. 왜냐하면 어떤 사람이 다수로부터 경애를 받아야 할 필요가 있는지, 아니면 소수에게서 존경과 사랑을 받아도 충분한지는, 그 사람 개인의 직업과 생의 목표에 따라 결정되기 때문이다. 따라서 이것, 즉 확실히 우리를 사랑하고 우리의 존재 가치를 존경하는 친구들의 우정과 신의를 갖는다는 것이 급선무이며 최대로 필요한 것임을 시인하도록 하자. 왜냐하면 바로 이 한 가지 점에 있어서만은 정상에 오른 사람들과 보통 사람들간에 대체로 큰 차이가 없으며, 우정이란 거의 동등하게 양쪽에 의해 배양되어야 하기 때문이다.

31 관직의 명예, 명성, 그리고 동료 시민들의 선의는 아마 모든 사람이 똑같이 필요로 하는 것은 아닐 것이다. 그렇지만 어떤 자에게 이것들이 주어진다면 여러 가지 면에서, 특히 우정을 획득하는 데 상당한 도움이 될 것이다.

IX 그러나 우정에 대해서는 나의 책《라일리우스》에서 이미 논의된 바 있다. 이제 우리는 영예에 대하여 언급하기로 하자. 비록 바로 이《영예론》에 대한 내 책이 두 권 나오긴 했지만, 다시 이를 취급하려고 하는데, 그 이유는 이렇게 하는 것이 보다 중요한 일들을 처리하는 데 매우 많은 도움을 주기 때문이다.

그런데 최고의 그리고 완벽한 영예는 다음의 이 세 가지 조건에 달려 있다. 첫째 만약 대중이 그를 경애한다면, 둘째 만약 대중이 그를 신의가 있다고 생각한다면, 셋째 만약 대중이 그를 어떤 찬사와 함께 관직에 따른 영예를 받을 만한 가치가 있다고 생각한다면, 하는 바로 그 세 가지 조건이다.

그런데 이러한 감정들은 단순하고 간단하게 말한다면 개인별로 표출되는데, 대중에게서 표출되는 감정들도 거의 동일하다. 그러나 우리에게는 단숨에 대중에게 접근할 수 있는 또 다른 길이 있는데, 이 길을 통해 우리는, 말하자면 단숨에 모든 사람들의 마음 속으로 스며들어갈 수가 있는 것이다.

32 그러면 내가 앞에서 말한 저 세 가지 전제 조건 중에서 우선 선의를 획득할 수 있는 규칙들을 살펴보기로 하자. 첫째, 선의는 실제로 선행에 의해 최대로 획득된다. 그런데 둘째로, 선의는 비록 그 결과로서 우발적으로 손에 생기는 것이 없다 하더라도 선행을 하겠다는 의지에 따라 움직여진다. 그러나 대중의 사랑이 강 하게 영향받는 것은 명성 그 자체에 의해, 그리고 돈을 아끼지 않고 마구 베푸는 것, 선행, 정의, 신의, 온후한 성격, 공손한 태도와 관련되는 모든 덕을 갖추고 있다는 평판에 의해서다.

사실 우리가 도덕적으로 선하고 예절이 밝다고 말하고 있는 그것 자체는, 가만히 있어도 저절로 우리 마음에 들어 기쁨을 주고, 그 내적인 본질로서 그리고 외적인 모습으로서 모든 사람의 마음을 감동시키고, 나아가서 특히 마치 내가 앞서 말한 덕들로부터 빛을 발하고 있는 것처럼 보이기 때문에, 그런 이유로 하여 우리는 인간본성 그 자체에 따라서 우리가 저 덕들을 갖추고 있다고 믿는 그런 사람들을 경애할 수밖에 없는 것이다. 그렇기에 이것들이야말로 확실히 경애하는 데 있어 가장 중요하게 작용하는 원인들이다. 사실 그 외에도 보다 가벼운 요인들을 전연 거론할 수 없는 것은 아니다.

33 그러나 신의는 다음 두 가지 조건에 의하여 확보될 수 있다. 첫째 조건은, 만약 우리가 사람들에 의해 정의감과 결합된 미래를 내다보는 예지력을 지녔다고 판단된다면이다. 왜냐하면 우리는 우리가 생각하기에 우리 자신보다 더 이해심이 많고, 미래를 더 잘 예견할 수 있는 통찰력을 지녔고, 그리고 비상사태와 긴박한 위기가 닥쳤을 때 상황에 따라 사태를 수습하고 시의적절하게 결단을 내릴 수 있다고 믿는 사람들에 대하여 신의를 갖기 때문이다. 사실 사람들은 이것을 유익하고 참된 예지라고 판단한다. 그리고 두번째로, 정의롭고 신의있는 사람들, 즉 선인들에게 신의가 있다고 사람들은 생각하는데, 그럴 때 그것은 사기와 불의에 대한 혐의가 추호라도 있어서는 안 된다는 가정의 전제 하에서임은 말할 것도 없다. 그러므로 우리는 이 사람들에게 우리의 생명과 재산, 그리고 우리의 자녀들을 맡기는 것이야말로 가장 옳고 가장 안전하다고 생각하는 것이다.

34 따라서 이 두 가지 중에서, 신의를 획득하는 데에는 예지보다는 정의가 더 강하게 작용한다. 확실히 정의는 예지 없이도 충분한 영향력을 지니고 있지만, 예지는 정의 없이는 신의를 갖게되는 아무런 힘도 없다. 왜냐하면 누군가가 진실되고 정직하다는

평판과는 달리 위선과 허위로 가득 차 있다면, 그는 교활하고 영리하면 할수록 그만큼 더 세상 사람들로부터 모든 미움을 받고 불신을 받기 때문이다. 그러므로 지성과 결합된 정의는, 우리가 원하는 만큼의 신의를 획득하는 데 원하는 만큼의 충분한 힘을 갖게 될 것이다. 정의는 예지 없이도 단독으로 어느 정도까지는 많은 작용을 할 수 있겠지만, 예지는 정의 없이는 아무런 가치도 발휘할 수 없을 것이다.

X 35 그러나 많은 철학자들이 동의한 바 있고 나도 종종 논의했듯이, 한 가지 덕을 지닌 사람은 모든 덕을 갖추고 있다고 하는데, 왜 지금 내가 지혜롭지 못한 자가 정의의 인간이 될 수 있는 것처럼 덕들을 구분하여 말하는지 의아해 하지 않기 바란다. 이러한 분명한 불일치에 대해서, 나는 철학적 논의에서 이론적으로 진리 그 자체가 정확하게 추구될 때 사용하는 말과, 우리의 이야기를 보통 사람들의 생각에 적용시켜 하는 말은 별개의 문제라고 해명하고 싶다. 그러므로 여기에서 내가 어떤 사람들은 용감하고, 어떤 사람들은 선하며, 또 어떤 사람들은 지혜롭다고 했을 때 사용한 말들은, 일반적인 보통 사람들의 의미에서 사용한 말들이다. 왜냐하면 일상적인 개념들을 다룰 때에는 보통 받아들이기 쉬운 말을 사용해야 하기 때문이다. 그리고 이것은 파나이티우스를 비롯한 그 밖의 사람들이 사용한 방식이기도 하다. 이제 우리의 본래의 주제로 되돌아가자.

36 내가 영예를 얻는 데 갖추어야 할 기본적인 조건으로 제시한 것들 중 세 번째의 것은, 사람들의 존경과 칭찬을 받을 만하다고 평가되어야 한다는 점이다. 사람들은 보통 자신이 생각한 것보다 위대하고 훌륭한 것이면 어느 것이나 높이 평가한다. 특히

어떤 한 개인에게서 자신이 예기치 못했던 장점을 발견했을 때 그 것을 훌륭하게 생각한다. 그러므로 사람들은 어떤 사람들에게서 대단히 훌륭하고 탁월한 재능을 발견했을 때 그들을 매우 존경하고 칭찬한다. 그리고 또한 그들이 보기에 아무런 덕도 없고 의지력도 없고 정력도 없는 사람들을 경멸한다. 사실 사람들은 자신들이 생각하기에 악하다고 여겨지는 사람 모두를 경멸하지는 않는다. 왜냐하면 사람들은 어떤 자들에 대해서 부도덕하고 남을 비방하기 좋아하고 사기성이 농후하고 불의를 상습적으로 행해 위험하다고 생각하고 있을지라도, 결코 그들을 경멸하지는 않고 도덕적으로 악하다고 평가하기 때문이다. 그러므로 앞에서 이야기했듯이, '그들 자신에게나 이웃인 타인들에게' 전혀 쓸모없는 사람들, 예를 들어 아무 일도 하지 않고 부지런함이란 전연 없는 그리고 아무 근심걱정도 없는, 요컨대 무위도식하는 사람들이 경멸을 받는 것이다.

37 한편 남들보다 덕이 뛰어나고, 남들이 손쉽게 떨쳐 버리지 못하는 사악한 것들과 데코룸하지 못한 것들에서 벗어나 자유로울 수 있는 사람은 타인의 존경을 받는다. 왜냐하면 가장 매혹적인 여신인 말초신경적 쾌락이야말로 사람들의 마음을 가장 흐리게 하는 것으로서, 사람들의 마음을 여러 덕들로부터 멀어지게 하는 것이기 때문이다. 재난으로 인한 참을 수 없는 고통이 다가오게 되면 사람들의 마음은 두려움으로 심하게 떨게 된다. 삶과 죽음, 가난과 부는 모든 사람의 마음에 매우 커다란 영향을 준다. 그러나 고귀한 정신과 분별력을 지닌 위대한 사람은, 자신에게 유익한 것이든 해로운 것이든 간에 그러한 두 가지 외부 상황들을 대수롭지 않은 사소한 것으로서 무시할 수 있고, 고귀하고 훌륭한 목표가 그에게 제시되면, 그러한 덕의 본래의 의미를 파악하고 그것을 잘 추구해나간다. 그러한 사람에 대해서 그 누가 그의 덕을 칭찬하지 않을

수 있겠느냐?

XI 38 그러므로 이러한 고귀한 정신이 사람들로 하여금 존경의 마음이 우러나오게 하듯이, 정의는 그 한 가지로서도 선인들이라고 호칭될 수 있게 하는 것으로서, 실로 모든 사람들에게 매우 훌륭한 덕으로 받아들여진다. 왜냐하면 죽음, 고통, 추방, 또는 빈곤을 두려워하고 그 반대의 것들을 정당한 것이라고 생각하여, 그것을 공평무사한 것보다 우선하는 사람은 결코 정의롭지 못하기 때문이다. 그리고 사람들은 특히 돈에 의해 영향을 받지 않는 사람을 최대로 존경한다. 어떤 사람이 이처럼 돈에 의해 흔들리지 않는 사람이라고 생각되면, 사람들은 그를 불을 보듯 훌륭하다고 판명된 사람으로 인정한다.

그러므로 영예를 얻기 위한 방법으로 제시된 세 조건들은 모두 정의에 의해 획득된다. 즉 첫째는 선의인데, 왜냐하면 그것은 많은 사람들에게 도움을 주려 하기 때문이다. 둘째는 신의로서, 선의와 마찬가지 이유이다. 셋째는 존경으로서, 그것은 많은 사람들이 헛된 욕심에 빠져 추구하는 것들을 경멸하고 마음에 두지 않기 때문이다.

39 그런데 나는 사람들이 사고하고 생활해 나가는 모든 경우에 사람들 간의 상호 협조가 필요하다고 생각한다. 왜냐하면 사람이란 함께 이야기를 나눌 수 있는 친구들이 필요하기 때문이다. 그러나 이것은 자신이 훌륭한 사람이라고 평가받지 않는 한 쉬운 일이 아니다. 그리고 은거하여 고고하게 사는 사람이나 시골에서 생활을 해 나가는 사람에게도 정의로움으로 인해 얻은 명성은 중요한 것이며, 그렇지 않은 보통 사람들에게는 두말할 나위도 없는 것이다. 왜냐하면 그러한 명성을 지니지 못하고 있거나 정의롭

지 못하다고 여겨지는 사람은 자신을 방어할 아무런 울타리도 갖지 못할 것이며, 여러 경우에 부당하게 취급당할 것이기 때문이다.

40 그러므로 판매자나 구매자, 고용인과 피고용인, 그리고 상업에 종사하는 사람들에게 정의란 그들의 일을 위해서 필수 불가결한 것이다. 심지어 옳지 못한 일이나 범죄 행위를 하면서 생활하는 자들조차도 정의로움이 전혀 없이는 생활해 나갈 수 없다. 왜냐하면 도둑들 중에서 한 사람이 다른 도둑의 물건을 강제로 또는 사기를 통하여 빼앗아 간다면, 그는 도둑의 무리에서 더 이상 생활해 나갈 수 없을 것이기 때문이다. 또한 도둑의 두목이 빼앗은 물건들을 공평하게 분배하지 않는다면, 그는 아마 동료 부하들에 의해 쫓겨나거나 살해될 것이다. 이러한 이유에서 도둑들조차도 준수하고 복종해야 할 법을 지니고 있다고 사람들은 말하는 것이다. 그러므로 테오폼푸스[20]의 저서에 나오는 일리리아의 도둑인 바르둘리스[21]는 공평한 약탈물 분배를 통하여 큰 세력을 얻었으며, 루시타니아의 비리아투스[22]는 더욱 큰 세력을 얻었던 것이다. 그는 심지어 우리의 로마 군대와 장군들에게까지 대항하였다. 그러나 '현자' 라고 일컬어졌던 가이우스 라일리우스가 프라이토르 재직시에 그를 무찔러 그 힘을 축소시켰으며, 그 호전적인 대담성을 저지시킨 결과, 그 후임자들이 손쉽게 그를 정복할 수 있도록 하였다.

어쨌든 이와 같이 정의로움의 힘은 대단한 것이어서 심지어 도둑

---

20) Thopompus of Chios: B.C.378년에 출생한 유명한 그리스 역사가. Isocrates의 제자들 중 가장 뛰어난 그는 Thucydides의 역사서의 뒤를 이어 B.C.411년부터 B.C.394년의 Cnidus 전투까지의 기간의 그리스사를 12권으로 저술했다.

21) Bardulis: Illyria인들의 왕. Cicero에 의해 강도로 지목되는 이유는 그가 정규전이 아닌, 일종의 게릴라전을 수행했기 때문이다.

22) Viriathus: Lusitania의 영웅. Cicero에 의해 역시 마찬가지의 이유로 강도로 지목되고 있다.

들에게조차도 힘을 강하게 키워주는 것이다. 그러므로 법과 법정을 지닌 공화국의 국제(國制)에서는 정의의 힘이 얼마나 클 것인지 생각해 보라.

XII 41 내가 보기로는 헤로도투스가 확언했듯이 메디아 사람들 사이에서뿐만 아니라 우리 조상들 사이에서도 정의를 누리기 위해 도덕적으로 훌륭한 자가 종종 왕으로 추대되었던 것 같다.[23] 왜냐하면 가난한 많은 사람들이 막강한 권력을 쥔 자에 의해 압박을 받게 되면, 그들은 덕을 갖춘 한 사람에게 도움을 요청하였고, 그러면 덕을 지닌 그 사람은 공정을 기하여 약한 자들을 불의로부터 막아주고, 지위가 높은 사람들과 미천한 사람들을 공평하게 유지시켜주었기 때문이다. 법을 세우는 이유는 왕을 추대하는 이유와 꼭 같은 것이었다.

42 왜냐하면 공정한 권리는 언제나 사람들에 의해 추구되어 왔기 때문이다. 공정치 못한 권리는 권리가 아니었다. 공정한 권리가 정의롭고 선한 사람에 의해 확보되었을 때 사람들은 그것에 만족하였다. 그러나 그것이 거의 확보되지 못했을 때 법이 제정되었고, 법은 모든 사람들에게 하나의, 그리고 똑같은 목소리로 전달되었다.

따라서 많은 사람들의 의견으로 볼 때 대단히 정의롭다고 여겨지는 사람이 흔히 통치권자의 지위에 선출되었다는 것은 분명한 사실이다. 이에 덧붙여 실로, 바로 그 사람이 예지를 겸비했을 때, 사람들은 그러한 사람의 영도 하에서 이룰 수 없다고 생각되는 것은 아

---

23) *Deioces*: 1, 96. Deioces가 정의롭다는 명성이 자자해지자, 사방에서 그에게 탄원하는 자들이 몰려와서 결국 메디아인들은 그를 왕으로 추대하기에 이르렀다(B.C.700).

무것도 없었다. 따라서 정의로움은 모든 방법을 써서 갖추어야 하고 유지되어야 한다. 그것은 그 자체의 의미를 위해서뿐만 아니라, —왜냐하면 그렇지 않으면 정의로운 것이 아니기 때문에—영예와 덕을 증대시키기 위해서도 필요한 것이다.

그러나 생활 필수품과 풍요로운 생활을 누리기 위해 계속되는 비용을 마련해 주는 돈을 벌기 위해 그 돈을 적절히 투자하는 방법이 있듯이, 마찬가지로 영예도 합리적인 방법으로 얻어지고 유지되어야 한다.

43 그런데 소크라테스는 매우 분명하게 말하기를,[24] 영예에 이르는 가장 가까운 길, 말하자면 지름길이란 자기 자신이 남에게 어떻게 보여지기를 원하는지를 스스로에게서 알아내어 그렇게 되도록 노력하는 것이라고 하였다. 그러나 가식과 공허한 헛치레와 거짓된 말과 외양으로서 항구적인 영예를 얻을 수 있다고 생각하는 사람들이 있다면, 그들은 대단히 잘못 생각하는 것이다. 참된 영예란 깊은 뿌리로부터 나오는 것이고, 그것은 널리 퍼져가는 것이다. 모든 허위는 마치 작은 꽃과 같이 곧바로 땅에 떨어지고 만다. 실로 어떠한 허위도 오래 지속되지 못한다. 이 두 측면에 대해서는 매우 많은 실례가 있으나, 간단히 한 가문에 대해서만 알아보도록 하자. 푸블리우스의 아들인 티베리우스 그락쿠스[25]는 로마가 기억되는 동안은 사람들에게 칭송될 것이다. 그러나 그의 아들들은 살아 있을 동안에도 옵티마테스에 의하여 인정을 받지 못했을 뿐만 아니라, 죽어서도 마땅히 죽음을 당해야 할 사람들로 분류되었던 것이다.

---

24) Xen: mem. 2, 6, 39.

25) Tiberius Sempronius Gracchus: B.C.177년과 B.C.163년의 콘술. B.C.210년에 출생한 저 유명한 Gracchus형제의 아버지.

XIII 따라서 참된 영예를 얻고자 하는 사람은 정의에 의해 부과되는 의무들을 열심히 수행해야 할 것이다. 그러한 것들이 어떤 것인지에 대해서는 앞의 책 제1권에서 논의되었다.

(XIII) 44 그러나 비록 우리가 남에게 기억되어지기를 바라는 사람이 되는 게 그 자체로서 중요한 것이지만, 우리의 본래 모습이 어떤 것인지를 가장 쉽게 나타내기 위해서는 몇 가지의 규칙이 제시되어야만 한다. 사실 만약 누군가가 태어나면서부터 큰 명성과 이름을 아버지에게서 물려받거나,—내 아들 키케로야, 이것은 네게 해당된다고 본다—혹은 어떤 좋은 기회나 행운으로 얻게 된다면, 이 사람에게 모든 사람들의 시선이 집중되며, 그가 무엇을 행하고 어떻게 생을 영위하는지는 마치 밝은 빛에 노출된 것과 같아서 그의 어떤 말과 행동도 비밀로 남을 수 없을 것이다.

45 반면에 출신이 미천하고 애매하기 때문에 첫 인생을 사람들의 무관심 속에서 출발하는 자들은, 청년이 되자마자 높은 목표를 신중하게 설정해서, 그것을 향해 아주 열심히 노력해야 한다. 사실 확고부동한 정신으로 그는 전력을 다할 것이다. 왜냐하면 그의 인생은 시기 받지 않으며 또 호의를 받기도 하기 때문이다.

그러므로 명성을 얻는 데 청년에게 우선 추천되는 것은, 우리들 중 위대한 사람들의 다수가 체험한 바 있는 전쟁에서 명성을 떨쳐보라고 하는 것이다. 왜냐하면 거의 언제나 전쟁들이 수행되었기 때문이다. 그런데 너의 젊은 시대는, 한편은 너무 많은 죄악을 저지른 카이사르파와, 다른 한편은 행운이 거의 없는 폼페이우스파에 의한 내란에 직면해 있다. 그런데 그 내란에서 폼페이우스가 너를 기병대에 임명했을 때, 너는 말타기와 창던지기로써, 그리고 군대 복무의 모든 고통을 참아냄으로써 가장 위대한 자와 군대로부터 대단한 찬사를 받았다. 그러나 실로 너에 대한 그 찬사는 공화국과 함께 땅에 떨어지고 말았다.

그러나 나의 이 말은 너에 대한 것이 아니라 전반적인 것들에 대한 것이다. 그러므로 나머지 문제들을 계속 다루어보기로 하자.

46 그런데 나머지 모든 일들에 있어서 정신 활동이 육체 활동보다 훨씬 더 중요한 것처럼, 지능과 이성에 의해 추구되는 것들이 육체의 힘에 의해 추구되는 것들보다 더 사람들의 존경을 받는다. 그러므로 청년이 사람들의 존경을 받고자 할 때, 그것은 우선 자제(自制), 부모공경, 자신에게 속한 자들에 대한 자애로부터 비롯된다고 추천하고 싶다. 명성이 있고 현명하며 공무에 전념하는 자들을 찾아가 자주 접촉하고, 가능한 한 그들과 함께 있고, 인민들에게는 앞으로 그들과 유사한 사람이 될 것이라는 자기의사를 전달하고, 장차 자신들이 누군가를 닮기 위해 그들을 선택했다고 말하는 그런 청년들이 대중들로부터 가장 쉽게 그리고 호의적으로 인정받게 된다.

47 젊은 푸블리우스 루틸리우스[26]가 푸블리우스 무키우스[27]의 집을 자주 방문한 것은 그가 성실하고 법률 지식이 있다는 명성을 얻는 데 도움을 주었다. 그런데 사실 루키우스 크랏수스[28]는 매우 어린 나이였지만, 다른 사람의 도움도 받지 않고 자신의 저

26) Publius Rutilius Rufus: 정치가, 웅변가, 문필가. B.C.105년의 콘술. Publius Scaevola의 제자.

27) Publius Mucius Scaevola: Quintus Mucius Scaevola의 아버지로서 Tibeirus Gracchus가 농지개혁을 하다 원로원 내의 정적들에 의해 살해되는 바로 B.C.133년 그 해의 콘술. B.C.131년의 대사제. 그의 법률가로서의 명성은 Cicero의 여러 문장에 나온다.

28) Lucius Licinius Crassus: 웅변가. B.C.119년 C. Carbo를 고발한 것이 불과 21세였을 때다. 귀족들의 증오의 대상이었던 Carbo는 독약을 마심으로써 유죄판결을 면할 수 있었다.

유명하고 영예로운 기소로 인해 최대의 찬사를 받았다. 우리가 데모스테네스에 대해 인정하듯, 찬사를 받기 위해 흔히 집에서 웅변 연습을 하던 나이에,[29] 루키우스 크랏수스는 집에서나 할 수 있었던 것을 자신이 직접 포룸에서 아주 잘 보여주었다.

XIV 48 말하는 방식에는 두 가지가 있는데, 그 중 하나는 대화이고, 다른 하나는 논쟁이다. 그런데 영예를 얻기 위해서는—실로 우리가 웅변이라고 말하는—논쟁이 더 큰 영향력을 지니고 있다는 것은 분명 의심의 여지가 없다. 그렇다고 해도 언사에 있어서 대화의 부드러움과 친밀함이 인간의 마음을 얼마나 부드럽게 하는지 말하기 어렵다. 필립푸스가 알렉산더에게, 안티파테르[30]가 카싼드라[31]에게, 그리고 안티고누스[32]가 아들 필립푸스에게 보낸 편지들이 있는데, 세상 사람들이 말하고 있어 알고 있듯이, 세 사람은 가장 예지가 번뜩인 자들이다. 이들은 편지에서 친절한 말로 대중들의 마음을 끌고, 유혹적인 호소로 군인들의 마음을 사로잡도록 하라고 훈계하고 있다. 또한 말이 대중들 앞에서 논쟁으로 행해지는 것은 종종 모든 사람을 흥분시킨다. 왜냐하면 재치가 풍부하고 현명하게 말하는 사람에게 대찬사가 주어지고, 청중들은 그 사람이 다른 사람들보다 더 잘 판단하고 현명하다고 생각하기 때문이다. 사실상 말속에 중용과 결합한 위엄이 들어 있다면 그보다 더 찬탄받을 것이 아무것도 없고, 청년에게 그것이 있다면 더욱 더 찬탄을 받을 것이다.

---

29) Demosthenes: 18세부터 활약했다.

30) Antipater: 두 권의 서간문집이 있었다고 말해진다.

31) Cassandra: Alexander대왕이 B.C.334년에 아시아로 원정을 떠나면서 Macedonia의 통치자로 임명되었다가 B.C.306년에 왕좌에 오르게 된다.

32) Antigonus: Alexander대왕의 한 장군. 후에 아시아의 왕이 됨.

49 그러나 곳곳에서 웅변을 해야 할 때가 있고, 우리 공화국에서 많은 청년들이 법정에서, 대중 집회에서, 그리고 원로원에서 연사로서 칭찬을 받지만 최대의 찬탄은 법정에 있다.

법정 안에서의 발언에는 두 가지 측면이 있다. 즉 그것은 고발과 변론으로 이루어진다. 그 가운데 변론이 더 칭찬받을 만하지만, 그러나 고발도 흔히 매우 훌륭한 것으로 여겨진다. 조금 전에 크랏수스에 관해 말했는데, 청년 마르쿠스 안토니우스[33]도 같은 것을 했다. 심지어 푸블리우스 술피키우스[34]의 고발은 선동적이며, 무익한 시민 가이우스 노르바누스[35]를 법정에서 공격했을 때 그의 웅변은 빛났다.

50 그러나 정말로 이런 고발은 앞서 언급한 자들처럼 공화국을 위해서나, 루쿨루스 형제[36]처럼 복수를 위해서나, 내가 시킬리아인들을 위해서나, 율리우스[37]가 사르디니아인들을 위해 알부키우스[38]를 고발한 것처럼 보호나 의무로서 하는 것이 아니라면, 자주 해서는 결코 안 된다. 또한 마니우스 아퀼리우스[39]를 고발할

33) Marcus Antonius: 제2차 삼두정치를 하게 되는 그의 조부. 로마의 위대한 웅변가. B.C.143년에 태어나 B.C.99년에 콘술, B.C.97년에 켄소르를 지냄. Sulla파의 지지자였던 그는 B.C.87년에 Marius에 의해 사형당한다.

34) Publius Sulpicius Rufus: B.C.124년에 출생, 위대한 웅변가. Marius파에 속했던 그는 B.C.88년 Sulla에 의해 살해됨.

35) Gaius Norbanus: B.C.95년의 호민관. 국가 반역죄로 피소(B.C.94).

36) Lucullus형제: Lucius Lucullus는 유명한 Mithridates의 정복자. Marcus Lucullus는 M. Terentius Varro의 양자가 됨. 이들 형제는 그들의 아버지 L. Licinius Lucullus가 뇌물을 받아 부당 재산 취득이라는 독직죄로 유죄판결을 받은 데 대해 복수를 한다 하여 복점관 Servilius를 고발했다.

37) C. Iulius Caesar Strabo Vopiscus: 웅변가와 시인. B.C.103년 젊었을 때에 Sicily의 프라이토르를 지낸 T. Albucius를 부당 재산 취득죄로 기소함으로 써 공적 생활 시작.

38) Titus Albucius: B.C.105년의 Sardinia의 프라이토르. B.C.103년에 고발당해 추방당한다.

39) Manius Aquilius: B.C.101년 Marius의 5번째 콘술 동료.

때 루키우스 푸피우스의 활동은 유명하다. 그러므로 고발은 꼭 해야 할 때 일생에 단 한 번 하든가 해야지, 결코 자주 해서는 안 된다. 만약 더 빈번히 고발하는 자가 있다면, 그로 하여금 이것을 공화국을 위해 봉사하게 하도록 하자. 공화국의 적들을 자주 빈번하게 처벌하는 것은 비난받지 말아야 한다. 그렇지만 기준은 있어야 한다. 왜냐하면 냉혹한 사람들, 아니 오히려 비정한 인간들만이 많은 사람에게 대역죄를 씌우는 것으로 보이기 때문이다. 그것은 자신에게도 위험하며, 고발자라 불리게 됨으로써 자기 명성에 해가 된다. 훌륭한 가문 출신이며 시민법에 정통한 자의 아들인 마르쿠스 브루투스[40]가 그러했다.

51 그러므로 무고한 자를 중죄로 소환하지 않도록, 이 의무 규칙은 조심스럽게 지켜져야 한다. 왜냐하면 악의가 없다면 어떤 조건에서도 범죄는 이루어질 수 없기 때문이다. 사실 인간의 안녕과 보존을 위해 쓰도록 자연이 부여한 웅변을 반대로 선한 자를 파멸시키고 위협하기 위해 쓰는 것만큼 비인간적인 것이 어디에 있겠는가? 이것은 회피되어야 하지만, 극악무도하지 않다면 그 죄 지은 자를 때때로 변호하는 데 몸 사려 주저할 필요는 없다. 대중이 이것을 원하고, 관습이 용인하며, 심지어 인간성이 요청한다. 항상 법정에서 진실을 추구하는 것이 배심원의 임무이며, 비록 진실이 아닐지라도 진실과 비슷한 것을 변호하는 것이 변호사의 임무인 것이다. 철학에 대해서 논술할 때, 스토아학파 중 가장 엄격한 파나이티우스가 인정하지 않았다면 감히 나도 이것을 쓰지 못했을 것이다. 그런데 영예와 사은(謝恩)이 가장 잘 나타나는 것은 변론자에

---

40) Marcus Brutus: 이 분의 부친은 훌륭한 법률가로서 시민법에 관한 3권의 책을 씀으로써 시민법의 토대를 닦은 세 사람에 속하게 된다.

게 있어서이며, 만약 어떤 강자의 힘에 둘러싸여 압력을 받고 있는 자에게 도움을 주고 있는 경우에는 더욱 그렇다. 즉 나는 다른 여러 경우에도 그랬지만, 특히 내가 젊었을 때 강압적인 루키우스 술라의 힘에 대항하여 섹스투스 로스키우스 아메리누스를 위해 한 변론[41]은 알다시피 아직도 유명하다.

XV 52 지금까지 영예를 얻는 데 도움이 되는 청년들의 의무에 대해 논했으므로, 이어서 호의와 관대함에 대해서 언급해 보기로 하겠다. 호의와 관대함을 얻는 방식에는 두 가지가 있고, 필요한 자들에게 봉사하거나 돈을 줌으로써 이들은 행해진다. 후자 즉 관대함은 더 쉽고 특히 부자에게 쉽지만, 전자 즉 호의는 더 명예롭고 훌륭하며 강하고 뛰어난 사람에게 더 어울린다. 그 이유는 양자의 경우에 있어 비록 호의를 베푸는 데에 모두 관대한 의도가 있지만, 한편은 금고로부터 나오고, 다른 편은 덕으로부터 나오기 때문이다. 그리고 가산(家産)으로부터 나오는 베풂은 바로 자신의 관대함의 원천 자체를 고갈시키는 것이 되는데, 이와 같은 관대함의 베풂은 이로 인해 가산이 탕진된다. 왜냐하면 많은 사람들에게 도움을 주었을 경우 이미 가산은 줄어들어 더 이상 많은 사람을 도와줄 수가 없기 때문이다.

53 그러나 봉사, 즉 능력과 근면으로 호의와 관대함을 베푸는 사람들은, 첫째 많은 사람들에게 도움을 주면 줄수록 친절한 행동을 하는 데 많은 조력자를 갖게 될 것이고, 둘째 호의는 습관에 의해 더 잘 베풀게 되고 많은 사람들에게 더 좋게 여겨지도록

41) B.C.80년 Cicero가 26세의 약관으로 Sextus Roscius of Ameria를 위해 Sulla의 유력한 피해방민 L. Cornelius Chrysogonus를 고발, 명성을 얻음으로서 최초의 공적 생활 시작.

훈련이 될 것이다.

아들 알렉산더에게 보낸 서한에서 필립푸스는 분명히 아들이 베풂, 즉 돈을 뿌림으로써 마케도니아인들의 호의를 얻으려한 데 대해 책망하였다. "잘못이다. 네가 돈으로서 타락시키려는 자들이 네게 신의를 지키고 충성을 다 하리라고 하는 헛된 희망에 빠져들게 한 생각은 무엇이냐? 즉, 어떤 생각이 너를 마케도니아인들의 왕이 아니라, 그들의 시종과 돈 대주는 사람으로 생각하도록 했느냐?"

그는 아들이 '시종과 돈 대주는 사람'이라고 잘 지적하였다. 왜냐하면 그것은 왕의 수치이기 때문이다. 게다가 더 잘 말한 것은 돈의 베풂을 '타락'이라고 한 표현이다. 왜냐하면 그것을 받아들인 자들은 더 나빠지며, 더욱이 그것을 항상 기대하도록 하는 마음이 생기게 하기 때문이다.

54 이것은 그가 아들에게 한 말이지만, 나는 모든 자를 위한 교훈이라고 생각한다.

따라서 사실 능력과 근면으로 이루어진 저 호의가 도덕적으로 더 선하고, 더 개방적이며, 더 많은 사람들에게 도움이 될 수 있다는 점은 의심의 여지가 없다. 그렇지만 때로는 돈을 주어야 하고, 이런 종류의 자선을 베풂이 전부 거부되어서는 안 되며, 종종 가난한 사람들에게 가산에서 적당히 돈을 나누어 주어야 한다. 그러나 신중하고 절도있게 해야한다. 왜냐하면 많은 사람들이 무분별하게 돈을 나누어 줌으로써 세습 재산을 탕진하기 때문이다. 만약 네가 하고자 하는 일을 더 이상 할 수 없게 된다고 근심하는 것보다 더 어리석은 짓이 어디 있겠는가? 그렇게 되면 남에게 베풀기 위해 강탈이 뒤따르게 된다. 왜냐하면 남에게 줌으로써 궁핍하게 될 때 사람들은 남의 재산에 손을 대게 되기 때문이다. 호의를 얻기 위해서 그처럼 베푸는 자가 되면, 베풂을 받은 자들의 호의를 사는 것이 재산을 빼앗긴 자들의 증오를 받는 것만 못하다.

55 따라서 호의가 가산을 개방할 수 없을 정도로 폐쇄되어서도 안 되고, 호의가 지나쳐 모든 사람들에게 가산을 완전 개방해서도 안 된다. 한계는 있어야 되는데 그것은 능력에 따라 결정된다. 우리는 일반적으로 매우 빈번하게 사용되어 격언이 된 '베풂에는 한계가 없다'는 말을 꼭 기억해야 한다. 왜냐하면 누군가가 베풀기를 원하고 누군가는 받기를 원할 때, 어떤 한계가 있을 수 있겠는가?

XVI 일반적으로 베푸는 사람에는 두 부류가 있다. 하나는 마구 베푸는 자이고, 다른 하나는 관대한 자들이다. 마구 베푸는 자는 향연을 베풀고 고기를 배급해 주며, 검투사 시합을 벌이고, 경기를 개최하고, 금수를 싸움시키는 등의 일, 즉 빵과 서커스 구경에 돈을 쓰는 그런 부류로서, 그들은 사람들에게 그 기억을 짧게 남기거나, 전혀 남기지 못할 것이다.

56 반면 관대한 자들은 자신의 능력으로 강도들로부터 포로들을 사서 되찾아 오거나, 어떤 친구들의 빚을 떠맡거나, 친구들의 딸의 지참금에 도움을 주거나, 재산을 모으고 증식하는 데 도움을 주는 사람들이다. 그래서 나는 테오프라스투스가 부(富)에 관한 그의 책에서 중점을 어디에다 두었는지 의심스럽다. 그 책에는 훌륭한 것이 많이 있지만 대중적인 쇼들의 장엄함과 그 준비에 대해 매우 칭찬하고 그런 낭비적인 활동을 부의 향유라고 생각하고 있는데, 이는 어리석은 일이다. 그런데 내가 몇 가지 예를 인용한 저 관대함의 열매는 훨씬 더 크고 확실한 것처럼 보인다.

대중을 즐겁게 하는 데 쓰여지는 이러한 돈의 낭비를 우리가 신경이 무디어 경악하지 않는 데 대해 아리스토텔레스[42)]는 얼마나 준

엄하고 진실되게 비난했는가! 그는 말하기를, "만약 사람들이 적에게 포위를 당하여 1섹스타리우스의 물을 1미나로 사게 되었다면, 이것은 우선 믿기 어려운 것으로서 모든 사람들이 놀라겠지만, 확인해본 후에는 곧 그 필요를 인정하게 될 것이다. 그런데 저러한 끝없는 베풂과 한없는 낭비에 대해서는 사람들은 별로 놀라지 않는 것으로 보인다. 우선 그것은 필요에 도움이 되지 않고 위엄이 커지지도 않으며, 대중을 즐겁게 하는 것도 잠시일 뿐으로, 매우 경박한 자들이나 하는 짓이다. 바로 그런 점에서 쾌락에 대한 어떤 기억도 만족과 더불어 사라지고 마는 것이다"라고 하였다.

57 게다가 그는 훌륭하게 결론짓는다. "이것들은 소년, 부녀자, 노예, 노예와 유사한 자유인들에게는 환영받지만, 진짜 고매한 사람들과 정확한 판단으로 발생하는 일들을 처리하는 사람들에게는 전혀 인정받지 못한다."

그렇지만 우리나라에서는 좋은 시절에서조차도 최선자인 귀족들에 의해 아이딜리스[43]가 재직시에 그 영예를 기리기 위해 베푸는 엄청난 규모의 기념행사를 기대하는 것이 관례가 되었다. 그래서 부자라는 별명뿐만 아니라 실제로 돈을 많이 가진 푸블리우스 크랏수스[44]가 아이딜리스 재직시에 성대한 행사를 거행했고, 조금 후에 루키우스 크랏수스가 모든 사람들 중 가장 겸손한 퀸투스 무키우스와 함께 아이딜리스 재직시 가장 성대하게 기념행사를 베풀었다.

---

42) Aristoteles: 이는 잘못된 것으로서 B.C.228년에 소요학파의 거두가 된 Aristo of Ceos일 가능성이 농후함.

43) aedilis: 아이딜리스라는 관직은 로마시의 보건 위생, 건물 감독, 시장 관리, 그리고 특히 여기서 언급하고 있는 경기장에서의 경기회 개최를 관장하게 되어 있었다.

44) Publius Licinius Crassus: M. Licinius Crassus의 아들. 삼두의 아버지. B.C.98년의 콘술. B.C.89년의 켄소르. 내란기에 Sulla편을 들었다가 B.C.87년에 Marius와 Cinna가 로마에 귀환하자 스스로 자기 목숨을 끊다.

그 다음 아피우스의 아들 가이우스 클라우디우스,[45] 그 후 루쿨루스 형제, 호르텐시우스,[46] 실라누스[47] 등 많은 사람들이 그렇게 했다. 그러나 내가 콘술 재직시에 푸블리우스 렌툴루스[48]는 위의 모든 사람들을 능가했다. 스카우루스[49]는 그를 모방했다. 사실 우리의 폼페이우스의 가장 성대한 행사는 그의 두번째 콘술 재직시에 있었다.[50] 이 모든 것들 중 나에게 맞는 것이 어떤 것인지 생각해 보라.

XVII **58** 그러나 인색하다는 인상은 받지 않도록 해야 한다. 마메르쿠스[51]는 가장 부유한 사람인데도 불구하고 아이딜리스로서 베풀어야 할 것을 소홀히 함으로써, 콘술 선거에서 패배하게 되었다. 그러므로 올바른 판단을 하는 사람들이 바라지는 않지만, 최소한 인정하는 것을 인민이 요구한다면, 그리고 인민들에게 베풂으로써 어떤 더 크고 유익한 것이 얻어질 수 있다면, 우리 스스로 능력에 따라서 베풀도록 해야 한다. 오레스테스[52]는 최근에 수입의 10분의 1을 바친다는 명목으로 좁은 길에서 식사 제공을 했는데,

---

45) Gaius Claudius Appius Pulcher: B.C.99년 귀족출신의 aedilis로서 게임들에서, 즉 서커스에서 최초로 코끼리들을 보여주었다고 한다. B.C.92년의 콘술.

46) Quintus Hortensius(B.C.114-50): B.C.75년 아이딜리스. B.C.69년 콘술. 웅변가와 변호인으로서 Cicero의 유명한 라이벌. 그러나 B.C.63년 이후로는 그의 절친한 친구가 된다.

47) Decimus Junius Silanus: B.C.70년에 아이딜리스. B.C.62년의 콘술. Caesar를 암살하는 Marcus Brutus의 계부.

48) P. C ornelius Lentulus Spinther: B.C.63년 aedilis. 그가 치룬 게임들은 그 웅 장함 때문에 오래 기억되었다. B.C.57년의 콘술. B.C.49년에는 Pompeius 편에 들었다가 이집트까지 수행함.

49) Scaurus: aedilis 직에 있었을 때 사치로서 유명. 앞의 주 제1권, 74) 참조.

50) Magnus Pompeius: B.C.55년 두번째 콘술시 웅장한 석조극장 개관. 여기서 수일 간 검투사경기, 500마리의 사자, 410마리의 표범, 20마리의 코끼리 등 야수들의 싸움이 벌어졌다고 한다.

51) Mamercus Aemilius Lepidus Livianus: B.C.77년 콘술.

52) Gnaeus Aufidius Orestes Aurelianus: B.C.71년 콘술.

이는 영예에 큰 도움이 되었다. 물가가 비싼 시기에 1 모디우스 당 1 아스로 곡물을 사람들에게 제공했다고 해서 마르쿠스 세이우스[53]는 비난을 받지 않았다. 왜냐하면 아이딜리스 재직시에 곡물을 헐값으로도 아니고 별로 크지 않은 손실로 제공함으로써 그는 오랫동안 크게 인기가 없었던 것을 극복하였기 때문이다. 그러나 최근 가장 고귀한 영예는 내 친구 밀로[54]가 얻었다. 그는 공화국을 위해—사실 내 안전과도 관련된 것이기는 하지만—검투사를 고용하여 푸블리우스 클로디우스[55]의 모든 계략과 음모를 제거했기 때문이다. 그러므로 필요하거나 유익함이 있는 경우, 베풂에는 정당성이 있다 할 것이다.

59 그런데 이러한 베풂에 있어서도 중용의 법칙이 최상이다. 사실 퀸투스[56]의 아들 루키우스 필립푸스[57]는 뛰어난 재능을 가진 자로 특히 유명하여, 아무 것도 베풀지 않고 가장 고귀한 것들을 얻었다고 자기 자랑을 하곤 했다. 코타[58]도 쿠리오[59]도 같은 말을 했다. 나 역시 어느 정도 자랑할 것이 있다. 왜냐하면 방금 내가 언급한 사람들 중 아무도 달성하지 못했던, 실로 제 나이에, 비밀 투표로 영예의 과정을 밟은 것은 바로 나이기 때문이다. 사실

---

53) Marcus Seius: 기사신분에 속함. 부자로 유명.

54) Titus Annius Milo: B.C.57년의 호민관으로서 Cicero의 귀환에 많은 도움을 주었다. 그리고 B.C.52년에는 Clodius를 살해한다.

55) Publius Clodius Pulcher: B.C.58년의 호민관으로서 곡물의 무상 배급을 실시함으로써 로마 도시 평민의 지지를 얻었던 인물. 같은 해에 Cicero를 추방시키는 데 성공. 그러나 B.C.52년에 Milo의 고용된 검투사들에 의해 살해됨.

56) Quintus Marcius Philippus: B.C.186, B.C.169년의 콘술.

57) Lucius Marcius Philippus: 당대의 가장 유명한 웅변가. B.C.91년의 콘술. B.C.86년의 켄소르.

58) Gaius Aurelius Cotta: 유명한 웅변가. B.C.75년의 콘술.

59) Gaius Scribonius Curio: 웅변가와 정치가. B.C.76년의 콘술.

아이딜리스 재직시에 들어간 비용은 별 것 아니었다.

60 성벽, 부두, 항구, 상수도, 그리고 공화국의 공익에 속하는 것들을 위한 경비 지출은 더 바람직하다. 비록 현금을 손에 쥐고 있는 것이 즐거운 것이긴 하지만, 위와 같은 것들을 위한 경비 지출이 후손에게서 더 감사하다는 말을 듣는다. 나는 폼페이우스를 존경하기 때문에 그가 과도한 경비를 지출하여 건축한 극장, 회랑, 새 신전들을 언급하지 않겠다. 그렇지만 이 책에서 내가 해석하고 있지는 않으나 많이 따르고 있는 파나이티우스, 그리고 그리스의 지도자인 페리클레스가 그처럼 많은 돈을 저 유명한 아크로폴리스 입구에 있는 프로필라이아 신전[60]에 뿌린 데 대해 비난한 팔레룸의 데메트리우스와 같은 가장 고명한 철학자들은 과도한 경비 지출을 좋게 보지 않는다. 이 모든 것에 대해서는 내가 공화국에 관해 쓴 책들 속에서 신중하게 논의하였다.

그러므로 그러한 베품에 대한 이 모든 생각은 혐오감을 불러일으킨다. 그것은 때때로 적합한 시기에만 필요하며, 그 때에도 능력에 부합해야 하고 중용에 따라야 한다.

XVIII 61 관대함으로부터 나오는 저 두번째 종류의 베풂에는 여러 가지 이유로 해서 베풀 마음이 우러나는 경우는 한두 가지가 아니다. 재난을 당한 자들을 도와 주어야 할 경우가 있는가 하면, 그 사람 자신이 어떤 역경에 처하지는 않았지만 보다 나은 것을 추구할 때 도와주어야 할 경우도 있는 것이다.

---

60) Propylaea 신전: Acropolis의 Parthenon신전의 현관에 있는 소 신전. Pericles는 여기에 2,012 탈렌트를 썼다고 한다.

62 천재지변과 같은 불가항력의 재난을 당한 사람들에게는 선심을 더 베풀어야 한다. 그러나 또한 절망에서 벗어나는 것이 아니라 더 높은 단계로 상승하거나 더 잘 되기 위해 도움을 요청해오는 자들에 대해서도 우리는 결코 인색해선 안 된다. 그렇지만 도와줄 적합한 대상을 선정함에 있어서는 정확한 판단과 신중을 기해야 한다. 그래서 엔니우스는,

> 선행도 잘못 행해지면,
> 악행이라 생각된다.

고 분명히 말하였던 것이다.

63 게다가 선하고 고마워하는 사람에게 선심을 베풀었을 경우는 그 자신에게뿐만 아니라 다른 사람에게도 즐거운 것이다. 왜냐하면 가장 고마운 선심의 베풂은 무분별한 것과는 전연 관계가 없는 것으로서 최대의 찬사를 받는 것이고, 그 점에서 대다수의 사람들은 가장 고마운 선심의 베풂을 더 열렬하게 찬양하는 것이며, 가장 고귀한 자의 선심은 모든 사람들의 공통적인 피난처이기 때문이다. 그러므로 가급적이면 모든 자들에게 선심을 베풀도록 노력해야 한다. 그리하여 그 기억들이 그 자손들에게 길이길이 전해져 그들이 배은망덕하지 않도록 하자. 왜냐하면 모든 사람들은 선심을 망각하여 배은망덕하는 것을 혐오하며, 그 망각은 선심을 베풀고자 하는 사람의 마음을 억제한다는 점에서 불의라고 생각하며, 배은망덕하여 불의를 행하는 자는 가난한 자의 공동의 적이라고 생각하기 때문이다.

그리고 포로를 노예 상태에서 다시 사오고 가난한 자들을 부유하게 하는 것 등의 이러한 선심의 베풂은 개인에게뿐 아니라 공화국

에 유익하기조차하다. 사실 우리는 훌륭하게 쓰여진 크랏수스의 연설에서 흔히 우리 원로원의원 신분에 의해 행해진 것을 본다. 따라서 나는 이 선심의 베풂의 관행을 빵과 서커스와 같은 마구 푸는 베풂보다 훨씬 더 선호한다. 전자는 보다 신중하고 더 위대한 사람들의 속성이라 할 수 있고, 후자는 인민 대중의 경망스러움을 쾌락으로 부추기는 아첨꾼의 속성이라 생각된다.

64 그런데 주는 데 관대할 뿐만 아니라 요구하는 데 지나치지 않고, 계약하고, 사고 팔고, 빌리고 빌려주고 하는 모든 일에 이웃과 외국인들에게 십분 공정을 기하고, 자신의 판단에 따라 많은 사람들에게 충분히 주며, 소송에 있어서도 경비가 얼마나 들지 모르는 소송은 피하는 게 옳다. 왜냐하면 자신의 판단에 따라 때로 약간 양보하는 게 관대할 뿐만 아니라, 심지어 유익하기까지 하기 때문이다. 그런데 세습 재산인 가산에 대해서도 생각해 보면, 가산을 탕진하는 것은 부끄러운 일이나 그렇다고 해도 인색과 탐욕은 버려야한다고 생각한다. 진실로 자신의 가산을 낭비하지 않고 선심을 베풀 수 있다는 것은 돈에서 생기는 최대의 기쁨이다.

사실 바로 테오프라스투스에 의해서도 선심의 베풂이 찬양되고 있다. 내 생각에는 훌륭한 사람들의 집이 훌륭한 손님에게 개방되고, 외국인들이 우리 도시에서 이런 종류의 선심 베풂에 부족하지 않게 하는 것이 공화국이 갖출 바라고 여겨진다. 그런데 많은 것을 명예롭게 하고자 원하는 사람들에게는, 외국인들 중에 가급적 세력이 있고 감사한 마음을 품고 있는 손님들이 많아지는 것이 매우 유익하다. 테오프라스투스는 아테네인 키몬[61]이 자기 구에서 심지어 라키아인들에게까지도 친절했다고 쓰고 있다. 키몬은 관리인에게

61) Cimon of Athens: 위대한 Miltiades의 아들. 승전한 제독, 정치가.

친절하라고 지시했고, 또 라키아인이면 누구든지 자신의 대저택에 머물 수 있도록 모든 편의를 봐주도록 명했다고 한다.

XIX 65 또한 돈을 마구 풀어 베푸는 것에 의해서가 아니라 개인적 봉사에 의해 나타나는 호의는, 때로는 공화국 전체에 때로는 시민 각 개인에게 베풀어진다. 법으로 보호하는 것 [즉, 법률 상담을 통해 돕는 것]과 법률 지식으로 가급적 많은 사람에게 봉사하는 것은 그 도와주는 사람의 영향력과 인기를 높이는 것이다.

그러므로 우리 조상들의 경탄할 만한 많은 업적들 중에서 높이 사고자 하는 것은 그들이 항상 우리의 뛰어난 시민법 전반에 관해 연구를 하고 해석을 내렸다는 점이다. 그리하여 현재 이 혼란한 시대에 이르기까지 국가의 뛰어난 지도자들이 이 시민법 연구와 해석을 독점해 왔지만, 지금은 법률 지식의 해박함은 영예의 관직과 위엄있는 지위와 더불어 퇴색되었다. 그런데 이것은 더 개탄할 만한 것이니, 왜냐하면 그것이 관직으로 인한 영예는 같지만, 법률 지식에 있어서 쉽게 그의 모든 전임자들을 능가했을 바로 그 사람[62)]이 살았던 시기에 일어났기 때문이다. 그러므로 이와 같은 봉사는 많은 사람들의 감사를 받게 되며, 사람들과 밀접한 관계를 유지하는데 적합한 것이다.

66 이 법률 상담과 밀접하게 관련되고 있는 것은 특히 웅변술이다. 웅변은 즉각 더 인기를 얻게 되고 더 유명하게 된다. 청중의 감탄을 자아내고, 궁핍한 자들에게 희망을 주며, 피호민들에게 감사하는 마음을 품게 하는 데 웅변보다 더 좋은 것이 무엇이 있겠는가? 따라서 우리 조상들이 최고 권위를 부여했던 것은 바로

62) 이 유능한 법률가는 Cicero의 친구인 Servius Sulpicius Lemonia Rufus를 말한다.

이 법복을 입고 법정에 서서 말하는 웅변술이었던 것이다. 그런데 다른 사람들에게 보호자로서 봉사할 기회의 문은, 거리낌 없이 아무런 보상도 받지 않고 많은 피호민들을 변호한다는 자세를 지니고 있고 또 우리 조상들의 관행을 따르는 연설가에게 활짝 열려 있다.

67 현재는 웅변이 완전히 소멸되었다고는 할 수 없지만, 웅변의 쇠퇴는 나를 한층 더 한탄하게 한다. 그러나 이것은 내가 내 자신의 처지를 한탄하고 있다고 사람들이 생각하는 것을 개의치 않고 하는 말이다. 그렇지만 우리는 얼마나 많은 웅변가가 그들의 목숨을 잃었으며, 남아 있는 희망이란 얼마나 적은지, 능력있는 자의 수가 얼마나 더 줄어들었는지, 그리고 실속은 없고, 허세만 부리는 자들이 얼마나 많은지를 알고 있다. 그러나 비록 모든 사람이, 아니 심지어 많은 사람들이 변론가로서 법률에 정통하거나 웅변술에 숙달할 수 없기 때문에, 그들이 국가 공직에 입후보했을 때에는 선거운동을 해줌으로써, 배심원들과 정무관들에게 그들을 위해 청원해 줌으로써, 그들의 이해관계에 눈을 똑바로 뜨고 개인적으로 도와줌으로써, 그들에게 조언하고 변호할 법률가들을 물색함으로써 그의 많은 동료 시민들에게 은혜를 베푸는 길은 누구에게나 열려 있는 것이다. 이러한 유의 봉사들을 하는 사람들은 매우 많은 감사를 받으며 그들의 노력의 결실을 거두어 들이게 된다.

68 한 가지 더 할 조언은 너무 자명하기 때문에 거의 언급할 필요는 없지만, 네가 어떤 집단의 사람들을 도와주고자 원할 때에는 다른 집단의 사람들을 해치지 않도록 주의하여라. 흔히 저질러지는 실수이긴 하지만, 해치는 것이 도덕적으로 나쁘거나, 또는 바람직하지 않은 그런 사람을 손상시키는 행위를 하게 되는데, 그런 실수는 하지 말아라. 우연히 그런 일을 하게 되면 그것은

부주의의 소치이고, 고의로 한다면 바보 같은 짓이다. 그런데 만일 본의 아니게 누군가를 해쳤다면, 왜 그런 짓을 했으며 그럴 필요가 있었는지, 달리 할 수는 없었는지에 대해 가능한 모든 방법을 다 써서 변명해야 하며, 잘못해서 손상을 끼친 것은 다른 봉사와 의무로서 충분히 보상해주어야 한다.

XX 69 그러나 사람들을 도와줄 때에는 흔히 성품이나 재산이 고려되곤 한다. 그런데 사람들은 실상 호의를 베풂에 있어서 사람들의 재산이 아니라 성품을 기준으로 해야 한다고 말하기가 쉽고 또 흔히 그렇게 말한다. 참으로 말은 그럴 듯하다. 그러나 정녕 봉사를 할 때 가난하지만 매우 착한 사람보다는 권력 있고 재산 있는 사람의 호의를 얻으려고 하지 않는 사람이 어디 있겠는가? 왜냐하면 그 사람에게서는 더 쉽게 더 빨리 보답이 있을 것이라 생각되어, 대체로 그에게 우리들의 마음이 더 끌리는 경향이 있기 때문이다. 그러나 상황의 본질이 무엇인지 보다 신중히 관찰해야 한다. 왜냐하면 확실히 저 가난하나 선한 사람이라면 호의에 보답할 수 없다 하더라도 분명히 고마운 마음을 항상 품고 있기 때문이다. 이에 대해서 어떤 사람이 다음과 같이 아주 적절하게 말하고 있다. "만일 어떤 사람이 여전히 돈을 갖고 있다면 그 사람은 돈을 갚았다고 할 수 없을 것이다. 만약 돈을 갚았다면 그는 더 이상 돈을 갖고 있지 못할 것이다. 그러나 만약 호의를 갚은 것이라면 그래도 그 사람은 여전히 호의의 감정을 지니고 있게 될 것이다. 그리고 만약 호의의 감정을 지니고 있다면, 그는 그 호의의 감정을 되돌려준 것이나 마찬가지일 것이다."

반면 부유하고 명예로우며 유복하다고 자처하는 자들은 실제로 호의를 받는다고 생각하지 않는다. 오히려 그들은 매우 큰 어떤 호의를 받으면서도 심지어 자신이 호의를 베풀었다고 생각하며, 또 자기에게 무언가 요구하고 기대하지나 않을까 염려하며, 사실상 자신이 보호권에 의해 이용되거나 피호민이라 불리는 것을 마치 죽음처럼 생각한다.

70 한편 가난한 사람은 누군가가 자기를 도와줄 때, 이것은 자신의 경제사정 때문이 아니라 자기 자신의 사람 됨됨이 때문이라는 것을 믿는 경향이 있다. 따라서 그는 도움을 준 그 특수한 사람에게만이 아니라, 일반적으로 가급적 많은 도움을 주는 자들을 구할 수 있기 때문에 장차 유사한 횡재를 가져다 줄지도 모른다는 희망을 걸 수 있는 그 어떤 사람에게도 감사의 표시를 하려고 온갖 노력을 다하는 것이다. 그리고 만약 그가 자기 차례가 되어 봉사를 하게 될 때면, 그는 그 봉사를 크게 나타내기는커녕 실제로 자기가 행한 바의 중요성을 최소화하려 할 것이다. 그리고 만약 네가 부유하고 유복한 자들을 변호해서 말한다면, 그 당사자 또는 어쩌다 그 자식에게만 고마운 마음이 한정되어 머물게 되겠지만, 가난하지만 의롭고 겸손한 자를 지지해 도와준다면 악하지 않은 사람들 모두, 즉 시민의 대다수는 언젠가는 네가 자기들의 보호자가 될 수도 있다고 생각한다는 점을 상기하기 바란다.

71 따라서 부유한 사람들에게 호의를 베푸는 것보다는 선한 사람들에게 하는 것이 더 낫다고 나는 생각한다. 그리고 온갖 종류의 사람들에게 충분히 베풀 수 있도록 전적으로 노력해야 한다. 그러나 상황 판단이 곤란하게 되면 분명하게 테미스토클레스의 조언을 따르도록 해야 한다. 그는, 선하지만 가난한 사람과 선하지는 않지만 부유한 사람 중 누구와 딸을 결혼시켜야 할지 조언해 달라고 했을 때, 다음과 같이 말했다고 한다. "돈 있는 악한 사람보다는 돈은 없지만 사람다운 사람을 택하겠오."

그러나 오늘날 도덕은 부를 찬양함으로써 타락하고 부패하였다. 그렇지만 어떤 사람이 얼마나 부자인가가 실제로 그 당사자와 무슨 상관이 있는가. 아마도 최소한 그 자신에게만은 유리할 것이다. 때로는 심지어 그렇지 않을지도 모른다. 그러나 그렇다고 가정해 보자. 바꾸어 말하면 그는 돈을 더 쓰려고 할 것이다. 그러나 부자라는 사실이 그를 더 좋은 사람으로 만드는가? 만약 그의 성품이 좋다면 확실히 그의 부는 그를 위해 봉사하는 문제가 제기될 때 그에게 거슬리는 요인은 되지 않을 것이다. 그렇다고 하더라도 역시 그것은 그를 돕는 특별한 이유로서 간주되지 말아야 한다. 우리의 판단은 그의 재산 소유 정도가 아니라 순전히 그리고 단순하게 그 자신이 어떤 부류의 사람인가에 입각해야 한다.

그러나 네가 호의와 봉사를 제공함에 있어 최대의 교훈으로 삼아야 할 것은 형평의 원칙에 어긋나는 것을 추구하지 말 것이며 불의를 피하라는 것이다. 왜냐하면 지속적인 찬사와 명성의 기반은 정의이고, 정의 없이는 칭찬받을 수 있는 것은 하나도 없기 때문이다.

XXI 72 그러나 이제 개인과 관련된 저 선행의 종류에 관한 언급이 끝난 이상, 다음으로 우리는 전체 시민과 국가에 대한 선행들에 관해 논의해 보기로 하자. 그런데 바로 이러한 공공 선행 가운데 어떤 부문은 시민단 전체에 해당되는가 하면, 어떤 부문은 시민들 개개인과 관련되는데, 전자보다는 후자가 더 감사하는 마음을 갖게 한다. 가능하다면 우리는 모든 수단을 동원하여 양쪽 다, 즉 대민 선행과 대국가 선행을 하도록 전력을 기울여야 하겠지만, 특히 유념해야 할 것은 개인에게 유리하도록 하게 하여 각자에게 추호라도 손해를 끼쳐서는 안 될 것임은 물론이요 국가에도 유익하게 해야 된다. 분명히 말하자면 국가에 손실을 초래해서는 안 된다. 가이우스 그락쿠스[63]의 선물인 곡물 배급은 대규모로 시행되었다. 따라서 이것은 국고를 고갈시켰다. 마르쿠스 옥타비우스[64]의 곡물 배급은 적정 규모였기 때문에 국가로서는 견딜 만하고 평민에게는 필요한 것이었다. 따라서 이것은 시민들에게도 국가에도 다 유익한 것이었다.

73 그런데 국가 행정을 담당해야 할 사람이 제일 먼저 주의해야 할 점은 각자 자기의 것을 소유하게 하며, 사유 재산에 대해서는 국가의 간섭에 의한 침해가 일어나지 않도록 하는 것이다. 사실 필립푸스는 호민관직에 있을 때 위험하게도 농지 법안을 제출했지만 그것이 부결되자 그 사실을 쉽사리 받아들였고 그 점에서 그는 강하게 자신이 온건하다는 점을 입증했다. 그러나 실제 행동에 있어서는 다분히 포풀라레스처럼 말했을 뿐만 아니라 "나라 안에 재산을 가진 사람이 2,000명도 못 된다"는 저 말은 악의에 차 있는 것이기도 하다. 재산의 평등을 들먹이는 저 연설은 극형감인데, 이보다 더 큰 파멸은 상상이나 할 수 있을까? 왜냐하면 각자의 재산을 지켜주기 위해서라는 이 특별한 목적을 위해 공화국 제도와 시민 공동체가 수립되었기 때문이다. 다시 말해 비록 인간은 자연이 부여한 인간본성에 따라 본능적으로 한데 모여 공동체를 이루게 되었지만, 그럼에도 각자 자기의 재산을 지킬 수 있으리라는 기대 때문에 그들은 도시의 보호를 받고자 했던 것이다.

74 또한 우리 조상들 가운데에서 국고 고갈과 전쟁의 지속 때문에 종종 거두어 들였던 전쟁세, 즉 트리부툼[65]을 징수하

63) Gaius Gracchus: B.C.123, 122년의 호민관. 그의 곡물배급정책에 대해서는 본 역자의 논문을 참조하기 바람. "가이우스 그락쿠스의 곡물배급정책," 《로마共和政研究》, 서울대출판부, 1985.

64) Marcus Octavius: Lucullus형제시대의 인물. 후일 Gracchus의 곡물법을 개정한다.

65) tributum: B.C.406년부터 로마시민에게 부과한 직접 재산세. 전쟁세이기도 한 이 특별세에 대해서는 역자의 논문을 참고하기 바란다.

지 않도록 노력을 기울여야 하며, 그러한 사태가 발생하지 않도록 훨씬 전에 만반의 준비 태세를 갖추어야 할 것이다. 그러나 만일 어떤 공화국에 이러한 부담을 짊어져야 할 필요가 발생한다면,—사실 나는 우리 로마 공화국에 대해서만 미리 그런 불길한 조짐이 있다는 것을 말하고 싶은데, 그럼에도 나는 우리 공화국에 대해서가 아니라, 모든 공화국 전반에 대해 논의하고 있는 것이다—모두가 안전하게 살기를 원한다면 그것은 불가피하다는 사실을 전 국민이 인식하도록 노력을 기울여야 할 것이다. 그리고 또한 공화국을 영도할 모든 사람은 생활에 필요한 물품들이 풍부하도록 배려를 해야 할 것이다. 어떻게 생필품들이 공급되며 공급되어야 하는지를 논의할 필요는 없다. 왜냐하면 그것은 자명하기 때문이다. 단지 사실을 지적하는 것만으로도 족하다.

75 그러나 모든 행정 업무와 공공 의무를 수행함에 있어 중요한 것은 사리추구의 탐욕이 있다는 혐의를 눈꼽만큼이라도 받아서는 안 된다는 것이다. 삼니움인인 가이우스 폰티우스[66]는 "오! 운명의 여신은 나를 가만히 내버려두시다가, 로마인들이 선물을 받기 시작했을 때에, 나를 이 세상에 태어나게 하셨다면 얼마나 좋았으랴! 그랬더라면 나는 뇌물을 주어 그들이 지배하는 것을 더 이상 용납하지 않았을 텐데"라고 말한다. 글쎄, 그러나 실제로는 그는 수세대를 더 기다리고 있어야 했을 것이다. 왜냐하면 그 때서야 비로소 뇌물을 받는 이 악행이 우리 로마 공화국에 침투했기 때문이다. 그러므로 만약 정말 폰티우스에게 그런 큰 힘이 있었다면, 오히려 그가 그 때에 살았다는 것이 천만다행이라고 나는 기꺼이 인

66) Gaius Pontius Herennius: Samnium의 장군. B.C.321년의 Caudium 통로의 승전자로서 로마군을 굴복시킴. 그러나 29년 후인 B.C.292년에 로마의 Q. Fabius Maximus에게 패배하여 포로의 몸으로 개선식에 끌려다니다가 참수됨.

정하는 바이다. 이로부터 110년이 지난 후에야 비로소 루키우스 피소[67]에 의해 뇌물수수와 같은 부당 취득 재산 반환 청구 소송법이 제정되었지, 그 전에는 이런 법이 전연 없었던 것이다. 그러나 정말 그 이후에는 그토록 많은 특별하고 더 가혹한 법률들, 그토록 많은 소송 사건들, 그토록 많은 유죄판결들, 재판의 두려움 때문에 야기된 이탈리아 전쟁, 법과 법정의 판결이 무력화함으로써 동맹국들에 대한 그토록 많은 강탈과 약탈이 있었는데, 우리가 부강하게 된 것은 우리 로마인들이 덕이 있어서가 아니라 남의 나라 사람들이 약해서였다.

XXII 76 파나이티우스는 아프리카누스가 사취(私取)하지 않았다고 칭찬한다. 어찌 그를 칭찬하지 않고 배길 수 있었겠느냐? 더구나 아프리카누스에게는 다른 더 큰 덕성이 있었다. 사취하지 않음에 대한 칭찬은 아프리카누스라는 인간에 대해서뿐만 아니라 그 시대에 대해서도 행해지고 있다. 매우 어마어마했던 마케도니아의 전 재산을 파울루스[68]가 소유하게 되자, 그는 기꺼이 그렇게도 많은 돈을 다 국고에 집어 넣었다. 때문에 결국 장군 한 사람의 전리품이 전쟁세 납부에 종지부를 찍는 결과를 가져왔다. 그러나 이 사람은 자기 집에 그의 불멸의 명성 이외에는 아무것도 가져오지 않았던 것이다. 아버지를 본받아 아프리카누스는 카르타고를 멸망시키고 나서 거기서는 전연 부를 취하지 않았다. 그리고 켄소르직

67) Lucius Calpurnius Piso Frugi: 저술가와 정치가. B.C.149년의 호민관으로서 lex repetundarum, 즉 주로 속주민들로부터 뇌물수수와 같이 부당재산취득법을 제정하여 독직죄를 예방하고자 하였다. Pontius의 사망과 이 법의 제정 사이에는 143년의 시차가 있는데, 그럼에도 불구하고 Cicero는 그것을 110년으로 계산한 것은 모를 일이다. B.C.135년 콘술.

68) Lucius Aemilius Paulus Macedonicus: B.C.167년 Macedonia의 Perseus를 Pydna에서 항복받고 많은 전리품을 가져왔기 때문에, 전쟁세를 1세기 이상이나 징수하지 않게 된다. 소 스키피오의 실부이기도 하다.

에 있던 그의 동료 루키우스 뭄미우스[69]에 대해서는 무슨 말을 할 수 있을까? 가장 부유한 도시, 즉 코린트를 완전히 파괴했을 때, 그는 단돈 한 푼도 자기 재산을 더 늘린 것은 없지 않는가? 그는 자기 집을 치장하기보다는 이탈리아를 장식하기를 원했다. 그렇지만 이탈리아가 치장됨으로써 그의 집 자체가 더 장식된 것처럼 나에게는 보인다.

77 이제 다시 논의의 원점으로 되돌아와서 말하건대, 특히 제1인자들과 공화국을 통치하고 있는 사람들에게 있어서 탐욕보다 더 추잡한 도덕적 결함은 없다. 왜냐하면 공화국을 사리를 취하는 데 이용하는 것은 도덕적으로 옳지 못할 뿐만 아니라 사악하며 불경하기까지 하다. 그러므로 델피의 아폴로가 신탁을 발한 것처럼, 스파르타는 그 어느 다른 것에 의해서가 아니라 오직 탐욕 때문에 멸망할 것이라는 그 말은, 스파르타의 라케다이모니아인들뿐만 아니라 모든 부유한 국가의 시민들에게도 경고했던 말처럼 보인다. 그런데 공화국을 영도하는 자들이 대중의 호감을 살 수 있는 방법으로 사취를 하지 않고 자제하는 것보다 더 쉬운 일은 없다.

78 그러나 스스로 포풀라레스가 되기를 원하고, 또 바로 그러한 이유 때문에 토지 선점자들을 그들의 거처에서 내쫓기 위해 농지법을 통과시키고자 하거나, 채무자들에게 부채를 말소시켜 주어야 한다고 생각하는 자들은 공화국의 주춧돌들을 흔들고 있는 것이다. 우선 첫째 그들은 화합을 깨뜨리고 있으니, 일부의 사람에게서 빼앗은 돈을 다른 사람들에게 선물로 주어질 때에 화합이란 있을 수 없다. 둘째 그들은 형평을 깨뜨리고 있으니, 만약 각자가

---

69) Lucius Mummius Achaicus: B.C.146년의 콘술로서 아카이아연맹을 해체시키고 Corinth를 파괴시킴.

자기 것을 소유하는 것이 허용되지 않는다면 형평은 완전히 사라지게 될 것이다. 왜냐하면 내가 위에서 말했듯이, 각자가 방해받음이 없이 자기 재산을 안전하게 보호하도록 하는 것이 시민 공동체인 국가와 도시의 고유 기능이기 때문이다.

79 그러나 이렇게 공화국을 파멸로 몰아 넣으면서도, 확실히 그들은 원래 기대했던 인기조차 받지 못한다. 왜냐하면 재산을 빼앗긴 자는 적이 되며, 재산을 얻게 된 자는 심지어 전에 재산을 받고자 원했었다는 사실까지도 스스로 인정하지 않으며, 무엇보다도 채무관계에 있어서는 말소되기 이전에도 빚을 갚을 능력이 없었던 것은 아니었다는 점을 보여주기 위해 자신의 기쁨을 내색하지 않기 때문이다. 그러나 진실로 재산을 부당하게 빼앗긴 사람은 자기의 고통을 자꾸 되씹으면서 드러낸다. 그리고 비록 옳지 않은 방법으로 재산을 얻게 된 사람들이 부당하게 재산을 빼앗긴 사람들보다 수적으로는 많다 하더라도, 그들은 그것 때문에 더 강하지 않다. 왜냐하면 이것은 수가 많으냐 적으냐의 문제가 아니라, 누가 더 영향력이 센가로 판단되는 문제이기 때문이다. 그런데 다년간 또는 수 세대에 걸쳐 소유했던 농지를 재산이라고는 전혀 가지지 못했던 사람이 가지게 하고, 반면에 가졌던 사람이 재산을 잃게 하는 것이 어떻게 형평이라 할 수 있겠는가?

XXIII 80 그런데 이런 종류의 불의 때문에 스파르타의 라케다이모니아인들은 그들의 에포르[70]인 리산드루스[71]를 축출했고 아기스[72] 왕을 살해했는데, 왕을 살해한다는 것은 전에는 한 번도 일

70) ephor: Sparta에서의 5인으로 구성된 행정담당관. 시민들 중에서 선출하는데, 임기는 1년이다.

71) Lysandrus: 저 유명한 스파르타의 장군이 아니라, Libys의 아들이다.

72) Agis IV: Sparta의 왕(B.C.244-240), Lycurgus의 고제(古制)를 재수립하고 농지 개혁을 하려

어난 적이 없었던 사건이었다. 그 시각 이후 너무 많은 불화가 생겨났기 때문에 계속 참주들이 출현하고 최선자들인 귀족들이 추방되었으며, 가장 훌륭하게 건립되었던 국가는 분열되었다. 그리하여 그것은 참말로 스파르타 자체만을 몰락시킨 것이 아니었다. 라케다이모니아인들에게서 흘러나와 더 멀리 퍼진 악의 오염은 나머지 모든 그리스를 파멸로 몰아넣었던 것이다. 그런데 우리의 그락쿠스 형제는 어떤가? 정상에 올랐던 티베리우스 그락쿠스의 아들이며 아프리카누스의 외손자[73)]인 그들을 파멸로 몰아넣었던 것은 농지 개혁법을 둘러싼 투쟁들이 아니었던가?

81 그러나 한편 시키온의 아라투스[74)]는 과연 칭찬받아 마땅하다. 그의 나라가 50년간이나 참주들에 의해 장악되어 지배받게 되자, 그는 아르고스를 출발하여 시키온에 오자 비밀리에 도시입구를 점령하였다. 동시에 그는 참주인 니코클레스를 불의에 기습하여 제거하고, 그의 나라에서 가장 부유했던 600명의 추방자들을 복권시켜 불러들였다. 그가 도착함으로써 국가는 자유를 회복했던 것이다. 그러나 그는 재산과 소유권 문제를 처리함에 있어 큰 어려움이 따른다는 사실을 주목하게 되었다. 즉 그는 한편으로는 그가 복권시켜 불러들인 자들이, 그들의 재산을 남들이 소유하고 있

고 시도하다가 살해당함.

73) Gracchus형제는 어머니인 Cornelia가 노 Africanus의 딸이었기 때문에 결국 그의 외손자들인 셈이다.

74) Aratus of Sicyon: 아카이아의 유명한 장군이며 정치가(B.C.271-213). B.C.264년에 아버지 Abantidas가 살해되었을 때 어린애였던 Aratus는 Argos로 피신을 하였다. 20세가 되던 B.C.251년에 귀한하여 참주 Nicocles를 제거한 후에, 아카이아연맹의 지도자가 되어, Macedonia의 왕들인 Antigonus Doson과 Philippus와 우호 관계를 유지하려고 애썼다. 그러나 Philippus왕이 그리스의 지배자가 되려고 하여 사이가 벌어지고, B.C.213년에 그는 Philippus에 의해 독살당한다.

기 때문에 빈곤 속에서 허덕이며 사는 것은 매우 불공평하다고 생각되었고 다른 편으로는 그렇게도 긴 기간 동안 많은 재산이 상속, 구입, 결혼 지참금에 의해 정당하게 보유되었기 때문에 50년간의 소유권이 흔들리는 것은 특히 형평의 원칙에 맞지 않는다고 생각했다. 그리하여 그는 현재 소유하고 있는 사람들에게서 재산을 빼앗아서도 안 되며, 그렇지만 재산의 원소유주는 추방당했다가 돌아온 사람들이므로 그들이 만족하게 그들에게 재산을 되돌려 주지 않으면 안 되겠다고 판단했다.

82 따라서 그 문제를 조정하는 데에는 돈이 필요하다고 결정을 내리고 나서, 그는 몸소 알렉산드리아로 떠나니, 자기가 돌아올 때까지 그 문제는 그대로 놔두도록 명령했다. 그리고 그는 급히 자기 친구인 프톨레마이우스[75)]에게로 달려갔는데, 그는 알렉산드리아 건립의 제2대 왕으로서 통치하고 있었다. 친구에게 그는 조국을 해방시키고 싶다고 설명한 후 사정을 자세히 얘기하자, 부유한 왕은 가장 특출한 사람인 아라투스에게 쾌히 거액의 돈을 원조금으로 내주었다. 그는 그 돈을 갖고 시키온에 돌아와 나라에서 제일가는 시민 15인을 위원회로 구성해서 그들을 소집하였다. 그는 그들과 함께 타인의 재산을 보유하고 있는 경우와 자기 재산을 상실한 사람들의 경우를 조사하고 나서, 재산의 가치를 일일이 계산하여 다 현금가로 매겼다. 그리고 그는 어떤 사람들에게는 재산을 포기하고 현금으로 받는 것이 더 낫다고 설득시켰으며, 어떤 사람들에게는 자기 물건을 되돌려 받는 것보다는 물건값만큼의 돈을 받는 것이 자신에게 더 이익이라고 생각하도록 설득시켰다. 그 결과

---

75) Philadelphus Ptolemaius(B.C.309-247): Alexander대왕의 사망 후에 B.C.323-283년까지 Egypt를 통치했던 Ptolemaius Soter의 아들.

모든 사람들은 화합을 이루게 되어 불평 한마디 없이 각자 맡은 바 일에 매진하게 되었던 것이다.

83 오! 위대하고 값진 사람, 그가 우리 로마공화국에 태어났더라면 얼마나 좋았을까! 시민들을 대할 때 그렇게 하는 것이 공정한 것이지, 우리가 이미 두 번의 경우에서 보았듯이, 포룸에 창을 꽂아놓고 시민의 재산들을 경매꾼의 고함소리에 내 맡기는 것은 공정치 못한 것이다. 그러나 저 그리스인은 현명하고 훌륭한 사람답게 모든 시민을 다 배려하여 시민들의 이해관계를 첨예화시키지 않고 오히려 그 반대로 모두가 형평의 원칙에 따라 취급을 받는다는 생각을 품게 하는 것이 국정을 담당한 선한 시민의 이성과 지혜라고 생각했다. 사람들이 타인의 집에서 세도 내지 않고 살게 하라는 칙령이 있는데, 왜 그렇게 해야 하느냐? 내가 집을 사서 짓고 유지하면서 모든 경비를 지출하는 것이 네가 내 동의도 없이 내 의사에 반하면서 내 집에서 잘 살게 하기 위해서인가? 어떤 사람에게서는 그에게 속한 것을 빼앗고, 어떤 사람에게는 다른 사람의 것을 주는 것, 이것은 다른 게 뭔가?

84 너는 내 돈으로 농장을 사서 그것을 소유하게 하고, 나는 돈을 돌려받지 못하게 하는 것 외에, 참으로 새 장부들(부채말소)의 논쟁거리가 뭐 있겠느냐?

XXIV 이러한 이유 때문에, 국가의 공공안녕을 해치는 부채가 발생하지 않도록 해야 할 것이다. 만일 부채가 발생하게 되면 많은 합리적인 방안들을 강구하여 대처해서 부자들은 그들의 것을 상실하지 않게 되고, 채무자들은 남의 재산을 차지하게 되는 일이 없도록 유의해야 할 것이다. 왜냐하면 공화국을 떠받쳐 유지시키는 것으로서 신의보다 더 강하게 작용하는 것은 없는데, 만약 채무 관계가 법에 정한 바에 따라 반드시 청산되지 않는다면 신의는 결코 존재할 수가 없기 때문이다. 내가 콘술이었을 때보다 더 격렬하게 부채청산거부 운동이 벌어진 적은 한 번도 없었다. 온갖 종류와 신분의 사람들이 무기를 들고 반란군 진영을 설치하고, 이 일의 관철을 시도하였다. 그러나 나는 그들과 결연히 맞서 싸워 이겼기 때문에 이 모든 일은 공화국에서 제거되었던 것이다. 부채는 결코 더 늘어나지 않았고, 채무이행은 결코 더 쉽게 되지 않았다. 왜냐하면 채권자에게 채무이행을 안 해도 될 것이라는 희망이 사라지게 되고 채무 이행의 법적 절차가 뒤따랐기 때문이다. 그러나 정말 지금의 승리자 카이사르는 확실히 과거 자신이 패배자였을 때, 이미 그에게는 이해관계가 전연 없는 부채에 관한 법을 통과시켜 소원 성취했다. 그에게는 잘못을 저지르려는 욕망으로 너무나 가득 차 있었기 때문에 굳이 그렇게 할 이유가 없는데도 그는 잘못을 저질렀다. 왜냐하면 잘못을 저지른다는 것 자체가 그를 기쁘게 했기 때문이다.

85 따라서 공화국을 수호하는 것이 의무인 정무관들은 어떤 사람에게서 빼앗아 다른 사람에게 주는 이런 유의 선물 증여는 삼가야 할 것이다. 그리고 무엇보다 특히 그들은 법과 법정의 형평의 원칙에 입각한 운영으로 각자 자신의 소유 재산을 보호받아 지니게 해야 하며, 보다 약한 사회의 빈곤층은 그들이 미천하다는 이유 때문에 억압받게 해서는 안 되며, 부자들이 자기 재산을 보전하거나 다시 찾아 회복하는 데 빈자들의 시기심이 장애요인으로 작용하지 않도록 노력을 기울여야 할 것이다. 그들은 그 외에도 가능한 한 전쟁과 평화의 모든 수단을 다 동원하여 지배력을 확보하고, 농지 획득과 조세 수입으로 공화국을 부강하게 하도록 노력해야 함은 물론이다.

이러한 것들은 위대한 인물들이 할 수 있는 일인데 우리 조상들은 자주 이런 일들을 해냈다. 이런 유의 의무들을 수행하여 공화국에 최대의 이익을 가져오는 그 사람들 자신은 큰 인기와 명성을 얻게 될 것이다.

86 그러나 유익함에 관한 이들 교훈에 대해서 아테네에서 사망한 스토아철학자인 티리우스의 안티파테르[76]는 두 가지가 파나이티우스에 의해 간과되었다는 의견을 개진하고 있다. 즉 건강과 돈에 관한 배려가 빠졌다는 것이다. 그 두 가지 문제가 최고의 철학자에 의해 간과된 것은 문제들이 쉬웠기 때문이라고 나는 생각한다. 확실히 두 가지는 유익한 것들이다. 그러나 몇 마디만 더 하겠다. 건강이 유지되는 것은 자신의 신체에 관한 지식, 몸에 무엇이 좋고 나쁜지에 대한 관찰, 감각적인 쾌락을 멀리 함으로써 신체 유지를 위한 모든 생활 방식과 정신적인 편안함에서의 지속적인 자제, 그리고 마지막으로 건강에 관한 전문 지식을 가진 자들의 의술에 의해서다.

87 그런데 가산은 도덕적으로 악하고 타락함이 없는 것들에서 추구되어야 하나, 한편 근면과 검약에 의해 보존되고 또한 증식되어야 한다. 이 문제는 소크라테스의 제자인 크세노폰이 "경제학"이라는 제목이 붙은 그의 책 속에서 매우 적절하게 다루고 있는데, 내가 거의 지금 네 나이 또래였을 때 그리스어로 된 책을 라틴어로 번역했다.

그러나 돈을 벌고 모으고, 나는 또한 쓰는 것까지도 포함시키기를 원하고 있지만, 하여튼 이런 유의 모든 문제는 어느 학파의 어떤 철학자들보다도 오히려 로마 포룸의 야누스[77]의 고지대 상점거리

76) Antipater of Tyrius(B.C.1세기): 소 Cato의 집에 머물고 있었던 그의 친구. 스토아철학자.

77) Janus: 옛 이탈리아의 태양신. 포럼에 연해 있는 야누스거리는 로마의 은행들이 줄지어 있었다.

와 저지대 상점거리의 중간 지대의 상점거리에 앉아 있는 소위 최상의 인간들이라는 사람들에 의해서 유익하게 토의되고 있다. 그런데 우리는 그 토의 내용들을 알아야 한다. 왜냐하면 그 내용들은 이 책에서 토의된 유익함에 관련되기 때문이다.

XXV 88 그러나 유익한 것들의 상호 비교는 종종 필요한데, 왜냐하면 이것은 파나이티우스에 의해 간과된 네번째 문제점이기 때문이다. 그래서 예를 들면, 신체적인 호조건으로 인한 이점과 신체외적인 이점, 즉 부, 명예가, 그리고 신체 외적인 이점과 신체상의 이점이 보통 비교될 뿐만 아니라, 신체상의 이점들 상호 간에 그리고 신체 외적인 이점들 상호간에 흔히 비교되곤 한다. 신체 외적인 이점과 신체적 이점은 당신은 부유해지기보다는 오히려 건강하기를 더 바란다는 식으로 비교되며, 신체적인 이점이 신체 외적인 이점과는 최대의 체력을 보유하기보다는 오히려 부유해지기를 원한다는 식으로 비교된다. 신체적 이점들 상호 간에는 양호한 건강상태를 감각적인 쾌락보다 더 우위에 놓고, 체력을 신체의 기민성보다 더 우선시한다. 한편 신체외적인 이점들 상호간에는 명예가 부보다는 우선하고, 도시의 수입이 농촌 수입보다 더 낫다는 식으로 비교되곤 한다.

89 이런 유의 비교들에 해당되는 것이 저 노 카토의 잘 알려진 언급이다. 가산에서 최대의 수익을 올리는 것은 무엇이냐는 질문을 받았을 때, 그는 이렇게 대답했다. "가축을 잘 치는 것이지요." "두번째는 무엇입니까?" "웬만큼 가축을 잘 치는 것이지요." "세번째는 무엇입니까?" "시원치는 않지만, 그래도 가축을 치는 것이지요." "네번째는 무엇입니까?" "곡물 경작이오." 질문을 하던 사람이 "대금(貸金)은 어떻게 생각하십니까?"라고 묻자, 카토는

되묻기를 "사람을 살해하는 것은 어떻게 생각하시오?"하였다.
이것과 다른 많은 예들을 통해, 우리는 유익한 것들의 상호 비교는 종종 행해져야 한다는 것, 그리고 의무들에 관한 토의를 함에 있어, 이를 네번째 문제점으로 첨가시켜야 한다는 것을 마땅히 인식해야 한다.
이제 계속해서 나머지 문제들을 추구해 보기로 하자.

제 3 권

도덕적 선과 유익함의 상충

제 3 권

도덕적 선과 유익함의 상충

I **1** 아들 마르쿠스야, 처음으로 아프리카누스라고 불리운 푸블리우스 스키피오는 "나는 여가 시에도 한가한 적이 절대로 없었고, 혼자 있었을 때에도 결코 고독해 본 적이 없었다"고 흔히 말했다고 한다. 이 말은 그와 거의 동년배였던 카토가 쓰고 있는데, 이 얼마나 값진 말이며, 또 그는 얼마나 위대하고 현명한 사람인가! 즉 그는 여가를 즐기면서도 생각은 공적인 의무감에서 떠나지를 않았으며, 혼자 있는 동안에도 자신과의 끊임없는 대화를 나누었던 것이다. 그는 임무에서 벗어나 한가롭게 지낸 적이 사실상 한번도 없었던 것이고, 때로는 친구들의 도움이 필요한 적도 없었다. 그래서 이 두 가지 조건, 즉 여가와 고독은 다른 사람들의 경우에는 게으름과 휴식과 외로움을 느끼게 하는 것들이지만, 그에게는 단지 그를 분발하도록 해준 요소들이었다. 나 자신도 그와 같은 생활을 할 수 있다면 얼마나 좋을까. 그러나 그와 같은 훌륭한 경지에 도달하지 못한다 할지라도, 나는 최선을 다하여 그를 모방하도록 노력할 것이다. 왜냐하면 나는 무장한 음모 세력에 의해 정치와 나의 여타 생활로부터 격리된 채로 여가를 보내고 있기 때문이다. 그 이유

로 나는 로마를 떠나 시골의 여기저기를 돌아다니고 있으며, 가끔 외로움을 느끼고 있다.

2 그러나 나의 이러한 여가와 아프리카누스의 여가를 비교해서도 안 되고, 또 나의 고독과 아프리카누스의 고독도 비교될 수 없다. 왜냐하면 그는 그의 찬란한 공직 생활에서 벗어나 시골에서 여가를 즐기기 위하여 가끔 휴가를 얻곤 하였으며, 민회나 군중들에게서 떠나 마치 휴식의 보금자리를 찾듯이, 고독을 맛보곤 하였던 것이다. 그러나 나의 여가 생활은 내 자신의 희망에 따라 휴식을 갖고자 해서가 아니라 공직을 빼앗긴 채로 나에게 강요된 것이었다. 이제 원로원은 유명무실하게 되고, 법정의 문은 모두 폐쇄되어 버렸으니, 나의 자존심에 비추어 볼 때 원로원 의사당과 포룸에서 내가 할 수 있는 일이 과연 무엇이겠느냐?

3 비록 내가 한때는 군중들 사이에서 생활하면서 공무를 수행했었지만, 지금은 세상을 뒤흔드는 악당들의 눈을 피하여 공직에서 물러나 있기 때문에 종종 외로움을 느끼곤 한다. 그러나 나는 여러 철학자들로부터 여러 가지 악을 접했을 때 그 중에서 최소의 악을 취하여야 할 뿐만 아니라 심지어는 그러한 악으로부터 그것들이 포함하고 있을지 모를 선을 끌어내야 한다는 것을 배웠다. 그러한 까닭으로 나는 나의 여가를 소중하게 여기게 되었고, —비록 이 여가 시간이 공직에서 잠시 휴가를 얻어 지내는 사람의, 그러한 여가는 아닐지라도—이 고독함을 필요에 의해 나 자신이 선택한 것은 아니더라도 헛되이 하지 않도록 하고 있다.

4 그러나 내 생각으로는 아프리카누스가 실제 이상으로 명성을 얻고 있다고 여겨진다. 그의 천재성을 기념할 만한 문학

작품이 발표되지 않았기 때문에, 그의 여가 시간에 이루어진 업적과 그의 고립된 시간 동안에 쓰여진 작품을 우리는 하나도 갖고 있지 못하다. 이러한 사실로 우리는, 그가 사색하고 주안점을 두고 생각하였던 문제들 때문에 그는 항상 바빴으며 결코 외로움을 느끼지 않았다고 추측할 수 있다. 그러나 나는 조용한 명상을 통하여 나의 외로움을 잊을 만큼 충분한 정신력을 지니고 있지 못하다. 그리하여 나는 나의 모든 관심과 노력을 기울여 이와 같은 저술 활동에 임하고 있다. 따라서 나는 공화정이 유지되었던 오랜 기간보다도 공화정이 몰락한 이후의 이 짧은 기간 동안에 더 많은 저술 활동을 하였다.

II 5 나의 사랑하는 키케로야, 철학의 모든 분야가 활발하게 연구되어 풍부하게 수확을 거두는 반면에도, 도덕적 의무론을 다루는 분야야말로 가장 활발하게 연구되고 있다. 왜냐하면 이러한 도덕적 의무들로부터 일관되고 도덕적인 생활을 이끌 수 있는 원리가 나오기 때문이다. 그러므로 비록 네가 내 뜻대로 나의 친구인 크라팁푸스 밑에서 이러한 교훈을 열심히 공부하고 있다 하더라도, 더욱 철저하게 그러한 교훈들을 익혀야 하며, 그 밖의 것들에 대해서는 귀를 기울이지 말아야 한다.

6 이러한 교훈은 명예로운 경력을 소중히 여기는 모든 사람들이 명심해야 할 것이지만, 누구보다도 네가 특히 명심해야 한다. 왜냐하면 너는 내가 지녔던 근면과 정치적 영예를 가질 것이고 나아가서는 나의 이름을 유지하고 그것을 능가할 것이라고 믿기 때문이다. 그 밖에도 너는 아테네와 크라팁푸스 스승 때문에 더욱 분발해야만 한다. 왜냐하면 너는 말하자면 자유주의적 문화의 진열장에 상품을 구입하러 간 것이므로, 만약 네가 빈손으로 돌아온다면, 그것은 네 자신에게뿐만 아니라 아테네시의 명성과 네 스승의

권위에 커다란 불명예가 될 것이기 때문이다. 그러므로 네가 할 수 있는 최대한의 성의를 다하여 노력하라. 그리고 학습이 쾌락이라기보다는 수고라면, 최대한으로 수고하라. 성공할 수 있도록 최선을 다하라. 너에게 모든 기회가 주어졌음에도 네가 너의 최선을 다하지 못했다는 말을 듣지 않도록 노력하라.

그동안 나는 여러 번 너의 분발을 바라는 편지를 썼으니, 이것으로 충분할 것이다. 이제 남겨둔 우리들의 주제로 되돌아가도록 하자.

7 파나이티우스는 우리에게 도덕적 의무론에 대한 가장 완전한 논의를 제공하였는데, 내가 약간의 수정을 가하기는 했지만 대체로 그의 의견을 따랐다. 그는 사람들이 생각하는 윤리적 문제들을 세 개의 일반적인 제목으로 분류하였다. 첫째는 도덕적으로 옳은가 옳지 않은가 하는 문제이고, 둘째는 유익한가 그렇지 않은가 하는 문제이며, 셋째는 도덕적으로 옳은 것과 유익한 것이 상충될 때, 어떻게 결정해야 하는가 하는 문제이다. 그런데 그는 앞의 첫 두 문제에 관해서는 이미 세 권의 책에서 설명했으나, 세번째 문제에 대해서는 다음에 곧 논하겠다고 약속하고서 그 약속을 지키지 않았다.

8 더 놀라운 사실은 파나이티우스가 저 세 권의 책을 간행한 후 30년간이나 더 살았다고, 그의 제자 포시도니우스[1)]가 언급하고 있다는 사실이다. 포시도니우스가 특별히 철학 전체에서 그처럼 긴요한 논점은 없다고 썼으면서도 그 문제들에 대한 주석들을 달 때는 그 논점과 자기 스승에 관해 너무 짧게 취급했다는 사실을

---

1) Posidonius: 앞의 주 제1권, 149) 참조.

나는 이상하게 생각한다.

9 사실 나는 파나이티우스가 저 논점을 간과한 것이 아니라 고의적으로 생략했던 것이라고 말하는 자들의 견해를 받아들일 수 없다. 왜냐하면 유익함과 도덕적 선이 상충될 수는 절대로 없기 때문이다. 그러나 이에 관해서 파나이티우스가 원래 분류할 때 세번째 문제를 포함시켰는지 아니면 분명히 생략했는지에 대해서는 일단 의심해 볼 수 있지만, 파나이티우스가 그 문제를 다루기로 계획을 세워놓았으나 쓰지 않고 남겨두었다는 사실 그 자체에 대해 의심을 해서는 안 된다. 왜냐하면 만일 어떤 저술가가 주제를 세 가지로 나누고 그 중 두 문제를 끝마쳤다면, 세번째 문제는 반드시 그가 다루어야 할 일로서 남겨두었다고 보아야 하기 때문이다. 게다가 그는 제3권을 마무리지으면서 이 부분에 관해 다음에 곧 쓰겠다고 약속까지 하지 않았는가.

10 파나이티우스의 제자인 푸블리우스 루틸리우스 루푸스[2]는, 아펠레스[3]가 미완성인 채 남겨 놓은 코스(Cos)의 비너스상을 완성할 화가가 나타나지 않았던 것처럼, —왜냐하면 그 미의 여신상의 아름다움이 미완성인 채로 남아 있는 나머지 신체 부분에 손대고 싶은 의욕을 꺾었기 때문에—파나이티우스가 간과하여 미완성인 채로 남아 있는 부분을 이미 완결된 부분의 훌륭함 때문에 아무도 손대지 못했다고 말하곤 했다고, 심지어 자신의 편지에 쓴 확실한 증인 포시도니우스도 위의 사실에 대해 동의하고 있는 것이다.

2) Publius Rutilius Rufus: 앞의 주 제2권, 26) 참조.

3) Apelles of Colophon(B.C.4세기): 유명한 화가. Alexander대왕이 이 화가에게만 자기 자신의 초상화를 그리게 할 정도로 그림을 잘 그렸다고 한다.

III 11 그러므로 파나이티우스의 시도에 대해서는 의심할 수 없다. 그러나 사실 이 세번째 부분을 의무 탐구에서 적절히 첨가시키려 했는지의 여부에 대해서는 아마 논의될 수 있을 것이다. 즉 스토아학파의 학자들이 주장하고 있듯이, 도덕적으로 선한 것만이 선한 것인지, 또는 너의 소요학파에게 인정되고 있듯이, 도덕적으로 선한 것이 최고선이므로 다른 부분에서 수합된 모든 선들이 겨우 최소의 비중을 지니고 있는지에 대해서는 결코 의심해서는 안 될 것이다. 그러나 유익함이 도덕적 선과 결코 상충하지 않는다는 것은 문제조차 되지 않는다. 그러므로 나는 소크라테스가 무엇보다도 원래 불가분의 관계에 있는 양자를 분리시키는 자들을 저주했다는 점을 들어 알고 있다. 실상 스토아학파는 그의 생각을 그대로 따라 도덕적으로 선한 것은 무엇이든 유익한 것이고 도덕적으로 선하지 않은 것은 유익한 것이 아니라고 생각한다.

12 그러나 만일 파나이티우스가 바람직한 것들을 쾌락이나 고통 없음을 기준으로 삼아 측정하는 특정인들처럼, 덕이 유익함을 창출해 낸다는 그 오직 한 가지 이유 때문에, 덕을 닦을 가치가 있다고 말하는 그런 부류의 사람이라면, 그는 때때로 유익함이 도덕적 선과 상충한다고 논쟁하자고 할지 모른다. 그러나 그는 도덕적으로 옳은 것만이 유일의 선이고, 도덕적으로 옳은 것과 상충되는 것들은 오직 유익한 것처럼 보이는 것뿐으로 유익함과 유사한 것들이 있다고 하여 생활을 더 낫게 할 수도 없고, 또 그렇다고 그러한 것들이 없다고 하여 생활이 더 나빠지는 것도 아니라고 판단한 사람이기 때문에, 그가 도덕적으로 선한 것보다 유익한 것처럼 보이는 것에다 도덕적으로 무게를 더 두는 따위와 연루되는 문제를 제기했을 리가 없다는 결론이 나오게 된다.

13 사실상 스토아학자들이 최고 최선을 자연에 적합하게 사는 것이라 말할 때, 그것은 내가 생각하기에 덕과 항상 일치한다는 의미이고, 반면 자연과 일치하는 다른 것들이 덕과 상치(相馳)하지 않는다면 그것들을 선택한다는 의미이다. 이것이 사실인 이상, 도덕적으로 선한 것과 유익함을 놓고 서로 저울질한다는 짓은 옳지 않으며, 이 문제에 대한 실질적인 교훈은 도대체가 제시될 수 없는 의견을 여러 사람들이 지니고 있다는 데에 있는 것이다.

그런데 사실 저 도덕적으로 선하다는 말은 그 용어의 특별하고 진실한 본래의 뜻에 비추어 볼 때, 현인들에게만 해당되고 결코 덕과 분리될 수 없다. 반면 현명하지 못한 사람에게는 실상 저 도덕적 선 자체가 완전히 보유될 수 없고, 단지 도덕적으로 선한 것과 유사한 것들이 있을 수 있을 뿐이다.

14 사실 이 책에서 논하고 있는 이들 의무는 스토아학자들이 평범한, 보통의 의무라 부르는 것이다. 이 의무들은 공유되고 있고 누구나 접근할 수 있도록 개방되어 있어서, 많은 사람들이 좋은 자질과 학문의 증진에 의해 이들을 추구한다. 반면 스토아학자들이 바로 참되다고 칭하고 있는 저 의무는 완전하고 절대적이며, 저들이 말하는 것처럼 완벽한 현자들을 제외하고는 아무에게도 생길 수가 없다.

15 반면, 그 속에 평범한, 보통의 의무들로 보이는 어떤 의무들이 행해질 때, 일반 보통 사람들은 완벽한 것에서 동떨어져 있는 의무들이라는 점을 거의 인식하지 못하므로, 이 의무들을 아주 완벽한 것으로 본다. 그들이 이해하는 한, 여기엔 부족한 것이 하나도 없다고 본다. 대중은 시, 서, 화 등 여러 예술 분야에서 칭찬의 대상이 아닌 것을 잘 모르면서 환호하고 칭찬하는 일들이 종종

일어난다. 그 이유는 이 작품들이 문외한들을 사로잡는 어떤 훌륭한 점을 갖고 있기는 한데, 그들은 그 안에 있는 특별한 결점을 찾아낼 능력이 없기 때문이다. 그러므로 전문가에게서 배울 때 쉽게 그러한 사고방식은 버리게 된다.

IV 그런데 내가 이 책 속에서 토의하고 있는 의무들의 이행은 스토아학자들에 의해 일종의 제2의 도덕적 선으로 불려지고 있는데, 이것은 현자들에게 고유한 것이 아니라 모든 부류의 인간들에 의해 공유되는 것이다.

16 따라서 덕의 품성을 지니고 있는 모든 사람들은 그 의무들의 영향을 받는다. 사실 데키우스 부자[4]나, 노소의 스키피오가 용기있는 사람들로 기억되거나, 파브리키우스 또는 아리스티데스[5]가 의인이라고 불릴 때, 전자에 의해 드러나는 용기의 모범도 후자에 의해서 드러나는 정의의 모범도 현자의 그것에는 미치지 못한다. 왜냐하면 이들 중 어느 누구도 우리가 현인이라고 인정하고 싶어 할 정도로 그렇게 현명하지 못했고, 또 현인으로 인정되고 그렇게 불린 사람들 즉, 마르쿠스 카토와 가이우스 라일리우스도 현인들이 아니었으며, 저 7현인[6]조차 그렇지 못했으나 평범한, 보통의 의무들을 꾸준히 반복하여 수행했으므로, 어느 정도 외관상 비슷한 현인들의 모습을 보여주었기 때문이다.

17 그러므로 참된 도덕적 선이 유익함과 상충되는 것으로 비교되는 것은 잘못이다. 또 일반적으로 우리가 도덕적으로 선하다고 말하는 것, 즉 자신이 훌륭하다고 생각되기를 바라는 사람

4) Publius Decius Mus 부자: 앞의 주 제1권, 62) 참조.

5) Aristides: 뒤의 주 28) 참조.

6) Bias, Chilo, Cleobulus, Pittacus, Periander(또는 Myson), Solon, Thales.

들이 관심두는 것을 결코 유익함과 비교해서는 안 된다. 그러나 원래의 참된 의미에서 도덕적으로 선하다고 말해지는 것을 현자들이 보호하고 유지하는 것처럼, 우리들이 이해할 수 있는 도덕적으로 선한 것을 우리들은 보호하고 유지해야 한다. 왜냐하면 덕을 향해 그 진보가 이루어지지 않는 경우에 그것은 유지될 수 없기 때문이다.

그러나 사실은 의무들을 이행함으로써 훌륭한 사람이라고 평판을 받는 사람들에게 이 진보가 이루어진다.

18 반면, 이익과 편리를 기준으로 삼아 모든 것을 판단하는 사람들과 도덕적 선이 그것들보다 더 가치있게 해준다는 것을 믿지 않으려는 사람들은 생각함에 있어 도덕적 선을 유익함과 흔히 비교하곤 한다. 그러나 선인들은 비교하지 않는다. 또 파나이티우스가 사람들은 이 비교를 하는 습관이 있다고 말했을 때, 그가 말한 것 자체는 '해야 한다'가 아니라, '하곤 한다'를 의미하는 것이라고 나는 믿는다. 게다가 도덕적 선이 무엇인지에 대해서보다는 오히려 유익하게 보이는 것이 무엇인지를 생각하고, 또 그것들을 비교하고, 비교하는 데 주저하면서 머뭇거리는 것은 매우 추한 것이다.

따라서 때때로 의심을 하게하고 고려의 대상으로 삼게하는 것은 무엇인가? 의심이 생긴다는 것은 고려되고 있는 것이 무엇인가에 대한 의문이라고 나는 본다.

19 사실 특수한 상황하에서는 종종 대체로 도덕적으로 나쁘다고 의례히 간주되는 것이 도덕적으로 나쁘지 않은 것으로 나타난다. 예를 들어 더 구체적으로 보자. 사람을 죽이는 것, 더군다나 친한 사람을 죽이는 것보다 더한 죄악이 있을 수 있겠는가?

그런데 친함에도 불구하고 누군가가 참주를 살해했다면 그는 자신을 악하다고 생각하겠는가? 진실로 모든 훌륭한 행위 가운데 그것[7]이 가장 고귀한 행위라고 판단하는 로마인들에게는 그렇게 생각되지 않는다. 그렇다면 유익함이 도덕적 선을 압도하는가? 그게 아니라, 도덕적 선은 유익함을 추구한다.

그러므로 어떤 실수 없이 판단하기 위해서는, 우리가 유익하다고 부르는 것이 우리가 도덕적으로 선하다고 생각하는 것과 충돌하는 것처럼 보일 때마다 어떤 규칙이 마련되어야 한다. 만약 사물들을 비교할 때 이를 따른다면, 우리는 결코 의무에서 벗어나지 않을 것이다.

20 그런데 이 규칙은 스토아학파의 체계와 교훈에 가장 잘 맞는다. 실상 나는 이 책에서 그 가르침을 따르고 있다. 그 이유는 비록 더 오래된 아카데미학파와 한때 아카데미학파와 동일했던 너의 소요학파에 의해 도덕적으로 선한 것들이 유익하게 보이는 것들보다 우선시되었다 할지라도, 도덕적으로 선한 것이 유익하지도 않고 유익한 것이 도덕적으로 선하지 않다고 주장하는 사람들보다는 도덕적으로 선한 것은 무엇이든 마찬가지로 유익하게 보이고, 도덕적으로 선하지 않은 것은 동시에 유익하지 않다고 하는 사람들[8]에 의해 더 훌륭하게 논의되었기 때문이다. 한편 우리 아카데미학파는 나에게 매우 그럴듯해 보이는 것이면 어떤 것이든 내 권한으로 그것을 옹호할 수 있을 정도로 큰 재량권을 나에게 주고 있다. 그것은 그렇고 이제 규칙들을 보기로 하자.

---

7) 즉 최근의 Julius Caesar의 살해.

8) 스토아학파

V 21 그런데 어떤 사람이 타인의 것을 탈취하고, 타인에게 불편을 주고, 자신의 편의를 도모하는 것은 죽음, 빈곤, 고통과 신체나 신체 외적인 것에서 발생할 수 있는 다른 어떤 것보다 더 자연에 반하는 것이다. 왜냐하면 우선 그것은 인간의 유대와 사회를 파괴시키기 때문이다. 사실 각자가 자신의 이익을 위해서 남의 물건을 훔치거나 타인을 해치게 된다면 자연에 가장 잘 부합하는 것, 즉 인류사회는 반드시 무너지게 될 것이다.

22 만일 신체의 어느 한 부분이 가장 가까운 신체 부분의 기력을 자신에게 끌어당기면 건강할 것이라고 생각하여 끌어당겼다면 신체 전부가 반드시 약해지고 결국 사멸하는 것처럼, 우리들 중 한 사람이 타인들의 편익을 빼앗아 자기 것으로 하고 자신을 위해 얻을 수 있는 것이라면 무엇이든 그것을 차지한다면, 인간사회와 공동체는 반드시 파괴될 것이다. 사실 각자가 타인보다 더 자기 자신을 위해서 생활에 이용되는 것을 취하기를 원한다는 것은 자연에 반하는 것이 아니라 그것과 일치하는 것이다. 그러나 자연은 타인에게서 빼앗은 것들로부터 우리가 재산과 부, 권력을 증대시키는 것을 용인하지 않는다.

23 사실 자연, 즉 만민법에 의해서뿐만 아니라 각 도시 국가에서 공공물을 유지케 하는 시민법에서도 역시 자신의 편익을 위해 남에게 해를 끼치지 말라는 원칙은 수립되어 있다. 따라서 실상 법은 시민의 유대가 돈독하기를 바라고, 기대하며, 그것을 깨뜨리는 자들은 사형, 추방, 투옥, 벌금으로 규제한다.

그런데 신과 인간의 법인 자연의 생각, 즉 인간의 양심은 훨씬 더 잘 규제한다. 이에 복종하는 자는—자연, 즉 양심에 따라 살기를 원하는 자들은 사실 이에 복종하지만—결코 남의 것을 탐내거나, 남의 것을 빼앗아 자신의 소유로 하는 짓은 절대로 하지 않을 것이다.

24 게다가 정신의 고매함, 정신의 위대함 그리고 예절, 정의, 관대함은 쾌락, 생활, 재산보다 훨씬 더 자연에 부합한다. 사실 공익과 비교하면서, 쾌락, 생활, 재산 같은 것들을 별것 아니라고 대수롭지 않게 생각하는 사람들은 위대하고 고매한 정신의 소유자들이다. 반면 자신의 편익을 위해 타인에게서 빼앗는 것은 죽음, 고통, 이와 유사한 어떤 것보다 더 자연에 반하는 것이다.

25 또 가능하다면 헤르쿨레스의 은혜를 입은 사람들이 고마워하는 그 여론에 따라 천상의 신들의 모임에서 명성을 떨친 헤르쿨레스의 본을 받아, 가급적 전 인류를 지키고 돕는 데 최대의 노력과 수고를 아끼지 않는 것이, 혼자 아무런 고통이나 불편함이 없이 살며 극도의 쾌락을 추구하고 재산을 축적하는 데 전생을 바치고, 아름다움을 유지하며 힘이 장사라 하더라도, 여하튼 혼자 사는 것보다 더 자연에 부합하는 것이다.

따라서 천성이 고고하고 아주 훌륭한 사람은 쾌락적 생활보다는 고통과 수고의 생활에 더 비중을 둔다. 그러므로 자연에 순응하는 사람은 남을 해칠 수 없다는 결론이 나온다.

26 다음으로 자기 자신의 편익을 도모하기 위해 타인을 해치는 자는 스스로가 자연에 반하는, 즉 양심에 거리끼는 행동을 한 적은 추호도 없다고 생각하며, 죽음 ,빈곤, 고통, 그리고 심지어 자녀, 친척, 친구의 죽음을 면하기 위해서라면 남에게 불의를 행해도 된다고 생각하는 자들이다. 만약 어떤 사람이 타인에게 해를 끼치면서도 자연에 반하는 짓을 하지 않는다고 생각한다면, 이처럼

인간성이라고는 전혀 없는 비정한 인간과 무엇을 논할 수 있겠느냐? 사실 이것은 피해야 하지만, 죽음과 빈곤과 고통을 저것보다 더 나쁘다고 생각한다면, 그 사람은 신체와 재산상의 손실을 정신의 손실보다 더 중하게 여긴다는 점에서 잘못을 저지르고 있는 것이다.

VI 그러므로 일개인의 이익과 전 시민단의 이익은 동일하다고 생각하게 하는 것, 바로 이것을 모든 인간의 주된 목표로 삼아야 한다. 왜냐하면 만약 개인이 공동선에 귀속되어야 할 것을 자신의 이익추구를 위해 가로챈다면 모든 인간의 결속은 깨지기 때문이다.

27 그리고 또 사람은 누구이든 간에 그가 인간이라는 바로 그 이유 때문에 다른 사람에게서 존중받기를 바라는 것이라고 자연이 규정한다면, 전체에게 공통적인 이익이 되는 것은 반드시 자연에 부합하는 것이다. 만약 그렇다면 우리들 모두가 하나의 동일한 자연법에 구속되어 있는 셈인데, 그것이 사실이라면 확실히 자연법은 타인을 해치는 것을 금하고 있다고 할 것이다.

28 그런데 첫번째 전제가 참이라면 그 결론도 마찬가지로 참이라고 할 수 있다. 사실 어떤 사람이 자신의 이익을 위해 부모형제로부터는 아무 것도 빼앗지 않으나 나머지 시민들에 대해서는 생각이 다르다는 말을 하는 것은 진실로 언어도단이다. 이런 자들은 자기와 다른 시민과는 아무런 법적 관계도 맺고 있지 않으며 공익을 위한 사회적 관계도 전무하다고 단정하는데, 이런 생각은 모든 국가 사회를 파괴하는 것이다.

한편 시민들에 대해 배려를 해야한다고 하면서, 외국인들에 대해서는 그럴 필요가 없다고 하는 자들은 인류의 공동사회를 파괴하는 것이니, 만일 이것이 파괴되면 호의, 관대함, 선함, 정의는 완전히 소멸되고 말 것이다. 이렇게 하는 자들은 불멸의 신들에 대해서도 불경한 자들로 판단된다. 왜냐하면 이 사회의 가장 긴밀한 연결 고리는 정당하지 않은 모든 외적 · 신체적, 심지어 정신적 불편 그 자체를 참는 것이 낫다라고 생각하는 것이기 때문이다. 이보다 자신의 이익을 위해 타인에게서 뺏는 것은 더 자연에 반하는 것이다. 참으로 이러한 덕 하나가 모든 덕의 주인이요 지배자인 것이다.

29 아마 누군가는 이렇게 말할 것이다. "자, 현자가 배가 고파 기력이 약해진다면 아무 쓸모도 없는 인간에게서 먹을 것을 빼앗지 않겠는가?" 실제로는 그런 짓을 하지 않는다. 왜냐하면 내 생각으로는, 나 자신을 위해서라면 남을 해치기보다는 차라리 굶어 죽는 편이 더 낫다고 보기 때문이다. "만일 추위에 떨고 있는 선인이 얼어 죽지 않으려고 잔인하고 무자비한 참주 팔라리스[9]의 옷을 빼앗아 입을 수 있다면, 아무리 선인이라도 누가 그렇게 하지 않겠는가?" 이 경우들은 판단하기가 매우 쉽다.

30 한 마디로 네가 자신의 이익을 위해 아무 쓸모없는 자에게서 무엇인가를 빼앗는다면, 너의 행위는 비인간적이요, 자연법에 반하는 것이다. 그러나 만일 네가 살아남음으로써 국가와 인간사회에 많은 이익을 가져올 수 있고, 또 그 목적을 위해 타인의 것을 빼앗는다면, 그것은 비난의 대상이 될 수 없다. 반대로 그런 경우가 아니라면, 각자 자신의 불편을 감내하는 것이 타인의 편익을 빼앗는 것보다 더 낫다. 그러므로 병이나 빈곤 등 그와 유사한 것들이 타인의 것을 빼앗고 탐하는 것보다 더 자연에 반하는 것이 아니라, 오히려 공공의 이익을 무시하는 것이 자연에 반하는 것이

9) Phalaris: Sicily의 Agrigentum의 참주(B.C.c.570-544).

다. 왜냐하면 그것은 불의이기 때문이다.

31 또한 자연법은 인간들의 이익을 보호하고 유지하는데, 실제로 게으르고 쓸모없는 사람들로부터 생활에 필요한 것들을 현명하고 선하며 용기있는 사람에게 넘겨 주도록 하였다. 만약 그러한 사람이 죽으면 이는 공익에 큰 손실이 된다. 자연이 그렇게 한 것은 스스로 선하다고 평가하고 자만하는 사람이 불의를 행하는 동기를 갖지 않도록 하려는 것이다. 항상 상기시키는 것이지만, 이처럼 인간의 이익과 인간사회를 위해서 언제나 의무를 수행해야 할 것이다.

32 사실 팔라리스에 관한 판단은 내리기가 매우 쉽다. 왜냐하면 우리는 참주와는 유대감이란 전혀 없고 오직 극도의 증오감이 있을 뿐이기 때문이다. 그러므로 가능하다면 그를 죽이는 것이 자연에 반하지 않는 것이며, 그를 살해하는 것이 도덕적 선이다. 그리고 유해하고 불경한 이런 종류의 인간들은 인간사회로부터 추방해야 한다. 왜냐하면 신체의 각 부분이 피가 모자라 죽어가고, 그리하여 신체의 나머지 부분에 해를 미치게 된다면 각 부분을 절단해 버리는 것처럼, 인간사회에 있어서 그런 짐승과 같은 야만과 비인간성은 인간 공동체로부터 격리시켜야 하기 때문이다.

이런 종류의 문제들은 모두가 때와 장소에 따라 어떻게 의무들이 달라지는지가 우리가 조사하여 결정을 내려야 할 문제들인 것이다.

VII 33 따라서 이런 유의 주제들이야말로, 만약 파나이티우스에게 어떤 사건이나 일거리가 생겨 그의 계획에 차질만 생기지 않았다면, 그가 계속 추구하였을 그런 것들이라고 나는 믿는다. 그는 바로 이러한 문제들을 심사숙고하여, 그 이전에 내놓은 책들 속에서 많은 교훈을 가르치고 있는데, 이 책들을 읽으면 어떤 것은 도덕적으로 악하고 나쁘니 회피되어야 하고, 어떤 것은 전혀 도덕적으로 악하지 않다는 바로 그 이유 때문에 회피되어져서는 안 된다는 것을 누구나 꿰뚫어 볼 수가 있다.

그러나 이 연구 작업은 아직 미완성인 채로 남아 있다. 그렇기 때문에 내가 이 연구 작업을 이제 끝내려고 하는데, 이를테면 거의 다된 집에 지붕을 덮어 완성하고 있는 중이라 할 것이다. 그래서 하는 말인데, 마치 기하학자들이 모든 것을 다 가르치려고 하지 않고 공리만을 내세워 자기들이 원하는 바의 설명을 더 쉽게 해줄 어떤 정리나 공식들이 인정받기를 기대하는 성향이 있는 것처럼, 내 아들 키케로야, 나는 네가 도덕적으로 선한 것을 제외하고는, 그 자체 때문에 추구되어져야 할 만한 것은 단 한 가지도 없다는 나의 생각에 가급적이면 동의해 주기를 바란다. 그러나 만일 너의 스승이신 크라팁푸스 선생께서 나의 이 의견을 탐탁스럽지 않게 생각하셔서 받아들이지 않으려 한다면, 그 때에도 너는 확실히 그 자체로서 추구되어져야 할 만한 것은 여러 가지가 있고, 그 중에서도 가장 주된 것이 바로 도덕적 선이라는 사실만은 인정해야 할 줄로 안다. 나에게는 이 두 가지 의견 어느 것이나 다 만족스런 것이고, 후자의 의견이나 전자의 의견이 모두 더 가능성있는 그럴 법한 것으로 보이지만, 그 나머지는 어떤 의견도 그럴 듯하다고 생각되지 않는다.

34 그런데 우선 파나이티우스는 다음과 같이 말했다는 점에서 옹호받아야 한다. 즉 그는 유익한 것과 도덕적으로 선한 것이 경우에 따라서 상충될 수 있다고 말했던 것이 아니라, ―사실 그에게는 이것도 정당성이 없어 그렇게 말할 수도 없었겠지만―실제로 유익하지는 않지만 유익하게 보이는 것과 도덕적으로 선한 것이 경우에 따라서는 상충될 수 있다고 말했다는 점에서이다. 그는 종

종 주장하기를, 도덕적으로 선하지 않은 것은 진정 그 어떤 것도 유익하지 않으며, 유익하지 않은 것은 동시에 그 어떤 것도 진정 도덕적으로 선하지 않은 것이라고 하였다. 그리고 그는 이 두 가지 개념을 분리시켜 말한 사람들의 의견보다 더 인간 생활에 해를 입힌 큰 재앙은 없다고 말했던 것이다. 그렇기에 그가 실재하는 것이 아니라 실재하는 것 같이 보이는 저 두 개념의 상충을 거론하여 소개한 것은 우리들로 하여금 경우에 따라서 유익한 것을 도덕적으로 선한 것의 앞에 두어 우선시하라는 그런 뜻에서가 아니라, 만부득이하여 구분해야 할 경우가 생겼을 때에 오류를 범함이 없이 양개념을 제대로 구분하도록 하기 위해서였다. 따라서 나는 이 나머지 부분을 누구의 도움도 없이 속담에 있는 대로 내 전투 방식으로 완성시키려 한다. 사실 파나이티우스 이후, 이 부분에 대해서 행해진 설명들 가운데에서 내가 입수한 것은 그 어느 것도 진정 나를 만족시켜 주지 못하고 있기 때문이다.

VIII 35 그런데 사람들이란 유익한 것처럼 보이는 어떤 것에 접하게 될 때, 일단 마음의 동요가 일어난다. 그러나 만약 네가 좀 더 정신을 가다듬어 유익한 것처럼 보이는 것에 도덕적으로 옳지 않은 악한 것이 관련되어 있다는 점을 보게 되면, 그 때에는 유익함을 포기할 것이 아니라 도덕적으로 악한 것이 있는 곳에 유익함이란 있을 수 없다는 사실을 깨달아야 할 것이다. 그리고 만약 도덕적으로 추악하게 타락하는 것보다 더 그처럼 자연 상태인 인간 본성에 반하는 것이 아무 것도 없다면(왜냐하면 인간 본성은 정직과 조화와 일관됨을 요구하며 그 반대의 것들은 거부하기 때문인데), 그리고 유익함보다 더 그토록 인간 본성에 합치되는 것이 아무 것도 없다면, 그때에는 확실히 같은 사물 속에 유익함과 도덕적으로 악한 것이 공존할 수는 없을 것이다.

또 만약 우리가 원래 도덕적으로 선하게 태어났고, 도덕적 선이라는 것이 제논[10]이 이해하듯 추구될 가치가 있는 유일한 것이고, 분명 아리스토텔레스가 생각하듯 나머지 다른 모든 것보다 더 무게가 나가는 귀중한 것이라는 생각이 옳다면, 필연적으로 다음과 같은 결론이 나올 것이다. 즉 도덕적으로 선한 것, 그것은 유일한 선, 아니면 최고의 선이다. 그런데 선한 것은 확실히 유익하다. 고로 도덕적으로 선한 것은 무엇이든지 간에 유익하다.

36 따라서 유익한 것처럼 보이는 그 어떤 것을 취하고, 그것을 즉시 도덕적 선으로부터 분리시키는 것은 옳지 못한 사람들의 잘못이다. 여기서 암살자의 비수, 독이 든 컵, 위조된 위증이 나오게 되는 것이며, 여기서 절도, 공금 횡령, 동맹국 시민들과 로마 시민들의 재산의 착취와 약탈이 행해지고, 여기서 지나친 부에 대한 욕심과 견제도 받지 않는 과도한 권력욕, 심지어 자유로운 시민들 위에 왕처럼 군림하려는 야심이 싹트는데, 그 어떤 것도 이보다 더 극악하고 더 가공할 만하다고 상상할 수 없다. 참으로 잘못 판단한 사람들은 물질적 이익만을 보고 그로 인한 형벌을 보지 못하는데, 내가 형벌이라고 하는 말의 의미는 그런 사람들이 종종 빠져나오는 법에 의한 형벌이 아니라, 모든 형벌 중 가장 가혹한 형벌인 도덕적으로 타락한 악 그 자체의 형벌인 것이다.

37 따라서 도덕적인 선으로 보이는 것을 따를 것인가, 아니면 나쁜 줄 알면서도 물질적 이익에 눈이 어두어 죄에 손을 댈 것인가 고민하면서 망설이는 자들, 즉 우유부단한 이런 유의 사람들은 만인의 시야에서 사라져야 한다. (실로 이런 유의 사람들은

10) Zenon: 스토아학파의 창설자. Cyprus의 한 읍인 Cittium이 그의 출생지이기 때문에 Cittieus라는 별명이 있다.

전부가 사악하고 존경받지 못하는 존재들이다.) 그 까닭은 비록 그들이 자기 자신의 생각을 구체적인 행동으로 나타내지 않는다 하더라도, 이럴까 저럴까 망설이는 그 생각 자체에 죄가 도사리고 있기 때문이다. 그러므로 그 생각 자체가 도덕적으로 악한 것일 경우에는 추호라도 그것을 구체적인 행동으로 옮길 생각을 말아야 한다.

한 걸음 더 나아가, 심지어는 우리의 행동이 비밀 속에 은폐되었으면 하는 헛된 희망과 막연한 기대감을 우리의 모든 사고 방식에서 추방해야 한다. 우리가 철학 연구에서만은 어떤 성과를 올려 진전을 보인 것은 사실이라 하더라도, 우리에게는 충분히 알아두어야 할 점이 있다. 즉 우리가 비록 모든 신과 인간의 눈을 피해 자신을 숨길 수 있다 할지라도, 탐욕과 부정, 일시적인 충동과 무절제한 사고와 행동으로서는 아무것도 이룰 수 없다는 사실이다.

IX 38 이에 대한 예로, 저 기게스[11]에 대한 이야기를 플라톤이 소개하고 있다.[12] 즉 전해오는 이야기에 의하면 언젠가 큰 비가 내려 땅이 갈라졌을 때, 기게스는 그 갈라진 틈으로 들어가 청동제 말을 보게 되었다. 그는 살펴보던 중에 그 청동제 말 안쪽에 숨겨져 있는 비밀의 문이 있는 것을 발견하고 그 문을 열었다. 그러자 거기에는 거구의 죽은 시체가 있었는데, 그의 손가락에는 전에 전연 보지 못했던 이상한 장식이 되어 있는 금반지가 끼어 있었다. 그는 반지를 빼어 자기 손가락에 끼고는 본시 왕의 목동이었기 때문에 목동들이 모여 있는 곳으로 돌아왔다. 그런데 그가 그의 금반지의 보석이 박혀 있는 혹 부분을 손바닥 쪽으로 돌릴 때마다 그의 모습은 아무에게도 보이지 않았지만, 그 자신은 여전히 볼 수가 있

---

11) Gyges: Candaules왕을 살해하고, 왕비와 결혼, Lydia의 왕이 되었음 (B.C.c.685-657).

12) 이 이야기는 Platon의 de rep. 2 p. 359에 나옴.

었다. 그 반지를 원래의 상태로 돌려놓으면 그의 모습은 다시 보이게 되었다. 그리하여 그는 신비의 반지를 이용해서 기회를 포착하여 먼저 왕비를 범하고, 그 다음에 왕비의 도움을 얻어 주인인 왕을 살해한 후에 자기에게 방해가 된다고 생각되는 자들을 모조리 제거하였다. 그러나 물론 그가 이런 범죄들을 저지르는 현장을 아무도 목격할 수가 없었다. 이렇게 반지의 도움을 얻어 그는 곧 리디아의 왕이 되었다.

그런데 지금 만약 이 신비의 반지를 어떤 현명한 자가 지니게 되었다고 상상해 보자. 그래도 그는 반지를 가지지 않았을 때와 마찬가지로 결코 범죄를 저지를 생각조차 하지 않을 것이다. 왜냐하면 선한 사람들이란 비밀을 은폐하지 않고 정정당당하게 도덕적 선을 추구하기 때문이다.

39 그렇지만 이 점에 대하여 심성은 전혀 악하지 않으나 아주 날카롭다고 할 수는 없는 어떤 철학자들[13)]은 그 이야기가 플라톤에 의해 꾸며진 상상된 허구라고 주장한다. 그들은 마치 플라톤이 그러한 이야기는 정말 실제로 있었던 일이거나, 아니면 가능하다고까지 옹호하고 나섰다는 식으로 이야기하고 있는데, 참으로 한심하구나! 그러나 이 반지와 이 반지를 예로 든 의미는 다음과 같은 것이다. 즉 네가 부, 권력, 전제권, 일시적 충동에 의한 감각적 희열을 얻기 위해 어떤 일을 할 때, 만약 아무도 눈치 채지 못하거나 심지어 의심조차 하지 않는다면 그리고 만약 너의 행위가 신들과 인간에게 영원히 들키지 않고 감추어질 수 있다면, 너는 그 일을 할 것인가? 위에서 말한 철학자들은 그런 전제 조건은 성립될 수 없다고 말한다. 물론 그들의 말은 옳다. 그러나 내가 묻는 것은,

13) 에피쿠루스학파.

그들이 불가능하다는 전제 조건의 성립이 가능하다면 사람들은 정녕 무슨 일을 하려고 할까 하는 것이다. 그들은 순진한 시골 사람처럼 자신의 견해만을 주장하고 있는 것이다. 그들은 참말로 불가능하다고 하면서 계속 고집을 부리는 것이다. 그들은 내가 한 '만약 가능하다면,' 이라는 이 말의 강한 의미가 무엇을 뜻하는지 되새겨보는 것조차 거부하는 것이다. 왜냐하면 만약 발각되지 않는다면 그들은 무엇을 하려 할 것인가 하고 물을 때, 우리는 그들에게 그들이 발각되지 않고 은폐할 수 있는가의 여부를 묻는 것이 아니라, 이를테면, 그들을 고문대 위에 앉히고서 고통을 가하는 것과 같기 때문이다. 즉 만약 그들이 형벌을 면하게만 해준다면야 자신에게 유익한 것이라면 무엇이든지 다 하겠다는 답변을 한다면, 그것은 범죄를 저지를 뜻이 있다는 고백일 것이요, 만약 반대로 그런 행위를 하지 않겠다는 답변을 한다면, 그들은 그 자체가 도덕적으로 악한 것은 모두 다 회피해야 한다는 사실을 인정하는 셈이기 때문이다.

그건 그렇고, 이제 우리의 본 주제로 돌아가도록 하자.

X **40** 외견상 유익한 것처럼 보이는 것 때문에 마음이 혼란을 일으키는 경우가 종종 있다. 이 경우, 제기되는 문제는 크게 유익한 것 때문에 도덕적으로 선한 것을 희생시켜야 하느냐 (왜냐하면 그것은 확실히 옳지 못한 것이기 때문이다) 하는 점이 아니라, 외견상 유익하게 보이는 바로 그것을 어떻게 하면 도덕적으로 악한 것 없이 획득할 수 있는가 하는 점이다. 브루투스[14]가 그의 동료인 콜라티누스[15]에게서 콘술직의 권한을 박탈했을 때, 그러한 그

---

14) Brutus: Lucius Junius Brutus, B.C.509년 처음에는 Collatinus, 후에는 Valerius Publicola와 함께 콘술.

15) L. Tarquinius Collatinus: Livius의 전승에 의하면, 그는 B.C.509년 Tarquinus 오만왕의 축출의 계기가 된 Lucretia의 남편이며, 최초의 콘술로서 Lucius Junius Brutus의 동료였다고 믿어지

의 행위는 정당치 못한 것으로 보였을는지도 모른다. 사실, 콜라티누스는 로마에서 마지막 왕을 추방하는 데 브루투스의 상담역을 맡았던 협조자로서 브루투스에게 도움을 준 바 있었다. 그러나 마지막 왕과 관련되는 수페르부스의 모든 친척을 몰아내고, 타르퀸누스라는 이름도 쓰지 말고, 왕실에 관한 모든 기억들을 싹 지워버려야 한다는 이러한 계획을 국가 영도자들이 수립했을 때, 그것은 국가 이익에 기여하는 것이기 때문에 유익했고, 바로 그러한 이유로 해서 도덕적으로 선했기에 심지어 콜라티누스 자신조차도 이 계획에 찬의를 표했어야 했던 것이다. 그러므로 유익함이란 도덕적 선 때문에 가치가 있는 것이지, 만약 도덕적 선이 없었다면 유익함이란 확실히 존재할 수가 없었을 것이다.

41 그러나 로마라는 도시를 건설하였던 왕, 로물루스의 경우엔 그렇지가 못했다. 왜냐하면 그 왕의 마음을 움직여 행동케 했던 것은 외견상 유익한 것처럼 보이는 것이었기 때문이다. 그는 동생인 레무스와 함께 통치하느니보다는 오히려 자기 혼자 나라를 지배하는 것이 더 유익하다고 생각되자 동생을 죽여버렸다. 로물루스왕은 실제로는 존재하지 않지만 자기에게는 유익한 것으로 보이는 것을 얻을 수 있다고 생각하여, 동생에 대한 연민과 인간의 정을 끊었던 것이다. 그는 자기 행위를 정당화하기 위해 로마 주위에 성을 쌓는다고 하였으나, 그것은 외견상 도덕적으로 선한 것처럼 보이는 것일 뿐 전혀 설득력이 없었고 확실히 적합한 것도 아니었다. 불경스런 말이 될지 모르지만, 신인 퀴리누스[16]이든 인간인 로물루스이든 하여튼 그는 죄를 범했다.

고 있다. 그는 Tarquinius와의 친척관계 때문에 후일 추방되는데, 왜냐하면 그는 Egerius의 아들로서 Tarquinius Priscus의 형제인 Aruns의 손자였기 때문이다.

16) Sabinum인들의 신인 이 신의 이름 하에 Quirinus 언덕에서 일찍부터 숭배되었다.

42 그렇지만 우리는 우리에게 유익한 것들을 포기해서는 안 되고, 우리 자신에게 필요한 것들을 남에게 양도해서도 안 되지만, 남에게 해만 끼치지 않는다면 누구나 자신의 유익함을 향유해야 할 것이다. 크리십푸스[17)]는 그의 많은 이야기처럼 적절하게 다음과 같이 말하고 있다. "경주장에 육상 선수로 들어선 사람이라면 전력질주하여 승리의 월계관을 쓰도록 해야지, 결코 경쟁자의 발을 건다거나 손으로 민다거나 하는 파울을 범해서는 안 된다. 마찬가지로, 인생행로에 있어 각자 자신의 이익에 관련된 어떤 것을 추구하는 것이 부정한 것이 아니라, 남에게서 그것을 가로채는 것이 불법이다."

43 그런데 의무감에서 가장 큰 혼란을 야기하는 것은 우정의 경우이다. 우정의 경우, 친구를 위해 옳은 일을 할 수 있는데도 하지 않는 것은 친구의 도리가 아니며, 그렇다고 옳지 않은 일을 친구 사이의 정에 이끌려 하는 것도 친구의 의무에 반하는 것이다. 그러나 이 모든 경우에 우리를 안내하는 간략하고 쉬운 교훈적인 지침이 있다. 정무관직에 따른 명예, 부, 감각적 쾌락과 이와 동일한 모든 것, 즉 유익한 것처럼 보이는 것들을 결코 우정에 우선해서는 안 된다는 것이다. 더구나 도덕적으로 선한 사람이라면 절대로 국가의 이익에 반해 맹세를 어기고 신의를 저버리면서까지 친구를 위해 무슨 일을 하려고는 하지 않을 것이며, 설사 그가 친히 친구에 관한 소송 사건에서 재판을 맡는다 하여도 그런 옳지 못한 일은 결코 하지 않을 것이다. 왜냐하면 그가 재판관의 직무를 맡을 때에는 친구로서의 사사로운 정은 끊어 버리기 때문이다. 그는 단지

17) Chrysippus: Stoa학파의 제3대 지도자로서 Cleanthes의 제자. B.C.250년에 Soli에서 출생하여 B.C.208년에 죽다. 그는 그의 논리로서 유명했다.

친구의 소송 사건이 어느 소송보다 더 공정하게 진행되기를 바라며, 법이 허용하는 한 많은 시간을 내어 친구의 입장을 변호하는 정도로만 우정을 표시하려 할 것이다.

44 그가 진정 선서 하에 판결문을 읽어야 할 때, 그는 신을 자신의 증인으로 삼고 있다는 점을 기억하여야 할 것이다. 이때 신이란 내가 이해하는 바로는, 자기 자신의 양심으로, 신 자신이 인간에게 부여한 것 중에서 자기 자신의 양심보다 더 신성한 것은 없다. 그러므로 이러한 '건전한 신의를 바탕으로 그가 할 수 있는 바를 행하라'는 원칙하에, 그 원칙을 고수할 수만 있다면, 우리가 재판관에게 소송을 제기하는 것은 우리 조상들로부터 물려받은 훌륭한 관습이다. 이런 유의 소송은 조금 전에 내가 이야기한 것과 관련이 있는 것으로서, 재판관이 자기 친구에게 그런 점을 인정할 수 있는 한에서만 그것은 도덕적으로 선한 것이다. 왜냐하면 더 구체적으로 말하여 만약 친구들이 원하는 바를 다 들어주어야 한다고 가정해 보라, 그러면 그것은 친구 관계가 아니라 음모를 꾸미는 사람들의 관계라고 생각해야 할 것이기 때문이다.

45 그러나 여기서 나는 평범한 우정에 대하여 말하고 있다. 왜냐하면 현명하고 인격이 고매한 사람들 중에는 음모를 꾸미는 그러한 경우란 있을 수 없기 때문이다.

세상 사람들이 이야기하는 바로는, 피타고라스학파인 다몬과 핀티아스가 서로 이러한 훌륭한 우정 관계를 맺고 있었다고 한다. 즉, 참주인 디오니시우스[18]가 두 사람 중 한 사람을 처형하기로 결정하

---

18) Dionysius of Syracuse: 부(B.C.c.430-367) 또는 자(B.C.367-345) 가운데 누구인지 확실히 알 수 없다.

고 그 처형 일자를 알려주자, 사형 선고를 받은 사람은 자신의 가족을 돌보기 위해 며칠간만 시간을 내달라고 참주에게 요청하였다. 그리하여 나머지 한 친구가 그의 친구가 다시 돌아올 동안 볼모로 잡혀 있게 되었다. 만약 친구가 돌아오지 않으면 자기 자신이 대신 죽음을 당하여야 했다. 약속한 날 떠났던 친구가 돌아오자, 그 참주는 그들의 신의에 감동한 나머지 자기 자신을 그들의 세번째 친구로 삼아줄 것을 간청하였다.

46 따라서 우리가 우정에서 유익한 것처럼 보이는 것과 도덕적으로 선한 것을 비교할 때에는, 외견상 유익한 것처럼 보이는 것을 버리고, 도덕적으로 선한 것을 취하도록 해야만 한다. 반면, 우정에 있어서 도덕적으로 옳지 못한 것들이 요구될 때에는 양심과 신의가 우정보다 중시되어야 한다. 이렇게 해야만이 어떻게 상충되는 의무 중에서 올바른 것을 선택할 수 있는가 하는 우리의 탐구의 이 부분의 주제에 대한 해답을 얻어낼 수 있을 것이다.

XI 그러나 유익해 보이는 것 때문에 국가와 국가 간의 관계에 있어서 매우 자주 잘못이 저질러지는데, 우리 로마에 의해 저질러진 코린트의 파괴[19]가 그렇다. 더 잔인한 것으로서는 아테네인들에 의해 저질러졌는데, 그들은 심지어 해군이 강했던 아이기나 사람들의 엄지손가락을 모두 잘라 버리도록 투표로서 결정까지 했던 것이다. 이 조처는 유익한 것처럼 보였다. 왜냐하면 섬 국가인 아이기나는 피라이우스 항에 너무나 근접해 있었으므로, 아테네인들에게는 너무나 큰 위협이 되었기 때문이다.[20] 그러나 잔인한 것은 추호도 유

19) Corinth는 아카이아연맹의 가장 부유한 도시로서 B.C.146년 Lucius Mummius에 의해서 파괴된다.

20) 456 B.C. Athens에게 정복당했을 때인지, B.C.431년에 그들이 축출당했을 때인지 확실하지 않다. Aegina는 Piraeus에게는 눈의 가시 같은 존재이기 때문에 파괴시켜야 된다고 Pericles는 말했다고 한다.

익한 것이 될 수 없다. 왜냐하면 우리가 따라야 하는 것은 인간 본성인데, 인간 본성에 가장 적대적인 것은 바로 잔인무도함이기 때문이다.

47 그들은 또한 외국인들이 그들의 도시의 이점을 이용해 편하게 사는 것을 금하고, 그들을 국경 밖으로 추방하는 잘못을 저지르기도 하는데, 우리 조상 중에는 펜누스[21)]가 그랬고, 최근에는 파피우스[22)]가 그랬다. 물론 시민이 아닌 자가 시민권이라는 특권을 행사하는 것은 옳지 않을지 모른다. 이에 대한 법은 가장 현명하신 콘술, 크랏수스[23)]와 스카이볼라[24)]가 제정한 바도 있다. 그러나 외국인들이 도시의 이점을 향유하는 것을 금하는 것은 확실히 비인간적이다.

역사적으로 볼 때, 국가에 유익한 것처럼 보이는 것이 도덕적으로 선한 것 앞에선 맥을 못 춘 훌륭한 예들이 많이 있다. 우리 로마 공화국에는 그런 예로 가득 차 있는데, 특히 제2차 포에니전쟁 중 칸나이의 패전 소식이 전해지자, 로마는 일찍이 승전했던 때보다 더 큰 용기를 발휘하였다. 어느 누구도 공포의 기색을 나타내지 않았고, 어느 누구도 굴욕의 평화 조약을 맺자고 입을 열지 않았다. 도덕적 선의 힘이란 매우 크기 때문에 유익한 것처럼 보이는 것을 무색케 한다.

---

21) Marcus Junius Pennus : B.C.126년의 호민관.

22) Gaius Papius : B.C.65년의 호민관.

23) L. Crassus : 앞의 주 제1권, 106) 참조.

24) Q. Mucius Scaevola : 앞의 주 제1권, 129) 참조.

48 아테네인들이 페르시아의 공격을 받았을 때다. 그들은 페르시아의 공격을 견디어낼 수가 없게 되자, 도시를 버리고 처자식들을 트로이젠[25]에 안전하게 피신시킨 후, 전선에 승선하여 바다에서 그리스의 자유를 수호하기 위해 싸우기로 결정했다.[26] 이때 키르실루스라고 하는 자가 제안하기를, 그냥 도시에 남아 있다가 크세르크세스[27]에게 성문을 열어주자고 하였다. 그러자 시민들은 그를 돌로 쳐죽였다. 키르실루스는 자신에게 유익하다고 생각되는 것을 추구하였지만, 그러나 그것은 결코 그렇지가 못했으니, 그 까닭은 그것은 도덕적 선과 상충하기 때문이었다.

49 페르시아와의 전쟁에서 승리를 거둔 후에, 테미스토클레스는 민회에서 자신은 국가의 안녕을 위한 묘책을 지니고 있으나 공개할 수는 없다고 하면서, 이 안을 놓고 상의해 볼 수 있는 사람을 시민들이 정해 줄 것을 요구하였다. 이에 따라 아리스티데스[28]가 지명되었다. 테미스토클레스는 그에게 기테움에 정박해 있는 스파르타함대에 몰래 불을 질러서 태워버릴 수 있고, 그렇게 되기만 하면 스파르트타의 세력은 약화될 것이라고 자신의 계획을 털어놓았다. 아리스티데스는 그 이야기를 듣고 난 후, 큰 기대를 품고 있는 민회로 와서 말하기를, 테미스토클레스가 제안한 그 계획은 매우 유익하기는 하지만 추호도 도덕적으로 선하지는 않다고 하였다. 도덕적으로 선하지 못한 것은 결코 유익한 것일 수 없다고 생각한 아테네인들은 아리스티데스의 주장에 따라, 다 들어보지도 않고 그 제안 전체를 부결시켜 버렸다. 이 아테네인들이 우리 로마인들보다

---

25) Troyzen: 펠로폰네수스반도 내의, Epidaurus 근처에 있는 Argolis의 옛 도시.

26) B.C.480년 Salamis전투 이전.

27) Xerxes: B.C.480년에 제2차 페르시아의 침략군을 몰고왔던 왕.

28) Aristides: 정치가와 장군. B.C.479년 Plataea에서 아테네육군을 지휘. Themistocles의 정적.

더 낫다. 왜냐하면 우리는 해적들에게는 면세권을 주면서, 동맹국들로부터는 조세를 받아들이고 있으니 말이다.

XII 그런데 도덕적으로 추하고 옳지 않은 것, 그것은 결코 유익하지가 않으며, 심지어 네가 유익하다고 생각한 것을 도덕적으로 옳지 못한 수단을 통해 얻을 때조차도, 그것은 유익하지가 않다는 사실이 남아 있다는 점을 명심해야 할 것이다. 도덕적으로 옳지 못한 것을 유익하다고 생각하는 이것 자체가 참으로 도덕적으로 타락한 것이기 때문이다.

50 그러나 내가 위에서 언급했듯이, 유익한 것이 도덕적으로 선한 것과 상충되는 것처럼 보이는 경우들이 종종 생기기 때문에, 유익한 것이 정말 도덕적으로 선한 것과 상충되는 것인지, 아니면 결합될 수 있는지의 여부를 우리는 신중하게 검토해 보아야 한다. 다음은 이러한 유의 문제들을 다룬 것이다. 예를 들어, 어떤 한 사람이 곡물 부족으로 곡가가 폭등하여 기아선상에서 헤매고 있는 로데스섬에 알렉산드리아로부터 많은 곡물을 배에다 가득 싣고 왔다고 생각해보자. 그리고 바로 이 착한 사람은 다수의 곡물상인들이 배에다가 곡물을 가득 싣고 알렉산드리아를 출항하여 로데스섬으로 향해 오고 있다는 사실을 보았다고 생각해보자.

이 착한 사람은 그 사실을 로데스인들에게 그대로 말해주어야 하느냐, 아니면 시치미를 떼고 침묵한 채로 자신의 곡물을 가능한 한 비싼 값으로 많이 팔아야 하느냐? 우리는 지금 현명하고 착한 사람을 모델로 삼아 얘기하고 있기 때문에, 그 답은 분명하다. 그러나 우리는 다음과 같은 문제를 제기하여 살펴보고자 한다. 즉, 만약 그 사실을 숨기는 것이 도덕적으로 옳지 못하다는 판단을 내린다면 그 사실을 로데스인들에게는 숨기지 않겠지만, 그러나 도덕적으로 나쁘지 않다고 판단이 되면 그 사실을 말할까 비밀로 해둘까 망설이다가 결국 입을 열지 않는 그런 사람의 생각과 사고방식에 대해서 말이다.

51 이러한 경우, 위대한 현인인 스토아철학자 바빌로니아의 디오게네스[29]와 그의 제자로서 매우 예리한 판단력의 소유자인 안티파테르[30]는 서로 견해가 달랐다. 안티파테르에 의하면, 구매자는 판매자가 알고 있는 세세한 점에 대해서 모르는 것이 없도록 상품에 대한 모든 사실이 다 밝혀져야 된다는 것이다. 반면 디오게네스에 의하면, 판매자는 시민법에 규정되어 있는 한 상품의 하자들을 말해야 한다는 것이다. 그러나 그 이외에는, 그는 상품을 파는 사람인 고로, 속임수를 쓰지 않는 한, 가급적이면 최대의 이윤을 남기면서 팔기를 애써도 된다는 것이다. 디오게네스가 생각하는 상인은 이렇게 말할 것이다. "나는 나의 물건을 가지고와서 진열해 놓고, 다른 경쟁자들보다 더 비싸게 팔지는 않고 있으며, 시장에 물건이 많이 나올 때면, 아마 더 싸게 팔기도 할 것이다. 누구에게 잘못이 있단 말인가?"

---

29) Diogenes of Babylonia: Babylonia 내의 Seleucia의 출신으로서 Chrysippus의 제자이며, Antipater of Tarsus의 교사였다. 그는 B.C.155년에 아테네에서 로마로 학술강연차 왔던 아카데미학파의 Carneades, 소요학파 Critolaus 등 세 사람의 철학자 중 한 사람이었다. 그러나 로마의 청소년들이 그들의 철학에 오염되어 근검질박한 미풍양속이 해칠까봐 축출해야 한다는 Cato의 제의에 의해 그들은 즉각 되돌아가지 않을 수 없었다. 그러나 이들 세 철학자의 로마 방문은 정치지도자들을 위시한 많은 로마인들에게 그리스 문화를 선호케 하는 데 상당한 영향을 끼쳤으리라고 생각된다.

30) Antipater: Antipater of Tarsus는 Diogenes의 제자이며, Panaetius의 스승이었다. 그의 의견은 도덕법의 주장에 토대를 두고 있으니, 즉 각자는 공동체의 한 구성원이며, 따라서 공동체에 위해한 어떤 것도 행해서는 안 될 것이라고 주장했다. 반면, Diogenes는 상업법에 근거하여 주장을 개진했다는 점이 특이하다.

52 이에 대해, 안티파테르는 다른 견해를 피력한다. "무슨 말씀을 하시는 겁니까? 선생님께서는 사람들을 돌보셔야 하고, 인간사회에 기여해야 할 의무가 있습니다. 그리고 선생님께서는 자연의 법칙에 따라 이 세상에 태어나셨고, 선생님께서 지키고 따라야 할 자연의 원리들을 지니고 계십니다. 그러므로 선생님의 유익함은 공동체의 유익함이요, 거꾸로 공동체의 유익함은 선생님의 유익함일진대, 선생님께 서는 공동체의 구성원들에게 이익이 되는 곡물이 풍족하다는 그 사실을 사람들에게 알리지 않겠다는 말씀이십니까?"

디오게네스는 아마 이렇게 대답할 것이다. "숨기는 것과 침묵을 지키는 것은 다른 별개의 문제다. 내가 지금 자네에게, 밀의 저렴한 가격보다 자네에겐 더 알만 한 가치가 있다고 생각되는 최고의 선인 신들의 본질에 대해 말하지 않았다고 해서, 내가 그것을 숨기는 것은 아닐세. 내가 자네에게 말을 해주는 것은 무엇이든지 유익하다고 해서 그 모든 것을 자네에게 꼭 말해야 할 의무는 없는 것일세."

53 안티파테르는 다음과 같이 말할 것이다. "물론 그렇습니다. 그러나 사람들 사이에는 자연에 의해 맺어진 사회적 유대감이 있다는 사실을 선생님께서 정말 기억하신다면, 말할 필요가 있다고 인정하실 것입니다."

이에 대해 디오게네스는 다음과 같이 답변할 것이다. "나는 그 점들을 잊지 않고 있네. 하지만 자네가 의미하고 있는 사회란 각자에게 자기 개인의 사유 재산이란 전연 없는, 그런 사회란 말인가? 만약 그것이 그런 사회라고 한다면, 아무 것도 정녕 판매되어서는 안 되고 단지 공짜로 주어져야 될 걸세."

XIII 네가 알게 되었듯이, 이 논쟁 전체에서 두 사람 중 어느 누구도 "비록 이것이 도덕적으로 옳지는 않지만, 나에게는 이익이 되기 때문에, 나는 이를 행하려 한다"고 말하지는 않는다. 그러나 한쪽에서는, 너무 이익이 되기 때문에 그것이 도덕적으로 나쁜 것은 아니라고 강조하는가 하면, 그 반대로 다른 쪽에서는 도덕적으로 옳지 않은 것은 행해서는 안 된다고 주장하는 것이다.

54 또 다른 예를 들어, 한 선한 사람이 자신은 알고 있지만 다른 사람은 모르는 어떤 결점들 때문에, 자기 집을 팔려고 내놓았다고 가정해보자. 구체적으로 그 집은 건강에 좋지 않은 살기 나쁜 집인데도 건강에 좋은 집으로 생각되고, 모든 침실에서 뱀들이 기어다니는 것이 보이며, 나쁜 재목으로 축조되어 붕괴 위험이 있으나, 이러한 사실을 집 주인 이외에는 아무도 모른다고 가정해 보자. 그런데 만약 판매자가 구입자에게 이 사실들을 말해주지도 않고, 자신이 적정 가격이라고 생각한 것보다도 더 많은 돈을 받고 팔았다고 한다면, 나는 묻노니, 그는 부정직하거나 도덕적으로 옳지 않게 행동하였는가?

55 안티파테르는 말한다. "물론, 그렇습니다. 구매자로 하여금 잘못 판단케 하여 큰 사기에 빠지게 함으로써 그를 파멸시키는 것은, 아테네에선 공개적으로 저주를 받는, 즉 길 잃은 자에게 길을 가리켜주지 않는 것과 무엇이 다르단 말입니까? 그것은 심지어 길을 가리켜주지 않는 것보다 더 나쁩니다. 왜냐하면 그것은 사실을 알고 있으면서도 잘못을 저지르게 상대방을 유도하여 손실을 끼치기 때문입니다."

디오게네스는 반대 발언을 한다. "판매자는 집을 사라고 한 마디 말조차 하지 않았는데도, 자네는 그가 자네에게 집을 사라고 강요했다고 말할 수 있겠는가? 그는 자기가 좋아하지 않는 집을 팔기 위해 내놓았던 것이고, 자네는 자네가 좋아하는 집을 샀던 것이네.

사람들은 심지어 잘 건축되지도 않고 훌륭하지도 않은 집을 팔 때에도 훌륭하고 잘 지어진 빌라라고 써 붙이는데, 이런 것이 남을 속이는 범죄로 간주되지 않는다면, 집에 대해 조금도 자랑하지 않는 사람들은 더더군다나 죄를 범했다고 할 수 없을 것이네. 참으로 구입자의 정확한 판단이 작용하는 곳, 바로 거기에서 판매자의 속임수가 통할 수 있을까? 한편, 매매 전에 이야기된 하자에 대해서도 모두 보상받지 못하는 판에, 하물며 이야기조차 되지 못한 하자에 대해서도 보상받을 수 있다고 자네는 생각하는가? 물건을 팔려고 내놓은 사람이 그 물건이 지닌 결점을 모조리 밝히는 행위보다 더 어리석은 행위가 참말 이 세상 어디 있겠는가? 집 주인의 명에 의해, 경매인이 '나는 지금 건강에 좋지 않고 살기 나쁜 집을 팔고 있오' 라고 소리친다면, 그것보다 더 어리석은 행동이 또 어디 있겠는가?"

56 그런데 이와 같이 망설여지는 어떤 경우들에 있어서, 한편에서는 도덕적 선이 옹호되는가 하면, 다른 편에서는 유익함이 너무 강조되어 유익하게 보이는 것을 행하는 것이 도덕적으로 선할 뿐만 아니라, 심지어 그것을 행하지 않는 것이 도덕적으로 옳지 못하다고까지 이야기되고 있다. 이것이야말로 유익함과 도덕적 선 사이에 종종 생기는 바로 그 점인 것이다. 이들에 대해 나는 판단을 내리고자 한다. 왜냐하면 우리는 단순히 문제를 제기하기 위해서가 아니라, 바로 그 문제점을 해결하기 위해 이야기를 꺼냈기 때문이다.

57 따라서 저 곡물상인은 로데스인들에게, 이 가옥 판매자는 구입자에게, 곡물 선박의 도래와 가옥의 하자와 같은 사실을 숨겨서는 안 된다고 나는 생각한다. 참으로 네가 침묵을 지키는

것이 무엇이든 다 네가 숨기는 것은 아니나, 네가 알고 있는 것이 남에게 알려지는 경우, 그들에게 이득이 됨에도 불구하고 네 자신의 이익을 위해 그들에게 그것을 알리지 않을 때, 그것은 네가 침묵하는 것이 아니라 숨기는 것이다. 이것이야말로 일종의 숨기는 행위이며, 이런 행위를 한 자는 침묵한 것이 아니라 숨겼다는 사실을 그 누가 알아채지 못하겠는가? 확실히 이런 행위를 한 자는 결코 정직하지도, 순박하지도, 명예롭지도, 정의롭지도, 선하지도 않은 사람이며, 오히려 교활하고 속이 컴컴하며, 간교하고 남을 잘 속이며, 사악하고 난폭하며, 사기와 음흉의 세계에서 자란 사람이라 할 것이다. 이 모든, 그리고 다른 많은 나쁜 비난의 수식어가 붙은 명칭을 듣는 행위를 하는 것이 과연 유익한 것이라고 할 수 있겠는가?

XIV **58** 그런데 만약 침묵을 지키는 사람들이 비난을 받아야 한다면, 실제로 거짓말을 한 사람들에 대해서는 우리는 어떻게 생각해야 할까?

로마의 기사인 가이우스 카니우스는 유머가 없지도 않았고 문학적인 소양도 충분히 있던 사람이었는데, 언젠가 사업 때문이 아니라 휴가차 시라쿠세로 갔을 때에, 그는 채원(菜園)이 달린 조그마한 별장을 하나 사가지고 아무런 훼방꾼들이 없는 가운데 그 곳에 친구들을 초대하여 같이 즐길 수 있었으면 한다고, 자주 사람들에게 중얼거리듯 말했다. 이 소문이 퍼지자, 시라쿠세의 은행을 경영하는 피티우스는 카니우스에게 자신이 그런 별장을 갖고 있는데 팔 생각은 추호도 없으나 당신이 원한다면, 당신의 별장처럼 마음대로 이용해도 좋다고 말하면서, 그를 다음 날 그 별장 만찬에 초대하였다. 그가 약속하자, 금전 대부 관계로 모든 신분의 사람들의 신망을 받고 있던 피티우스는 어부들을 불러 모으고, 그들에게 내일은 자기 별장에서 고기를 잡도록 요청하면서, 자기가 원하는 대로 행동해 달라고 말했다. 카니우스는 약속된 시간에 만찬에 참석했고, 연회는 피티우스에 의해 성대하게 잘 차려져 있었다. 눈 앞에는 많은 배들이 떠 있었고, 어부들은 각자 능력껏 잡은 고기를 가져왔다. 피티우스의 발 앞에는 던져진 고기들이 쌓였다.

59 그러자 카니우스가 물었다. "아니, 이게 어떻게 된 일입니까, 피티우스? 이 많은 물고기들, 이 많은 배들은 웬 것이지요?"

그러자 피티우스가 대답하였다. "뭘 놀라시오? 이곳은 시라쿠세의 물고기는 뭐든지 다 있는 곳이오. 이곳은 신선한 물이 나오는 수원지이며, 여기 이 빌라가 없으면 어부들은 아무 것도 해나갈 수가 없습니다."

이 말을 듣자, 카니우스는 별장을 소유하고 싶은 욕망에 불타서 자기에게 팔라고 피티우스에게 졸랐다. 처음에 그는 마음이 내키지 않아 했으나, 얼마나 많이 졸랐던지, 카니우스는 허락을 받아냈다. 별장에 대한 욕심이 있는 부유한 카니우스는 피티우스가 부르는 값대로 별장을 구입하고 그 밖의 장비를 샀다. 명의 이전도 하여 거래는 끝났다. 다음 날 카니우스는 자기 아는 사람들을 초대하고는 자신은 일찌감치 그 곳에 왔다. 그러나 그렇게 많던 노걸이는 하나도 보이지 않았다. 그는 이웃사람에게 어부들이 한 명도 보이질 않는데, 오늘이 어부들의 휴일이냐고 물었다. 그러자 그 이웃사람의 답변은 이러하였다.

"제가 아는 한 그렇지는 않습니다. 그러나 여기서는 아무도 고기잡이를 하지 않지요. 그래서 어제 일어났던 일에 대해서는 제 자신도 놀라 도무지 무슨 일인지 어리둥절하답니다."

60 카니우스는 배가 뒤틀릴 정도로 분하였다. 그러나 그가 할 수 있는 일이란 무엇이었을까? 왜냐하면 그 때까지는 아직 나의 동료이자 친구인 가이우스 아퀼리우스[31]가 사악한 속임수를 규정하는 법정 서식을 만들어내지 않았기 때문이다. 악랄한 속임수에 대해서는 어떤 규정을 내려야 할 것인가 하는 질문이 그에게 제기될 때, 그는 그럴듯하게 위장하는 것과 실제로 행동하는 것은 서로 다른 것이라고 대답할 것이다. 이것은 참말로 정의를 내리는 데 정통한 사람에게서나 기대할 수 있는 훌륭한 정의이다. 그러므로 피티우스와 그럴듯하게 위장하면서 실제 행동을 달리하는 모든 사람은 신의가 없는 철면피, 부정하고 사악한 못된 자들인 것이다. 따라서 그들의 행위가 그처럼 많은 악으로 물들어 있을 때는 결코 유익하게 될 수가 없다.

XV 61 그런데 만일 아퀼리우스의 사악한 속임수에 대한 정의가 옳다면, 허위를 사실처럼 꾸미고 진실을 은폐하는 행위는 우리의 모든 생활에서 사라져야만 한다. 그러면 선한 사람은 더욱 유리한 조건으로 물건을 사거나 팔기 위해 허위를 사실처럼 꾸미거나, 진실을 은폐한다는 죄를 범하지는 않을 것이다. 더욱이 이러한 악질 사기는 전에 12표법[32]에서는 피호관계에 있어서 신의를 저버렸을 경우와 플라이토리우스법[33]에서는 25세 이하의 청소년을 속였을 경우처럼 법들에 의해 처벌되었고, 해당 법률 없이 약식 재판이 열린 경우, 악질 사기에 대한 처벌의 판결시에는 '선한 신의에 입각하여(Ex Fide Bona)' 라는 말이 첨가된다. 더구나 그 나머지 모

31) Gaius Aquilius Gallus: Q. Mucius Scaevola의 제자이며, Cicero의 동료 프라이토르(B.C.66).

32) 12 표법: B.C.451-449년에 제정된 로마 최초의 성문법이자 전 인류의 법의 원천.

33) 플라이토리우스법(B.C.c.193-192): 25세 이상과 이하로 구분하였음.

든 다른 약식 재판의 소송 절차에서는 다음과 같은 말들은 각별히 유념해볼 만한 훌륭한 문구들이다. 즉, 남편의 사망 또는 남편과의 이혼으로 인한 부인의 재산에 관한 중재 조정 사건에서는 '더 낫게, 더 공정하게(MELIUS AEQUIUS)' 라는 말, 그리고 신탁했던 재산의 반환 소송에서는 '선한 사람들 간의 관계처럼, 선하게 처신하라(UT INTER BONUS BENE AGIER)' 는 말들이 그러하다. 그런데, 왜? '더 낫게, 더 공정하게' 라는 말 중에, 사기의 어느 부분이 끼어들 수가 있을까? 또는, '선한 사람들 간의 관계처럼, 선하게 처신하라' 고 말해질 때, 어떻게 교활하게 사기치며 악랄한 행동을 할 수 있겠는가? 그런데 사악한 속임수란 아퀼리우스의 말처럼 허위를 사실로서 꾸미는 데에서 나오는 것이다. 따라서 계약 관계의 사항에서 거짓말은 추호도 용납되어서는 안 된다. 판매자는 값을 더 받기 위해 가짜 입찰자를 고용해서는 안 되며, 구입자는 값을 깍기 위해 자신의 양심에 반하여 구매가를 낮게 부르는 입찰자를 이용해서도 안 된다. 그러므로 판매자와 구입자 쌍방은 값을 부를 때가 되면, 각자는 정말 자신이 바라는 값을 딱 한 번만 불러야 할 것이다.

62 예를 들어, 푸블리우스 스카이볼라의 아들인 퀸투스 스카이볼라[34)]는 자기가 구입하고 싶어하는 농장의 가격을 알고자 해서 그 농장의 판매자가 얼마라고 그 값을 불렀을 때, 그는 그 농장이 그 이상의 값이 나간다고 평가하고 농장 판매인이 부른 가격보다 10만 세스테르케스를 더 주었다. 이 농장 판매인이 선하고 정직한 사람이었다는 점을 부정할 사람은 아무도 없다. 그러나 그가 팔 수 있었던 가격보다 더 적은 돈을 받고 농장을 팔았다면, 그것은 현명한 처사가 아니었다고 사람들은 말하고 있다. 따라서 바로 여

34) Quintus Mucius Scaevola : B.C.95년 콘술, 그리고 대사제 역임. 시민법에 정통하였다.

기에 사람들이 선한 사람과 현명한 사람은 서로 다르다고 평가한다는, 저 위험한 생각이 도사리고 있는 것이다. 엔니우스의 말도 그러하다.

> 공허하구나. 자기 자신에게 이익이 되는 것을,
> 취하지 않는 현인의 현명함이란![35]

'이익이 된다'는 말의 의미가 무엇인지에 대해 엔니우스와 내가 의견을 같이하기만 한다면, 저 말은 아주 옳다.

63 이제 나는 파나이티우스의 제자인 로데스 출신의 헤카톤이 퀸투스 투베로[36]에게 써서 바친 《의무론》이란 저서 속에서, 그가 다음과 같이 말하고 있는 것을 보고 있다.

> 관습, 법, 제도에 위배되는 일은 하나도 하지 않으면서,
> 가산 증식을 꾀하는 것은 현자가 행할 의무이다.
> 진정 우리는 우리 자신이 부유해지기를 원할 뿐만 아니라,
> 우리의 자손, 친척, 친구 그리고 무엇보다 공화국이
> 더 부유해지기를 원하는 것이다.
> 왜냐하면 각 개인의 사유 재산과 부는
> 국가의 재부이기 때문이다.

내가 방금 전에 이야기했던 스카이볼라의 행위는 결코 헤카톤의 마음에 들 수가 없었을 것이다. 왜냐하면 공공연히 그는 오직 법에

35) Ennius의 상실된 비극 Medea 에서 인용.

36) Quintus Aelius Tubero: 법률가이며 B.C.123년에 프라이토르를 지냈다. L. Aemilius Paulus의 손자이며, 소 Scipio Aemilianus의 조카. 그리고 Panaetius의 친구. 스토아철학에 심취했다.

허용되지 않는 것만은 행하지 않겠지만, 그 밖에 자신의 이익을 위해서라면 모두 다 행할 것이라고 말하고 있기 때문이다. 이런 자는 크게 칭찬을 받거나 호감을 살 리가 만무하다.

64 본론으로 다시 돌아와, 그러나 만약 허위를 사실처럼 꾸미는 것과 진실을 은폐하는 것이 사악한 속임수라면, 이러한 사악한 속임수와 연류되지 않는 일이란 매우 적을 것이다. 혹은 만약 가능한 한 최대 이익을 추구할 수 있으면서 아무에게도 해를 끼치지 않는 사람이 선한 사람이라면, 확실히 우리는 이런 선한 사람을 찾아내기란 쉽지 않을 것이다.

따라서 잘못을 저지르는 것은 결코 유익하지 않은데, 왜냐하면 그것은 항상 도덕적으로 나쁘고 옳지 못하기 때문이다. 또 선한 사람이 되는 것은 항상 도덕적으로 선하기 때문에 항상 유익하다.

XVI 65 부동산 매매에 관한 법들을 고찰해 보건대, 우리 로마 시민법에는 어떤 거래가 이루어진 경우 그 판매한 부동산의 하자는 판매자가 알고 있는 것은 다 털어놓아야 한다고 규정되어 있다. 구체적으로 말해 12표법에 의하면, 일일이 거명하면서 언급된 하자들은 충분히 변상되어야 하며, 하자가 없다고 이야기되었지만 후에 지적되어 하자들이 문제가 될 경우 두배의 벌금을 물어야 된다는 것이며, 심지어 하자를 숨기기 위해 침묵을 지킨 데 대한 벌금도 법률로서 우리 로마 법률가들에 의해 규정되었다. 즉 그들은 부동산의 하자들이 무엇이든 간에, 판매자는 알고 있으면서도 일일이 들어 지적하지 않았다면, 변상해 주어야 한다고 결정하였던 것이다.

66 예를 들면, 복점관들이 카피톨리움 언덕의 관측소에서 길흉의 조짐을 관찰하는 업무를 수행하고 있었는데, 카일리우스 언덕[37]에 있는 티베리우스 클라우디우스 켄투말루스 소유의 건물이 그 높이 때문에 복점관들의 시야를 가려서 점치는 일이 방해되고 있으므로, 그 건물의 일부를 헐어버리라고 그에게 명령하였다. 그러자 클라우디우스는 곧 그 아파트 건물을 팔기 위해 내놓았고, 푸블리우스 칼푸르니우스 라나리우스가 샀다. 그 역시 복점관들로부터 같은 명령을 받았다. 그래서 칼푸르니우스는 아파트의 일부를 헐어버렸는데, 복점관들로부터 그 건물을 허물어 버리라는 명령을 받은 후에 그 건물이 자기에게 팔릴 집으로 내놓아졌다는 사실을 알고는, 건물의 전 소유주를 법정으로 끌고 가서 "그가 선한 신의와 믿음에 입각하여 자기에게 해주어야 할 적절한 보상이 무엇이든지 간에" 그것을 중재해 달라고 소송을 제기하였다. 우리와 동시대인인 카토의 부친인 마르쿠스 카토[38]가 판결문을 읽었다. 다른 사람은 참으로 자기 아버지 이름 때문에 유명하게 되는데, 이 분은 자기 아들의 이름 때문에 유명해진 분이다. 그는 재판관으로서 이렇게 선고하였다.

건물을 팔 당시 판매자는
복점관들의 명령 내용을 알고 있었는데도,
구입자에게 말하지 않았으므로
그는 구입자에게 입힌 손해를 변상해주어야 한다.

---

37) Caelius 언덕: 로마의 동남쪽에 있는 언덕.

38) Marcus Cato, 즉 M. Porcius Cato: Cato of Utica의 부친이며 M. Porcius Cato Salonianus의 아들이니까 노 Cato의 손자인 셈이다. 그는 호민관을 지내고 B.C.91년에 프라이토르에 입후보했다가 죽었다.

67 이렇게 하여, 그는 판매자가 알고 있는 거래 물품상의 하자는 구입자에게 주지시키는 것이, 선한 신의에 적합하다는 원칙을 수립하였던 것이다. 그런데 만약 그가 올바른 판결을 내린 것이라면, 앞서 이야기한 저 곡물상인과 건강에 나쁜 집을 판 사람은 사실을 밝히지 않고 침묵하고 있었다는 점에서 옳지 못한 행동을 한 것이라 하겠다. 그러나 이러한 침묵의 경우 모든 것을 다 시민법의 적용에 포함시킬 수는 없다. 하지만 시민법을 적용할 경우 신중하게 다루어야 한다. 우리의 친척인 마르쿠스 마리우스 그라티디아누스[39]는 가이우스 세르기우스 오라타[40]에게 수년전 그에게서 산 집을 되팔았다. 그 집은 원래 세르기우스 오라타가 누군가에게 저당잡혀 있었던 집이었으나, 이 사실을 매매 계약시에 마리우스 그라티디아누스는 말하지 않았다. 소송이 제기되어 재판이 열리게 되었다. 오라타를 위해서는 크랏수스가, 그 라티디아누스를 위해서는 안토니우스가 각각 변호를 맡았다. 크랏수스는 [시민]법에 의거하여 "판매자는 그 집의 하자를 알면서도 말하지 않았으므로, 마땅히 변상해야 한다"고 주장하였다. 이에 대해, 안토니우스는 형평의 원칙을 강조하며 "그 집의 하자를, 원래 그 집을 팔았던 세르기우스가 모르는 바 아니었으므로, 말할 필요가 없었던 것이고, 또 그는 그 집이 어떤 법정 관리 하에 들어가 있는지를 알고 그 집을 되샀기 때문에, 그가 속았다라고 할 수는 없다"고 말했던 것이다.

---

39) Marcus Marius Gratidianus: 그는 누이가 Cicero의 조부와 결혼했던 M. Gratidius of Arpinum의 아들 아니면 손자였기 때문에, Cicero는 그를 그의 친척이라고 불렀다. 그는 Marius 장군의 형인 M. Marius의 가문에 입양되었기 때문에 Marius Gratidianus라 불리게 되었다. 두번 프라이토르 역임한 후 Catilina에 의해 살해당한다.

40) Gaius Sergius Orata Silus: B.C.97년의 프라이토르.

68 이 실례들을 드는 목적은 우리 조상들이 교활한 언행은 결코 용납하지 않았다는 사실을 네가 이해하도록 하기 위해서이다.

XVII 그러나 법들과 철학자들은 서로 다른 방식으로 교활한 언행을 억제한다. 즉 법들은 법의 강력한 손이 닿는 데까지 교활한 언행을 제지할 수 있는 데 비하여, 철학자들은 어디까지나 이성과 지성의 힘으로 그것을 억제한다. 그러므로 이성은 불공정하게 이루어지는 것, 사실과는 달리 허위로 그럴듯하게 꾸며지는 것, 간교하게 이루어지는 것, 이러한 것들은 절대로 용납되지 않기를 요구한다. 비록 사냥할 동물을 몰아서 함정에 빠뜨리거나 그물에 걸리게 할 의도는 전혀 없었고 또 그런 행동을 전혀 하지 않았다 하더라도, 함정을 파놓거나 그물을 치는 행위는 결국 속임수가 아니고 무엇인가? 왜냐하면 야수들은 전혀 쫓기거나 추격당하지 않아도 간혹 함정에 빠지거나 그물에 걸리기 때문이다. 같은 방식으로, 정말 너 같으면 네가 팔려고 하는 집에 하자 때문에 팔려고 하는 집이라는 함정이나 그물과 같은 그러한 팻말을 써붙이고서는, 누군가가 집에 대한 사전 지식없이 그 집을 구입함으로써 함정에 빠지거나 그물에 걸리게 그 집을 팔려고 내놓겠느냐?

69 비록 이것은 내가 보기에, 공중 도덕의 퇴조로 인한 왜곡 때문에 관습적으로나 도덕적으로 옳지 않고 악하다고 생각되지도 않으며, 법이나 시민법의 규정에 따라 처벌받지도 않지만, 그러나 자연법에 의해 규제되고 있다. 공동체 사회의 동료 의식의 결합의 유대란 말이 참으로 자주 언급되기는 했지만, 나는 더 자주 이 말을 언급해야 할 필요를 느낀다. 가장 폭넓게는 모든 사람들이 결합하도록 개방되어 있으며, 더 좁게는 같은 씨족끼리, 더 가깝게는 같은 시민들끼리 결합하도록 열려져 있는 것이다. 따라서 우리 조

상들은 만민법과 시민법은 다르다고 생각했다. 즉 시민법은 항상 만민법과 동일하지는 않지만, 반대로 만민법은 반드시 시민법이어야 한다고 생각했던 것이다. 그러나 우리는 참된 법과 진정한 정의의 굳건하고 명백한 실상을 전연 갖고 있지 못하고, 그것의 그림자와 허상만을 향유하고 있을 뿐이다. 오, 그러한 것들만이라도 우리가 잘 지니고 나갈 수 있다면 얼마나 좋겠는가! 왜냐하면 그것들은 자연과 진리의 가장 훌륭한 모델들에서 나온 것이기 때문이다.

70 다음과 같은 말들은 얼마나 무게 있고 소중한가.

> 너 때문에, 그리고 너에 대한 나의 신의 때문에,
> 나는 속임도 사기도 당하지 않기를!

그리고 다음과 같은 말들은 얼마나 황금 같은 말인가.

> 선한 사람들 사이에서와 같이 정직하게 거래를 행해야 하며,
> 속임수란 없어야 한다!

그러나 '선한 사람들' 이란 어떤 사람들이며, '정직한 상거래' 란 어떤 것인가가 큰 문제이다.

참으로 대사제인 퀸투스 스카이볼라는 문서에 '선한 신의에 입각하여' 라는 말이 첨가됨으로써 모든 중대사에 최고의 중요성이 부여되었다고 말했다. 그는 또 선한 신의라는 명칭이 아주 광범위하게 쓰여지며, 게다가 그 말은 후견과 동료 의식의 유대에서, 신용과 신탁에서, 물건의 매매에서, 임대하고 임대해주는 것에 관련되어 있는데, 요컨대 사회생활에 기초를 두고 있는 모든 행위들과 관련되고 있다고 생각했던 것이다. 이것들에 관한 재판의 경우, 특히

대부분이 맞고소가 제기되었을 때에 누가 누구에게 무엇을 보상해야만 하는가를 판단할 능력이 많은 재판관이 필요하다.

71 그런 이유 때문에 교활한 행동과 속임수는 추방해야 한다. 속임수는 참말로 자신을 교묘하게 꾸며 지혜인 것처럼 보이게 하려고 하지만 지혜와는 가장 거리가 멀고 또 지혜와는 완전히 분리되어 있는 것이다. 지혜는 사실 선과 악을 구별하는 데에서 제자리를 잡고 있는 데 반하여, 도덕적으로 옳지 못한 모든 것이 악이라면 속임수는 그 악을 선에 우선한다 할 것이다.

부동산의 매매에서만 자연의 안내를 받아 제정된 시민법이 속임수와 사기행각을 처벌할 뿐만 아니라, 노예 판매에 있어서도 판매자의 모든 사기는 허용되지 않고 있다. 노예의 건강 정도와 노예가 도망노예인지 도둑인지의 여부를 알고 판매하는 자가 아이딜리스의 포고에 따라 보상할 책임이 있는 것이다. 상속에 의한 노예 소유의 경우는 다르다.

72 이로부터 이해되는 것은 법의 원천은 자연이기 때문에 그 누구도 타인의 무지를 이용하여 자신의 이익을 취하는 행동을 해서는 안 된다는 것이 바로 자연에 합치하고 있다는 사실이다. 우리는 지혜와 지성을 가장하여 속임수를 쓰는 것보다 더 큰 어떤 생활의 위험을 발견할 수는 없을 것이다. 여기서 유익함이 도덕적 선과 상충하는 것처럼 보이는 부지기수의 경우들이 생겨나게 된다. 불의를 저질렀는데도 처벌을 받지 않고, 모든 것이 은폐되어 비밀 속에 가려진 채로 있을 수 있다는 전제하에서는 자신을 억제하고 불의를 행하지 않을 사람을 정말 얼마나 찾아낼 수 있을까?

XVIII 73 이제 네가 원한다면 이 원칙을 입증해 보기로 하는데, 특히 일반 대중이 잘못을 저질렀다고는 아마 생각하지 않을 그런 예들을 통해 입증해 보기로 하겠다. 여기서는 살인자, 독살자, 유언장 위조자, 도둑, 공금 횡령자들에 관해 논의할 필요는 없다. 왜냐하면 그들은 철학자들의 말과 논의로서가 아니라, 쇠사슬로 묶어 감옥으로 보내 억압해야 할 존재들이기 때문이다. 그렇기에 우리는 세상 사람들에게 선한 사람이라고 알려진 사람들이 행한 그 행적들을 고찰해 보도록 하자.

부자인 루키우스 미누키우스 바실루스의 위조된 거짓 유언장을 갖고, 어떤 자들이 그리스에서 로마에 왔다. 그들은 보다 더 쉽게 유언장의 신빙성을 얻기 위해 상속인 명단에 그들과 함께 그 당시 가장 세력이 컸던 마르쿠스 크랏수스와 퀸투스 호르텐시우스[41]의 이름을 써넣었다. 두 사람은 그것이 위조된 것을 알아차렸지만, 자신들이 잘못을 범한 것은 아니라고 생각하고는 다른 사람들의 범죄의 소산인 선물을 거절하지 않았다. 이에 대해 우리는 어떻게 생각해야 할까? 이것은 그들이 아무런 과오도 저지른 바가 없다고 정당화하기에 충분한가? 나로서는 정말 그렇다고 생각하지 않는다. 비록 호르텐시우스의 생존시 내가 그를 사랑했고, 또 한 사람인 크랏수스는 고인이 된 후에도 나는 그를 증오하지 않았지만.

74 그러나 바실루스는 자신의 누이의 아들인 마르쿠스 사트리우스를 양자로 삼아 자기 이름을 붙여주기를 원했고 또 그를 상속자로 만들었기 때문에, ―나는 지금 피케눔 농지와 사비눔 농지의 보호자인 이 사람에 대해 말하고 있는데, 오! 당시 그 얼마나 도덕적으로 수치였던가! ―로마의 두 지도적 시민이 그의 재산

41) Quintus Hortensius: 유명한 웅변가. Verres 소송사건에서의 Cicero의 주요 적수.

을 차지하고 사트리우스에게는 그의 이름 외에 아무것도 주지 않았다는 것은 공정치 못했다. 왜냐하면 내가 제1권에서 말했듯이, 참으로 불의를 막거나 불의를 거부할 수 있는데도 그렇게 하지 못하는 사람의 행동이 잘못된 것이라고 한다면, 불의를 물리치지도 않을 뿐만 아니라 실제로 그것을 도와준 사람에 대해서는 어떻게 평가를 내려야 할까? 나에게는 정말 진짜 유산이라도, 만약 그것이 속임수인 아첨이나 참된 의무감에서가 아닌 위선에 의해서 이루어진 것이라면, 도덕적으로 옳은 것이라고 생각지 않는다. 그렇지만 이런 경우들에 있어서 흔히 어떤 때는 유익한 것처럼 보이고, 어떤 때는 도덕적으로 옳은 것처럼 보인다.

75 그러나 바로 이렇게 분리해서 생각하는 것이 얼마나 잘못된 것인가! 왜냐하면 유익함과 도덕적 선에 대한 기준은 같은 것이기 때문이다. 이 점을 깨닫지 못하는 자에게는 속임수와 악행이 멀리 떨어져 있지 않고 언제나 가까이에 도사리고 있게 될 것이다. '저렇게 보면 확실히 도덕적으로 선한 것인데, 이렇게 생각하면 진정 유익한 것이다' 라고 생각하는 사람은, 참으로 자연에 의해 하나로 결합된 것을 감히 두 가지 개념으로 분리하려는 데에서 오류를 범하게 될 것인데, 이러한 행위야말로 모든 속임수와 악행과 죄악의 원천이다.

XIX 그러므로 선한 사람이라면, 자기의 손가락을 움직여 부자의 유언장에 자기 이름을 끼워넣을 수 있는 그러한 힘을 지니고 있고, 아니 심지어는 아무도 그 일을 의심하지 않을 것이라는 확신을 정말 지니고 있다 할지라도, 결코 그러한 힘을 사용하지는 않을 것이다. 그러나 반면, 마르쿠스 크랏수스에게 실제로는 상속자가 아닌데도 불구하고 손가락을 움직여 상속자로서 자기 이름을 기입할 수 있는 그러한 힘이 주어졌다고 하자. 그러면 나는 확신하건대, 그는 좋아서 포룸에서 춤을 출 것이다. 그러나 정의의 인간 그리고 우리가 선한 사람이라고 생각하는 그런 사람은 자신의 것으로 만들기 위해 결코 남에게서 재산을 빼앗지는 않는다. 이 말에 놀라는 사람은 자신이 선한 사람이란 어떤 사람인가를 모르고 있었다는 점을 고백해야 할 것이다.

76 그러나 정말 자기 마음속에 복잡하게 얽혀 불분명하게 남아 있는 선한 사람이라는 개념을 명료하게 밝히기를 원하는 사람이라면 즉각 유념해야 할 것은 선한 사람이란 도울 수 있는 한 모든 사람을 도와 이익을 주고, 남이 불의를 도발하지 않는 한 결코 아무에게도 해를 끼치지 않는 사람이라는 사실이다.

그렇다면 우리는 어떻게 말해야 할까? 진짜 상속자들을 제거하기 위해 독약 같은 것을 사용하고, 그들 자리에 자기 이름을 집어넣어 상속자가 되는 그런 자는 남을 해치는 것이 아닌가? 혹자는, "글쎄 그는 유익한 것, 이로운 일을 한 것이 아닌가?"라고 말할지도 모른다. 천만에, 정말로 그렇지 않다. 불의나 부정한 것은 결코 이롭지도 않고 유익하지도 않다는 사실을 그는 깨달아야 할 것이다. 이 사실을 알지 못하면, 그는 결코 선한 사람이 될 수 없을 것이다.

77 나는 어린 시절에 아버지께서 다음과 같은 말씀을 하시는 것을 듣곤 했다. 콘술을 지낸 바 있는 가이우스 핌브리아[42]가 정말로 도덕적으로 선한 로마의 기사인 마르쿠스 루타티우스 핀티아의 소송사건에서 재판을 하게 되었는데, 핀티아는 그의 재산을

42) Gaius Flavius Fimbria : Marius가 B.C.104년에 두번째 콘술임기 때의 그의 동료로서. Marius와 Sulla간의 내란 때에 살해된다.

내걸고 "만약 법정에서 자신이 선한 사람이 아니라는 판결을 받게 되면," 그 재산을 몰수당해도 좋다고 말했다. 그러자 핌브리아는 핀티아에게 자신은 절대로 그 사건의 재판을 맡지 않을 것이라고 말했다. 그 이유는, 만약 그가 핀티아를 유죄로서 판결하게 되면 훌륭한 사람에게서 그의 명성을 빼앗는 것이 될까 두렵고, 또 반대로 무죄 판결을 내리게 되면 이미 수많은 의무 이행과 찬양받을 만한 업적으로서 명성이 자자해진 그를 새삼스레 선한 사람이라고 선언하는 것으로 생각될까 염려해서였다.

그런데 소크라테스뿐만 아니라 심지어 핌브리아가 알고 있는 이러한 사람에게는, 도덕적으로 옳지 못한 것은 무엇이건 간에 절대로 유익한 것으로 보일리가 없다. 따라서 이러한 선한 사람은 공개적으로 떳떳하게 밝힐 수 없는 것은 무엇이든지 간에 감히 행하려하지 않을 뿐만 아니라, 정말 생각조차 하려 하지 않는다. 농부들조차도 의심이라고는 전연 하지 않는 이 윤리 문제들에 대해 철학자들이 의심한다는 것은 도덕적으로 옳지 않으며, 부끄러운 불명예의 일이 아닌가? 농부들 사이에서 생겨난, 이미 진부해진 오래된 속담이 있다. 즉 어떤 사람의 신의와 착실함을 칭찬할 때에, 그들은 이렇게 말한다. '그 사람과는 함께 어두운 데에서 손가락 수를 맞추는 놀이를 할 만해.'[43] 이 속담이 주는 교훈은, 다름이 아니라 비록 네가 나쁜 짓을 해도 전연 다른 사람의 지적을 받지 않는 가운데 남의 재산을 자기 것으로 소유할 수 있다 할지라도 데코룸하지 않은 것은 결코 이롭지 않다는 것이다.

78 이 속담에 비추어 볼 때, 저 기게스나 내가 조금 전에 언급했던 손가락을 움직여 모든 상속자들의 이름을 지워버리는

43) 현대 이탈리아의 morra: 어두운 데에서 한 사람이 재빨리 자기 손가락의 수를 펼쳐 보이면서 맞추기를 원하면, 동시에 상대방도 자기 손가락의 수를 펴서 맞추어 보는 놀이.

그런 자에게는, 어떤 변명이나 용서의 여지가 전연 없다는 사실을 너는 보지 못하느냐? 진실로 도덕적으로 옳지 못한 것, 바로 그것이 아무리 잘 은폐된다 하더라도 그것은 절대로 도덕적으로 선한 것이 될 수 없는 것과 마찬가지로, 도덕적으로 선한 것이 아닌 바로 그것은 자연을 거역하고 자연과 상충하면서 유익한 것이 될 수가 없다.

XX 79 그런데 사실 보상이 매우 클 때는 그것이 잘못을 저지르는 원인이 된다.

가이우스 마리우스[44]는 프라이토르직을 물러난 후 콘술직에 오를 희망도 없이 이미 7년간이나 허송세월을 하고 있었다. 그는 앞으로도 콘술직을 결코 손에 넣을 것 같지가 않았다. 당시 최고로 명망있는 시민인 퀸투스 메텔루스[45] 장군 휘하의 부사령관이었던 그는 장군의 특명을 받고 로마에 오게 되자 로마 시민들 앞에 나가 이렇게 장군을 비난하였다. "장군이 고의로 저 전쟁을 지연시키고 있습니다. 만약 저를 콘술로 뽑아준다면, 저는 짧은 시간 내에 적장인 유구르타를 생포하든지 죽여서든지 간에, 로마 인민이 마음대로 할 수 있게끔 데리고 오겠습니다." 그 결과 그는 정말 콘술이 되었다. 그러나 그는 신의를 저버리고 정의를 멀리하였으니, 왜냐하면 그는 자신의 상관이며 또 자신에게 특명을 주어 로마에 보낸 최선의 덕망 있는 시민을, 허위 죄목으로 모함하여 사람들의 증오를 받게 했기 때문이다.

---

44) Gaius Marius: 대(大) Marius. Numidia왕 Jugurtha와 게르만인들의 정복자. 콘술 7번 역임. B.C.107년 병제를 개혁하여 proletarii도 군대에 복무할 수 있는 길을 열어 주었다. B.C.86년 죽다.

45) Quintus Caecilius Metellus Numidicus: 정치가이며 군인. B.C.109년의 콘술로서 Jugurtha와 전쟁을 했음.

80 심지어 우리 친척인 마리우스 그라티디아누스[46]도 선인으로서 해야할 의무를 이행하지 못하였다. 그가 프라이토르였을 때, 공동 결의로서 유통 화폐 가치의 척도를 마련하고자 하여 호민관들은 동료와 프라이토르들을 초청하였다. 왜냐하면 그 당시 화폐가치는 너무 불안정하여 아무도 자기 재산이 얼마나 되는지 알 수가 없었기 때문이다. 공동으로 포고 문안을 작성하고, 포고령을 위반했을 경우에 대비하여 벌칙과 재판 절차까지 마련한 후에, 그들은 오후에 모두 함께 포룸의 연단에 올라가 발표하기로 결정하였다. 그리고 나서는 각자 자기 볼 일을 보기 위해 이리 저리로 흩어졌는데, 마리우스 그라티디아누스는 회의실에서 나와 곧장 연단으로 가서 공동으로 결정한 합의 사항을 단독으로 발표해 버렸다. 네가 궁금하게 여겨서 알려주는 것이지만, 이 조치로 인해 그에게는 큰 영예가 찾아들었다. 거리마다 그의 흉상이 세워지고 그 앞에는 촛불이 켜져 있었다. 그 이상 더 무엇을 바랄 수 있겠느냐? 아무도 일찌기 그보다 더 큰 대중의 인기를 누린 자가 없었다.

81 이것은 종종 우리의 판단을 혼란시키는 그런 종류의 경우이다. 왜냐하면 형평의 원칙이 깨어진 것은 잘못이기는 하지만, 그리 큰 죄는 아니고 그 결과로 얻게 되는 이익은 매우 크기 때문이다. 앞의 경우를 가지고 이야기하자면, 마리우스 그라티디아누스에게는 동료 프라이토르나 호민관들보다 먼저 가서 그 내용을 발표하여 시민의 인기를 한 몸에 받는 것은 도덕적으로 크게 나쁜 것 같지 않았으나, 그 결과로 그가 바라던 콘술직을 차지할 수 있을 것 같았기에 매우 유익하게 보였던 것이다. 그러나 언제나 준수되어야

---

46) M. Marius Gratidianus : M. Gratidius의 아들로서 유명한 Marius의 형의 아들로 입양되었다. 그는 B.C.86년과 두번째로는 B.C.82년에 프라이토르였다.

할 기준은 같은 것인데, 나는 네가 이 점을 잘 알고 있기 바란다. 즉 유익한 것처럼 보이는 것은 결코 도덕적으로 나쁜 것이 될 수 없으며, 도덕적으로 나쁜 것은 결코 유익한 것으로 보일 수 없다는 사실이다. 그렇다면 그들에 대해 어떻게 판단을 내려야 할까? 가이우스 마리우스나 마리우스 그라티디아누스를 우리는 선한 사람이라고 할 수 있을까? 선한 사람의 이상형과 바람직한 모습을 정립시킬 수 있도록 혼란된 너의 생각을 가다듬도록 하여라. 이익을 얻기 위하여 거짓말을 하거나, 남을 비방하거나, 신의를 어기고 먼저 가서 이야기하거나, 남을 속이거나 하는 행위가 선한 사람의 행동으로 인정될 수 있을까? 결코 그렇지 않다.

82 선한 사람이라는 칭호와 명성을 포기하고 얻어야 할 만큼 이롭고 추구할 만한 가치가 있는 것이 있을까? 네가 이야기하고 있는 유익함이 선한 사람이라는 칭호와 신의와 정의로움을 빼앗아 간다면, 그에 상응하는 정도로 그 유익함이 너에게 가져다줄 수 있는 것은 무엇일까? 사람이 야수로 바뀌는 것과 사람의 외형만을 지닌 채 야수와 같은 잔인함과 야비함을 가지고 행동하는 것과는 어떤 차이가 있겠는가?

XXI 그런데 도덕적으로 올바른 모든 것을 무시하는 반면, 권력을 추구하는 사람들은 파렴치한 권력을 소유한 카이사르를 심지어 장인으로 모시려고 하는 폼페이우스와 같은 행동을 하고 있지 않은가? 그는 장인의 인기가 떨어지는 것이 자기에게 매우 유익한 것이라고 생각했다. 그것이 얼마나 도덕적으로 악하며 무익한 것인가를 그는 알지 못했다. 반면 장인 자신은 항상 포에니의 처녀들이라는 그리스의 시를 읊곤 했는데, 나는 정리는 잘 안되지만 이해될 수 있을 정도로 말해 보겠다.

법이 범해져야 한다면,
왕이 되기 위해서나 범법이 행해져야 하리라.
다른 경우에는,
경건한 마음을 품고 범법하지 말지니.[47]

모든 것들 가운데 가장 추악한 한 가지를 취한 사람은 에테오클레스,[48] 아니 오히려 유리피데스[49]가 말하는 것처럼 죽어 마땅하도다.

83 도대체 왜 나는 무가치한 것들, 즉 사기에 의한 유산 상속, 교역, 판매의 사례들을 모았는가? 네 앞에 로마 인민의 왕이자 모든 종족의 주인이 되기를 원하고, 또 그것을 이룩한 자가 있구나! 만약 어떤 자가 이러한 탐욕을 도덕적으로 선한 것이라고 말한다면, 그는 정신나간 사람일 것이다. 왜냐하면 그는 그것이 법과 자유를 파괴하는 것이라는 사실을 인정하면서도, 이에 대한 해롭고 혐오스런 억압을 영예로운 것으로 간주하기 때문이다. 반면 자유롭고 또 그래야만 하는 국가에서 왕으로서 지배한다는 것은 도덕적으로 선한 것이 아니라고 인정하면서도, 할 수 있다면 그렇게 할 수 있는 사람에게는 이익이 된다고 하는 사람이, 내가 책망하거나 아니 오히려 모욕을 준다고 해서 그러한 잘못을 저지르려 하지 않겠는가? 오, 불멸의 신들이여! 비록 그러한 잘못을 저지르는 데 골몰

47) Euripides: *Phoenissae*, 5, 524 f.

48) Eteocles: Thebes의 왕. Oedipus의 아들인 Eteocles와 Polynices형제는 순서를 바꾸어가면서 통치하기로 하고 먼저 형인 Eteocles가 왕위에 올랐으나, 그는 혼자 통치하기 위해 약속된 임기가 끝난 후에도 동생 Polynices에게 왕위를 넘겨주지 않고 오히려 그를 추방하였다. 그 결과 형제가 전쟁을 하다가 서로의 손에 둘 다 죽었다.

49) Euripides(B.C.480-406): 아테네의 비극시인. Anaxagoras의 제자이며 Socrates의 친구.

해 있는 자가 억압받는 시민들에 의해 국부라고 불린다고 하더라도, 과연 그 누구에게 가장 추악하고 더러운 조국의 파멸이 유익하게 되겠는가? 그러므로 유익함은 도덕적 선을 기준으로 삼고 있으며, 사실 이 말들이 두 단어로 서로 일치하지 않는 것처럼 보이지만, 하나를 의미하는 것같이 보이는 것이다.

84 세상 사람들의 생각에 따라서는 왕 노릇 하는 것보다 더 유익한 것은 없으리라. 사실 이에 대해서 나는 확실히 말할 수 없지만, 반대로 불의와 부정으로 그것을 성취한 자에게는 정신을 바짝 차려 진실을 꿰뚫어보면 그보다 더 무익한 것은 없다는 사실을 발견하게 된다. 참으로 계속되는 번민, 불안, 밤낮의 공포, 음모와 위험으로 가득 찬 생활이 그 누구에게 유익할 수 있겠는가? 아키우스[50]는,

> 왕 노릇 하는 데에는,
> 많구나, 적개심을 가진 자와 불충한 자가.
> 적구나, 호의를 가진 자는.[51]

라고 읊고 있다. 그런데 어떤 종류의 왕위를 의미하는가? 탄탈루스[52]와 펠롭스[53]가 물려준 법으로 유지되는 왕위를 말한다. 그런데 하물며 로마 인민의 군대로 로마 인민 자체를 억압하고, 자유로울 뿐

---

50) L. Accius: 로마의 비극시인. B.C.172 년에 출생한 Pacuvius보다 50년이나 뒤의 사람인데, Cicero가 젊었을 때 그와 대화를 나누곤 했다.

51) 확인되지 않은 Agamemnon가에 관한 Accius의 비극: 이것의 출처는 *Atreus*, *Pelopidae*, *Clutemnestra* 또는 *Aegisthus* 일지 확실하지 않다.

52) Tantalus: Jupiter의 아들이자 Pelops의 아버지.

53) Pelops: Tantalus의 아들이며 Mycenae의 왕. Atreus와 Thyestes의 아버지.

54) 즉, Caesar

만 아니라 여러 종족을 지배하는 국가를 자신에게 복종하도록 강압했던 저 왕[54]에게는, 저러한 적개심과 불충이 얼마나 더 많았으리라고 생각하느냐?

85 너는 이런 사람이 마음속으로 어떤 양심의 타락과 상처를 입었으리라고 생각하느냐? 반면 어떤 사람의 생명을 빼앗는 사람이 최대의 찬사와 영예를 얻게 되는 경우, 그런 상황에 처해 있어 언제 목숨을 빼앗길 그 사람의 생활이란 유익할 수 있겠는가? 그러나 만일 매우 유익하게 보이는 것들이 데코룸하지 않고, 도덕적으로 악한 것들로 가득차 있어서 유익하지 않다면, 도덕적으로 선하지 않은 것은 전혀 유익하지 않다는 점을 충분히 인식해야 한다.

XXII 86 그런데 실상 자주 그런 사실이 밝혀지기도 했지만, 두번째로 콘술이 된 가이우스 파브리키우스와 우리 원로원에 의해 특히 대 피루스 전쟁에서 진실이 밝혀졌다. 사실 피루스왕이 로마 인민에 대해 먼저 전쟁을 도발했기 때문에, 저 고귀하고 막강한 왕과 우리나라가 패권 장악을 위해 전쟁을 벌였을 때, 피루스왕에게서 한 탈주병이 파브리키우스의 진영에 와서, 만약 자신에게 보상만 해 준다면 비밀리에 온 것처럼 피루스 진영에 몰래 돌아가 독약으로 왕을 살해하겠노라고 약속하자고 했다. 파브리키우스는 이 자를 피루스왕에게 돌려보내라고 명령했는데, 그의 행위는 원로원으로부터 칭찬을 받았다. 사실 우리가 외관상 유익하게 보이는 것과 진리가 아닌 사유를 좇는다면, 일개 탈주병이 저 큰 전쟁과 제국의 대적수를 제거했을 것이다. 그렇지만 명예를 걸고 전쟁을 하는 상대방을 덕이 아니라 죄악으로 제압한다면, 그것은 매우 데코룸하지 못하고 수치스러운 행위였을 것이다.

87 그러므로 우리 로마에서 아테네의 아리스티데스와 같은 판단을 한 파브리키우스에게나 결코 유익함을 도덕적 선에서 분리시키지 않았던 우리 원로원에게는 적과 싸우는 데 무기가 더 유익했겠는가, 아니면 독약이 더 유익했겠는가? 만일 명예를 위해 패권을 잡으려 한다면 그 안에 명예가 내재할 수 없는 죄악을 멀리해야 할 것이다. 그러나 만약 자기 자신을 위해 어떤 방법으로든 권력을 추구한다면, 그것은 명예롭지 못하므로 유익할 수가 없을 것이다.

그러므로 루키우스 술라가 원로원의 결의에 따라 돈을 받고 세금을 면제시켜주었던 국가들로부터 세금을 다시 걷고, 자유의 대가로 납부한 돈을 되돌려주지 말아야 한다고 한 퀸투스의 아들 루키우스 필립푸스의 제안은 유익한 게 아니었다. 그런데도 원로원은 이 제안에 동의했다. 한심한 원로원이로구나! 원로원보다 차라리 해적들이 더 신의가 있다. "그렇지만 조세 수입이 증대하면, 유익하지 않은가?" 누군가는 이렇게 말하려고 할 것이다. 사람들은 얼마나 더 오랫동안 도덕적으로 선한 것이 아닌 것을 감히 유익한 것이라고 말하려고 하는가?

88 더구나 영예와 동맹국들의 호의를 기반으로 하고 있는 제국에게 증오심과 수치감이 유익할 수 있겠는가? 나는 심지어 친구인 카토와 종종 의견을 달리했다. 내 생각에 그는 너무 완고하게 국고와 조세 수입을 조장하고, 조세 징수 청부업자들의 요구 전부를 거부하고, 동맹국들의 많은 청원들을 묵살한 것 같다. 사실 우리는 그 반대로 동맹국들에게는 호의를 베풀어야 했으며, 조세 징수 청부업자들에게는 종종 우리의 소작인들에게 했던 것처럼 대해 주어야 했을 것이다. 더욱이 원로원 의원과 기사, 저 두 신분의 화합이 공화국의 안녕에 직결되었기 때문에 그들에게 더 잘 대해 주

어야 했을 것이다.

사실 쿠리오도 잘못하였다. 그는 포강 이북의 주민들의 요구[55]가 공정하다고 말하고서는, 언제나 '먼저 유익함을 따져보자'는 말을 덧붙였기 때문이다. 오히려 유익하지 않다고 말하면서 공정한 것이라는 것을 인정하기보다는, 공화국에 유익하지 않으므로 공정하지 않다고 말해야 했는데, 그렇게 안 했으니 잘못한 것이다.

XXIII 89 헤카톤의 《의무론》 제6권은 "곡가가 아주 비쌀 때에는, 선한 사람이라도 가내 노예를 죽도록 내버려두지 않을까?"와 같은 질문들로 가득 차 있다 .

그는 찬반의 두 입장에서 논리를 전개하고 있지만, 결국에 가서 그가 생각하는 바는 인정보다는 유익한 쪽에 비중을 두어 의무를 이행해야 한다는 것이다.

그는 이렇게 질문을 던진다. "만일 풍랑이 일어 배의 짐의 일부를 바다에 던져야 한다면, 고가의 말을 던지겠는가, 아니면 값싼 노예를 던지겠는가?" 이 경우 한 쪽은 가산을, 다른 쪽은 인정을 따져보는 문제인 것이다.

"만일 배가 난파되었을 때, 우둔한 자가 널빤지를 붙잡고 있다면, 현인은 가능하다면 그에게서 널빤지를 빼앗으려 할 것인가?"

그는 부정한다. "왜냐하면 그것은 불의이기 때문이다."

"선주의 경우라면 어떤가? 그는 결국 자기 물건을 취하는 것이 아닌가?" "전혀 그렇지 않다. 바다 한 가운데에를 항해할 때 선주는 배가 자기 소유라 해서 배에서 승객을 깊은 바다물 속에 절대로 내던져 버리려 하지 않는다. 왜냐하면 승객들이 운임을 냈을 때 그

---

55) Pö강 이북의 이탈리아 주민들의 로마 시민권 요구: 그들은 B.C.89년에도 로마의 완전 시민권을 못 얻었다가 B.C.49년에 가서야 Caesar에 의해 획득함.

배는 목적지에 도착하기까지 승객들이 빌린 거나 마찬가지이므로, 선주의 것이 아니라 승객들의 소유이기 때문이다."

90 "그렇다면 이런 경우는 어떤가? 만일 널빤지는 하나이고, 난파로 침몰하는 배에서 구조받아야 할 사람이 둘인데 똑같이 현인이라면, 두 사람이 다 그 널빤지를 잡아야 하는가, 아니면 한 사람이 다른 사람에게 양보해야 하는가?"

"물론, 양보해야 한다. 그러나 개인을 위해서나 국가를 위해서나, 생존할 가치가 더 있는 사람에게 말이다."

"그런데, 만일 이것마저도 두 사람이 똑같다면?"

"절대로 경쟁이 일어나지는 않겠지만, 추첨이나 손가락 수 맞추기 게임 같은 것을 통해 진 사람이 양보하게 될 것이다."

"이런 경우는 어떤가? 만약 아버지가 신전을 약탈하고 국고로 통하는 지하통로를 파고 있다면, 아들은 이 사실을 정무관들에게 고발해야 하지 않겠는가?"

"그것은 확실히 범죄다. 그러나 만일 아버지가 기소된다면, 아들은 정말 아버지를 위해 마땅히 변론해야 할 것이다."

"그렇다면 국가가 모든 의무에 우선하지 않다는 말인가?" "물론, 그렇지 않다. 그러나 부모를 공경하고, 부모에게 효도하는 시민들을 갖는다는 것이 국가 자체에도 이익이 된다."

"그렇다면 만일 아버지가 참주직을 차지하려 하거나 조국을 배반하려 한다면, 아들은 침묵을 지켜야 하지 않겠는가?"

"천만에, 결코 그렇지가 않다. 아들은 아버지에게 매달려 그런짓을 하지 못하도록 애원해야 할 것이다. 만일 나아지는 점이 전연 없다면, 아들은 아버지를 비난하고 협박도 해야 하겠지만, 그래도 만일 상황이 국가 파멸의 지경에까지 이르렀다고 판단되면, 아들은 마지막으로 아버지의 안전보다는 국가의 안전을 우선해야 할 것이다."

91 그는 또 질문한다. "만일 현명한 사람이 부정한 돈인 줄 미처 알지 못하고 그 돈을 순수하게 받았다면, 후에 그 사실을 알고 나서도 자신의 부채는 갚아야 한다고 하여 그 돈으로 자기의 빚을 청산하려고 하겠는가?" 디오게네스는 그렇다고 긍정하는가 하면, 안티파테르는 아니라고 부정하고 있는데, 나는 오히려 후자의 말에 동감이다.

"포도주가 저질이란 것을 알면서도 파는 사람은 사는 사람에게 그 사실을 말해야만 되는가?" 디오게네스는 "그럴 필요가 없다"고 생각하는가 하면, 안티파테르는 "선한 사람이라면, 그럴 것이다"라고 판단한다. 이것들은 마치 스토아학자들 간에 벌어지는 법의 논쟁과 같다. "노예 판매시 결점을 말하지 않으면, 후에 시민법에 따라 노예가 반환되는 그러한 결정적인 결점은 말할 것도 없고, 이 노예가 지니고 있는 거짓말장이, 도박군, 도둑, 술주정뱅이라는 결점을 파는 사람이 사는 사람에게 말해주어야 하지 않겠는가?" 한 사람은 말해야 한다고 말하는가 하면, 다른 사람은 그럴 필요가 없다고 생각한다.

92 "만일 어떤 사람이 실제로는 황금을 팔면서 자신은 황동을 팔고 있다고 생각한다면, 선한 사람이라면 그에게 그것이 황금이라고 알려주어야 할 것인가, 아니면 실제 1,000데나리우스 짜리를 단돈 1데나리우스로 사야 할 것인가?"

이제 이 문제들에 대한 나의 견해와 위에서 언급한 디오게네스와 안티파테르라는 철학자들 간에 쟁점이 무엇인지 분명히 밝혀졌다.

XXIV 프라이토르들이 말하고 있듯이, "폭력에 의해 이루어진 것도 아니고, 악질 사기에 걸려 성립된 것도 아닌"계약과 약속들은 그렇다고 언제나 반드시 지켜야 하는가 하는 문제가 또한 제기된다. 어떤 의원이 수종을 앓고 있는 환자에게 약을 주면서 이 약으로 건강을 회복하게 되면 그 후에는 절대로 다시 그 약을 복용하지 않겠다는 약속을 하라고 하여, 환자는 약속을 하고 약을 먹었더니 병이 나았다. 그러나 몇년 후에 다시 그 병에 걸렸다. 그런데 만약 이 환자가 과거에 단단히 약속한 바 있는 그 의원으로부터 다시 그 약을 복용해도 좋다는 허락을 얻어내지 못한다면, 환자는 어떻게 하면 좋겠는가? 그 의원은 약속에 억매이다 보니 약의 복용을 허락치 않는 비정한 인간이 되었지만, 환자의 입장에선 약속을 깨뜨린다고 하여 그 의원에게 불의를 행하는 것도 아닌 이상, 환자는 자신의 생명과 건강을 돌보아야 할 것이다.

93 어떤 현인이 자기를 상속자로 삼으려는 사람에게서 다음과 같은 제의를 받았다. 즉, 유언장에는 그에게 1억 세스테르케스의 재산을 물려주기로 적어놓았는데, 상속자가 되기에 앞서 대낮에 포룸에서 춤을 추겠다는 약속을 할 수 있겠는가? 만약 못하겠다면 그를 상속자로 이름을 기입하지 않겠다는 내용이었다. 그런데 그렇게 하지 않으면 상속자로 이름이 기입되지 않을 것이므로, 만일 현인이 그렇게 하겠다고 약속을 했다면 그는 약속한 바를 행해야 하는가, 안 해야 하는가? 나는 그가 그러한 약속을 했다는 사실을 퍽 유감으로 생각하는데, 만약 그가 그러한 약속을 하지 않았다면 얼마나 좋았을까? 그것이야말로 품위의 문제인 것이다. 그러나 일단 약속을 한 이상, 만약 포룸에서 춤추는 것이 도덕적으로 추하다는 생각이 든다면 약속을 깨뜨리고 상속을 안 받는 거짓말장이가 되는 것이, 오히려 상속을 받는 것보다는 더 도덕적으로 선한 것이다. 그러나 만일 국가의 절박한 대위기를 벗어나는 데 혹시 그 돈을 유용하게 쓸 수 있다면, 조국을 위해 춤추는 것이므로 그것은 도덕

적으로 추하지 않다.

XXV 94 그리고 네가 약속을 한 당사자들에게 유익하지 않은 그러한 약속들은 확실히 지킬 필요가 없다. 우화를 인용하면, 태양신 포이부스[56]는 아들 파이톤에게 원하는 것은 무엇이든지 다 들어줄테니 말하라고 하였다. 그는 아버지의 불마차를 타기를 원했다. 그래서 그는 탔다. 그러나 그는 불마차를 세우기 전에, 벼락을 맞아 즉사했다. 이 경우, 아버지의 약속이 지켜지지 않았더라면 얼마나 더 좋았겠는가! 테세우스는 해신 넵프투누스의 자기와의 약속을 충실히 이행할 것을 요구하였는데, 그것은 어떤 약속이었을까? 넵프투누스가 그에게 세 가지 소원[57]을 제시하고 한 가지를 택하라고 했을 때, 그는 아들 힙폴리투스의 파멸을 원했다. 왜냐하면 아버지는 그가 계모와 불륜의 관계를 맺고 있다는 의심을 품고 있었기 때문이다. 소원이 성취되자 테세우스는 최대의 슬픔 속에 잠겼다.

95 이 경우는 어떻게 생각하는가? 아가멤논이 어느 해에 자신의 왕국에서 태어난 가장 예쁜 애를 디아나[58]에게 바치기로 약속했는데, 실상 그 해에 태어난 어린애 중에서는 자기 딸보다 더 예쁜 애가 없었으므로 그는 자기 딸 이피게니아를 제물로 바쳤다. 그러한 추악한 죄를 범하기보다는 오히려 약속을 지키지 말았어야 했다.

그러므로 약속은 때로는 지켜서도 안 되며, 반드시 맡겨진 것을

56) Phoebus: 태양신. 그리스어로는 Apollo.

57) 신화에 의하면: Theseus는 저승인 Hades로부터의 안전 귀가, Daedalus가 Crete왕 Minos를 위해 만들었다는 미궁인 Labyrinth로부터의 해방, 그리고 Hippolytus의 죽음, 이 세 가지 소원 중, 한 가지를 택하라는 허락을 받았 다고 한다.

58) Diana: 달빛의 여신. 그리스어로는 Artemis.

되돌려주어서도 안 된다. 어떤 자가 정상적인 정신상태에서 너의 집에 검을 맡겼는데, 만일 그가 정신이 나간 상태에서 검을 되돌려 달라고 요구한다면, 돌려주는 것은 잘못을 범하는 것이요, 돌려주지 않는 것이 너의 의무인 것이다. 이런 경우는 어떤가? 너의 집에 돈을 맡겼던 자가 만일 조국에 대해 전쟁을 일으켰다면, 너는 그 돈을 돌려주겠는가? 돌려주지 않을 것으로 나는 확신한다. 왜냐하면 돌려준다면 그것은 네가 가장 고귀한 국가에 반하는 행위를 하는 것이기 때문이다.

이와 같이 본시 도덕적으로 선한 것처럼 보이는 많은 경우들이 때에 따라 도덕적으로 선하지 않게 된다. 약속한 것을 지키고, 합의 본 바를 고수하며, 맡은 물건을 되돌려주는 행동은 유익함이 변하여 해가 될 때, 도덕적으로 선하지 않게 된다.

이상으로 지혜의 가면을 씀으로써 유익하게 보이나 정의에 반하는 행동들에 대해서 사실 충분히 언급했다고 생각한다.

96 그러나 제1권에서 도덕적 선의 네 가지 원천으로부터 의무들을 이끌어 냈으므로, 나는 같은 네 가지 원천에 입각하여 유익하게 보이지만 실제로 그렇지 않은 것들이 얼마나 덕의 적인가를 제시하기로 하겠다. 그런데 실로 사악함이 닮고자 하는 예지에 대해 그리고 언제나 유익한 정의에 관해 논의했다. 그래서 남은 것은 도덕적 선의 두 부분으로, 하나는 뛰어난 정신의 위대함과 탁월함에서 분별이 되며, 다른 하나는 인내와 중용에 의한 정신의 형성과 규제에서 분간되는 것이다.

XXVI 97 비극 시인들이 보여주고 있는 것처럼, 울리섹스에게 미친 것처럼 가장하는 것이 유익하게 보였으나, —사실 최고의 저술가인 호메로스의 저서 속에는 울리섹스에 대해 그런 유의 의심은 전혀 없지만—비극들은 그가 미친 척하며 출정을 회피하려 했다고 비난하고 있다.[59] 혹 어떤 사람은 그런 언행 심사가 도덕적으로 선한 것은 아니지만, 이타카를 통치하면서 부모처자[60]와 평화롭게 사는 것이 유익하다고 말할지도 모르겠다. 너는 매일 고생하며 위험 속에 내재하고 있는 어떤 영예를 이러한 편안함과 비교될 수 있다고 생각하는가?

도덕적 선이 아닌 것은 사실 유익한 것이 아니므로, 나는 그런 언행심사를 경멸하고 배척한다.

98 만일 울리섹스가 계속 미친 체했다면, 그는 무슨 소리를 들었으리라고 생각하느냐? 비록 그는 전쟁에서 위대한 공을 세웠음에도 불구하고, 아이악스에게서 다음과 같은 말을 들었으니 말이다.

출정 선서를 하자고 처음 제안한 사람은
바로 그 자신이었노라.
너희 모두가 그 사실을 알고 있건만
그 혼자만이 신의를 저버렸도다.
출정에 합류하지 않기 위해서
그는 계속 열심히 미친 체했노라.
만일 팔라메데스[61]의 번뜩이는 지혜가
그 자의 대담한 악행을 꿰뚫어보지 못했더라면

---

59) 특히 Euripides는 Odysseus(Ulysses)를 교활하고 비겁한 자로 묘사한다.

60) 부모, Laertes와 Anticlea. 처, Penelope. 자, Telemachus.

61) Palamedes: Ulixes가 미친 척하며 당나귀와 황소에 멍에를 씌우고 밭에 소금을 심기 시작하자, Palamedes는 그를 시험하기 위해 그의 갓난애인 Telemachus를 쟁기 앞에 놓았다고 한다. 그러자 아버지는 차마 밭을 갈 수가 없었다고 하는데, 이로써 그는 그의 트릭을 간취해 내었다고 한다.

신의를 저버린 채 그는 영원히 그 선서를 지키지
못했으리라.[62)]

99 그에게는 적뿐만 아니라 귀환길의 파도와 싸우는 것이 — 실제로 그가 그렇게 했지만 — 외국인과 전쟁을 하기로 일치단결한 그리스를 버리는 것보다 더 나은 것이었다.

이제 우화와 남의 나라 이야기는 그만 하기로 하고, 우리 로마에서 일어난 사건에 대해 들어보기로 하자. 마르쿠스 아틸리우스 레굴루스[63)]가 두번째 콘술일 때, 아프리카에서 한니발의 아버지 하밀카르[64)] 휘하의 라케다이모니아인인 크산팁푸스 장군의 책략에 걸려 포로가 되었다. 그러자 카르타고는, 만약 그가 로마에 포로로 잡힌 포에니의 귀족 출신인 장군들의 송환에 실패한다면, 그 자신이 카르타고에 되돌아와야 한다는 맹세를 하게 하고 그를 로마 원로원에 보냈다. 그가 로마에 왔을 때 그는 유익한 것처럼 보이는 다음과 같은 문제를 생각하였다. 즉 조국에 남는 것, 처자식과 함께 자기 집에서 사는 것, 전쟁에서 당했던 파멸은 전쟁의 공통의 운명인 병가상사라고 판단하면서 콘술의 권위와 신분을 유지하는 것 등을 말이다. 그러나 그는, 사실이 보여주고 있듯이, 이것은 헛되다고 판단하였던 것이다. 그런데 이것이 유익하다는 점을 누가 부정하는가? 너는 도대체 누구라고 생각하느냐? 바로 레굴루스의 위대한 불굴의 정신과 용기가 그것은 유익하지 않다고 말하고 있는 것이다.

---

62) Pacuvius의 *Armorum iudicium*에서.

63) Marcus Atilius Regulus: 1차 포에니전쟁 중인 B.C.267, B.C.256년의 콘술, B.C.255년에 포로가 됨.

64) Hamilcar: 이것은 잘못된 내용이다. 왜냐하면 Cicero는 이 Hamilcar를 동명의, Hannibal의 부와 동일시하는 점에서 잘못을 저지르고 있다.

XXVII 100 너는 혹시 이것에 대해 보다 더 설득력있는 근거들을 찾아보려고 하는 것이 아니냐? 아마 찾지 못할 것이다. 왜냐하면 전혀 두려워하지 않는 것, 모든 인간사를 대수롭지 않다고 하여 경멸하는 것, 인간에게 일어나는 일은 모두 다 참을 수 있는 것이라고 생각하는 것이 바로 이 불굴의 정신과 용기라는 덕의 속성이기 때문이다. 그래서 레굴루스는 어떤 행동을 택했는가? 그는 원로원에 와서 자신의 임무가 무엇인지 설명하고, 자기는 맹세를 하여 적에게 구속되어 있는 한은 원로원 의원이 아니기 때문에, 이 문제에 대해 자신이 의견을 개진하는 것은 거부한다고 하였다. 그리고 그것보다 더한 것으로서, 그는—"오, 얼마나 어리석은 자인가. 자기 자신의 최대의 이익을 포기하고 스스로 죽음의 길을 택하다니!"라고 누군가가 개탄할지 모르지만—포로들을 돌려보내는 것이 유익하지 않다고 말했다. 그 이유는 저 포로들은 청년들이며 훌륭한 장수들인 데 반하여, 자신은 이미 늙어 쇠약해졌기 때문이라고 말하였다. 그는 권위가 있어서, 그의 주장은 받아들여지고 그 결과 포로들을 남겨놓고 그는 카르타고로 돌아갔다. 결국 조국애와 가족들의 사랑도 그를 가지 못하게 붙잡지를 못했던 것이다. 사실 그 때 그는 자신이 가장 잔인한 적을 향해 가장 잔혹한 처벌을 받기 위해 출발하고 있다는 사실을 모를 리 없었지만, 그러나 맹세한 것은 반드시 지켜야 한다고 생각했던 것이다. 그래서 적이 감시하는 가운데 처형되는 그 순간에 그는, 로마의 자기 집에서 늙은 포로 신세로 적과 한 맹세를 어긴 전직 콘술로서 남아 있었다면 느꼈을 상태보다 더 낫고 행복한 상태에 처해 있었던 것이다.

101 "그러나 그가 포로들을 돌려 보내도록 조언하지 않았을 뿐만 아니라, 심지어 포로 구금 행위에 대해 항의조차 하지 않았다는 것은 그가 어리석었기 때문이었다"고 너는 말하려고 할 것

이다.

어떻게 그것이 어리석었다고 말할 수 있겠는가? 설혹 그의 정책이 국가에 이익을 초래했다 하더라도 과연 그렇게 말할 수 있을까? 아니, 도대체 국가에 유익하지 않은 것이 어떻게 개개의 시민에게 유익할 수 있겠는가?

XXVIII 인간들은 유익함을 도덕적 선에서 분리시킬 때, 자연에 의해 수립된 근본 원리들을 전도시키고 있다. 왜냐하면 우리 모두는 우리에게 유익한 것을 얻으려고 추구하고 있기 때문이다. 우리는 우리에게 유익한 것에 빠져들 때 저항할 수 없고, 우리는 아마도 어떻게 달리 존재할 수 없을 것이다. 사실 그 누가 자기에게 유익한 것에 등을 돌리려고 하겠는가? 오히려 아니, 그 누가 자기에게 유리한 것을 확보하려고 전력을 다하지 않겠는가? 그러나 우리는 칭송, 명예, 도덕적 선 이외의 그 어느 것에서도 자신에게 유익한 것을 발견할 수 없기 때문에, 그 이유 한 가지만으로서도 이 세 가지를 노력해서 얻어야 할 최초, 최고의 대상으로 지목하고 있는 것이다. 사실 우리가 유익함이란 단어를 구사할 때, 그것을 우리의 권위를 더해주는 장식품으로서보다는 생활하는 데 필요한 필수품으로 생각하고 있기는 하지만 말이다.

102 그러나 여기에 레굴루스의 행동이 잘못되었다는 더 진전된 논의들이 있다. "그런데 우리가 맹세한다고 할 때, 그 의미는 무엇인가? 우리가 유피테르 신의 분노를 두려워해서 그러는가?" 이렇게 누군가가 말하려고 할 것이다. 그러나 천만의 말씀이다. 신은 절대로 분노하지 않으며, 신은 절대로 해를 가하지 않는다는 것이 보편적으로 받아들여지고 있는 모든 철학자들의 견해이다. 이것은 신 자신이 모든 근심에서 해방되어 있다는 것, 그리고 신은 다른 사람들에게 전연 고통을 가하지 않는다고 가르치는 저 에피쿠

루스철학자뿐만 아니라, 신은 항상 일하며 언제나 자기 세계를 구축하기를 원하며 절대로 화를 내거나 남에게 고통을 가하지 않는다고 믿는 저 스토아철학자들의 완전 일치된 교의인 것이다. 더 나아가 유피테르신이 분노했다고 상상해보자. 그렇다 하더라도, 레굴루스가 자신에게 가한 해보다 유피테르신이 레굴루스에게 가할 수 있는 더 큰 해란 무엇이 있을 수 있겠는가? 그러므로 그렇게 큰 유익함을 뒤집어 버릴 만한 종교적 제재력은 없었던 것이다.

또 다른 비판은 이러하다. "혹시 그는 자기의 행동이 도덕적으로 추악한 행동이 될 것이라고 두려워해서 그랬는가?" 이에 대해서는 무엇보다도 첫째로 속담이 말 해주듯이, "악들 중 최소의 악을 택하라"는 것이 답변이다. 그런데 그가 로마에 남아 있음으로써 범하게 되었을 신의의 저버림은 그가 카르타고에 복귀했기 때문에 실제로 당했던 고문에 비하면 아무 것도 아니었다. 둘째로 아키우스의 다음 행들을 기억해보라.

티에스테스. "당신은 형제의 신의를 깨지 않았단 말이요?"
아트레우스. "나는 결코 그런 적이 없었다.
나는 신의 없는 자에게는 언제나 신의를 주지도
않았고, 지금도 주지 않고 있다."[65]

비록 이 감정의 표시의 말은 사악한 왕의 입에서 나왔다 하더라도 여전히 제대로 된 올바른 말이다.

103 그들의 세번째 논점은 이렇다. 우리는 어떤 것들이 유익하게 보이나 실제로는 유익하지 않다고 주장하는 것과 꼭 마

65) Accius의 비극 *Atreus*에서.

찬가지로, 그들은 어떤 것들은 도덕적으로 선하게 보이지만 실제로는 그렇지가 않다고 주장한다. "예를 들어, 바로 이 경우, 레굴루스가 자기가 한 맹세를 충실히 지키기 위해 고문받아 처형되기를 바라 카르타고로 돌아간 것은 도덕적으로 선하게 보일 것이다. 그러나 그것은 도덕적으로 선하다고 입증되지 않으니, 그 까닭은 적이 폭력으로 고문하여 한 맹세는 구속력이 있다고 볼 수 없기 때문이다"라고 그들은 말한다.

결론적인 논점으로서, 매우 유익한 것은 무엇이든지 비록 전에는 그렇게 보이지 않았다 하더라도 도덕적으로 선한 것으로 증명될 수가 있다고 그들은 부언한다.

이 주장들은 실제로 레굴루스의 행위가 잘못되었다는 논점들이다. 그러므로 그 중 첫번째 논점에 대한 반론을 제시해 보기로 하자.

XXIX 104 "그는 유피테르신이 화가 나서 자기에게 해를 가하지나 않을까 두려워할 필요는 전연 없었다. 유피테르신은 분노하거나 해를 끼치려고 하지 않기 때문이다."

이 논의는 물론 어떤 맹세를 하든지 간에, 일단 맹세한 모든 서약은 그것을 안 지켜도 유피테르신이 화를 안 내니까 안 지켜도 무방하다는 말이 설득력이 없는 것처럼, 유피테르신이 화를 안 내니까 레굴루스도 서약을 지킬 필요가 없었다는 말에 대해서도 설득력이 없게 만든다. 그러나 맹세를 함에 있어, 누구나 위반할 경우 두려워해야 할 그 대상이 아니라 그것의 책임 소재가 어디냐를 고려하는 것이 우리의 의무인 것이다. 사실 맹세란 종교적 신성성으로 감싸인 확인 행위이다. 그래서 누구나의 증인으로서 내세운 신 앞에서 하는 것처럼, 주어진 엄숙한 약속은 신성하게 지켜져야 한다. 왜냐하면 이제 이 문제는 전연 존재하지 않는 신들의 분노에 관련되는 것이 아니라, 이제 정의와 신의에 관계되기 때문이다. 과연 엔니우스가 아주 감탄조로 말한다.

> 오, 자비로우신, 날개를 갖춘 신의의 신인 피데스여,
> 그대의 맹세는 유피테르의 위대한 이름으로 행하나니! [66)]

따라서 맹세를 어기는 자는 누구이건 다 신의를 저버리는 것이다. 그리고 카토의 연설문 속에 언급되고 있는 것을 찾아 볼 수 있듯이, 우리 조상들은 피데스신이 '지고 지선의 유피테르신의 이웃'인 카피톨리움신전에서 머물지 않으면 안 된다고 선택했던 것이다.

105 "그러나 비록 유피테르신이 화가 났다 하더라도, 신은 레굴루스가 자신에게 가한 것보다 더 큰 해를, 그에게 입힐 수는 없었을 것이다"라는 두번째의 반론이 있다.

고통 이외에 악이 전혀 없다면, 아주 옳다. 그러나 최고의 권위를 지닌 철학자들, 즉 스토아학자들은 고통이 최고악이 아닐 뿐만 아니라 악도 아니라고 우리에게 확신시켜주고 있다. 나는 네가 스토아철학자들의 이론의 참됨의 중요하지 않은 증인으로서—아니, 나는 오히려 그를 바로 최적의 증인으로서 생각하는 경향이 있지만—레굴루스를 제발 비난하지 말았으면 한다. 사실 자신의 도덕적 의무에 충실하기 위하여 자진해서 고문을 당했던 가장 뛰어난 로마 시민들 중의 한 사람인 레굴루스보다, 더 적합한 증인을 우리는 어디서 구할 수 있겠는가?

다시 세번째 비판으로, "악들 중 최소의 악을 택하라"는 말은 누

---

66) 아마 Ennius의 비극 *Thyestes*에서.

구나 "파멸을 당하기보다는 오히려 도덕적으로 악한 것을 택하려고 한다"는 의미이다. 그런데 도덕적으로 악한 것보다 더 큰 악은 어떤 것이 있는가? 만약 정말 신체상의 불구가 어떤 혐오감을 불러일으킨다면, 도덕적으로 타락한 정신의 저 저주스러움과 추악함은 어떻게 보이겠는가!

106 그러므로 이 문제들을 더 신경써서 논하는 스토아학파 사람들은 도덕적으로 추한 것만이 유일의 악이라고 감히 주장하는 반면, 그 문제들을 더 온건하게 취급하는 소요학파 사람들은 그럼에도 불구하고 그것을 최고악이라고 서슴없이 말하고 있다.

다시 한번 그들이 인용하는 저 시인의 감탄의 말을 들어보기로 하자.

> 나는 신의 없는 자에게는 언제나 신의를 주지도 않았고,
> 지금도 주지 않고 있다.

그 시인이 아트레우스[67]를 묘사하고 있을 때에는 배역이 꼭 맞았기 때문에 시인이 그렇게 말하는 것은 적절하였다. 그러나 만일 그들이 신의 없는 자에게 주어진 서약은 서약이 아니라는 원칙으로서 그것을 채택하는 것을 의미한다면, 그들로 하여금 그것이 그들이 찾고 있는 거짓 맹세의 단순한 구실이 될 수 없다는 점을 눈여겨보도록 하자.

107 더욱이 전쟁들에 관한 법과 적에게 맹세한 신의는 반드시 지키도록 해야 한다. 왜냐하면 마음 속으로 그것은 꼭 이루

67) 동생 Thyestes와 화해하는 척한 후에, Atreus는 만찬에서 그의 아이들의 살고기를 먹으라고 대접하였다.

어져야 한다고 분명하게 이해하고 맹세한 서약은 지켜져야 하기 때문이다. 그러나 만일 이러한 이해가 없다면, 설혹 맹세한 것을 지키지 않는다 하더라도 그것은 거짓 맹세로 간주되지 않을 것이다. 예를 들어, 어떤 사람이 목숨의 대가로 해적들과 합의한 금액을 치루지 않았다고 생각해 보자. 그것은 사기가 아닐 것이다.—비록 몸값을 지불하기로 맹세한 후라면 그것을 이행하지 않으면 안된다 하더라도 말이다.—왜냐하면 해적이란 많은 법률상의 적들 속에 포함되는 것이 아니라, 세상 모든 사람들의 공동의 적이기 때문이다. 그래서 해적과는 상호 구속적인 어떤 맹세의 말이나 어떤 서약도 있어서는 안 되는 것이다.

108 그 까닭은 잘못된 것에 맹세하는 것은 반드시 거짓 맹세가 아니기 때문이다. 그러나 우리의 법률서식들에 표기되고 있듯이, '네 양심에 따라서' 서약을 하고 나서 그것을 이행하지 않는 것이 바로 거짓 맹세인 것이다. 사실 유리피데스는 적절하게 말하고 있다.

> 나의 혓바닥으로는 맹세했소.
> 마음으로는 어떤 서약도 맹세한 바 없었지만 말이요.[68)]

그러나 레굴루스는 거짓 맹세를 했다고 하여 적과 맺은 전쟁규약과 약조를 어겨서는 안 되었다. 왜냐하면 그 전쟁은 합법적으로 선포된 적과 치루는 중이었기 때문이다. 그래서 이러한 적과 상대할 때를 대비하여, 우리는 국가 간에 공통으로 구속하는 전쟁 법전은 물론 다른 많은 법을 갖고 있는 것이다. 이것이 그 경우가 아니었다면

68) Euripides의 *Hippolytus*에서.

원로원은 결코 우리 로마의 훌륭한 사람들을 쇠사슬에 묶어 적에게 넘겨주지 않았을 것이다.

XXX 109 그렇지만 바로 그 일이 터지고 말았다. 티투스 베투리우스[69]와 스푸리우스 포스투미우스[70]가 두번째 콘술직 임기 중에 카우디움전투[71]에서 패했기 때문에, 우리 로마 군단의 병사들은 멍에를 쓴 포로 신세가 되었다. 그러나 그들은 삼니움인들과 평화 조약을 맺어 풀려나서 로마로 돌아왔지만, 저 장군들은 또 다시 삼니움인들에게 넘겨졌는데, 왜냐하면 그들이 인민과 원로원의 동의 없이 평화 조약을 체결했기 때문이다. 호민관인 티베리우스 누미키우스[72]와 퀸투스 마일리우스[73]도 동시에 인도되었는데, 그 까닭은 평화 조약이 체결되었던 것은 당시 그들이 시인했기 때문이라는 것이었다. 이것은 삼니움인들과의 평화 조약이 무효가 되었음을 보여주기 위해서였다. 그런데 적에게 넘겨주기로 되어 있는 당사자인 포스투미우스가 바로 그렇게 하자고 발의한 제안자이며 지지자였던 것이다.

여러 해가 지난 후, 즉 기원전 137년에 가이우스 만키누스[74]가 유사한 경험을 하였다. 그는 원로원의 포고에 따라서 루키우스 푸리우스[75]와 섹스투스 아틸리우스[76]에 의해 제안된 다음과 같은 안,

---

69) Titus Veturius Calvinus: B.C.321년 콘술.

70) Spurius Postumius Albinus: B.C.321년 두번째 콘술.

71) Caudium 전투: Calatea와 Beneventum 사이에 있는 Samnium지방의 산에 있는 소읍. 근처에 저 유명한 세 갈래의 통로(frucae Caudinae)가 있는데, 여기서 B.C.321년 로마군이 Gaius Pontius에게 대패했다.

72) Tiberius Numicius: B.C.321년의 호민관.

73) Quintius Maelius: B.C.321년의 호민관.

74) Gaius Hostilius Mancinus: B.C.137년의 콘술. Numantia인들에게 패해, 후일 적에게 넘겨짐.

75) Lucius Furius Philus: B.C.136년의 콘술.

76) Sextus Atilius Serranus: B.C.136년의 콘술.

즉 원로원의 동의 없이 평화 조약을 맺었던 누만티아인들에게 그 자신이 인도되어야 한다는 안을 지지했다. 그래서 그 안이 통과되자 그는 적에게 넘겨졌다. 그의 행동은 퀸투스 폼페이우스[77]의 행위보다 더 영예로웠다. 폼페이우스의 처지는 만키누스의 처지와 같았지만, 그 자신의 간청에 의해 그와 같은 안이 통과되지 않았기 때문이다. 후자의 경우 유익하게 보이는 것이 도덕적으로 선한 것을 압도했으나, 전자의 경우들에 있어서는 잘못되어 유익하게 보이는 것이 도덕적으로 선한 것의 무게에 짓눌려 버렸던 것이다.

110 "그러나 강제로 행해진 서약은 구속력이 있어서는 안 된다"고 하면서, 혹자는 레굴루스가 잘못했다고 논쟁을 걸어온다. 마치 강제력이 용감한 사나이에게 통할 수 있다는 논법이 아니고 무엇이냐!

"왜, 그런데, 그는 특히 내심으로 전쟁포로들을 양도해서는 안 된다고 간청하려고 했을 때에 원로원으로 갔을까?"

거기에서 너는 그의 행위의 가장 고귀한 부분을 비난하고 있는 것이다. 왜냐하면 그는 자기 자신의 판단에 입각하여 고집하려고 한 것이 아니라, 판단은 원로원이 하도록 하기 위해 그렇게 했기 때문이다. 만에 하나 그가 원로원에서 간청하지 않았더라면 포로들은 카르타고인들에게 양도되었을 것이고, 그렇게 되었을 경우, 레굴루스는 그의 조국, 자기 본가에서 편안하게 머물러 있었을 것이다. 그러나 그는 이것이 조국에 유익하지 않다고 생각했기 때문에, 따라서 그로서는 자신의 소신을 밝히고, 그에 대한 고통을 당하는 것이 도덕적으로 옳은 일이라고 믿어 의심치 않았던 것이다.

---

77) Quintus Pompeius Rufus: B.C.141년의 콘술. B.C.140년에 Numantia와의 전쟁에서 로마군 사령관이었지만, 불운의 화평을 맺었었다.

사람들이 또한 매우 유익한 것은 도덕적으로 선한 것으로 증명된다고 논쟁을 걸었을 때에, 그들은 오히려 그것은 '증명될 수가 있다'가 아니라, 그것은 실제로 도덕적으로 선하다고 말해야 했다. 즉, 매우 유익한 것이 도덕적으로 선하게 된다고 그들이 말하는 것은, 결코 존재하지 않는 것이며, 또 사실 그렇게 될 수도 없는 것이다. 왜냐하면 동시에 도덕적으로 선하지 않은 것은 세상만사 중 한 가지도 유익한 것이 될 수가 없으며, 뿐만 아니라 그것이 유익하다는 바로 그 이유로 도덕적으로 선하게 될 수 있는 것은 하나도 없기 때문이다.

그러므로 역사상의 많은 훌륭한 예들에서, 우리는 레굴루스의 행위보다 더 가치있거나 더 영웅적인 행위를 한 인물을 쉽게 지적할 수는 없었던 것이다.

XXXI 111 그러나 레굴루스의 행위에 대한 모든 칭찬 가운데에서 전쟁 포로들을 양도하지 말고 계속 억류하고 있어야 한다는 동의안을 냈다고 하는 점이 무엇보다 특히 우리의 감탄을 자아내고 있는 것이다. 즉 그가 돌아갔다는 사실은 오늘날 우리에게 감탄할만한 것으로 보일런지는 모르지만, 그 당시에 그는 그렇게 하지 않고는 달리 어떻게 할 수 있는 대안이 없었던 것이다. 그 시대가 그랬던 만큼, 따라서 바로 그 감탄은 레굴루스 일개 개인에 대한 것이 아니라, 그 시대에 대한 것이다. 왜냐하면 우리 조상들은 신의를 지키는 데 있어서 서약보다 더 효과적인 구속력을 지니고 있는 것은 하나도 없다고 하는 의견을 갖고 있었기 때문이다. 12표법, 성법들, 심지어 신의로서 적에게 맹세하고 맺은 조약들, 서약 위반의 경우보다 더 엄격한 결정을 내린 적이 한 번도 없었던 켄소르들에 의해 수행된 조사들과 그들에 의해 부과된 처벌들이 그 점을 명약관화하게 보여주고 있다.

112 호민관 마르쿠스 폼포니우스[78]는 아울루스의 아들인 루키우스 만리우스[79]를 독재관 임기가 지났는데도 그 임기를 며칠간 연장했다는 죄목으로 어느날 기소하였다. 그는 심지어 그가 (후일 토르콰투스라고도 불리우는) 그 자신의 아들 티투스[80]를 그의 동료 사회에서 추방, 격리시켜 시골 농촌에서 살도록 엄명을 내렸다고 그를 비난하기도 하였다. 당시 청년이었던 그 아들은 아버지에게 어려운 일이 닥쳤다는 말을 듣고 급히 로마로 달려가 새벽에 폼포니우스의 집에 당도했다고 이야기는 전해지고 있다. 방문객이 누구라는 전갈을 받자, 아버지에게 화가 나있는 아들이 자기 아버지에게 불리한 어떤 새로운 증거를 가져온 모양이라고 생각한 그는 침상에서 일어나 방안에 있던 모든 사람에게 자리를 비켜달라고 청한 후, 그 젊은이를 방안에 들어오도록 명하였다. 그런데 들어오자마자 그는, 즉시 검을 빼어들고 맹세하기를, 만약 그가 자기 아버지에 대한 기소를 철회하겠다는 서약을 하지 않는다면 이 자리에서 그를 죽이겠다고 말하였다. 절박한 상황에서 공포에 질린 폼포니우스는 그렇게 하겠다고 맹세했다. 그는 민회를 열어 보고하면서, 왜 자기가 기소를 철회하지 않으면 안 되는가를 설명하고 난 후 만리우스에 대한 고소를 취하하였다. 당시 맹세의 힘은 이처럼 강하였던 것이다.

그런데 이 티투스 만리우스는 아니오전투[81]에서 일대 일 단독으로 싸우자고 도전했던 갈리아인을 죽이고 목걸이를 탈취했다고 하여 토르콰투스라는 별명을 얻었다. 그리고 그의 세번째 콘술임기

78) Marcus Pomponius: B.C.363년의 호민관.

79) Lucius Manlius Capitolius Imperiosus: B.C.363년의 독재관으로 임명되었다.

80) Titus Manlius Imperiosus Torquatos: 로마의 영웅.

81) Anio 전투: Tiber강의 지류인 Sabinum지역의 강. 여기서 B.C.340년에 전투를 벌여 전 Latium의 지배권을 장악하게 되었다.

중에는 베세리스 전투[82)]에서 라틴인들을 패주시키기도 하였다. 그는 위인 중에서도 가장 위대한 사람이었으며, 자기 아버지에게는 한층 더 관대했지만 아들에게는 아주 엄했던 그런 사람이었다.

XXXII 113 그러나 레굴루스가 그의 맹세를 충실히 지켰다고 하여 칭찬받을 만한 것처럼, 칸나이 전투 후 로마 원로원에 가서 카르타고의 포로들을 몸값을 지불하고 송환하는 문제를 타협해 보도록 한니발이 보냈던 저 열 명의 로마인은, 만약 맹세를 어기고 되돌아가지 않았다면 비난받아야 한다. 왜냐하면 그들은 포로 교환 협상에서 성공하지 못하면, 원래 카르타고인들의 손에 잡혀 있던 캠프로 돌아가기로 맹세를 했기 때문이다. 역사가들의 기록은 사실들에 대해 일치하지 않고 있다. 가장 권위있는 역사가들 중의 한 사람인 폴리비우스[83)]는 그때 보내졌던 열 명의 귀족 중 아홉 명은 자기들의 임무가 원로원의 손에서 성사되지 못함을 보고 되돌아갔다고 진술하고 있다. 그러나 캠프를 떠났다가 무언가 잊은 물건이 있다는 구실로 되돌아갔다 다시 출발한 일이 있었던 열 명 중 한 명은 로마에 남아 머물고 있었다. 그는 일단 캠프로 돌아간 일이 있었으므로 자기는 맹세를 지킨다는 서약에서 벗어났다고 해석했던 것이다. 그의 생각은 옳지 않았다. 왜냐하면 속임수는 거짓 맹세의 죄를 단지 공고히 했을 뿐 청산하지 않았기 때문이다. 그러므로 그의 교활한 언행은 지혜의 탈을 쓴 단순한 어리석음이었다. 그래서 원로원

---

82) Veseris 전투: Vesuvius산 근처에 있는 조그만 하천에서의 전투. 이 전투에서 콘술인 그는 자기 아들이 그의 명령에 불복종했다 하여 도끼로 아들의 목을 쳐죽인 사령관으로 유명하기도 하다.

83) Polybius of Megalopolis(B.C.204-122): 아카이아연맹의 지도자. 제2차 Macedonia전쟁이 끝나 로마의 정치적 볼모로 노예가 되어 *Aemilius Paulus의 집에 억류되었다가, 후일 Scipio Aemilianus에 의해 해방되어 소위 스키피오 서클의 주역을 담당하게 된다. 그의《역사》(*Historiae*), 제6권에 나오는 혼합정체이론은 당대 로마의 현실정치에 심대한 영향을 끼쳤을 것으로 생각된다.

은 저 능구렁이처럼 교활한 자를 쇠사슬에 묶어 한니발에게 보내버리라고 명령을 내렸던 것이다.

114 그러나 그 이야기의 가장 의미 있는 부분은 이러하다. 한니발의 손에 잡힌 8,000명의 포로들은 한니발의 전투시에 포획된 자들이 아니고, 생명의 위험을 느껴 도주했던 자들도 아니었다. 그들은 콘술 파울루스[84)]와 바로[85)]에 의해 캠프에 버려진 자들이었던 것이다. 원로원은 이 포로들을 소액의 몸값으로 송환할 수 있었지만, 원로원은 우리 로마 병사들에게 정복이냐 죽음이냐 양자택일해야 한다는 교훈을 마음속 깊이 심어주기 위해서, 몸값을 지불하고 그들을 데려오는 문제를 투표에 붙여 부결시켜 버렸다. 저 동일 작가인 폴리비우스에 의하면, 한니발이 이 소식을 들었을 때 그는 완전히 상심하여 사기가 꺾였다고 한다. 왜냐하면 원로원과 로마 인민은 피해를 입어 비참한 상황에 처해도 그처럼 고귀한 용기를 보여주었기 때문이었다. 이와 같이 유익하게 보이는 것은 도덕적으로 선한 것과 비교할 때 압도당하고 만다.

115 한편, 그리스어로 로마사를 쓴 가이우스 아킬리우스[86)]에 의하면 서약의 의무에서 벗어나기 위해 일단 캠프로 돌아간다는 같은 수법을 썼던 자들은 더 많았으며, 그들은 켄소르들에 의해 온갖 불명예의 낙인이 찍혔다고 한다.

이것으로 이 주제의 결론으로 삼기로 하자. 왜냐하면 비겁하고, 천하고, 타락하고, 잘못된 정신 상태에서 행해진 행위들은, —만약

84) Lucius Aemilius Paulus: B.C.216년의 콘술. Cannae전투에서 패배당함.

85) Gaius Terentius Varro: B.C.216년의 콘술. Cannae전투에서 패배당함.

86) Ga ius Acilius Glabrio: B.C.197년의 호민관. Carneades, Diogenes, Criotlaus가 로마에 철학강연을 하러 왔을 때 원로원에서 통역을 했다. 그리스어로 로마사를 저술했음.

레굴루스가 포로들에 관해서 개인적으로는 자기에게 유익한 것처럼 보이나, 국가에는 불리한 방안을 지지했다거나 혹은 로마 본가에 남아 있겠다고 동의를 했다면, 그의 행위가 그렇게 되었을 것이겠지만—유익하지 않음이 아주 분명하게 밝혀졌기 때문이다. 그러한 행위들은 부끄럽고, 어리석으며, 도덕적으로 추악하기 이를 데 없다.

XXXIII **116** 우리에게는 아직도 데코룸, 중용, 온건, 일관성, 인내를 포함하고 있는 네번째 부분이 남아 있다.

그런데 이러한 덕들의 합창에 거슬리는 어떤 것이 유익하게 될 수 있을까? 그렇지만 아리스텝푸스학파의 추종자들인 키레네학파 사람들,[87] 그리고 안니케리스의 이름을 지닌 철학자들[88]은 모든 선이 쾌락에 있다는 사실을 발견하고는, 덕이야 말로 쾌락을 산출한다는 오직 그 한 가지 이유 때문에 덕을 찬양할 가치가 있다고 고려하고 있다. 지금 이 학파들은 사라지고 에피쿠루스[89]가 인기가 있는데, 그는 위와 거의 같은 생각의 옹호자요 지지자이다. 이러한 철학에 대항하여 싸우기 위해서, 우리는 만약 우리의 목적이 도덕적으로 선한 것의 우리의 수준을 지키고 유지하는 것이라면, 속담에 있는 말 그대로, '말과 발을 총동원하여' 싸우지 않으면 안된다.

---

87) Aristippus of Cyrene(전성기 B.C.370): Socrates의 제자. 키레네학파의 창시자. 인간의 주목표는 만물에서 쾌락을 추구하는 것이며, 쾌락을 얻기 위하여 모든 사물과 환경을 자신에게 종속시켜야 한다고 가르쳤다. 그러나 쾌락은 노예이지 주인이 아니라고 하면서도, 선은 쾌락, 악은 고통이라고 하였다.

88) Anniceris of Cyrene(B.C.4세기): Aristippus의 후계자. 그의 학파는 에피쿠루스학파와 키레네학파의 교차점에 위치한다. 그는 쾌락이란 단순한 고통의 결여라는 사실을 부인한다. 그는 주장하기를 모든 행동은 그 자체의 고유한 목적을 지니고 있으며, 덕성들은 그 자체가 좋은 것이라고 하였다. 그러나 그의 가르침은 오래 가지 못하였다.

89) Epicurus(B.C.342-270): Athens에 에피쿠루스학파를 창설하다. 그는 쾌락이야 말로 최고 선이며 고통을 최고 악이라 가르쳤다.

117 왜냐하면 메트로도루스[90]의 기록에서 볼 수 있듯이, 만약 유익함뿐만 아니라 생의 행복이 건전한 신체 상태와 그렇게 되기를 기대하는 희망에 전적으로 의존하는 것이라면 저 유익함—더구나 그들이 생각하는 바의 최고의 유익함—은 확실히 도덕적 선과 상충될 것이기 때문이다. 그 이유로 들 수 있는 것은 다음과 같다. 우선, 저 체계에서 지혜는 어느 위치에 놓일 수 있는가? 가능한 모든 원천으로부터 쾌락들의 수집자로서의 위치는 어디인가? 덕으로서는 감각적인 쾌락을 주선하느라고 얼마나 비참한 노예 상태로 전락하는가! 그러니 지혜의 임무는 무엇이 될 것인가? 감각적인 쾌락들 중에서 영리하게 어떤 쾌락을 선택하는 것이 그 임무인가? 그보다 더 즐거운 것이 없다고 인정한다 하더라도, 지혜에 대해 이러한 임무보다 더 추하다고 생각할 수 있는 것이 무엇일까?

또 만약 어떤 사람이 고통이 최고악이라 주장한다면, 그는 수고와 고통을 초연하는 용기의 위치를 그의 철학 체계 가운데 어디에 점하게 하겠는가? 참으로 에피쿠루스가 고통에 관해 정말 과단성 있게 말하고 있는 많은 문장들이 있지만, 그럼에도 불구하고 우리가 고려하지 않으면 안 될 것은 그가 말한 것이 무엇이냐가 아니라, 선을 쾌락의 관점에서 그리고 악을 고통의 관점에서 정의를 내렸던 사람으로서 말한 것이 일관되고 있느냐 하는 것이다.

그리고 더 나아가 내가 그의 말을 들어 보면, 그는 실상 많은 곳에서 일관성과 인내에 관해서 많은 것을 말하고 있지만, 그러나 그 내용들이 말하는 것처럼 이치에 맞게 '물이 흘러가려고 하지 않는다.' 사실 쾌락에 최고선을 두고 있는 자가 어떻게 인내를 찬양할 수 있겠는가? 왜냐하면 인내는 욕망의 적이며, 욕망은 쾌락의 친구

90) Metroodrus of Lampsacus(B.C.330-277) : Epicurus의 가장 특출한 제자. 그의 교시는 다분히 감각적인 것이었다.

이기 때문이다.

118 그러나 에피쿠루스학파 철학자들은 이 세 가지 기본적인 덕들에 대해서는 최선을 다해 노련하게 주장을 바꾼다. 그들은 쾌락을 제공하고 고통을 제거하는 지식으로서 지혜를 그들의 체계 속으로 받아들인다. 그들은 죽음은 아무 것도 아니라고 무시하고 고통을 참기 위한 합리적인 수단으로서의 이해 체계를 가르칠 때, 어떤 식으로든 용기를 설명한다. 심지어 그들은 실제로 아주 쉬운 것은 아니지만 가능한 방법을 다 사용하여 거기에 인내하는 자제까지도 덧붙인다. 왜냐하면 쾌락의 절정은 고통의 제거와 일치한다고 그들은 말하고 있기 때문이다. 정의는 그런 식으로 주장하면 흔들리거나, 아니 오히려 이미 기세가 꺽인 상태에 있다고 나는 말하고 싶다. 마찬가지로 공동체와 인류사회에서 현저하게 식별할 수 있는 저 모든 덕들도 역시 그렇다. 왜냐하면 우정은 말할 것도 없고, 선심, 돈을 막 푸는 것, 예의범절이 그 자체로서 추구되지 않고 감각적인 쾌락이나 개인적인 유익함을 위해서만 권장된다면, 이것들은 전혀 존재할 수 없기 때문이다.

119 우리가 도덕적 선에 반하는 것은 결코 유익함이 아니라고 가르쳤던 것처럼, 우리는 모든 쾌락은 도덕적 선에 반한다고 주장한다. 그러므로 내 판단으로는, 더욱 더 배척되고 비난받아야 할 자들은 칼리폰과 디노마쿠스라고 생각한다.[91] 왜냐하면 그들이야말로 도덕적 선에 쾌락을 연결시키면 논쟁이 해결될 것으로 생각했기 때문이다. 이것은 마치 인간과 가축을 연결시키려 하는 것

91) Calliphon과 Dinomachus는 B.C.3세기에 스토아학파와 에피쿠루스학파의 중간노선을 추구했다.

과 무엇이 다르랴! 도덕적 선은 이러한 연결을 받아들이지 않으며, 오히려 경멸하고 추방한다. 진실로 단순해야만 하는 선의 한계, 즉 최고선(반대로 최고악)은 나머지 유사하지 않은 것들과 복합되거나 혼합될 수가 없다.

그러나 이것은 사실 큰 문제이므로 이에 대해 다른 곳에서 더 많이 다루었으니까, 이제 처음 제안한 문제로 돌아가보자.

120 그런데 유익하게 보이는 것이 도덕적 선과 상충하는 경우가 있을 때, 상황을 어떻게 판단하여 결정을 내려야 할지는 위에서 충분히 논의했다. 그러나 한편 쾌락조차도 유익함의 모습을 지닌다고 주장될지는 모르지만, 쾌락과 도덕적 선 사이에는 여전히 어떤 연결 고리 같은 것은 있을 수 없다. 왜냐하면 우리가 가장 너그럽게 쾌락에 대해 말할 수 있다면, 쾌락은 아마 인생에 양념 같은 맛을 제공할지도 모른다는 점은 받아들여도 좋을 것이기 때문이다. 그렇지만 확실히 쾌락은 실제로 유익함이란 하나도 없다는 사실 또한 우리는 인정해야 할 것이다.

121 내 아들 키케로야, 이제 너는 아버지인 나에게서 큰 선물, 즉 나의 위대한 사상을 받았다. 그렇지만 그 선물은 네가 받아들일 수 있는 정도의 것이다. 그러나 그 가치는 네가 그것을 받아들이는 정신 상태에 달려 있게 될 것이다. 그러니만큼 너는 이 세 권의 책을 크라팁푸스선생의 강의록 속에 끼워 넣고 다니면서, 너의 동료친구인 것처럼 잘 간수하면서 항상 기쁜 마음으로 읽어야 한다. 그러나 여행 도중에 조국이 분명한 목소리로 나를 불러들이지 않았더라면, 나는 내가 의도했던 대로 지금은 아테네에 갔을 것이고, 그렇게 되었다면 너는 내게서 또한 무언가 듣게 되었을 텐데. 그 대신 이 책들을 통해서 내 목소리가 네게 전달되었으니, 너는 네

가 시간을 낼 수 있는 한 읽어볼 수 있을 것이니, 실제로 정성을 들여 많이 읽도록 하여라. 거듭 말하거니와, 그 책들 속에는 도처에서 내 음성이 들릴 것이기 때문이다. 그리고 네가 이러한 부류의 지식을 학습하는 데 기쁨을 맛보고 있다는 점을 내가 알게 되면, 그 때 나는 가급적 빠른 시일 내에 직접 네 얼굴을 보면서 더 많은 철학 이야기를 하려고 한다. 그러나 네가 해외에 있는 한, 나는 이렇게 멀리 떨어져 있는 가운데 서신으로 대화를 나누려고 한다.[92)]

잘 있거라, 나의 사랑하는 키케로야, 내게는 네가 더할 나위없이 소중하지만, 이러한 나의 충고와 훈계를 깊이 새겨듣고 이를 실천한다면, 네가 더 많은 사랑을 나에게서 받게 되리라는 사실을 명심하기 바란다.

---

92) Puteoli에 있는 빌라에서 이 글을 쓴 후, Cicero는 자기 아들을 다시 보지 못했다. 왜냐하면 그는 제2차 삼두정치 수립후인 B.C.43년 12월에 로마를 떠나 피신 하던 중 Antonius가 보낸 자들에 의해 목과 두 손목이 잘려 살해되기 때문이다. 그의 목과 특히 Antonius를 공격하는 연설문을 작성했던 손들은 로마의 포룸에 있는 연단에 전시되었는데, 특히 Antonius의 처인 Fulvia가 Cicero를 증오한 나머지 밤중에 그의 혓바닥에 송곳으로 구멍을 뚫었다고 하는 바, 이를 공화국의 종말을 상징하는 것으로 해석하는 학자들도 있다.

찾아보기

〈 ㄷ 〉

〈 ㄹ 〉

〈 ㅁ 〉

LIBER PRIMVS

제 I 권

LIBER PRIMVS

I 1 QVAMQVAM te, Marce fili, annum iam audientem Cratippum idque Athenis abundare oportet praeceptis institutisque philosophiae propter summam et doctoris auctoritatem et urbis, quorum alter te scientia augere potest, altera exemplis, tamen, ut ipse ad meam utilitatem semper cum Graecis Latina coniunxi neque id in philosophia solum, sed etiam in dicendi exercitatione feci, idem tibi censeo faciendum, ut par sis in utriusque orationis facultate. Quam quidem ad rem nos, ut videmur, magnum attulimus adiumentum hominibus nostris, ut non modo Graecarum litterarum rudes, sed etiam docti aliquantum se arbitrentur adeptos et ad dicendum et ad iudicandum.

2 Quam ob rem disces tu quidem a principe huius aetatis philosophorum et disces quam diu voles, — tam diu autem velle debebis, quoad te quantum proficias non paenitebit; — sed tamen nostra legens non multum a Peripateticis dissidentia, quoni-

am utrique Socratici et Platonici volumus esse, de rebus ipsis utere tuo iudicio — nihil enim impedio —,orationem autem Latinam efficies profecto legendis nostris pleniorem. Nec vero hoc arroganter dictum existimari velim. Nam philosophandi scientiam concedens multis, quod est oratoris proprium, apte distincte ornate dicere, quoniam in eo studio aetatem consumpsi, si id mihi assumo, videor id meo iure quodam modo vindicare.

3 Quam ob rem magnopere te hortor, mi Cicero, ut non solum orationes meas, sed hos etiam de philosophia libros, qui iam illis fere se aequarunt, studiose legas. Vis enim maior in illis dicendi, sed hoc quoque colendum est aequabile et temperatum orationis genus. Et id quidem nemini video Graecorum adhuc contigisse, ut idem utroque in genere elaboraret sequereturque et illud forense dicendi et hoc quietum disputandi genus, nisi forte Demetrius Phalereus in hoc numero haberi potest, disputator subtilis, orator parum vehemens, dulcis tamen, ut Theophrasti discipulum possis agnoscere. Nos autem quantum in utroque profecerimus, aliorum sit iudicium; utrumque certe secuti sumus.

4 Equidem et Platonem existimo, si genus forense dicendi tractare voluisset, gravissime et copiosissime potuisse dicere et Demosthenem, si illa quae a Platone didicerat, tenuisset et pronuntiare voluisset, ornate splendideque facere potuisse. Eodemque modo de Aristotele et Isocrate iudico, quorum uterque suo studio delectatus contempsit alterum.

II Sed cum statuissem scribere ad te aliquid hoc tempore, multa posthac, ab eo ordiri maxime volui, quod et aetati tuae esset aptissimum et auctoritati meae. Nam cum multa sint in philosophia et gravia et utilia accurate copioseque a philosophis disputata, latissime patere videntur ea quae de officiis tradita ab illis et praecepta sunt. Nulla enim vitae pars neque publicis neque privatis neque forensibus neque domesticis in rebus, neque si tecum agas quid neque si cum altero contrahas, vacare officio potest, in eoque et colendo sita vitae est honestas omnis et neglegendo turpitudo.

5 Atque haec quidem quaestio communis est omnium philosophorum. Quis est enim qui nullis officii praeceptis tradendis philosophum se audeat dicere? Sed sunt non nullae disciplinae, quae propositis bonorum et malorum finibus officium omne pervertant. Nam qui summum bonum sic instituit ut nihil habeat cum virtute coniunctum, idque suis commodis, non honestate metitur, hic, si sibi ipse consentiat et non interdum naturae bonitate vincatur, neque amicitiam colere possit nec iustitiam nec liberalitatem: fortis vero dolorem summum malum iudicans aut temperans voluptatem summum bonum statuens esse certe nullo modo potest.

6 Quae quamquam ita sunt in promptu, ut res disputatione non egeat, tamen sunt a nobis alio loco disputata. Hae disciplinae igitur si sibi consentaneae velint esse, de officio nihil queant dicere, neque ulla offici praecepta firma, stabilia, coniuncta naturae tradi possunt nisi aut ab iis qui solam, aut ab eis, qui maxime honestatem propter se dicant expetendam. Ita propria est ea praeceptio Stoicorum, Academicorum, Peripateticorum, quoniam Aristonis,

Pyrrhonis Erilli iam pridem explosa sententia est; qui tamen haberent ius suum disputandi de officio, si rerum aliquem dilectum reliquissent, ut ad offici inventionem aditus esset. Sequemur igitur hoc quidem tempore et hac in quaestione potissimum Stoicos, non ut interpretes, sed, ut solemus, e fontibus eorum iudicio arbitrioque nostro quantum quoque modo videbitur, hauriemus.

7 Placet igitur, quoniam omnis disputatio de officio futura est, ante definire, quid sit officium: quod a Panaetio praetermissum esse miror. Omnis enim, quae a ratione suscipitur de aliqua re institutio debet a definitione proficisci, ut intellegatur, quid sit id de quo disputetur.

III Omnis de officio duplex est quaestio: unum genus est quod pertinet ad finem bonorum, alterum quod positum est in praeceptis quibus in omnes partes usus vitae conformari possit. Superioris generis huius modi sunt exempla; omniane officia perfecta sint, num quod officium aliud alio maius sit, et quae sunt generis eiusdem. Quorum autem officiorum praecepta traduntur, ea quamquam pertinent ad finem bonorum, tamen minus id apparet, quia magis ad institutionem vitae communis spectare videntur: de quibus est nobis his libris explicandum.

8 Atque etiam alia divisio est offici: nam et medium quoddam officium dicitur et perfectum. Perfectum officium rectum opinor vocemus, quoniam Graeci *κατόρθωμα*, hoc autem commune officium *καθῆκον* vocant. Atque ea sic definiunt, ut, rectum quod sit, id officium perfectum esse definiant; medium autem officium id

esse dicunt, quod cur factum sit ratio probabilis reddi possit.

9 Triplex igitur est, ut Panaetio videtur, consili capiendi deliberatio. Nam aut honestumne factu sit an turpe dubitant id, quod in deliberationem cadit; in quo considerando saepe animi in contrarias sententias distrahuntur. Tum autem aut anquirunt aut consultant ad vitae commoditatem iucunditatemque, ad facultates rerum atque copias, ad opes, ad potentiam, quibus et se possint iuvare et suos, conducat id necne, de quo deliberant: quae deliberatio omnis in rationem utilitatis cadit. Tertium dubitandi genus est, cum pugnare videtur cum honesto id, quod videtur esse utile. Cum enim utilitas ad se rapere, honestas contra revocare ad se videtur, fit ut distrahatur in deliberando animus adferatque ancipitem curam cogitandi.

10 Hac divisione, cum praeterire aliquid maximum vitium in dividendo sit, duo praetermissa sunt. Nec enim solum, utrum honestum an turpe sit deliberari solet, sed etiam duobus propositis honestis utrum honestius, itemque duobus propositis utilibus utrum utilius. Ita quam ille triplicem putavit esse rationem in quinque partes distribui debere reperitur. Primum igitur est de honesto, sed dupliciter, tum pari ratione de utili, post de comparatione eorum disserendum.

IV 11 Principio generi animantium omni est a natura tributum, ut se, vitam corpusque tueatur, declinet ea, quae nocitura videantur, omniaque, quae sint ad vivendum necessaria anquirat et paret, ut pastum, ut latibula, ut alia generis eiusdem. Commune item animantium omnium est coniunctionis adpetitus procreandi causa et cura quaedam eorum, quae procreata sint. Sed inter hominem et beluam hoc maxime interest, quod haec tantum quantum sensu movetur, ad id solum, quod adest quodque praesens est se accommodat, paulum admodum sentiens praeteritum aut futurum. Homo autem — quod rationis est particeps, per quam consequentia cernit, causas rerum videt earumque praegressus et quasi antecessiones non ignorat, similitudines comparat rebusque praesentibus adiungit atque adnectit futuras, — facile totius vitae cursum videt ad eamque degendam praeparat res necessarias.

12 Eademque natura vi rationis hominem conciliat homini et ad orationis et ad vitae societatem ingeneratque in primis praecipuum quendam amorem in eos qui procreati sunt, impellitque, ut hominum coetus et celebrationes et esse et a se obiri velit ob easque causas studeat parare ea, quae suppeditent ad cultum et ad victum, nec sibi soli, sed coniugi liberis ceterisque quos caros habeat tuerique debeat: quae cura exsuscitat etiam animos et maiores ad rem gerendam facit.

13 In primisque hominis est propria veri inquisitio atque investigatio. Itaque cum sumus necessariis negotiis curisque vacui, tum avemus aliquid videre audire addiscere, cognitionemque rerum aut occultarum aut admirabilium ad beate vivendum necessariam ducimus. Ex quo intellegitur, quod verum simplex sincerumque sit, id esse naturae hominis aptissimum. Huic veri viden-

di cupiditati adiuncta est adpetitio quaedam principatus, ut nemini parere animus bene informatus a natura velit, nisi praecipienti aut docenti aut utilitatis causa iuste et legitime imperanti: ex quo magnitudo animi existit humanarumque rerum contemptio.

14 Nec vero illa parva vis naturae est rationisque, quod unum hoc animal sentit quid sit ordo, quid sit quod deceat, in factis dictisque qui modus. Itaque eorum ipsorum, quae aspectu sentiuntur, nullum aliud animal pulchritudinem, venustatem, convenientiam partium sentit: quam similitudinem natura ratioque ab oculis ad animum transferens multo etiam magis pulchritudinem, constantiam, ordinem in consiliis factisque conservandam putat cavetque ne quid indecore effeminateve faciat, tum in omnibus et opinionibus et factis, ne quid libidinose aut faciat aut cogitet. Quibus ex rebus conflatur et efficitur id quod quaerimus honestum: quod etiam si nobilitatum non sit, tamen honestum sit, quodque vere dicimus, etiam si a nullo laudetur, natura esse laudabile.

V 15 Formam quidem ipsam, Marce fili, et tamquam faciem honesti vides, 'quae si oculis cerneretur, mirabiles amores', ut ait Plato, 'excitaret sapientiae'. Sed omne, quod est honestum, id quattuor partium oritur ex aliqua. Aut enim in perspicientia veri sollertiaque versatur, aut in hominum societate tuenda tribuendoque suum cuique et rerum contractarum fide; aut in animi excelsi atque invicti magnitudine ac robore, aut in omnium quae fiunt quaeque dicuntur ordine et modo, in quo inest modestia et temperantia. Quae quattuor quamquam inter se colligata atque implicata sunt, tamen ex singulis certa officiorum genera nascuntur: velut ex ea parte, quae prima discripta est, in qua sapientiam et prudentiam ponimus, inest indagatio atque inventio veri; eiusque virtutis hoc munus est proprium.

16 Ut enim quisque maxime perspicit, quid in re quaque verissimum sit quique acutissime et celerrime potest et videre et explicare rationem, is prudentissimus et sapientissimus rite haberi solet. Quocirca huic quasi materia, quam tractet et in qua versetur, subiecta est veritas.

17 Reliquis autem tribus virtutibus necessitates propositae sunt ad eas res parandas tuendasque, quibus actio vitae continetur, ut et societas hominum coniunctioque servetur et animi excellentia magnitudoque cum in augendis opibus utilitatibusque et sibi et suis comparandis, tum multo magis in his ipsis despiciendis eluceat. Ordo autem et constantia et moderatio et ea quae sunt his similia versantur in eo genere ad quod est adhibenda actio quaedam, non solum mentis agitatio. Is enim rebus, quae tractantur in vita, modum quendam et ordinem adhibentes, honestatem et decus conservabimus.

VI 18 Ex quattuor autem locis, in quos honesti naturam vimque divisimus, primus ille, qui in veri cognitione consistit, maxime naturam attingit humanam. Omnes enim trahimur et ducimur ad cognitionis et scientiae cupiditatem, in qua excellere pulchrum putamus, labi autem errare, nescire decipi et malum et turpe ducimus. In hoc genere et naturali et honesto duo vitia vitanda sunt: unum, ne incognita pro cognitis habeamus **eis**que temere assentiamur, quod vitium effugere qui volet—omnes autem velle debent—adhibebit ad considerandas res et tempus et diligentiam.

19 Alterum est vitium, quod quidam nimis magnum studium multamque operam in res obscuras atque difficiles conferunt easdemque non necessarias. Quibus vitiis declinatis quod in rebus honestis et cognitione dignis operae curaeque ponetur, id iure laudabitur, ut in astrologia C. Sulpicium audimus, in geometria Sex. Pompeium ipsi cognovimus, multos in dialecticis, plures in iure civili, quae omnes artes in veri investigatione versantur, cuius studio a rebus gerendis abduci contra officium est. Virtutis enim laus omnis in actione consistit, a qua tamen fit intermissio saepe multique dantur ad studia reditus; tum agitatio mentis, quae numquam adquiescit, potest nos in studiis cognitionis etiam sine opera nostra continere. Omnis autem cogitatio motusque animi aut in consiliis capiendis de rebus honestis et pertinentibus ad bene beateque vivendum aut in studiis scientiae cognitionisque versabitur. Ac de primo quidem offici fonte diximus.

VII 20 De tribus autem reliquis latissime patet ea ratio qua societas hominum inter ipsos et vitae quasi communitas continetur; cuius partes duae; iustitia, in qua virtutis splendor est maximus, ex qua viri boni nominantur, et huic coniuncta beneficentia, quam eandem vel benignitatem vel liberalitatem appellari licet. Sed iustitiae primum munus est, ut ne cui quis noceat, nisi lacessitus iniuria, deinde ut communibus pro communibus utatur, privatis ut suis.

21 Sunt autem privata nulla natura, sed aut vetere occupatione, ut qui quondam in vacua venerunt, aut victoria, ut qui bello potiti sunt, aut lege, pactione, condicione, sorte: ex quo fit ut ager Arpinas Arpinatium dicatur, Tusculanus Tusculanorum; similisque est privatarum possessionum discriptio. Ex quo, quia suum cuiusque fit eorum, quae natura fuerant communia, quod cuique optigit, id quisque teneat; eo plus si quis [quaevis] sibi appetet, violabit ius humanae societatis.

22 Sed quoniam, ut praeclare scriptum est a Platone, non nobis solum nati sumus ortusque nostri partem patria vindicat, partem amici, atque, ut placet Stoicis, quae in terris gignantur, ad usum hominum omnia creari, homines autem hominum causa esse generatos, ut ipsi inter se aliis alii prodesse possent, in hoc naturam debemus ducem sequi, communes utilitates in medium adferre mutatione officiorum, dando accipiendo, tum artibus, tum opera, tum facultatibus devincire hominum inter homines societatem.

23 Fundamentum autem est iustitiae fides, id est dictorum conventorumque constantia et veritas. Ex quo, quamquam hoc videbitur fortasse cuipiam durius, tamen audeamus imitari Stoicos, qui studiose exquirunt, unde verba sint ducta, credamusque, quia 'fiat,' quod dictum est, appellatam fidem. Sed iniustitiae genera duo sunt; unum eorum qui inferunt, alterum eorum qui ab eis quibus infertur, si possunt, non propulsant iniuriam. Nam qui iniuste impetum in quempiam facit aut ira aut aliqua perturbatione incitatus, is quasi manus afferre videtur socio: qui autem non defendit nec

obsistit, si potest, iniuriae, tam est in vitio, quam si parentes aut amicos aut patriam deserat.

24 Atque illae quidem iniuriae, quae nocendi causa de industria inferuntur, saepe a metu proficiscuntur, cum is, qui nocere alteri cogitat timet ne, nisi id fecerit, ipse aliquo afficiatur incommodo. Maximam autem partem ad iniuriam faciendam aggrediuntur, ut adipiscantur ea quae concupiverunt: in quo vitio latissime patet avaritia.

VIII 25 Expetuntur autem divitiae cum ad usus vitae necessarios, tum ad perfruendas voluptates. In quibus autem maior est animus, in eis pecuniae cupiditas spectat ad opes et ad gratificandi facultatem, ut nuper M. Crassus negabat ullam satis magnam pecuniam esse ei qui in re publica princeps vellet esse, cuius fructibus exercitum alere non posset. Delectant etiam magnifici apparatus vitaeque cultus cum elegantia et copia: quibus rebus effectum est ut infinita pecuniae cupiditas esset. Nec vero rei familiaris amplificatio nemini nocens vituperanda est, sed fugienda semper iniuria est.

26 Maxime autem adducuntur plerique, ut eos iustitiae capiat oblivio, cum in imperiorum honorum, gloriae cupiditatem inciderunt. Quod enim est apud Ennium:

núlla sancta sócietas
néc fides regni ést, —

id latius patet. Nam quidquid eius modi est, in quo non possint plures excellere, in eo fit plerumque tanta contentio, ut difficillimum sit servare 'sanctam societatem.' Declaravit id modo temeritas C. Caesaris, qui omnia iura divina et humana pervertit propter eum, quem sibi ipse opinionis errore finxerat, principatum. Est autem in hoc genere molestum, quod in maximis animis splendidissimisque ingeniis plerumque existunt honoris, imperii, potentiae gloriae cupiditates. Quo magis cavendum est ne quid in eo genere peccetur.

27 Sed in omni iniustitia permultum interest utrum perturbatione aliqua animi, quae plerumque brevis est et ad tempus, an consulto et cogitata fiat iniuria. Leviora enim sunt ea, quae repentino aliquo motu accidunt, quam ea quae meditata et praeparata inferuntur. Ac de inferenda quidem iniuria satis dictum est.

IX 28 Praetermittendae autem defensionis deserendique offici plures solent esse causae. Nam aut inimicitias aut laborem aut sumptus suscipere nolunt aut etiam neglegentia, pigritia, inertia aut suis studiis quibusdam occupationibusve sic impediuntur, ut eos, quos tutari debeant, desertos esse patiantur. Itaque videndum est, ne non satis sit id, quod apud Platonem est in philosophos dictum, quod in veri investigatione versentur quodque ea, quae plerique vehementer expetant, de quibus inter se digladiari soleant, contemnant et pro nihilo putent, propterea iustos esse. Nam alterum [iustitiae genus] assequuntur, ut inferenda ne cui noceant iniuria, in altero delinquunt; discendi enim studio impediti, quos tueri debent, deserunt. Itaque eos ne ad rem publicam quidem accessuros putant nisi coactos. Aequius autem erat id voluntate fieri. Nam hoc ipsum ita iustum est, quod recte fit, si est voluntarium.

29 Sunt etiam, qui aut studio rei familiaris tuendae aut odio quodam hominum suum se negotium agere dicant nec facere cuiquam videantur iniuriam. Qui altero genere iniustitiae vacant, in alterum incurrunt; deserunt enim vitae societatem, quia nihil conferunt in eam studi, nihil operae, nihil facultatum.

Quando igitur duobus generibus iniustitiae propositis adiunximus causas utriusque generis easque res ante constituimus, quibus iustitia contineretur, facile quod cuiusque temporis officium sit poterimus, nisi nosmet ipsos valde amabimus, iudicare.

30 Est enim difficilis cura rerum alienarum. Quamquam Terentianus ille Chremes 'humani nihil a se alienum putat'. Sed tamen, quia magis ea percipimus atque sentimus, quae nobis ipsis aut prospera aut adversa eveniunt, quam illa, quae ceteris, quae quasi longo intervallo interiecto videmus, aliter de illis ac de nobis iudicamus. Quocirca bene praecipiunt qui vetant quicquam agere, quod dubites aequum sit an iniquum: aequitas enim lucet ipsa per se, dubitatio cogitationem significat iniuriae.

X 31 Sed incidunt saepe tempora, cum ea, quae maxime videntur digna esse iusto homine, eoque quem virum bonum dicimus, commutantur fiuntque contraria, ut reddere depositum, facere promissum quaeque pertinent ad veritatem et ad fidem, ea migrare interdum et non servare fit iustum. Referri enim decet ad ea, quae posui principio fundamenta iustitiae, primum ut ne cui noceatur, deinde ut communi utilitati serviatur. Ea cum tempore commutantur, commutatur officium et non semper est idem.

32 Potest enim accidere promissum aliquod et conventum, ut id effici sit inutile vel ei cui promissum sit, vel ei, qui promiserit. Nam si, ut in fabulis est, Neptunus quod Theseo promiserat non fecisset, Theseus Hippolyto filio non esset orbatus. Ex tribus enim optatis, ut scribitur, hoc erat tertium, quod de Hippolyti interitu iratus optavit: quo impetrato in maximos luctus incidit. Nec promissa igitur servanda sunt ea, quae sint is, quibus promiseris inutilia, nec, si plus tibi ea noceant quam illi prosint cui promiseris, contra officium est maius anteponi minori, ut, si constitueris cuipiam te advocatum in rem praesentem esse venturum atque interim graviter aegrotare filius coeperit, non sit contra officium non facere quod dixeris, magisque ille, cui promissum sit, ab officio discedat, si se destitutum queratur. Iam illis promissis standum non esse quis non videt, quae coactus quis metu, quae deceptus dolo promiserit? quae quidem pleraque iure praetorio liberantur, non nulla legibus.

33 Existunt etiam saepe iniuriae calumnia quadam et nimis callida, sed malitiosa iuris interpretatione. Ex quo illud 'summum ius summa iniuria' factum est iam tritum sermone proverbium. Quo in genere etiam in re publica multa peccantur, ut ille, qui, cum triginta dierum essent cum hoste indutiae factae, noctu populabatur agros, quod dierum essent pactae, non noctium indutiae. Ne noster quidem probandus, si verum est Q. Fabium

Labeonem seu quem alium — nihil enim habeo praeter auditum — arbitrum Nolanis et Neapolitanis de finibus a senatu datum, cum ad locum venisset, cum utrisque separatim locutum, ne cupide quid agerent, ne appetenter, atque ut regredi quam progredi mallent. Id cum utrique fecissent, aliquantum agri in medio relictum est. Itaque illorum finis sic, ut ipsi dixerant, terminavit: in medio relictum quod erat populo Romano adiudicavit. Decipere hoc quidem est, non
XI iudicare. Quocirca in omni est re fugienda talis sollertia. Sunt autem quaedam officia etiam adversus eos servanda, a quibus iniuriam acceperis. Est enim ulciscendi et puniendi modus; atque haud scio an satis sit eum qui lacessierit iniuriae suae paenitere, ut et ipse ne quid tale posthac et ceteri sint ad iniuriam tardiores.

34 Atque in re publica maxime conservanda sunt iura belli. Nam cum sint duo genera decertandi, unum per disceptationem, alterum per vim, cumque illud proprium sit hominis, hoc beluarum, confugiendum est ad posterius, si uti non licet superiore.

35 Qua re suscipienda quidem bella sunt ob eam causam, ut sine iniuria in pace vivatur, parta autem victoria conservandi ei qui non crudeles in bello, non inmanes fuerunt, ut maiores nostri Tusculanos, Aequos, Volscos, Sabinos, Hernicos in civitatem etiam acceperunt, at Karthaginem et Numantiam funditus sustulerunt: nollem Corinthum, sed credo aliquid secutos, oportunitatem loci maxime, ne posset aliquando ad bellum faciendum locus ipse adhortari. Mea quidem sententia paci, quae nihil habitura sit insidiarum, semper est consulendum. In quo si mihi esset obtemper-

atum, si non optimam, at aliquam rem publicam, quae nunc nulla est, haberemus. Et cum eis, quos vi deviceris consulendum est, tum ei, qui armis positis ad imperatorum fidem confugient, quamvis murum aries percusserit, recipiendi. In quo tanto opere apud nostros iustitia culta est, ut ei, qui civitates aut nationes devictas bello in fidem recepissent, earum patroni essent more maiorum.

36 Ac belli quidem aequitas sanctissime fetiali populi Romani iure perscripta est. Ex quo intellegi potest nullum bellum esse iustum, nisi quod aut rebus repetitis geratur aut denuntiatum ante sit et indictum. [Popilius imperator tenebat provinciam, in cuius exercitu Catonis filius tiro militabat. Cum autem Popilio videretur unam dimittere legionem, Catonis quoque filium, qui in eadem legione militabat, dimisit. Sed cum amore pugnandi in exercitu remansisset, Cato ad Popilium scripsit, ut, si eum patitur in exercitu remanere, secundo eum obliget militiae sacramento: quia priore amisso iure cum hostibus pugnare non poterat. Adeo summa erat observatio in bello movendo.]

37 Marci quidem Catonis senis est epistula ad Marci filium, in qua scribit se audisse eum missum factum esse a consule cum in Macedonia bello Persico miles esset. Monet igitur ut caveat,
XII ne proelium ineat; negat enim ius esse, qui miles non sit cum hoste pugnare. Equidem etiam illud animadverto, quod, qui proprio nomine perduellis esset, is hostis vocaretur, lenitate verbi rei tristitiam mitigatam. Hostis enim apud maiores nostros is dicebatur quem nunc peregrinum dicimus. Indicant duodecim tabulae: AVT STATVS DIES

CVM HOSTE, itemque ADVERSVS HOSTEM AETERNA AVCTORITAS. Quid ad hanc mansuetudinem addi potest, eum, quicum bellum geras, tam molli nomine appellare? Quamquam id nomen durius effecit iam vetustas; a peregrino enim recessit et proprie in eo qui arma contra ferret, remansit.

38 Cum vero de imperio decertatur belloque quaeritur gloria, causas omnino subesse tamen oportet easdem, quas dixi paulo ante iustas causas esse bellorum. Sed ea bella, quibus imperii proposita gloria est, minus acerbe gerenda sunt. Ut enim cum civi aliter contendimus, si est inimicus, aliter, si competitor — cum altero certamen honoris et dignitatis est, cum altero capitis et famae —, sic cum Celtiberis, cum Cimbris bellum ut cum inimicis gerebatur, uter esset, non uter imperaret, cum Latinis Sabinis Samnitibus Poenis Pyrrho de imperio dimicabatur. Poeni foedifragi, crudelis Hannibal, reliqui iustiores. Pyrrhi quidem de captivis reddendis illa praeclara:

Nec mi aurum posco nec mi pretium dederitis;
Nec cauponantes bellum, sed belligerantes
Ferro, non auro vitam cernamus utrique.
Vosne velit an me regnare era, quidve ferat Fors,
Virtute experiamur. Et hoc simul accipe dictum:
Quorum virtuti belli Fortuna pepercit,
Eorundem libertati me parcere certumst.
Dono, ducite, doque volentibus cum magnis dis.

Regalis sane et digna Aeacidarum genere sententia.

XIII 39 Atque etiam si quid singuli temporibus adducti hosti promiserunt, est in eo ipso fides conservanda, ut primo Punico bello Regulus captus a Poenis, cum de captivis commutandis Romam missus esset iurassetque se rediturum, primum, ut venit, captivos reddendos in senatu non censuit, deinde, cum retineretur a propinquis et ab amicis, ad supplicium redire maluit quam fidem hosti datam fallere.

40 [Secundo autem Punico bello post Cannensem pugnam quos decem Hannibal Romam astrictos misit iure iurando se redituros esse nisi de redimendis eis, qui capti erant, impetrassent, eos omnes censores, quoad quisque eorum vixit, quod peierassent in aerariis reliquerunt, nec minus illum, qui iure iurando fraude culpam invenerat. Cum enim Hannibalis permissu exisset de castris, rediit paulo post, quod se oblitum nescio quid diceret. Deinde egressus e castris iure iurando se solutum putabat, et erat verbis, re non erat. Semper autem in fide quid senseris, non quid dixeris, cogitandum. Maximum autem exemplum est iustitiae in hostem a maioribus nostris constitutum, cum a Pyrrho perfuga senatui est pollicitus se venenum regi daturum et eum necaturum: senatus et C. Fabricius perfugam Pyrrho dedit. Ita ne hostis quidem et potentis et bellum ultro inferentis interitum cum scelere approbavit.]

41 Ac de bellicis quidem officis satis dictum est. Meminerimus autem etiam adversus infimos iustitiam esse servandam. Est autem infima condicio et fortuna servorum, quibus non male praecipiunt, qui ita iubent uti ut mercennariis: operam exigendam, iusta praebenda. Cum autem duobus modis, id est aut vi aut fraude, fiat

iniuria, fraus quasi vulpeculae, vis leonis videtur: utrumque homine alienissimum, sed fraus odio digna maiore. Totius autem iniustitiae nulla capitalior est quam eorum, qui tum, cum maxime fallunt, id agunt ut viri boni esse videantur. De iustitia satis dictum.

XIV 42 Deinceps, ut erat propositum, de beneficentia ac de liberalitate dicatur, qua quidem nihil est naturae hominis accommodatius, sed habet multas cautiones. Videndum est enim, primum ne obsit benignitas et eis ipsis, quibus benigne videbitur fieri, et ceteris, deinde ne maior benignitas sit, quam facultates, tum ut pro dignitate cuique tribuatur. Id enim est iustitiae fundamentum, ad quam haec referenda sunt omnia. Nam et qui gratificantur cuipiam, quod obsit illi, cui prodesse velle videantur, non benefici neque liberales, sed perniciosi adsentatores iudicandi sunt; et qui aliis nocent, ut in alios liberales sint, in eadem sunt iniustitia, ut si in suam rem aliena convertant.

43 Sunt autem multi et quidem cupidi splendoris et gloriae, qui eripiunt aliis, quod aliis largiantur, ique arbitrantur se beneficos in suos amicos visum iri, si locupletent eos quacumque ratione. Id autem tantum abest ab officio, ut nihil magis officio possit esse contrarium. Videndum est igitur, ut ea liberalitate utamur. quae prosit amicis, noceat nemini. Quare L. Sullae, C. Caesaris pecuniarum translatio a iustis dominis ad alienos non debet liberalis videri. Nihil est enim liberale, quod non idem iustum.

44 Alter locus erat cautionis, ne benignitas maior esset quam facultates, quod qui benigniores volunt esse quam res patitur, primum in eo peccant, quod iniuriosi sunt in proximos; quas enim copias his et suppeditari aequius est et relinqui eas transferunt ad alienos. Inest autem in tali liberalitate cupiditas plerumque rapiendi et auferendi per iniuriam, ut ad largiendum suppetant copiae. Videre etiam licet plerosque non tam natura liberales quam quadam gloria ductos, ut benefici videantur facere multa, quae proficisci ab ostentatione magis quam a voluntate videantur. Talis autem simulatio vanitati est coniunctior quam aut liberalitati aut honestati.

45 Tertium est propositum, ut in beneficentia dilectus esset dignitatis; in quo et mores eius erunt spectandi, in quem beneficium conferetur, et animus erga nos et communitas ac societas vitae et ad nostras utilitates officia ante collata; quae ut concurrant omnia, optabile est: si minus, plures causae maioresque ponderis plus habebunt.

XV 46 Quoniam autem vivitur non cum perfectis hominibus planeque sapientibus, sed cum eis, in quibus praeclare agitur, si sunt simulacra virtutis, etiam hoc intellegendum puto, neminem omnino esse neglegendum, in quo aliqua significatio virtutis appareat, colendum autem esse ita quemque maxime, ut quisque maxime virtutibus his lenioribus erit ornatus, modestia, temperantia, hac ipsa, de qua multa iam dicta sunt, iustitia. Nam fortis animus et magnus in homine non perfecto nec sapiente ferventior plerumque est, illae virtutes bonum virum videntur potius attingere. Atque haec in moribus.

47 De benivolentia autem, quam quisque habeat erga nos, primum illud est in officio, ut ei plurimum tribuamus, a quo plurimum diligamur, sed benivolentiam non adulescentulorum more ardore quodam amoris, sed stabilitate potius et constantia iudicemus. Sin erunt merita, ut non ineunda, sed referenda sit gratia, maior quaedam cura adhibenda est; nullum enim officium referenda gratia magis necessarium est.

48 Quod si ea quae utenda acceperis maiore mensura, si modo possis, iubet reddere Hesiodus, quidnam beneficio provocati facere debemus? An imitari agros fertiles, qui multo plus efferunt, quam acceperunt? Etenim si in eos, quos speramus nobis profuturos, non dubitamus, officia conferre, quales in eos esse debemus, qui iam profuerunt? Nam cum duo genera liberalitatis sint, unum dandi beneficii, alterum reddendi, demus necne in nostra potestate est, non reddere viro bono non licet, modo id facere possit sine iniuria.

49 Acceptorum autem beneficiorum sunt dilectus habendi: nec dubium quin maximo cuique plurimum debeatur. In quo tamen in primis, quo quisque animo studio benivolentia fecerit, ponderandum est. Multi enim faciunt multa temeritate quadam sine iudicio vel morbo in omnes vel repentino quodam, quasi vento impetu animi incitati: quae beneficia aeque magna non sunt habenda atque ea, quae iudicio, considerate constanterque delata sunt. Sed in collocando beneficio et in referenda gratia, si cetera paria sunt,

hoc maxime offici est, ut quisque maxime opis indigeat, ita ei potissimum opitulari: quod contra fit a plerisque. A quo enim plurimum sperant, etiam si ille eis non eget, tamen ei potissimum inserviunt.

XVI 50 Optime autem societas hominum coniunctioque servabitur, si, ut quisque erit coniunctissimus, ita in eum benignitatis plurimum conferetur. Sed, quae naturae principia sint communitatis et societatis humanae, repetendum videtur altius. Est enim primum, quod cernitur in universi generis humani societate. Eius autem vinculum est ratio et oratio, quae docendo, discendo, communicando, disceptando iudicando conciliat inter se homines coniungitque naturali quadam societate, neque ulla re longius absumus a natura ferarum, in quibus inesse fortitudinem saepe dicimus, ut in equis in leonibus; iustitiam aequitatem bonitatem non dicimus: sunt enim rationis et orationis expertes.

51 Ac latissime quidem patens hominibus inter ipsos, omnibus inter omnes societas haec est; in qua omnium rerum, quas ad communem hominum usum natura genuit, est servanda communitas; ut, quae discripta sunt legibus et iure civili, haec ita teneantur, ut sit constitutum legibus ipsis, cetera sic observentur, ut in Graecorum proverbio est, 'amicorum esse communia omnia.' Omnium autem communia hominum videntur ea, quae sunt generis eius, quod ab Ennio positum in una re transferri in multas potest:

Homó, qui erranti comiter monstrat viam,
Quasi lúmen de suo lúmine accendát, facit.

Nihilo minus ipsi lúcet, cum illi accénderit.

Una ex re satis praecipit ut, quidquid sine detrimento commodari possit, id tribuatur vel ignoto.

52 Ex quo sunt illa communia: 'non prohibere aqua profluente, pati ab igne ignem capere, si qui velit, consilium fidele deliberanti dare': quae sunt iis utilia qui accipiunt, danti non molesta. Qua re et his utendum est et semper aliquid ad communem utilitatem afferendum. Sed quoniam copiae parvae singulorum sunt, eorum autem qui his egeant infinita est multitudo, vulgaris liberalitas referenda est ad illum Ennii finem 'nihilominus ipsi lucet,' ut facultas sit, qua in nostros simus liberales.

XVII 53 Gradus autem plures sunt societatis hominum. Ut enim ab illa infinita discedatur, proprior est eiusdem gentis, nationis, linguae, qua maxime homines coniunguntur; interius etiam est eiusdem esse civitatis. Multa enim sunt civibus inter se communia: forum fana, porticus viae, leges iura, iudicia suffragia, consuetudines praeterea et familiaritates multisque cum multis res rationesque contractae. Artior vero colligatio est societatis propinquorum: ab illa enim inmensa societate humani generis in exiguum angustumque concluditur.

54 Nam cum sit hoc natura commune animantium, ut habeant libidinem procreandi, prima societas in ipso coniugio est, proxima in liberis, deinde una domus, communia omnia. id autem

est principium urbis et quasi seminarium rei publicae. Sequuntur fratrum coniunctiones, post consobrinorum sobrinorumque, qui cum una domo iam capi non possint, in alias domos tamquam in colonias exeunt. Sequuntur conubia et affinitates ex quibus etiam plures propinqui. quae propagatio et suboles origo est rerum publicarum. Sanguinis autem coniunctio et benivolentia devincit homines [*et*] caritate.

55 Magnum est enim eadem habere monumenta maiorum, eisdem uti sacris, sepulchra habere communia. Sed omnium societatum nulla praestantior est, nulla firmior, quam cum viri boni moribus similes sunt familiaritate coniuncti. Illud enim honestum, quod saepe dicimus, etiam si in alio cernimus, tamen nos movet atque illi in quo id inesse videtur, amicos facit.]

56 Et quamquam omnis virtus nos ad se allicit facitque ut eos diligamus in quibus ipsa inesse videatur, tamen iustitia et liberalitas id maxime efficit. Nihil autem est amabilius nec copulatius quam morum similitudo bonorum. In quibus enim eadem studia sunt, eaedem voluntates, in eis fit, ut aeque quisque altero delectetur ac se ipso, efficiturque id, quod Pythagoras vult in amicitia, ut unus fiat ex pluribus. Magna etiam illa communitas est, quae conficitur ex beneficiis ultro et citro datis acceptis, quae et mutua et grata dum sunt, inter quos ea sunt, firma devinciuntur societate.

57 Sed cum omnia ratione animoque lustraris, omnium societatum nulla est gravior, nulla carior quam ea, quae cum re

publica est uni cuique nostrum. Cari sunt parentes, cari liberi propinqui familiares, sed omnes omnium caritates patria una complexa est, pro qua quis bonus dubitet mortem oppetere, si ei sit profuturus? Quo est detestabilior istorum immanitas, qui lacerarunt omni scelere patriam et in ea funditus delenda occupati et sunt et fuerunt.

58 Sed si contentio quaedam et comparatio fiat, quibus plurimum tribuendum sit offici, principes sint patria et parentes, quorum beneficiis maximis obligati sumus, proximi liberi totaque domus, quae spectat in nos solos neque aliud ullum potest habere perfugium, deinceps bene convenientes propinqui, quibuscum communis etiam fortuna plerumque est. Quam ob rem necessaria praesidia vitae debentur eis maxime quos ante dixi, vita autem victusque communis, consilia sermones, cohortationes consolationes, interdum etiam obiurgationes in amicitiis vigent maxime, estque ea iucundissima amicitia quam similitudo morum coniugavit.

XVIII 59 Sed in his omnibus officis tribuendis videndum erit, quid cuique maxime necesse sit et quid quisque vel sine nobis aut possit consequi aut non possit. Ita non eidem erunt necessitudinum gradus qui temporum, suntque officia quae aliis magis quam aliis debeantur, ut vicinum citius adiuveris in fructibus percipiendis quam aut fratrem aut familiarem; at, si lis in iudicio sit, propinquum potius et amicum quam vicinum defenderis. Haec igitur et talia circumspicienda sunt in omni officio [et consuetudo exercitatioque capienda], ut boni ratiocinatores officiorum esse possimus et addendo deducendoque videre, quae reliqui summa fiat, ex quo quantum cuique debeatur intellegas.

60 Sed ut nec medici nec imperatores nec oratores quamvis artis praecepta perceperint, quicquam magna laude dignum sine usu et exercitatione consequi possunt, sic offici conservandi praecepta traduntur illa quidem, ut facimus ipsi, sed rei magnitudo usum quoque exercitationemque desiderat. Atque ab eis rebus, quae sunt in iure societatis humanae, quem ad modum ducatur honestum, ex quo aptum est officium, satis fere diximus.

61 Intellegendum autem est, cum proposita sint genera quattuor, e quibus honestas officiumque manaret, splendidissimum videri, quod animo magno elatoque humanasque res despiciente factum sit. Itaque in probris maxime in promptu est, si quid tale dici potest:

Vós enim, iuvenes, ánimum geritis múliebrem,
ílla virgó viri,

et si quid eiusmodi:

Salmácida, spolia síne sudore et sánguine.

Contraque in laudibus, quae magno animo et fortiter excellenterque gesta sunt, ea nescio quo modo quasi pleniore ore laudamus. Hinc rhetorum campus de Marathone Salamine Plataeis

Thermopylis, Leuctris, hinc noster Cocles, hinc Decii, hinc Cn. et P. Scipiones, hinc M. Marcellus, innumerabiles alii, maximeque ipse populus Romanus animi magnitudine excellit. Declaratur autem studium bellicae gloriae, quod statuas quoque videmus ornatu fere militari.

XIX 62 Sed ea animi elatio, quae cernitur in periculis et laboribus, si iustitia vacat pugnatque non pro salute communi, sed pro suis commodis, in vitio est: non modo enim id virtutis non est, sed est potius immanitatis omnem humanitatem repellentis. Itaque probe definitur a Stoicis fortitudo, cum eam virtutem esse dicunt propugnantem pro aequitate. Quocirca nemo, qui fortitudinis gloriam consecutus est insidiis et malitia, laudem est adeptus: nihil enim honestum esse potest, quod iustitia vacat.

63 Praeclarum igitur illud Platonis: 'Non,' inquit, 'solum scientia, quae est remota ab iustitia, calliditas potius quam sapientia est appellanda, verum etiam animus paratus ad periculum, si sua cupiditate, non utilitate communi impellitur, audaciae potius nomen habeat, quam fortitudinis.' Itaque viros fortes et magnanimos eosdem bonos et simplices, veritatis amicos minimeque fallaces esse volumus: quae sunt ex media laude iustitiae.

64 Sed illud odiosum est, quod in hac elatione et magnitudine animi facillime pertinacia et nimia cupiditas principatus innascitur. Ut enim apud Platonem est, 'omnem morem Lacedaemoniorum inflammatum esse cupiditate vincendi,' sic, ut

quisque animi magnitudine maxime excellet, ita maxime vult princeps omnium vel potius solus esse. Difficile autem est, cum praestare omnibus concupieris, servare aequitatem, quae est iustitiae maxime propria. Ex quo fit ut neque disceptatione vinci se nec ullo publico ac legitimo iure patiantur, existuntque in re publica plerumque largitores et factiosi, ut opes quam maximas consequantur et sint vi potius superiores quam iustitia pares. Sed quo difficilius, hoc praeclarius. Nullum est enim tempus, quod iustitia vacare debeat.

65 Fortes igitur et magnanimi sunt habendi non qui faciunt, sed qui propulsant iniuriam. Vera autem et sapiens animi magnitudo honestum illud, quod maxime natura sequitur, in factis positum, non in gloria iudicat principemque se esse mavult quam videri. Etenim qui ex errore imperitae multitudinis pendet, hic in magnis viris non est habendus. Facillime autem ad res iniustas impellitur, ut quisque altissimo animo est, gloriae cupiditate: qui locus est sane lubricus, quod vix invenitur, qui laboribus susceptis periculisque aditis non quasi mercedem rerum gestarum desideret gloriam.

XX 66 Omnino fortis animus et magnus duabus rebus maxime cernitur, quarum una in rerum externarum despicientia ponitur, cum persuasum est nihil hominem nisi quod honestum decorumque sit aut admirari aut optare aut expetere oportere, nullique neque homini neque perturbationi animi nec fortunae succumbere. Altera est res, ut, cum ita sis affectus animo, ut supra dixi, res geras magnas illas quidem et maxume utiles, sed [ut] vehementer arduas plenasque laborum et periculorum cum vitae, tum multarum rerum, quae ad vitam pertinent.

67 Harum rerum duarum splendor omnis, amplitudo, addo etiam utilitatem, in posteriore est, causa autem et ratio efficiens magnos viros in priore. In eo est enim illud, quod excellentes animos et humana contemnentes facit. Id autem ipsum cernitur in duobus, si et solum id, quod honestum sit, bonum iudices et ab omni animi perturbatione liber sis. Nam et ea, quae eximia plerisque et praeclara videntur, parva ducere eaque ratione stabili firmaque contemnere fortis animi magnique ducendum est, et ea, quae videntur acerba, quae multa et varia in hominum vita fortunaque versantur, ita ferre ut nihil a statu naturae discedas, nihil a dignitate sapientis. robusti animi est magnaeque constantiae.

68 Non est autem consentaneum, qui metu non frangatur, eum frangi cupiditate, nec qui invictum se a labore praestiterit, vinci a voluptate. Quam ob rem et haec vitanda et pecuniae fugienda cupiditas; nihil enim est tam angusti animi tamque parvi quam amare divitias, nihil honestius magnificentiusque quam pecuniam contemnere, si non habeas, si habeas, ad beneficentiam liberalitatemque conferre. Cavenda etiam est gloriae cupiditas, ut supra dixi; eripit enim libertatem, pro qua magnanimis viris omnis debet esse contentio. Nec vero imperia expetenda ac potius aut non accipienda interdum aut deponenda non numquam.

69 Vacandum autem omni est animi perturbatione, cum cupiditate et metu, tum etiam aegritudine et voluptate nimia et iracundia, ut tranquillitas animi et securitas adsit, quae affert cum constantiam tum etiam dignitatem. Multi autem et sunt et fuerunt, qui eam quam dico tranquillitatem expetentes a negotiis publicis se removerint ad otiumque perfugerint: in his et nobilissimi philosophi longeque principes et quidam homines severi et graves nec populi nec principum mores ferre potuerunt vixeruntque non nulli in agris delectati re sua familiari.

70 His idem propositum fuit quod regibus, ut ne qua re egerent, ne cui parerent, libertate uterentur, cuius proprium est sic
XXI vivere, ut velis. Quare cum hoc commune sit potentiae cupidorum cum eis, quos dixi, otiosis, alteri se adipisci id posse arbitrantur, si opes magnas habeant, alteri, si contenti sint et suo et parvo. In quo neutrorum omnino contemnenda sententia est, sed et facilior et tutior et minus aliis gravis aut molesta vita est otiosorum, fructuosior autem hominum generi et ad claritatem amplitudinemque aptior eorum, qui se ad rem publicam et ad magnas res gerendas accomodaverunt.

71 Quapropter et eis forsitan concedendum sit rem publicam non capessentibus, qui excellenti ingenio doctrinae sese dediderunt, et eis qui aut valitudinis imbecillitate aut aliqua graviore causa impediti a re publica recesserunt, cum eius administrandae potestatem aliis laudemque concederent. Quibus autem talis nulla sit causa, si despicere se dicant ea, quae plerique mirentur, imperia

et magistratus, eis non modo non laudi, verum etiam vitio dandum puto. Quorum iudicium in eo, quod gloriam contemnant et pro nihilo putent, difficile factu est non probare; sed videntur labores et molestias, tum offensionum et repulsarum quasi quandam ignominiam timere et infamiam. Sunt enim, qui in rebus contrariis parum sibi constent, voluptatem severissime contemnant, in dolore sint molliores, gloriam neglegant, frangantur infamia, atque ea quidem non satis constanter.

72 Sed eis qui habent a natura adiumenta rerum gerendarum, abiecta omni cunctatione adipiscendi magistratus et gerenda res publica est; nec enim aliter aut regi civitas aut declarari animi magnitudo potest. Capessentibus autem rem publicam nihilo minus quam philosophis, haud scio an magis etiam, et magnificentia et despicientia adhibenda est rerum humanarum, quam saepe dico, et tranquillitas animi atque securitas, si quidem nec anxii futuri sunt et cum gravitate constantiaque victuri.

73 Quae faciliora sunt philosophis, quo minus multa patent in eorum vita, quae fortuna feriat, et quo minus multis rebus egent, et quia, si quid adversi eveniat, tam graviter cadere non possunt. Quocirca non sine causa maiores motus animorum concitantur maioraque cura efficiendi rem publicam gerentibus quam quietis, quo magis eis magnitudo est animi adhibenda et vacuitas ab angoribus. Ad rem gerendam autem qui accedit caveat ne id modo consideret, quam illa res honesta sit, sed etiam ut habeat efficiendi facultatem: in quo ipso considerandum est ne aut temere desperet

propter ignaviam aut nimis confidat propter cupiditatem. In omnibus autem negotiis, priusquam adgrediare, adhibenda est praeparatio diligens.

XXII 74 Sed cum plerique arbitrentur res bellicas maiores esse quam urbanas, minuenda est haec opinio. Multi enim bella saepe quaesiverunt propter gloriae cupiditatem, atque id in magnis animis ingeniisque plerumque contingit eoque magis, si sunt ad rem militarem apti et cupidi bellorum gerendorum: Vere autem si volumus iudicare, multae res extiterunt urbanae maiores clarioresque quam bellicae.

75 Quamvis enim Themistocles iure laudetur et sit eius nomen quam Solonis illustrius citeturque Salamis clarissimae testis victoriae, quae anteponatur consilio Solonis ei quo primum constituit Areopagitas, non minus praeclarum hoc quam illud iudicandum est. Illud enim semel profuit, hoc semper proderit civitati; hoc consilio leges Atheniensium, hoc maiorum instituta servantur. Et Themistocles quidem nihil dixerit, in quo ipse Areopagum adiuverit, at ille vere a se adiutum Themistoclem; est enim bellum gestum consilio senatus eius, qui a Solone erat constitutus.

76 Licet eadem de Pausania Lysandroque dicere, quorum rebus gestis quamquam imperium Lacedaemoniis *dilatatum* putatur, tamen ne minima quidem ex parte Lycurgi legibus et disciplinae conferendi sunt. Quin etiam ob has ipsas causas et parentiores habuerunt exercitus et fortiores. Mihi quidem neque pueris

nobis M. Scaurus C. Mario neque, cum versaremur in re publica, Q. Catulus Cn. Pompeio cedere videbatur; parvi enim sunt foris arma, nisi est consilium domi. Nec plus Africanus, singularis et vir et imperator, in exscindenda Numantia rei publicae profuit quam eodem tempore P. Nasica privatus, cum Ti. Gracchum interemit. Quamquam haec quidem res non solum ex domestica est ratione — attingit etiam bellicam, quoniam vi manuque confecta est — sed tamen id ipsum est gestum consilio urbano sine exercitu.

77 Illud autem optimum est, in quod invadi solere ab improbis et invidis audio:

Cedant arma togae, concedat laurea laudi.

Ut enim alios omittam, nobis rem publicam gubernantibus nonne togae arma cesserunt? Neque enim periculum in republica fuit gravius umquam nec maius otium: ita consiliis diligentiaque nostra celeriter de manibus audacissimorum civium delapsa arma ipsa ceciderunt. Quae res igitur gesta umquam in bello tanta? qui triumphus conferendus?

78 Licet enim mihi, M. fili, apud te gloriari, ad quem et hereditas huius gloriae et factorum imitatio pertinet. Mihi quidem certe vir abundans bellicis laudibus, Cn. Pompeius, multis audientibus hoc tribuit, ut diceret frustra se triumphum tertium deportaturum fuisse, nisi meo in rem publicam beneficio ubi triumpharet, esset habiturus. Sunt igitur domesticae fortitudines non inferiores

militaribus: in quibus plus etiam, quam in his operae studiique ponendum est.

XXIII 79 Omnino illud honestum, quod ex animo excelso magnificoque quaerimus, animi efficitur, non corporis viribus. Exercendum tamen corpus et ita afficiendum est, ut oboedire consilio rationique possit in exsequendis negotiis et in labore tolerando. Honestum autem id, quod exquirimus, totum est positum in animi cura et cogitatione; in quo non minorem utilitatem afferunt, qui togati rei publicae praesunt, quam qui bellum gerunt. Itaque eorum consilio saepe aut non suscepta aut confecta bella sunt, non numquam etiam inlata, ut M. Catonis bellum tertium Punicum, in quo etiam mortui valuit auctoritas.

80 Qua re expetenda quidem magis est decernendi ratio quam decertandi fortitudo, sed cavendum, ne id bellandi magis fuga quam utilitatis ratione faciamus. Bellum autem ita suscipiatur, ut nihil aliud nisi pax quaesita videatur. Fortis vero animi et constantis est non perturbari in rebus asperis nec tumultuantem de gradu deici, ut dicitur, sed praesenti animo uti et consilio nec a ratione discedere.

81 Quamquam hoc animi, illud etiam ingenii magni est, praecipere cogitatione futura et aliquanto ante constituere, quid accidere possit in utramque partem et quid agendum sit, cum quid evenerit, nec committere ut aliquando dicendum sit 'Non putaram.' Haec sunt opera magni animi et excelsi et prudentia con-

silioque fidentis; temere autem in acie versari et manu cum hoste confligere immane quiddam et beluarum simile est; sed cum tempus necessitasque postulat, decertandum manu est et mors servituti turpitudinique anteponenda.

XXIV 82 [De evertendis autem diripiendisque urbibus valde considerandum est, ne quid temere, ne quid crudeliter. Idque est viri magni, rebus agitatis punire sontes, multitudinem conservare, in omni fortuna recta atque honesta retinere.] Ut enim sunt, quem admodum supra dixi, qui urbanis rebus bellicas anteponant, sic reperias multos, quibus periculosa et calida consilia quietis et cogitatis et splendidiora et maiora videantur.

83 Numquam omnino periculi fuga committendum est, ut inbelles timidique videamur, sed fugiendum illud etiam, ne offeramus nos periculis sine causa, quo esse nihil potest stultius. Quapropter in adeundis periculis consuetudo imitanda medicorum est, qui leviter aegrotantes leniter curant, gravioribus autem morbis periculosas curationes et ancipites adhibere coguntur. Quare in tranquillo tempestatem adversam optare dementis est, subvenire autem tempestati quavis ratione sapientis, eoque magis, si plus adipiscare re explicata boni quam addubitata mali. Periculosae autem rerum actiones partim iis sunt, qui eas suscipiunt, partim rei publicae. Itemque alii de vita, alii de gloria et benivolentia civium in discrimen vocantur. Promptiores igitur debemus esse ad nostra pericula quam ad communia dimicareque paratius de honore et gloria quam de ceteris commodis.

84 Inventi autem multi sunt, qui non modo pecuniam sed etiam vitam profundere pro patria parati essent, idem gloriae iacturam ne minimam quidem facere vellent, ne re publica quidem postulante, ut Callicratidas, qui, cum Lacedaemoniorum dux fuisset Peloponnesiaco bello multaque fecisset egregie, vertit ad extremum omnia, cum consilio non paruit eorum, qui classem ab Arginusis removendam nec cum Atheniensibus dimicandum putabant. Quibus ille respondit Lacedaemonios classe illa amissa aliam parare posse, se fugere sine suo dedecore non posse. Atque haec quidem Lacedaemoniis plaga mediocris, illa pestifera, qua, cum Cleombrotus invidiam timens temere cum Epaminonda conflixisset, Lacedaemoniorum opes corruerunt. Quanto Q. Maximus melius! de quo Ennius:

Unus homo nobis cunctando restituit rem.
noenum rumores ponebat ante salutem.
ergo postque magisque viri nunc gloria claret.

Quod genus peccandi vitandum est etiam in rebus urbanis. Sunt enim qui quod sentiunt, etsi optimum sit, tamen invidiae metu non audeant dicere.

XXV 85 Omnino qui rei publicae praefuturi sunt duo Platonis praecepta teneant: unum, ut utilitatem civium sic tueantur, ut, quaecumque agunt, ad eam referant obliti commodorum suorum; alterum ut totum corpus rei publicae curent, ne, dum partem aliquam tuentur, reliquas deserant. Ut enim tutela, sic procuratio rei publicae ad utilitatem eorum qui commissi sunt, non ad eorum, quibus commissa est, gerenda est. Qui autem parti civium consulunt, partem neglegunt, rem perniciosissimam in civitatem inducunt, seditionem atque discordiam: ex quo evenit, ut alii populares, alii studiosi optimi cuiusque videantur, pauci universorum.

86 Hinc apud Athenienses magnae discordiae, in nostra re publica non solum seditiones, sed etiam pestifera bella civilia: quae gravis et fortis civis et in re publica dignus principatu fugiet atque oderit, tradetque se totum rei publicae neque opes aut potentiam consectabitur totamque eam sic tuebitur, ut omnibus consulat. Nec vero criminibus falsis in odium aut invidiam quemquam vocabit, omninoque ita iustitiae honestatique adhaerescet, ut, dum ea conservet, quamvis graviter offendat mortemque oppetat potius quam deserat illa, quae dixi.

87 Miserrima omnino est ambitio honorumque contentio, de qua praeclare apud eundem est Platonem 'similiter facere eos, qui inter se contenderent, uter potius rem publicam administraret, ut si nautae certarent, quis eorum potissimum gubernaret.' Idemque praecipit ut 'eos adversarios existimemus qui arma contra ferant, non eos qui suo iudicio tueri rem publicam velint,' qualis fuit inter P. Africanum et Q. Metellum sine acerbitate dissensio.

88 Nec vero audiendi, qui graviter inimicis irascendum putabunt idque magnanimi et fortis viri esse censebunt; nihil enim laudabilius, nihil magno et praeclaro viro dignius placabilitate

atque clementia. In liberis vero populis et in iuris aequabilitate exercenda etiam est facilitas et altitudo animi quae dicitur, ne, si irascamur aut intempestive accedentibus aut impudenter rogantibus, in morositatem inutilem et odiosam incidamus Et tamen ita probanda est mansuetudo atque clementia, ut adhibeatur rei publicae causa severitas, sine qua administrari civitas non potest. omnis autem et animadversio et castigatio contumelia vacare debet neque ad eius, qui punitur aliquem aut verbis castigat, sed ad rei publicae utilitatem referri.

89 Cavendum est etiam ne maior poena quam culpa sit et ne eisdem de causis alii plectantur, alii ne appellentur quidem. prohibenda autem maxime est ira in poeniendo; numquam enim, iratus qui accedet ad poenam, mediocritatem illam tenebit, quae est inter nimium et parum, quae placet Peripateticis et recte placet, modo ne laudarent iracundiam et dicerent utiliter a natura datam. Illa vero omnibus in rebus repudianda est optandumque, ut ei, qui praesunt rei publicae, legum similes sint, quae ad puniendum non iracundia sed aequitate ducuntur.

XXVI 90 Atque etiam in rebus prosperis et ad voluntatem nostram fluentibus superbiam magnopere, et fastidium arrogantiamque fugiamus. Nam ut adversas res, sic secundas inmoderate ferre levitatis est, praeclaraque est aequabilitas in omni vita et idem semper vultus eademque frons, ut de Socrate itemque de C. Laelio accepimus. Philippum quidem Macedonum regem rebus gestis et gloria superatum a filio, facilitate et humanitate video superiorem fuisse. Itaque alter semper magnus, alter saepe turpissimus, ut recte praecipere videantur qui monent, ut, quanto superiores simus, tanto nos geramus summissius. Panaetius quidem Africanum auditorem et familiarem suum solitum ait dicere, 'ut equos propter crebras contentiones proeliorum ferocitate exultantes domitoribus tradere soleant, ut eis facilioribus possint uti, sic homines secundis rebus ecfrenatos sibique praefidentes tamquam in gyrum rationis et doctrinae duci oportere, ut perspicerent rerum humanarum imbecillitatem varietatemque fortunae.'

91 Atque etiam in secundissimis rebus maxime est utendum consilio amicorum eisque maior etiam quam ante tribuenda auctoritas. Eisdemque temporibus cavendum est ne assentatoribus patefaciamus aures neve adulari nos sinamus, in quo falli facile est. Tales enim nos esse putamus, ut iure laudemur: ex quo nascuntur innumerabilia peccata, cum homines inflati opinionibus turpiter irridentur et in maximis versantur erroribus.

92 sed haec quidem hactenus. Illud autem sic est iudicandum, maximas geri res et maximi animi ab eis, qui res publicas regant, quod earum administratio latissime pateat ad plurimosque pertineat, esse autem magni animi et fuisse multos etiam in vita otiosa, qui aut investigarent aut conarentur magna quaedam seseque suarum rerum finibus continerent aut interiecti inter philosophos et eos qui rem publicam administrarent, delectarentur re sua familiari, non eam quidem omni ratione exaggerantes neque excludentes ab eius usu suos potiusque et amicis impertientes et rei publicae, si

quando usus esset. Quae primum bene parta sit nullo neque turpi quaestu neque odioso, deinde augeatur ratione, diligentia, parsimonia tum quam plurimis, modo dignis, se utilem praebeat nec libidini potius luxuriaeque quam liberalitati et beneficentiae pareat. Haec praescripta servantem licet magnifice, graviter animoseque vivere atque etiam simpliciter, fideliter, + vere hominum amice.

XXVII 93 Sequitur ut de una reliqua parte honestatis dicendum sit, in qua verecundia et quasi quidam ornatus vitae, temperantia et modestia omnisque sedatio perturbationum animi et rerum modus cernitur. Hoc loco continetur id, quod dici Latine decorum potest; Graece enim *πρέπον* dicitur. Huius vis ea est, ut ab honesto non queat separari.

94 Nam et quod decet honestum est et quod honestum est decet. Qualis autem differentia sit honesti et decori, facilius intellegi quam explanari potest. Quicquid est enim, quod deceat, id tum apparet, cum antegressa est honestas. Itaque non solum in hac parte honestatis, de qua hoc loco disserendum est, sed etiam in tribus superioribus quid deceat apparet. Nam et ratione uti atque oratione prudenter et agere quod agas considerate omnique in re quid sit veri videre et tueri decet, contraque falli, errare, labi decipi tam dedecet quam delirare et mente esse captum; et iusta omnia decora sunt, iniusta contra, ut turpia, sic indecora. Similis est ratio fortitudinis. Quod enim viriliter animoque magno fit, id dignum viro et decorum videtur, quod contra, id ut turpe sic indecorum.

95 Quare pertinet quidem ad omnem honestatem hoc, quod dico, decorum, et ita pertinet, ut non recondita quadam ratione cernatur, sed sit in promptu. est enim quiddam, idque intellegitur in omni virtute, quod deceat; quod cogitatione magis a virtute potest quam re separari. Ut venustas et pulchritudo corporis secerni non potest a valitudine, sic hoc, de quo loquimur, decorum totum illud quidem est cum virtute confusum, sed mente et cogitatione distinguitur.

96 Est autem eius discriptio duplex: nam et generale quoddam decorum intellegimus, quod in omni honestate versatur, et aliud huic subiectum, quod pertinet ad singulas partes honestatis. Atque illud superius sic fere definiri solet, 'decorum id esse, quod consentaneum sit hominis excellentiae in eo, in quo natura eius a reliquis animantibus differat.' Quae autem pars subiecta generi est, eam sic definiunt, ut 'id decorum velint esse, quod ita naturae consentaneum sit, ut in eo moderatio et temperantia appareat cum specie quadam liberali.'

XXVIII 97 Haec ita intellegi possumus existimare ex eo decoro, quod poetae sequuntur, de quo alio loco plura dici solent. Sed tum servare illud poetas, quod deceat, dicimus, cum id quod quaque persona dignum est, et fit et dicitur, ut si Aeacus aut Minos diceret:

óderint, dum métuant, aut:
natís sepulchro ipse ést parens,

indecorum videretur, quod eos fuisse iustos accepimus: at Atreo dicente plausus excitantur: est enim digna persona oratio. Sed poetae quid quemque deceat, ex persona iudicabunt. Nobis autem personam imposuit ipsa natura magna cum excellentia praestantiaque animantium reliquarum.

98 Quocirca poëtae in magna varietate personarum etiam vitiosis quid conveniat et quid deceat videbunt, nobis autem cum a natura constantiae, moderationis, temperantiae, verecundiae partes datae sint cumque eadem natura doceat non neglegere, quem admodum nos adversus homines geramus, efficitur ut et illud, quod ad omnem honestatem pertinet, decorum quam late fusum sit appareat et hoc, quod spectatur in uno quoque genere virtutis. Ut enim pulchritudo corporis apta compositione membrorum movet oculos et delectat hoc ipso, quod inter se omnes partes cum quodam lepore consentiunt, sic hoc decorum, quod elucet in vita, movet approbationem eorum, quibuscum vivitur, ordine et constantia et moderatione dictorum omnium atque factorum.

99 Adhibenda est igitur quaedam reverentia adversus homines et optimi cuiusque et reliquorum. Nam neglegere, quid de se quisque sentiat, non solum arrogantis est, sed etiam omnino dissoluti. Est autem quod differat in hominum ratione habenda inter iustitiam et verecundiam. Iustitiae partes sunt non violare homines, verecundiae non offendere, in quo maxime vis perspicitur decori. His igitur expositis quale sit id, quod decere dicimus, intellectum puto.

100 Officium autem, quod ab eo ducitur, hanc primum habet viam, quae deducit ad convenientiam conservationemque naturae. Quam si sequemur ducem, nunquam aberrabimus sequemurque et id, quod acutum et perspicax natura est, et id, quod ad hominum consociationem accommodatum, et id quod vehemens atque forte. Sed maxima vis decori in hac inest parte, de qua disputamus; neque enim solum corporis, qui ad naturam apti sunt, sed multo etiam magis animi motus probandi, qui item ad naturam accommodati sunt.

101 Duplex est enim vis animorum atque natura; una pars in appetitu posita est, quae est ὁρμή Graece, quae hominem huc et illuc rapit, altera in ratione, quae docet et explanat, quid faciendum fugiendumque sit. Ita fit, ut ratio praesit, appetitus
XXIX obtemperet. Omnis autem actio vacare debet temeritate et neglegentia nec vero agere quicquam, cuius non possit causam probabilem reddere: haec est enim fere discriptio offici.

102 Efficiendum autem est, ut appetitus rationi oboediant eamque neque praecurrant nec propter pigritiam aut ignaviam deserant sintque tranquilli atque omni animi perturbatione careant: ex quo elucebit omnis constantia omnisque moderatio. Nam qui appetitus longius evagantur et tamquam exultantes sive cupiendo sive fugiendo non satis a ratione retinentur, ei sine dubio finem et modum transeunt. Relinquunt enim et abiciunt oboedientiam nec rationi parent, cui sunt subiecti lege naturae: a quibus non modo animi perturbantur, sed etiam corpora. Licet ora ipsa cernere irato-

rum aut eorum, qui aut libidine aliqua aut metu commoti sunt aut voluptate nimia gestiunt: quorum omnium vultus, voces, motus statusque mutantur.

103 Ex quibus illud intellegitur, ut ad offici formam revertamur, appetitus omnes contrahendos sedandosque esse excitandamque animadversionem et diligentiam, ut ne quid temere ac fortuito, inconsiderate neglegenterque agamus. Neque enim ita generati a natura sumus, ut ad ludum et iocum facti esse videamur, ad severitatem potius et ad quaedam studia graviora atque maiora. Ludo autem et ioco uti illo quidem licet, sed sicut somno et quietibus ceteris tum, cum gravibus seriisque rebus satis fecerimus. Ipsumque genus iocandi non profusum nec immodestum, sed ingenuum et facetum esse debet. Ut enim pueris non omnem ludendi licentiam damus, sed eam, quae ab honestatis actionibus non sit aliena, sic in ipso ioco aliquod probi ingenii lumen eluceat.

104 Duplex omnino est iocandi genus: unum illiberale, petulans, flagitiosum, obscenum, alterum elegans, urbanum, ingeniosum facetum, Quo genere non modo Plautus noster et Atticorum antiqua comoedia, sed etiam philosophorum Socraticorum libri referti sunt, multaque multorum facete dicta, ut ea, quae a sene Catone collecta sunt, quae vocant *ἀπιοφθέγματα*. Facilis igitur est distinctio ingenui et illiberalis ioci. Alter est, si tempore fit, ut si remisso animo, *mango* homine dignus, alter ne libero quidem, si rerum turpitudo adhibetur verborum obscenitas. Ludendi etiam est quidam modus retinendus, ut ne nimis omnia profundamus elatique

voluptate in aliquam turpitudinem delabamur. Suppeditant autem et campus noster et studia venandi honesta exempla ludendi.

XXX 105 Sed pertinet ad omnem offici quaestionem semper in promptu habere, quantum natura hominis pecudibus reliquisque beluis antecedat. Illae nihil sentiunt nisi voluptatem ad eamque feruntur omni impetu, hominis autem mens discendo alitur et cogitando, semper aliquid aut anquirit aut agit videndique et audiendi delectatione ducitur. Quin etiam, si quis est paulo ad voluptates propensior, modo ne sit ex pecudum genere —sunt enim quidam homines non re, sed nomine— sed si quis est paulo erectior, quamvis voluptate capiatur, occultat et dissimulat appetitum voluptatis propter verecundiam.

106 Ex quo intellegitur corporis voluptatem non satis esse dignam hominis praestantia eamque contemni et reici oportere; sin sit quispiam qui aliquid tribuat voluptati, diligenter ei tenendum esse eius fruendae modum. Itaque victus cultusque corporis ad valitudinem referatur et ad vires, non ad voluptatem. Atque etiam si considerare volumus quae sit in natura excellentia et dignitas, intellegemus, quam sit turpe diffluere luxuria et delicate ac molliter vivere, quamque honestum parce, continenter, severe sobrie.

107 Intellegendum etiam est duabus quasi nos a natura indutos esse personis; quarum una communis est ex eo, quod omnes participes sumus rationis praestantiaeque eius, qua antecellimus bestiis, a qua omne honestum decorumque trahitur et ex qua ratio

inveniendi offici exquiritur, altera autem, quae proprie singulis est tributa. Ut enim in corporibus magnae dissimilitudines sunt — alios videmus velocitate ad cursum, alios viribus ad luctandum valere, itemque in formis aliis dignitatem inesse, aliis venustatem —, sic in animis existunt maiores etiam varietates.

108 Erat in L. Crasso, in L. Philippo multus lepos, maior etiam magisque de industria in C. Caesare, L. filio: at isdem temporibus in M. Scauro et in M. Druso adulescente singularis severitas, in C. Laelio multa hilaritas, in eius familiari Scipione ambitio maior, vita tristior. De Graecis autem dulcem et facetum festivique sermonis atque in omni oratione simulatorem, quem εἴρωνα Graeci nominarunt, Socratem accepimus: contra Pythagoram et Periclem summam auctoritatem consecutos sine ulla hilaritate. Callidum Hannibalem ex Poenorum, ex nostris ducibus Q. Maximum accepimus, facile celare, tacere, dissimulare, insidiari, praeripere hostium consilia. In quo genere Graeci Themistoclem et Pheraeum Iasonem ceteris anteponunt, in primisque versutum et callidum factum Solonis, qui, quo et tutior eius vita esset et plus aliquanto rei publicae prodesset, furere se simulavit.

109 Sunt his alii multum dispares, simplices et aperti, qui nihil ex occulto, nihil de insidiis agendum putant, veritatis cultores, fraudis inimici; itemque alii, qui quidvis perpetiantur, cuivis deserviant, dum quod velint consequantur, ut Sullam et M. Crassum videbamus. Quo in genere versutissimum et patientissimum Lacedaemonium Lysandrum accepimus, contraque Callicratidan,

qui praefectus classis proximus post Lysandrum fuit. Itemque in sermonibus alium quamvis praepotens sit, efficere, ut unus de multis esse videatur, quod in Catulo, et in patre et in filio, idemque in Q. Mucio, Mancia vidimus. Audivi ex maioribus natu, hoc idem fuisse in P. Scipione Nasica, contraque patrem eius, illum qui Ti. Gracchi conatus perditos vindicavit, nullam comitatem habuisse sermonis, [ne Xenocratem quidem, severissimum philosophorum,] ob eamque rem ipsam magnum et clarum fuisse. Innumerabiles aliae dissimilitudines sunt naturae morumque, minime tamen vituperandorum.

XXXI 110 Admodum autem tenenda sunt sua cuique non vitiosa, sed tamen propria, quo facilius decorum illud, quod quaerimus, retineatur. Sic enim est faciendum, ut contra universam naturam nihil contendamus, ea tamen conservata propriam nostram sequamur, ut, etiam si sint alia graviora atque meliora, tamen nos studia nostra nostrae naturae regula metiamur. Neque enim attinet naturae repugnare nec quicquam sequi, quod assequi non queas. Ex quo magis emergit, quale sit decorum illud, ideo quia nihil decet invita Minerva, ut aiunt, id est adversante et repugnante natura.

111 Omnino si quicquam est decorum, nihil est profecto magis quam aequabilitas *cum* universae vitae tum singularum actionum, quam conservare non possis, si aliorum naturam imitans, omittas tuam. Ut enim sermone eo debemus uti, qui innatus est nobis, ne, ut quidam, Graeca verba inculcantes iure optimo rideamur, sic in actiones omnemque vitam nullam discrepantiam con-

ferre debemus.

112 Atque haec differentia naturarum tantam habet vim, ut non numquam mortem sibi ipse consciscere alius debeat, alius in eadem causa non debeat. Num enim alia in causa M. Cato fuit, alia ceteri, qui se in Africa Caesari tradiderunt? atqui ceteris forsitan vitio datum esset, si se interemissent, propterea quod lenior eorum vita et mores fuerant faciliores: Catoni cum incredibilem tribuisset natura gravitatem, eamque ipse perpetua constantia roboravisset semperque in proposito susceptoque consilio permansisset, moriendum potius quam tyranni vultus aspiciendus fuit.

113 Quam multa passus est Ulixes in illo errore diuturno, cum et mulieribus, si Circe et Calypso mulieres appellandae sunt, inserviret et in omni sermone omnibus affabilem [et iocundum] esse se vellet! Domi vero etiam contumelias servorum ancillarumque pertulit, ut ad id aliquando, quod cupiebat, veniret. At Aiax, quo animo traditur, milies oppetere mortem quam illa perpeti maluisset. Quae contemplantes expendere oportebit, quid quisque habeat sui, eaque moderari nec velle experiri, quam se aliena deceant: id enim maxime quemque decet, quod est cuiusque maxime suum.

114 [Suum] quisque igitur noscat ingenium acremque se et bonorum et vitiorum suorum iudicem praebeat, ne scaenici plus quam nos videantur habere prudentiae. Illi enim non optumas, sed sibi accomodatissimas fabulas eligunt: qui voce freti sunt, Epigonos Medumque, qui gestu, Melanippam, Clytemestram; semper

Rupilius, quem ego memini, Antiopam, non saepe Aesopus Aiacem. Ergo histrio hoc videbit in scena, non videbit sapiens vir in vita? Ad quas igitur res aptissimi erimus, in eis potissimum elaborabimus. Sin aliquando necessitas nos ad ea detruserit, quae nostri ingenii non erunt, omnis adhibenda erit cura meditatio diligentia, ut ea si non decore, at quam minime indecore facere possimus. Nec tam est enitendum, ut bona, quae nobis data non sint, sequamur, quam ut vitia fugiamus.

XXXII 115 Ac duabus eis personis, quas supra dixi, tertia adiungitur, quam casus aliqui aut tempus imponit: quarta etiam, quam nobismet ipsis iudicio nostro accommodamus. Nam regna, imperia, nobilitatem, honores, divitiae, opes eaque, quae sunt his contraria, in casu sita temporibus gubernantur: ipsi autem gerere quam personam velimus, a nostra voluntate proficiscitur.

116 Itaque se alii ad philosophiam, alii ad ius civile, alii ad eloquentiam applicant, ipsarumque virtutum in alia alius mavult excellere. Quorum vero patres aut maiores aliqua gloria praestiterunt, ei student plerumque eodem in genere laudis excellere, ut Q. Mucius P. f. In iure civili, Pauli filius Africanus in re militari. Quidam autem ad eas laudes quas a patribus acceperunt, addunt aliquam suam, ut hic idem Africanus eloquentia cumulavit bellicam gloriam, quod idem fecit Timotheus, Cononis filius, qui cum belli laude non inferior fuisset quam pater, ad eam laudem doctrinae et ingenii gloriam adiecit. Fit autem interdum, ut nonnulli omissa imitatione maiorum suum quoddam institutum consequan-

tur, maximeque in eo plerumque elaborant ii, qui magna sibi proponunt obscuris orti maioribus.

117 Haec igitur omnia, cum quaerimus quid deceat, complecti animo et cogitatione debemus; in primis autem constituendum est, quos nos et quales esse velimus et in quo genere vitae: quae deliberatio est omnium difficillima. Ineunte enim adulescentia, cum est maxima inbecillitas consilii, tum id sibi quisque genus aetatis degendae constituit, quod maxime adamavit. Itaque ante implicatur aliquo certo genere cursuque vivendi quam potuit, quod optimum esset, iudicare.

118 Nam quod Herculem Prodicus dicit, ut est apud Xenophontem, cum primum pubesceret — quod tempus a natura ad deligendum, quam quisque viam vivendi sit ingressurus, datum est — exisse in solitudinem atque ibi sedentem diu secum multumque dubitasse, cum duas cerneret vias, unam Voluptatis, alteram Virtutis, utram ingredi melius esset, hoc Herculi, 'Iovis satu edito' potuit fortasse contingere, nobis non item, qui imitamur quos cuique visum est atque ad eorum studia institutaque impellimur. Plerumque autem parentium praeceptis imbuti ad eorum consuetudinem moremque deducimur. Alii multitudinis iudicio feruntur, quaeque maiori parti pulcherrima videntur, ea maxime exoptant: nonnulli tamen sive felicitate quadam sive bonitate naturae sine parentium disciplina rectam vitae secuti sunt viam.

XXXIII 119 Illud autem maxime rarum genus est eorum, qui aut excellenti ingenii magnitudine aut praeclara eruditione atque doctrina aut utraque re ornati spatium etiam deliberandi habuerunt, quem potissimum vitae cursum sequi vellent; in qua deliberatione ad suam cuiusque naturam consilium est omne revocandum. Nam cum in omnibus, quae aguntur, ex eo, quomodo quisque natus est, ut supra dictum est, quid deceat, exquirimus, tum in tota vita constituenda multo est ei rei cura maior adhibenda, ut constare in vitae perpetuitate possimus nobismet ipsis nec in ullo officio claudicare.

120 Ad hanc autem rationem quoniam maximam vim natura habet, fortuna proximam, utriusque omnino habenda ratio est in deligendo genere vitae, sed naturae magis; multo enim et firmior est et constantior, ut fortuna non numquam tamquam ipsa mortalis cum immortali natura pugnare videatur. Qui igitur ad naturae suae non vitiosae genus consilium vivendi omne contulerit, is constantiam teneat, id enim maxime decet, nisi forte se intellexerit errasse in deligendo genere vitae. Quod si acciderit—potest autem accidere—facienda morum institutorumque mutatio est. Eam mutationem si tempora adiuvabunt, facilius commodiusque faciemus: sin minus, sensim erit pedetemptimque facienda: ut amicitias, quae minus delectent et minus probentur, magis decere censent sapientes sensim diluere quam repente praecidere.

121 Commutato autem genere vitae omni ratione curandum est, ut id bono consilio fecisse videamur. Sed quoniam paulo ante dictum est imitandos esse maiores, primum illud exceptum sit ,

ne vitia sint imitanda, deinde, si natura non feret, ut quaedam imitari possit—ut superioris filius Africani, qui hunc Paulo natum adoptavit, propter infirmitatem valetudinis non tam potuit patris similis esse, quam ille fuerat sui—si igitur non poterit sive causas defensitare sive populum contionibus tenere sive bella gerere, illa tamen praestare debebit, quae erunt in ipsius potestate, iustitiam, fidem liberalitatem, modestiam temperantiam, quo minus ab eo id quod desit requiratur. Optima autem hereditas a patribus traditur liberis omnique patrimonio praestantior gloria virtutis rerumque gestarum, cui dedecori esse nefas et vitium iudicandum est.

XXXIV 122 Et quoniam officia non eadem disparibus aetatibus tribuuntur aliaque sunt iuvenum, alia seniorum, aliquid etiam de hac distinctione dicendum est. Est igitur adulescentis maiores natu vereri exque iis deligere optimos et probatissimos, quorum consilio atque auctoritate nitatur; ineuntis enim aetatis inscitia senum constituenda et regenda prudentia est. Maxime autem haec aetas a libidinibus arcenda est exercendaque in labore patientiaque et animi et corporis, ut eorum et in bellicis et in civilibus officis vigeat industria. Atque etiam cum relaxare animos et dare se iucunditati volent, caveant intemperantiam, meminerint verecundiae: quod erit facilius, si *ne* in eius modi quidem rebus maiores natu nolent interesse.

123 Senibus autem labores corporis minuendi, exercitationes animi etiam augendae videntur; danda vero opera, ut et amicos et iuventutem et maxime rem publicam consilio et prudentia quam plurimum adiuvent. Nihil autem magis cavendum est senectu-

ti quam ne languori se desidiaeque dedat. Luxuria vero cum omni aetati turpis, tum senectuti foedissima est. Sin autem etiam libidinum intemperantia accessit, duplex malum est, quod et ipsa senectus dedecus concipit et facit adulescentium impudentiorem intemperantiam.

124 Ac ne illud quidem alienum est, de magistratuum de privatorum [,de civium], de peregrinorum officis dicere. Est igitur proprium munus magistratus intellegere se gerere personam civitatis debereque eius dignitatem et decus sustinere, servare leges, iura discribere, ea fidei suae commissa meminisse. Privatum autem oportet aequo et pari cum civibus iure vivere, neque summissum et abiectum neque se efferentem, tum in re publica ea velle, quae tranquilla et honesta sint: talem enim solemus et sentire bonum civem et dicere.

125 Peregrini autem atque incolae officium est nihil praeter suum negotium agere, nihil de alio anquirere minimeque esse in aliena re publica curiosum. Ita fere officia reperientur, cum quaeretur quid deceat et quid aptum sit personis, temporibus, aetatibus. Nihil est autem quod tam deceat, quam in omni re gerenda consilioque capiendo servare constantiam.

XXXV 126 Sed quoniam decorum illud in omnibus factis, dictis, in corporis denique motu et statu cernitur idque positum est in tribus rebus, formositate, ordine, ornatu ad actionem apto, difficilibus ad eloquendum, — sed satis erit intellegi —, in his autem tribus continetur cura etiam illa, ut probemur eis quibuscum apud quosque vivamus, his quoque de rebus pauca dicantur. Principio corporis nostri magnam natura ipsa videatur habuisse rationem, quae formam nostram reliquamque figuram, in qua esset species honesta, eam posuit in promptu, quae partes autem corporis ad naturae necessitatem datae aspectum essent deformem habiturae atque foedum, eas contexit atque abdidit.

127 Hanc naturae tam diligentem fabricam imitata est hominum verecundia. Quae enim natura occultavit, eadem omnes, qui sana mente sunt, removent ab oculis ipsique necessitati dant operam ut quam occultissime pareant; quarumque partium corporis usus sunt necessarii, eas neque partes neque earum usus suis nominibus appellant, quodque facere turpe non est, modo occulte, id dicere obscenum est. Itaque nec actio rerum illarum aperta petulantia vacat nec orationis obscenitas.

128 Nec vero audiendi sunt Cynici, aut se qui fuerunt Stoici, paene cynici qui reprehendunt et irrident, quod ea, quae turpia non sint, verbis flagitiosa ducamus, illa autem, quae turpia sint, nominibus appellemus suis. Latrocinari, fraudare, adulterare re turpe est, sed dicitur non obscene; liberis dare operam re honestum est, nomine obscenum, pluraque in eam sententiam ab eisdem contra verecundiam disputantur. Nos autem naturam sequamur et ab omni, quod abhorret ab oculorum auriumque approbatione, fugiamus. Status incessus, sessio accubitio, vultus oculi, manuum motus teneat illud decorum.

129 Quibus in rebus duo maxime sunt fugienda, ne quid effeminatum aut molle et ne quid durum aut rusticum sit. Nec vero histrionibus oratoribusque concedendum est, ut is haec apta sint, nobis dissoluta. Scaenicorum quidem mos tantam habet vetere disciplina verecundiam, ut in scaenam sine subligaculo prodeat nemo; verentur enim, ne, si quo casu evenerit, ut corporis partes quaedam aperiantur, aspiciantur non decore. Nostro quidem more cum parentibus puberes filii, cum soceris generi non lavantur. Retinenda igitur est huius generis verecundia, praesertim natura ipsa magistra et duce.

XXXVI 130 Cum autem pulchritudinis duo genera sint, quorum in altero venustas sit, in altero dignitas, venustatem muliebrem ducere debemus, dignitatem virilem. Ergo et a forma removeatur omnis viro non dignus ornatus, et huic simile vitium in gestu motuque caveatur. Nam et palaestrici motus sunt saepe odiosiores et histrionum nonnulli gestus ineptiis non vacant et in utroque genere quae sunt recta et simplicia laudantur. Formae autem dignitas coloris bonitate tuenda est, color exercitationibus corporis. Adhibenda praeterea munditia est non odiosa neque exquisita nimis, tantum quae fugiat agrestem et inhumanam neglegentiam. Eadem ratio est habenda vestitus, in quo, sicut in plerisque rebus, mediocritas optima est.

131 Cavendum autem est, ne aut tarditatibus utamur in ingressu mollioribus, ut pomparum ferculis similes esse videamur, aut in festinationibus suscipiamus nimias celeritates, quae cum

fiunt, anhelitus moventur, vultus mutantur, ora torquentur; ex quibus magna significatio fit non adesse constantiam. Sed multo etiam magis elaborandum est, ne animi motus a natura recedant: quod assequemur, si cavebimus ne in perturbationes atque exanimationes incidamus, et si attentos animos ad decoris conservationem tenebimus.

132 Motus autem animorum duplices sunt, alteri cogitationis, alteri appetitus. Cogitatio in vero exquirendo maxime versatur, appetitus impellit ad agendum. Curandum est igitur ut cogitatione ad res quam optimas utamur, appetitum rationi oboedientem
XXXVII praebeamus. Et quoniam magna vis orationis est eaque duplex, altera contentionis, altera sermonis, contentio disceptationibus tribuatur iudiciorum, contionum, senatus, sermo in circulis, disputationibus, congressionibus familiarium versetur, sequatur etiam convivia: contentionis praecepta rhetorum sunt, nulla sermonis: quamquam haud scio an possint haec quoque esse. Sed discentium studiis inveniuntur magistri, huic autem qui studeant sunt nulli: rhetorum turba referta omnia. Quamquam, quae verborum sententiarumque praecepta sunt, eadem ad sermonem pertinebunt.

133 Sed cum orationis indicem vocem habeamus, in voce autem duo sequamur, ut clara sit, ut suavis, utrumque omnino a natura petundum est; verum alterum exercitatio augebit, alterum imitatio presse loquentium et leniter. Nihil fuit in Catulis, ut eos exquisito iudicio putares uti litterarum, quamquam erant litterati, sed et alii; hi autem optime uti lingua Latina putabantur. Sonus erat

dulcis, litterae neque expressae neque oppressae, ne aut obscurum esset aut putidum; sine contentione vox nec languens nec canora. Uberior oratio L. Crassi nec minus faceta, sed bene loquendi de Catulis opinio non minor. Sale vero et facetiis Caesar, Catuli patris frater, vicit omnes, ut in illo ipso forensi genere dicendi contentiones aliorum sermone vinceret. In omnibus igitur his elaborandum est, si in omni re quid deceat exquirimus.

134 Sit ergo hic sermo, in quo Socratici maxime excellunt, lenis minimeque pertinax, insit in eo lepos. Nec vero, tamquam in possessionem suam venerit, excludat alios, sed cum reliquis in rebus tum in sermone communi vicissitudinem non iniquam putet. Ac videat in primis, quibus de rebus loquatur: si seriis, severitatem adhibeat, si iocosis, leporem. In primisque provideat ne sermo vitium aliquod indicet inesse in moribus: quod maxime tum solet evenire, cum studiose de absentibus detrahendi causa aut per ridiculum aut severe maledice contumelioseque dicitur.

135 Habentur autem plerumque sermones aut de domesticis negotiis aut de re publica aut de artium studiis atque doctrina. Danda igitur opera est, ut, etiamsi aberrare ad alia coeperit, ad haec revocetur oratio, sed utcumque aderunt; neque enim [omnes] eisdem de rebus nec omni tempore nec similiter delectamur. Animadvertendum est etiam, quatenus sermo delectationem habeat, et ut incipiendi ratio fuerit, ita sit desinendi modus.

XXXVIII 136 Sed quomodo in omni vita rectissime praecipitur ut perturbationes fugiamus, id est motus animi nimios rationi non obtemperantes, sic eius modi motibus sermo debet vacare, ne aut ira existat aut cupiditas aliqua, aut pigritia aut ignavia aut tale aliquid appareat, maximeque curandum est ut eos, quibuscum sermonem conferemus, et vereri et diligere videamur. Obiurgationes etiam non numquam incidunt necessariae, in quibus utendum est fortasse et vocis contentione maiore et verborum gravitate acriore, id agendum etiam, ut ea facere videamur irati. Sed, ut ad urendum et secandum, sic ad hoc genus castigandi raro invitique veniemus, nec unquam nisi necessario, si nulla reperietur alia medicina: sed tamen ira procul absit, cum qua nihil recte fieri, nihil considerate potest.

137 Magnam autem partem clementi castigatione licet uti, gravitate tamen adiuncta, ut et severitas adhibeatur et contumelia repellatur. Atque etiam illud ipsum, quod acerbitatis habet obiurgatio, significandum est ipsius id causa, qui obiurgetur, esse susceptum. Rectum est autem etiam in illis contentionibus, quae cum inimicissimis fiunt, etiam si nobis indigna audiamus, tamen gravitatem retinere, iracundiam pellere. Quae enim cum aliqua perturbatione fiunt, ea nec constanter fieri possunt neque eis, qui adsunt probari. Deforme etiam est de se ipsum praedicare, falsa praesertim, et cum inrisione audientium imitari militem gloriosum.

XXXIX 138 Et quoniam omnia persequimur, volumus quidem certe, dicendum est etiam, qualem hominis honorati et principis domum placeat esse, cuius finis est usus, ad quem accommodanda est aedificandi descriptio et tamen adhibenda commoditatis dignitatisque diligentia. Cn. Octavio, qui primus ex illa familia consul factus est, honori fuisse accepimus, quod praeclaram aedificasset in Palatio et plenam dignitatis domum: quae cum vulgo viseretur, suffragata domino, novo homini, ad consulatum putabatur. Hanc Scaurus demolitus accessionem adiunxit aedibus. Itaque ille in suam domum consulatum primus attulit: hic, summi et clarissimi viri filius, in domum multiplicatam non repulsam solum rettulit, sed ignominiam etiam et calamitatem.

139 Ornanda enim est dignitas domo, non ex domo tota quaerenda, nec domo dominus, sed domino domus honestanda est, et, ut in ceteris habenda ratio non sua solum, sed etiam aliorum, sic in domo clari hominis, in quam et hospites multi recipiendi et admittenda hominum cuiusque modi multitudo, adhibenda cura est laxitatis. Aliter ampla domus dedecori saepe domino est, si est in ea solitudo, et maxime, si aliquando alio domino solita est frequentari. Odiosum est enim, cum a praetereuntibus dicitur:

o domus ántiqua, heu quam díspari
dominare domino!

quod quidem his temporibus in multis licet dicere.

140 Cavendum autem est, praesertim si ipse aedifices, ne extra modum sumptu et magnificentia prodeas: quo in genere multum mali etiam in exemplo est. Studiose enim plerique praeser-

tim in hanc partem facta principum imitantur, ut L. Luculli, summi viri, virtutem quis? at quam multi villarum magnificentiam imitati [sunt]! Quarum quidem certe est adhibendus modus, ad mediocritatemque revocandus. Eademque mediocritas ad omnem usum cultumque vitae transferenda est. Sed haec hactenus.

141 In omni autem actione suscipienda tria sunt tenenda; primum ut appetitus rationi pareat, quo nihil est ad officia conservanda accommodatius, deinde ut animadvertatur, quanta illa res sit, quam efficere velimus, ut neve maior neve minor cura et opera suscipiatur quam causa postulet. Tertium est, ut caveamus ut ea, quae pertinent ad liberalem speciem et dignitatem, moderata sint. Modus autem est optimus decus ipsum tenere, de quo ante diximus, nec progredi longius. Horum tamen trium praestantissimum est appetitum obtemperare rationi

XL 142 Deinceps de ordine rerum et de opportunitate temporum dicendum est. Haec autem scientia continentur ea, quam Graeci *εὐταξίαν* nominant, non hanc, quam interpretamur 'modestiam', quo in verbo modus inest, sed illa est *εὐταξία*, in qua intellegitur ordinis conservatio. Itaque, ut eandem nos 'modestiam' appellemus, sic definitur a Stoicis, ut modestia sit scientia rerum earum, quae agentur aut dicentur, loco suo collocandarum. Ita videtur eadem vis ordinis et collocationis fore: nam et ordinem sic definiunt, compositionem rerum aptis et accommodatis locis. Locum autem actionis opportunitatem temporis esse dicunt; tempus autem actionis opportunum Graece *ἐνκαιρία*, Latine appellatur occasio. Sic fit ut modestia haec, quam ita interpretamur, ut dixi, scientia sit opportunitatis idoneorum ad agendum temporum.

143 Sed potest eadem esse prudentiae definitio, de qua principio diximus, hoc autem loco de moderatione et temperantia et harum similibus virtutibus quaerimus. Itaque quae erant prudentiae propria suo loco dicta sunt; quae autem harum virtutum, de quibus iam diu loquimur, quae pertinent ad verecundiam et ad eorum approbationem, quibuscum vivimus, nunc dicenda sunt.

144 Talis est igitur ordo actionum adhibendus, ut, quemadmodum in oratione constanti, sic in vita omnia sint apta inter se et convenientia; turpe enim valdeque vitiosum in re severa convivio digna aut delicatum aliquem inferre sermonem. Bene Pericles, cum haberet collegam in praetura Sophoclem eique de communi officio convenissent et casu formosus puer praeteriret dixissetque Sophocles: 'O puerum pulchrum, Pericle!' 'At enim praetorem, Sophocle, decet non solum manus sed etiam oculos abstinentes habere'. Atqui hoc idem Sophocles si in athletarum probatione dixisset, iusta reprehensione caruisset. Tanta vis est et loci et temporis. Ut si qui, cum causam sit acturus, in itinere aut in ambulatione secum ipse meditetur aut si quid aliud attentius cogitet, non reprehendatur, at hoc idem si in convivio faciat, inhumanus videatur inscitia temporis.

145 Sed ea, quae multum ab humanitate discrepant, ut si qui in foro cantet aut si qua est alia magna perversitas, facile

apparet nec magnopere admonitionem et praecepta desiderat; quae autem parva videntur esse delicta neque a multis intellegi possunt, ab iis est diligentius declinandum. Ut in fidibus aut tibiis quamvis paulum discrepent, tamen id a sciente animadverti solet, sic videndum est in vita ne forte quid discrepet, vel multo etiam magis, quo maior et melior actionum quam sonorum concentus est.

XLI 146 Itaque ut in fidibus musicorum aures vel minima sentiunt, sic nos, si acres ac diligentes esse volumus animadversores vitiorum, magna saepe intellegemus ex parvis. Ex oculorum optutu, superciliorum aut remissione aut contractione, ex maestitia, ex hilaritate ex risu ex locutione, ex reticentia, ex contentione vocis, ex summissione, ex ceteris similibus facile iudicabimus, quid eorum apte fiat, quid ab officio naturaque discrepet. Quo in genere non est incommodum quale quidque eorum sit, ex aliis iudicare, ut, si quid dedeceat in illis vitemus ipsi. Fit enim nescio quomodo ut magis in aliis cernamus quam in nobismet ipsis, si quid delinquitur. Itaque facillume corriguntur in discendo, quorum vitia imitantur emendandi causa magistri.

147 Nec vero alienum est ad ea eligenda, quae dubitationem afferunt, adhibere doctos homines vel etiam usu peritos et quid eis de quoque offici genere placeat exquirere. Maior enim pars eo fere deferri solet, quo a natura ipsa deducitur. In quibus videndum est non modo quid quisque loquatur, sed etiam quid quisque sentiat atque etiam de qua de causa quisque sentiat. Ut enim pictores et ii qui signa fabricantur et vero etiam poëtae suum quisque

opus a vulgo considerari vult, ut, si quid reprehensum sit a pluribus, id corrigatur, eique et secum et ab aliis, quid in eo peccatum sit exquirunt: sic aliorum iudicio permulta nobis et facienda et non facienda et mutanda et corrigenda sunt.

148 Quae vero more agentur institutisque civilibus, de eis nihil est praecipiendum: illa enim ipsa praecepta sunt, nec quemquam hoc errore duci oportet, ut, si quid Socrates aut Aristippus contra morem consuetudinemque civilem fecerint locutive sint, idem sibi arbitretur licere: magnis illi et divinis bonis hanc licentiam assequebantur. Cynicorum vero ratio tota est eicienda: est enim inimica verecundiae, sine qua nihil rectum esse potest, nihil honestum.

149 Eos autem, quorum vita perspecta in rebus honestis atque magnis est, bene de re publica sentientes ac bene meritos aut merentes sic, ut aliquo honore aut imperio affectos, observare et colere debemus, tribuere etiam multum senectuti, cedere eis, qui magistratum habebunt, habere dilectum civis et peregrini in ipsoque peregrino privatimne an publice venerit. Ad summam, ne agam de singulis, communem totius generis hominum conciliationem et consociationem colere, tueri, servare debemus.

XLII 150 Iam de artificiis et quaestibus, qui liberales habendi, qui sordidi sint, haec fere accepimus. Primum improbantur ii quaestus, qui in odia hominum incurrunt, ut portitorum, ut feneratorum. Inliberales autem et sordidi quaestus mercennariorum omnium, quorum operae, non quorum artes emuntur; est enim in illis ipsa merces auctoramentum servitutis. Sordidi etiam putandi qui mercantur a mercatoribus quod statim vendant; nihil enim proficiant, nisi admodum mentiantur, nec vero est quicquam turpius vanitate. Opificesque omnes in sordida arte versantur, nec enim quicquam ingenuum habere potest officina. Minimeque artes eae probandae, quae ministrae sunt voluptatum:

Cetárii, lanií, coqui, fartóres, piscatóres,

ut ait Terentius. Adde huc, si placet unguentarios, saltatores totumque ludum talarium.

151 In quibus autem artibus aut prudentia maior inest aut non mediocris utilitas quaeritur, ut medicina, ut architectura, ut doctrina rerum honestarum, hae sunt eis, quorum ordini conveniunt honestae. Mercatura autem, si tenuis est, sordida putanda est: sin magna et copiosa, multa undique apportans multisque sine vanitate inpertiens, non est admodum vituperanda, atque etiam si satiata quaestu vel contenta potius, ut saepe ex alto in portum, ex ipso se portu in agros possessionesque contulit, videtur iure optimo posse laudari. Omnium autem rerum, ex quibus aliquid adquiritur, nihil est agri cultura melius, nihil dulcius, nihil uberius, nihil homine libero dignius: de qua quoniam in Catone Maiore satis multa diximus, illim assumes quae ad hunc locum pertinebunt.

XLIII 152 Sed ab eis partibus, quae sunt honestatis, quem ad modum officia ducerentur, satis expositum videtur. Eorum autem ipsorum, quae honesta sunt potest incidere saepe contentio et comparatio de duobus honestis utrum honestius, —qui locus a Panaetio est praetermissus. Nam cum omnis honestas manet a partibus quattuor, quarum una sit cognitionis, altera communitatis, tertia magnanimitatis, quarta moderationis, haec in deligendo officio saepe inter se comparentur necesse est.

153 Placet igitur aptiora esse naturae ea officia quae ex communitate, quam ea quae ex cognitione ducantur, idque hoc argumento confirmari potest, quod, si contigerit ea vita sapienti, ut omnium rerum affluentibus copiis omnia, quae cognitione digna sint, summo otio secum ipse consideret et contempletur, tamen, si solitudo tanta sit ut hominem videre non possit, excedat e vita. Princepsque omnium virtutum illa sapientia, quam *σοφίαν* Graeci vocant—prudentiam enim, quam Graeci *φρόνησιν*, aliam quandam intellegimus, quae est rerum expetendarum fugiendarumque scientia; illa autem sapientia, quam principem dixi, rerum est divinarum et humanarum scientia, in qua continetur deorum et hominum communitas et societas inter ipsos—ea si maxima est, ut est, certe, necesse est quod a communitate ducatur officium, id esse maximum. Etenim cognitio contemplatioque naturae manca quodam modo atque inchoata sit, si nulla actio rerum consequatur. Ea autem actio in hominum commodis tuendis maxime cernitur; pertinet igitur ad societatem generis humani: ergo haec cognitioni anteponenda est.

154 Atque id optimus quisque reapse ostendit et iudicat. Quis enim est tam cupidus in perspicienda cognoscendaque rerum natura, ut, si ei tractanti contemplantique res cognitione dignissimas subito sit allatum periculum discrimenque patriae, cui subvenire opitularique possit, non illa omnia relinquat atque abiciat, etiam si dinumerare se stellas aut metiri mundi magnitudinem posse arbitretur? atque hoc idem in parentis, in amici re aut periculo fecerit.

155 Quibus rebus intellegitur, studiis officisque scientiae praeponenda esse officia iustitiae, quae pertinent ad hominum utili-
XLIV tatem, qua nihil homini esse debet antiquius. Atque illi, quorum studia vitaque omnis in rerum cognitione versata est, tamen ab augendis hominum utilitatibus et commodis non recesserunt. Nam et erudierunt multos, quo meliores cives utilioresque rebus suis publicis essent, ut Thebanum Epaminondam Lysis Pythagoreus, Syracosium Dionem Plato multique multos, nosque ipsi, quicquid ad rem publicam attulimus, si modo aliquid attulimus, a doctoribus atque doctrina instructi ad eam et ornati accessimus.

156 Neque solum vivi atque praesentes studiosos discendi erudiunt atque docent, sed hoc idem etiam post mortem monumentis litterarum assequuntur. Nec enim locus ullus est praetermissus ab eis, qui ad leges, qui ad mores, qui ad disciplinam rei publicae pertineret, ut otium suum ad nostrum negotium contulisse videantur. Ita illi ipsi doctrinae studiis et sapientiae dediti ad hominum utilitatem suam prudentiamque intelligentiam potissimum conferunt, ob eamque etiam causam eloqui copiose, modo pruden-

ter, melius est quam vel acutissime sine eloquentia cogitare, quod cogitatio in se ipsa vertitur, eloquentia complectitur eos, quibuscum communitate iuncti sumus.

157 Atque ut apium examina non fingendorum favorum causa congregantur, sed cum congregabilia natura sint, fingunt favos, sic homines, ac multo etiam magis, natura congregati adhibent agendi cogitandique sollertiam. Itaque, nisi ea virtus, quae constat ex hominibus tuendis, id est ex societate generis humani, attingat cognitionem rerum, solivaga cognitio et ieiuna videatur, itemque magnitudo animi, remota communitate coniunctioneque humana, feritas sit quaedam et immanitas. Ita fit ut vincat cognitionis studium consociatio hominum atque communitas.

158 Nec verum est quod dicitur a quibusdam propter necessitatem vitae, quod ea, quae natura desideraret, consequi sine aliis atque efficere non possemus, idcirco initam esse cum hominibus communitatem et societatem. Quodsi omnia nobis, quae ad victum cultumque pertinent, quasi virgula divina, ut aiunt, suppeditarentur, tum optimo quisque ingenio negotiis omnibus omissis totum se in cognitione et scientia collocaret. Non est ita. Nam et solitudinem fugeret et socium studii quaereret, tum docere, tum discere vellet, tum audire, tum dicere. Ergo omne officium, quod ad coniunctionem hominum et ad societatem tuendam valet, anteponendum est illi officio, quod cognitione et scientia continetur.

XLV 159 Illud forsitan quaerendum sit, num haec communitas, quae maxime est apta naturae, sit etiam moderationi modestiaeque semper anteponenda. Non placet. Sunt enim quaedam partim ita foeda, partim ita flagitiosa, ut ea ne conservandae quidem patriae causa sapiens facturus sit. Ea Posidonius collegit permulta, sed ita taetra quaedam, ita obscena, ut dictu quoque videantur turpia. Haec igitur non suscipiet rei publicae causa; ne res publica quidem pro se suscipi volet. Sed hoc commodius se res habet, quod non potest accidere tempus, ut intersit rei publicae quicquam illorum facere sapientem.

160 Quare hoc quidem effectum sit, in officis deligendis id genus officiorum excellere, quod teneatur hominum societate. Etenim cognitionem prudentiamque sequetur considerata actio. Ita fit ut agere considerate pluris sit quam cogitare prudenter. Atque haec quidem hactenus. Patefactus enim locus est ipse, ut non difficile sit in exquirendo officio quid cuique sit praeponendum videre. In ipsa autem communitate sunt gradus officiorum, ex quibus quid cuique praestet intellegi possit, ut prima diis immortalibus, secunda patriae, tertia parentibus, deinceps gradatim reliquis debeantur.

161 Quibus ex rebus breviter disputatis intellegi potest non solum id homines solere dubitare, honestumne an turpe sit, sed etiam duobus propositis honestis utrum honestius sit. Hic locus a Panaetio est, ut supra dixi, praetermissus. Sed iam ad reliqua pergamus.

LIBER SECVNDVS

제 Ⅱ 권

LIBER SECVNDVS

I 1 Qvem ad modum officia ducerentur ab honestate, Marce fili, atque ab omni genere virtutis, satis explicatum arbitror libro superiore. Sequitur ut haec officiorum genera persequar, quae pertinent ad vitae cultum et ad earum rerum, quibus utuntur homines, facultatem, ad opes, ad copias [; in quo tum quaeri dixi, quid utile, quid inutile, tum ex utilibus quid utilius aut quid maxime utile]. De quibus dicere adgrediar, si pauca prius de instituto ac de iudicio meo dixero.

2 Quamquam enim libri nostri complures non modo ad legendi, sed etiam ad scribendi studium excitaverunt, tamen interdum vereor ne quibusdam bonis viris philosophiae nomen sit invisum mirenturque in ea tantum me operae et temporis ponere. Ego autem quam diu res publica per eos gerebatur, quibus se ipsa commiserat, omnes meas curas cogitationesque in eam conferebam. Cum autem dominatu unius omnia tenerentur neque esset usquam

consilio aut auctoritati locus, socios denique tuendae rei publicae, summos viros amisissem, nec me angoribus dedidi, quibus essem confectus nisi eis restitissem, nec rursum indignis homine docto voluptatibus.

3 Atque utinam res publica stetisset quo coeperat statu nec in homines non tam commutandarum quam evertendarum rerum cupidos incidisset! Primum enim, ut stante re publica facere solebamus, in agendo plus quam in scribendo operae poneremus, deinde ipsis scriptis non ea, quae nunc, sed actiones nostras mandaremus, ut saepe fecimus. Cum autem res publica, in qua omnis mea cura cogitatio opera poni solebat, nulla esset omnino, illae scilicet litterae conticuerunt forenses et senatoriae.

4 Nihil agere autem cum animus non posset, in his studiis ab initio versatus aetatis existimavi honestissime molestias posse deponi, si me ad philosophiam retulissem Cui cum multum adulescens discendi causa temporis tribuissem, postea quam honoribus inservire coepi meque totum rei publicae tradidi, tantum erat philosophiae loci, quantum superfuerat amicorum et rei publicae temporibus. Id autem omne consumebatur in legendo, scribendi otium non erat.

II 5 Maximis igitur in malis hoc tamen boni assecuti videmur, ut ea litteris mandaremus, quae nec erant satis nota nostris et erant cognitione dignissima. Quid enim est, per deos, optabilius sapientia, quid praestantius, quid homini melius, quid homine dignius? Hanc igitur qui expetunt philosophi nominantur, nec quicquam aliud est philosophia, si interpretari velis, praeter studium sapientiae. Sapientia autem est, ut a veteribus philosophis definitum est, rerum divinarum et humanarum causarumque, quibus eae res continentur, scientia, cuius studium qui vituperat haud sane intellego quidnam sit quod laudandum putet.

6 Nam sive oblectatio quaeritur animi requiesque curarum, quae conferri cum eorum studiis potest, qui semper aliquid anquirunt, quod spectet et valeat ad bene beateque vivendum? sive ratio constantiae virtutisque ducitur, aut haec ars est aut nulla omnino, per quam eas assequamur. Nullam dicere maximarum rerum artem esse, cum minimarum sine arte nulla sit, hominum est parum considerate loquentium atque in maximis rebus errantium. Si autem est aliqua disciplina virtutis, ubi ea quaeretur, cum ab hoc discendi genere discesseris? Sed haec cum ad philosophiam cohortamur, accuratius disputari solent, quod alio quodam libro fecimus. Hoc autem tempore tantum nobis declarandum fuit, cur orbati rei publicae muneribus ad hoc nos studium potissimum contulissemus.

7 Occuritur autem nobis, et quidem a doctis et eruditis quaerentibus, satisne constanter facere videamur, qui, cum percipi nihil posse dicamus, tamen et aliis de rebus disserere soleamus et hoc ipso tempore praecepta officii persequamur. Quibus vellem satis cognita esset nostra sententia. Non enim sumus ei, quorum vagetur animus errore nec habeat umquam quid sequatur. Quae enim esset ista mens vel quae vita potius, non modo disputandi sed

etiam vivendi ratione sublata? Nos autem, ut ceteri alia certa, alia incerta esse dicunt, sic ab his dissentientes alia probabilia, contra alia dicimus.

8 Quid est igitur, quod me impediat ea, quae probabilia mihi videantur, sequi, quae contra improbare atque adfirmandi arrogantiam vitantem fugere temeritatem, quae a sapientia dissidet plurimum? Contra autem omnia disputantur a nostris, quod hoc ipsum probabile elucere non possit, nisi ex utraque parte causarum esset facta contentio. Sed haec explanata sunt in Academicis nostris satis, ut arbitror, diligenter. Tibi autem, mi Cicero, quamquam in antiquissima nobilissimaque philosophia Cratippo auctore versaris eis simillimo, qui ista praeclara pepererunt, tamen haec nostra, finituma vestris ignota esse nolui. Sed iam ad instituta pergamus.

III 9 Quinque igitur rationibus propositis officii persequendi, quarum duae ad decus honestatemque pertinerent, duae ad commoda vitae, copias, opes, facultates, quinta ad eligendi iudicium, si quando ea quae dixi pugnare inter se viderentur, honestatis pars confecta est, quam quidem tibi cupio esse notissimam. Hoc autem de quo nunc agimus, id ipsum est, quod utile appellatur. In quo verbo lapsa consuetudo deflexit de via sensimque eo deducta est, ut honestatem ab utilitate secernens constitueret esse honestum aliquid, quod utile non esset, et utile, quod non honestum; qua nulla pernicies maior hominum vitae potuit afferri.

10 Summa quidem auctoritate philosophi severe sane atque honeste haec tria genera confusa cogitatione distinguunt. Quicquid enim iustum sit, id etiam utile esse censent, itemque quod honestum, idem iustum, ex quo efficitur, ut, quicquid honestum sit, idem sit utile. Quod qui parum perspiciunt, ii saepe versutos homines et callidos admirantes, malitiam sapientiam iudicant. Quorum error eripiendus est opinioque omnis ad eam spem traducenda, ut honestis consiliis iustisque factis, non fraude et malitia se intellegant ea, quae velint, consequi posse.

11 Quae ergo ad vitam hominum tuendam pertinent, partim sunt inanima, ut aurum, argentum, ut ea, quae gignuntur e terra, ut alia generis eiusdem, partim animalia, quae habent suos impetus et rerum appetitus. Eorum autem rationis expertia sunt, alia ratione utentia. Expertes rationis equi, boves, reliquae pecudes, [apes] quarum opere efficitur aliquid ad usum hominum atque vitam. Ratione autem utentium duo genera ponunt, deorum unum, alterum hominum. Deos placatos pietas efficiet et sanctitas: proxime autem et secundum deos homines hominibus maxime utiles esse possunt.

12 Earumque item rerum, quae noceant et obsint, eadem divisio est. Sed quia deos nocere non putant, eis exceptis homines hominibus obesse plurimum arbitrantur. Ea enim ipsa, quae inanima diximus, pleraque sunt hominum operis effecta, quae nec haberemus, nisi manus et ars accessisset, nec eis sine hominum administratione uteremur. Neque enim valitudinis curatio neque navigatio,

neque agri cultura neque frugum fructuumque reliquorum perceptio et conservatio sine hominum opera ulla esse potuisset.

13 Iam vero et earum rerum quibus abundaremus, exportatio, et earum quibus egeremus, invectio certe nulla esset, nisi his muneribus homines fungerentur. Eademque ratione nec lapides e terra exciderentur ad usum nostrum necessarii, nec ferrum, aes aurum, argentum effoderetur penitus abditum sine hominum labore
IV et manu. Tecta vero, quibus et frigorum vis pelleretur et calorum molestiae sedarentur, unde aut initio generi humano dari potuissent aut postea subvenire, si aut vi tempestatis aut terrae motu aut vetustate cecidissent, nisi communis vita ab hominibus harum rerum auxilia petere didicisset?

14 Adde ductus aquarum, derivationes fluminum, agrorum inrigationes, moles oppositas fluctibus, portus manu factos: quae unde sine hominum opere habere possemus? Ex quibus multisque aliis perspicuum est, qui fructus quaeque utilitates ex rebus eis, quae sint inanima, percipiantur, eas nos nullo modo sine hominum manu atque opera capere potuisse. Qui denique ex bestiis fructus aut quae commoditas, nisi homines adiuvarent, percipi posset? Nam et qui principes inveniendi fuerunt, quem ex quaque belua usum habere possemus, homines certe fuerunt, nec hoc tempore sine hominum opera aut pascere eas aut domare aut tueri aut tempestivos fructus ex eis capere possemus; ab eisdemque et eae, quae nocent, interficiuntur et quae usui possunt esse capiuntur.

15 Quid enumerem artium multitudinem, sine quibus vita omnino nulla esse potuisset? Qui enim aegris subveniretur, quae esset oblectatio valentium, qui victus aut cultus, nisi tam multae nobis artes ministrarent? Quibus rebus exculta hominum vita tantum distat a victu et cultu bestiarum? Urbes vero sine hominum coetu non potuissent nec aedificari nec frequentari, ex quo leges moresque constituti, tum iuris aequa discriptio certaque vivendi disciplina: quas res et mansuetudo animorum consecuta et verecundia est effectumque ut esset vita munitior atque ut dando et accipiendo mutandisque facultatibus et commodis nulla re egeremus.

V 16 Longiores hoc loco sumus quam necesse est. Quis est enim, cui non perspicua sint illa, quae pluribus verbis a Panaetio commemorantur, neminem neque ducem belli nec principem domi magnas res et salutares sine hominum studiis gerere potuisse? Commemoratur ab eo Themistocles, Pericles, Cyrus, Agesilaos, Alexander, quos negat sine adiumentis hominum tantas res efficere potuisse. Utitur in re non dubia testibus non necessariis. Atque ut magnas utilitates adipiscimur conspiratione hominum atque consensu, sic nulla tam detestabilis pestis est, quae non homini ab homine nascatur. Est Dicaearchi liber de interitu hominum, Peripatetici magni et copiosi, qui collectis ceteris causis eluvionis pestilentiae vastitatis, beluarum etiam repentinae multitudinis, quarum impetu docet quaedam hominum genera esse consumpta, deinde comparat, quanto plures deleti sint homines hominum impetu, id est bellis aut seditionibus, quam omni reliqua calamitate.

17 Cum igitur hic locus nihil habeat dubitationis, quin homines plurimum hominibus et prosint et obsint, proprium hoc statuo esse virtutis, conciliare animos hominum et ad usus suos adiungere. Itaque, quae in rebus inanimis quaeque in usu et tractatione beluarum fiunt utiliter ad hominum vitam, artibus ea tribuuntur operosis, hominum autem studia, ad amplificationem nostrarum rerum prompta ac parata virorum praestantium sapientia et virtute excitantur.

18 Etenim virtus omnis tribus in rebus fere vertitur, quarum una est in perspiciendo, quid in quaque re verum sincerumque sit, quid consentaneum cuique quid consequens, ex quo quaeque gignantur, quae cuiusque rei causa sit; alterum cohibere motus animi turbatos, quos Graeci *πάθη* nominant, appetitionesque, quas illi *ὁρμάς*, oboedientes efficere rationi; tertium eis, quibuscum congregemur, uti moderate et scienter, quorum studiis ea, quae natura desiderat, expleta cumulataque habeamus, per eosdemque, si quid importetur nobis incommodi, propulsemus ulciscamurque eos, qui nocere nobis conati sint, tantaque poena adficiamus, quantam aequitas humanitasque patiatur.

VI 19 Quibus autem rationibus hanc facultatem assequi possimus, ut hominum studia complectamur eaque teneamus, dicemus, neque ita multo post, sed pauca ante dicenda sunt. Magnam vim esse in fortuna in utramque partem, vel secundas ad res vel adversas, quis ignorat? Nam et cum prospero flatu eius utimur, ad exitus pervehimur optatos, et, cum reflavit, affligimur. Haec igitur ipsa fortuna ceteros casus rariores habet, primum ab inanimis procellas, tempestates, naufragia, ruinas incendia, deinde a bestiis ictus morsus impetus.

20 Haec ergo, ut dixi, rariora. At vero interitus exercituum, ut proxime trium, saepe multorum clades imperatorum, ut nuper summi et singularis viri, invidiae praeterea multitudinis atque ob eas bene meritorum saepe civium expulsiones, calamitates, fugae, rursusque secundae res, honores, imperia, victoriae, quamquam fortuita sunt, tamen sine hominum opibus et studiis neutram in partem effici possunt. Hoc igitur cognito dicendum est, quonam modo hominum studia ad utilitates nostras allicere atque excitare possimus. Quae si longior fuerit oratio, cum magnitudine utilitatis comparetur: ita fortasse etiam brevior videbitur.

21 Quaecumque igitur homines homini tribuunt ad eum augendum atque honestandum, aut benivolentiae gratia faciunt, cum aliqua de causa quempiam diligunt, aut honoris, si cuius virtutem suspiciunt quemque dignum fortuna quam amplissima putant, aut cui fidem habent et bene rebus suis consulere arbitrantur, aut cuius opes metuunt, aut contra a quibus aliquid exspectant, ut cum reges popularesve homines largitiones aliquas proponunt, aut postremo pretio ac mercede ducuntur, quae sordidissima est illa quidem ratio et inquinatissima et eis, qui ea tenentur, et illis, qui ad eam confugere conantur.

22 Male enim se res habet cum, quod virtute effici debet, id temptatur pecunia. Sed quoniam non numquam hoc subsidium necessarium est, quem ad modum sit utendum eo dicemus, si prius eis de rebus, quae virtuti propriores sunt, dixerimus. Atque etiam subiciunt se homines imperio alterius et potestati de causis pluribus. Ducuntur enim aut benivolentia aut beneficiorum magnitudine aut dignitatis praestantia aut spe sibi id utile futurum aut metu ne vi parere cogantur aut spe largitionis promissisque capti aut postremo, ut saepe in nostra re publica videmus, mercede conducti.

VII 23 Omnium autem rerum nec aptius est quicquam ad opes tuendas ac tenendas quam diligi nec alienius quam timeri. Praeclare enim Ennius

Quém metuunt odérunt: quem quisque ódit,
periisse éxpetit

Multorum autem odiis nullas opes posse obsistere, si antea fuit ignotum, nuper est cognitum. Nec vero huius tyranni solum, quem armis oppressa pertulit civitas ac paret cum maxime mortuo interitus declarat quantum odium hominum valeat ad pestem, sed reliquorum similes exitus tyrannorum, quorum haud fere quisquam talem interitum effugit. Malus enim est custos diuturnitatis metus, contraque benivolentia fidelis vel ad perpetuitatem.

24 Sed eis, qui vi oppressos imperio coërcent, sit sane adhibenda saevitia, ut eris in famulos, si aliter teneri non possunt:

qui vero in libera civitate ita se instruunt, ut metuantur, eis nihil potest esse dementius. Quamvis enim sint demersae leges alicuius opibus, quamvis timefacta libertas, emergunt tamen haec aliquando aut iudiciis tacitis aut occultis de honore suffragiis. Acriores autem morsus sunt intermissae libertatis quam retentae. Quod igitur latissime patet neque ad incolumitatem solum, sed etiam ad opes et potentiam valet plurimum, id amplectamur, ut metus absit, caritas retineatur. Ita facillime quae volemus et privatis in rebus et in re publica consequemur. Etenim qui se metui volent, a quibus metuentur, eosdem metuant ipsi necesse est.

25 Quid enim censemus superiorem illum Dionysium, quo cruciatu timoris angi solitum, qui cultros metuens tonsorios candente carbone sibi adurebat capillum? quid? Alexandrum Pheraeum quo animo vixisse arbitramur? qui, ut scriptum legimus, cum uxorem Theben admodum diligeret, tamen ad eam ex epulis in cubiculum veniens barbarum et eum quidem, ut scriptum est, conpunctum notis Thraeciis destricto gladio iubebat anteire praemittebatque de stipatoribus suis qui scrutarentur arculas muliebres et, ne quod in vestimentis telum occultaretur exquirerent. O miserum, qui fideliorem et barbarum et stigmatiam putaret quam coniugem! Nec eum fefellit: ab ea est enim ipsa propter pelicatus suspicionem interfectus. Nec vero ulla vis imperii tanta est, quae premente metu possit esse diuturna.

26 Testis est Phalaris, cuius est praeter ceteros nobilitata crudelitas, qui non ex insidiis interiit, ut is, quem modo dixi,

Alexander, non a paucis ut hic noster, sed in quem universa Agrigentinorum multitudo impetum fecit. Quid? Macedones nonne Demetrium reliquerunt universique se ad Pyrrhum contulerunt? Quid? Lacedaemonios iniuste imperantes nonne repente omnes fere socii deseruerunt spectatoresque se otiosos praebuerunt Leuctricae
VIII calamitatis? Externa libentius in tali re quam domestica recordor. Verum tamen quam diu imperium populi Romani beneficiis tenebatur, non iniuriis, bella aut pro sociis aut de imperio gerebantur, exitus erant bellorum aut mites aut necessarii, regum, populorum, nationum portus erat et refugium senatus; nostri autem magistratus imperatoresque ex hac una re maximam laudem capere studebant, si provincias, si socios aequitate et fide defendissent.

27 Itaque illud patrocinium orbis terrae verius quam imperium poterat nominari. Sensim hanc consuetudinem et disciplinam iam antea minuebamus, post vero Sullae victoriam penitus amisimus; desitum est enim videri quicquam in socios iniquum, cum exstitisset in cives tanta crudelitas. Ergo in illo secuta est honestam causam non honesta victoria. Est enim ausus dicere hasta posita, cum bona in foro venderet et bonorum virorum et locupletium et certe civium, 'praedam se suam vendere.' Secutus est, qui in causa impia, victoria etiam foediore non singulorum civium bona publicaret, sed universas provincias regionesque uno calamitatis iure comprehenderet.

28 Itaque vexatis ac perditis exteris nationibus ad exemplum amissi imperii portari in triumpho Massiliam vidimus et ex

ea urbe triumphari, sine qua numquam nostri imperatores ex transalpinis bellis triumpharunt. Multa praeterea commemorarem nefaria in socios, si hoc uno quicquam sol vidisset indignius. Iure igitur plectimur. Nisi enim multorum impunita scelera tulissemus, numquam ad unum tanta pervenisset licentia: a quo quidem rei familiaris ad paucos, cupiditatum ad multos improbos venit hereditas.

29 Nec vero umquam bellorum civilium semen et causa deerit, dum homines perditi hastam illam cruentam et meminerint et sperabunt; quam P. Sulla cum vibrasset dictatore propinquo suo, idem sexto tricensimo anno post a sceleratiore hasta non recessit. Alter autem, qui in illa dictatura scriba fuerat, in hac fuit quaestor urbanus. Ex quo debet intellegi talibus praemiis propositis numquam defutura bella civilia. Itaque parietes modo urbis stant et manent, iique ipsi iam extrema scelera metuentes, rem vero publicam penitus amisimus. Atque in has clades incidimus — redeundum est enim ad propositum — dum metui quam cari esse et diligi malumus. Quae si populo Romano iniuste imperanti accidere potuerunt, quid debent putare singuli? Quod cum perspicuum sit benivolentiae vim esse magnam, metus imbecillam, sequitur ut disseramus quibus rebus facillime possimus eam quam volumus adipisci cum honore et fide caritatem.

30 Sed ea non pariter omnes egemus: nam ad cuiusque vitam institutam accommodandum est, a multisne opus sit an satis sit a paucis diligi. Certum igitur hoc sit idque et primum et maxime

necessarium, familiaritates habere fidas amantium nos amicorum et nostra mirantium: haec enim una res, prorsus ut non multum differat inter summos et mediocres viros, eaque utrisque est propemodum comparanda.

31 Honore et gloria et benivolentia civium fortasse non aeque omnes egent, sed tamen, si cui haec suppetunt, adiuvant aliquantum cum ad cetera tum ad amicitias comparandas.

IX Sed de amicitia alio libro dictum est qui inscribitur Laelius. Nunc dicamus de gloria, quamquam ea quoque de re duo sunt nostri libri, sed attingamus, quando quidem ea in rebus maioribus administrandis adiuvat plurimum. Summa igitur et perfecta gloria constat ex tribus his: si diligit multitudo, si fidem habet, si cum admiratione quadam honore dignos putat. Haec autem, si est simpliciter breviterque dicendum, quibus rebus pariuntur a singulis, eisdem fere a multitudine. Sed est alius quoque quidam aditus ad multitudinem, ut in universorum animos tamquam influere possimus.

32 Ac primum de illis tribus, quae ante dixi, benevolentiae praecepta videamus, quae quidem capitur beneficiis maxime; secundo autem loco voluntate benefica benivolentia movetur, etiamsi res forte non suppetit; vehementer autem amor multitudinis commovetur ipsa fama et opinione liberalitatis beneficentiae, iustitiae fidei omniumque earum virtutum, quae pertinent ad mansuetudinem morum ac facilitatem. Etenim illud ipsum, quod honestum decorumque dicimus, quia per se nobis placet animosque omnium natura et specie sua commovet maximeque quasi perlucet ex

eis, quas commemoravi, virtutibus, idcirco illos, in quibus eas virtutes esse remur, a natura ipsa diligere cogimur. Atque hae quidem causae diligendi gravissimae; possunt enim praeterea non nullae esse leviores.

33 Fides autem ut habeatur duabus rebus effici potest: si existimabimur adepti coniunctam cum iustitia prudentiam. Nam et eis fidem habemus, quos plus intellegere quam nos arbitramur quosque et futura prospicere credimus et, cum res agatur in discrimenque ventum sit, expedire rem et consilium ex tempore capere posse: hanc enim utilem homines existimant veramque prudentiam. Iustis autem et fidis hominibus, id est bonis viris, ita fides habetur, ut nulla sit in iis fraudis iniuriaeque suspicio. Itaque his salutem nostram, his fortunas, his liberos, rectissime committi arbitramur.

34 Harum igitur duarum ad fidem faciendam iustitia plus pollet, quippe cum ea sine prudentia satis habeat auctoritatis; prudentia sine iustitia nihil valet ad faciendam fidem. Quo enim quis versutior et callidior est, hoc invisior et suspectior detracta opinione probitatis. Quam ob rem intellegentiae iustitia coniuncta quantum volet habebit ad faciendam fidem virium; iustitia sine prudentia multum poterit, sine iustitia nihil valebit prudentia.

X 35 Sed ne quis sit admiratus cur, cum inter omnes philosophos constet a meque ipso saepe disputatum sit, qui unam haberet, omnes habere virtutes, nunc ita seiungam, quasi possit quisquam, qui non idem prudens sit, iustus esse, alia est illa, cum veritas ipsa limatur in disputatione, subtilitas, alia, cum ad opinionem communem omnis accommodatur oratio. Quam ob rem, ut vulgus, ita nos hoc loco loquimur, ut alios fortes, alios viros bonos, alios prudentes esse dicamus. Popularibus enim verbis est agendum et usitatis, cum loquimur de opinione populari, idque eodem modo fecit Panaetius. Sed ad propositum revertamur.

36 Erat igitur ex eis tribus, quae ad gloriam pertinerent, hoc tertium, ut cum admiratione hominum honore ab eis digni iudicaremur. Admirantur igitur communiter illi quidem omnia, quae magna et praeter opinionem suam animadverterunt, separatim autem in singulis, si perspiciunt nec opinata quaedam bona. Itaque eos viros suspiciunt maximisque efferunt laudibus, in quibus existimant se excellentes quasdam et singulares perspicere virtutes, despiciunt autem eos et contemnunt, in quibus nihil virtutis, nihil animi, nihil nervorum putant. Non enim omnes eos contemnunt, de quibus male existumant. Nam quos improbos, maledicos fraudulentos putant et ad faciendam iniuriam instructos, eos contemnunt quidem neutiquam sed de eis male existumant. Quam ob rem, ut ante dixi, contemnuntur ei, qui 'nec sibi nec alteri', ut dicitur, in quibus nullus labor, nulla industria, nulla cura est.

37 Admiratione autem adficiuntur ei, qui anteire ceteris virtute putantur et cum omni carere dedecore, tum vero eis vitiis, quibus alii non facile possunt obsistere. Nam et voluptates, blandissumae dominae, maioris partis animos a virtute detorquent et, dolorum cum admoventur faces, praeter modum plerique exterrentur:

vita mors, divitiae paupertas omnes homines vehementissime permovent. Quae qui in utramque partem excelso animo magnoque despiciunt, cumque aliqua eis ampla et honesta res obiecta totos ad se convertit et rapit, tum quis non admiretur splendorem pulcritudinemque virtutis?

XI 38 Ergo et haec animi despicientia admirabilitatem magnam facit et maxume iustitia, ex qua una virtute viri boni appellantur, mirifica quaedam multitudini videtur, nec iniuria. Nemo enim iustus esse potest, qui mortem, qui dolorem, qui exilium, qui egestatem timet, aut qui ea, quae sunt his contraria, aequitati anteponit. Maximeque admirantur eum, qui pecunia non movetur; quod in quo viro perspectum sit, hunc igni spectatum arbitrantur. Itaque illa tria quae proposita sunt ad gloriam, omnia iustitia conficit, et benivolentiam, quod prodesse vult plurimis, et ob eandem causam fidem et admirationem, quod eas res spernit et neglegit, ad quas plerique inflammati aviditate rapiuntur.

39 Ac mea quidem sententia omnis ratio atque institutio vitae adiumenta hominum desiderat, in primisque, ut habeat quibuscum possit familiares conferre sermones: quod est difficile, nisi speciem prae te boni viri feras. Ergo etiam solitario homini atque in agro vitam agenti opinio iustitiae necessaria est, eoque etiam magis, quod, eam si non habebunt, iniustique habebuntur, nullis praesidiis saepti multis afficientur iniuriis.

40 Atque eis etiam, qui vendunt, emunt, conducunt locant contrahendisque negotiis implicantur, iustitia ad rem gerendam necessaria est, cuius tanta vis est, ut ne illi quidem, qui maleficio et scelere pascuntur, possint sine ulla particula iustitiae vivere. Nam qui eorum cuipiam, qui una latrocinantur, furatur aliquid aut eripit, is sibi ne in latrocinio quidem relinquit locum; ille autem, qui archipirata dicitur, nisi aequabiliter praedam dispertiat, aut interficiatur a sociis aut relinquatur. Quin etiam leges latronum esse dicuntur, quibus pareant, quas observent. Itaque propter aequabilem praedae partitionem et Bardulis Illyrius latro, de quo est apud Theopompum, magnas opes habuit et multo maiores Viriatus Lusitanus, cui quidem etiam exercitus nostri imperatoresque cesserunt, quem C. Laelius, is qui Sapiens usurpatur, praetor fregit et comminuit ferocitatemque eius ita repressit, ut facile bellum reliquis traderet. Cum igitur tanta vis iustitiae sit, ut ea etiam latronum opes firmet atque augeat, quantam eius vim inter leges et iudicia et in constituta re publica fore putamus?

XII 41 Mihi quidem non apud Medos solum, ut ait Herodotus, sed etiam apud maiores nostros iustitiae fruendae causa videntur olim bene morati reges constituti. Nam cum premeretur inops multitudo ab eis, qui maiores opes habebant, ad unum aliquem confugiebant virtute praestantem, qui cum prohiberet iniuria tenuiores, aequitate constituenda summos cum infimis pari iure retinebat. Eademque constituendarum legum fuit causa quae regum.

42 Ius enim semper est quaesitum aequabile; neque enim aliter esset ius. Id si ab uno iusto et bono viro consequebantur, erant eo contenti: cum id minus contingeret, leges sunt inventae, quae cum omnibus semper una atque eadem voce loquerentur. Ergo hoc quidem perspicuum est, eos ad imperandum deligi solitos, quorum de iustitia magna esset opinio multitudinis. Adiuncto vero ut eidem etiam prudentes haberentur, nihil erat quod homines eis auctoribus non posse consequi se arbitrarentur. Omni igitur ratione colenda et retinenda iustitia est cum ipsa per sese — nam aliter iustitia non esset — tum propter amplificationem honoris et gloriae. Sed ut pecuniae non quaerendae solum ratio est, verum etiam collocandae, quae perpetuos sumptus suppeditet nec solum necessarios sed etiam liberales, sic gloria et quaerenda et collocanda ratione est.

43 Quamquam praeclare Socrates hanc viam ad gloriam proximam et quasi compendiariam dicebat esse, si quis id ageret, ut qualis haberi vellet talis esset. Quod si qui simulatione et inani ostentatione et ficto non modo sermone sed etiam voltu stabilem se gloriam consequi posse rentur, vehementer errant. Vera gloria radices agit atque etiam propagatur, ficta omnia celeriter tamquam flosculi decidunt, nec simulatum potest quicquam esse diuturnum. Testes sunt permulti in utramque partem, sed brevitatis causa familia contenti erimus una. Tiberius enim Gracchus, P. f., tam diu laudabitur, dum memoria rerum Romanarum manebit; at eius filii nec vivi probabantur bonis et mortui numerum optinent iure caesorum. Qui igitur adipisci veram gloriam volet, iustitiae fungatur officiis: ea quae essent, dictum est in libro superiore.

XIII 44 Sed ut facillime quales simus tales esse videamur, etsi in eo ipso vis maxima est, ut simus ei, qui haberi velimus, tamen quaedam praecepta danda sunt. Nam si quis ab ineunte aetate habet causam celebritatis et nominis aut a patre acceptam, quod tibi, mi Cicero, arbitror contigisse, aut aliquo casu atque fortuna, in hunc oculi omnium coniciuntur atque in eum, quid agat, quemadmodum vivat, inquiritur, et, tamquam in clarissima luce versetur, ita nullum obscurum potest nec dictum eius esse nec factum.

45 Quorum autem prima aetas propter humilitatem et obscuritatem in hominum ignoratione versatur, ei, simul ac iuvenes esse coeperunt, magna spectare et ad ea rectis studiis debent contendere; quod eo firmiore animo facient, quia non modo non invidetur illi aetati, verum etiam favetur. Prima est igitur adulescenti commendatio ad gloriam, si qua ex bellicis rebus comparari potest, in qua multi apud maiores nostros extiterunt: semper enim fere bella gerebantur. Tua autem aetas incidit in id bellum, cuius altera pars sceleris nimium habuit, altera felicitatis parum. Quo tamen in bello cum te Pompeius alae [alteri] praefecisset, magnam laudem et a summo viro et ab exercitu consequebare equitando, iaculando, omni militari labore tolerando. Atque ea quidem tua laus pariter cum re publica cecidit. Mihi autem haec oratio suscepta non de te est, sed de genere toto: quamobrem pergamus ad ea, quae restant.

46 Ut igitur in reliquis rebus multo maiora opera sunt animi quam corporis, sic eae res, quas ingenio ac ratione persequimur, gratiores sunt quam illae, quas viribus. Prima igitur com-

mendatio proficiscitur a modestia, tum pietate in parentes, in suos benivolentia. Facillume autem et in optimam partem cognoscuntur adulescentes, qui se ad claros et sapientes viros bene consulentes rei publicae contulerunt, quibuscum si frequentes sunt, opinionem adferunt populo eorum fore se similes, quos sibi ipsi delegerint ad imitandum.

47 P. Rutilii adulescentiam ad opinionem et innocentiae et iuris scientiae P. Mucii commendavit domus. Nam L. quidem Crassus, cum esset admodum adulescens, non aliunde mutuatus est, sed sibi ipse peperit maximam laudem ex illa accusatione nobili et gloriosa, et, qua aetate qui exercentur, laude adfici solent, ut de Demosthene accepimus, ea aetate L. Crassus ostendit id se in foro optume iam facere, quod etiam tum poterat domi cum laude meditari.

XIV 48 Sed cum duplex ratio sit orationis, quarum in altera sermo sit, in altera contentio, non est id quidem dubium, quin contentio orationis maiorem vim habeat ad gloriam—ea est enim quam eloquentiam dicimus— : sed tamen difficile dictu est quanto opere conciliet animos comitas adfabilitasque sermonis. Extant epistolae et Philippi ad Alexandrum et Antipatri ad Cassandrum et Antigoni ad Philippum filium, trium prudentissimorum—sic enim accepimus—quibus praecipiunt, ut oratione benigna multitudinis animos ad benivolentiam alliciant militesque blande appellando deleniant. Quae autem in multitudine cum contentione habetur oratio, ea saepe universam excitat. Magna est enim admiratio copiose sapienterque dicentis, quem qui audiunt intellegere etiam et sapere plus quam ceteros arbitrantur. Si vero inest in oratione mixta modestia gravitas, nihil admirabilius fieri potest, eoque magis, si ea sunt in adulescente.

49 Sed cum sint plura causarum genera, quae eloquentiam desiderent, multique in nostra re publica adulescentes et apud iudices et apud populum et apud senatum dicendo laudem assecuti sint, maxima est admiratio in iudiciis, quorum ratio duplex est. Nam ex accusatione et ex defensione constat, quarum etsi laudabilior est defensio, tamen etiam accusatio probata persaepe est. Dixi paulo ante de Crasso: idem fecit adulescens M. Antonius. Etiam P. Sulpicii eloquentiam accusatio inlustravit, cum seditiosum et inutilem civem, C. Norbanum, in iudicium vocavit.

50 Sed hoc quidem non est saepe faciendum nec umquam nisi aut rei publicae causa, ut ei, quos ante dixi, aut ulciscendi, ut duo Luculli, aut patrocinii, ut nos pro Siculis, pro Sardis in Albucio Iulius. In accusando etiam M.' Aquilio L. Fufii cognita industria est. Semel igitur aut non saepe certe: sin erit cui faciendum sit saepius, rei publicae tribuat hoc muneris, cuius inimicos ulcisci saepius non est reprehendendum; modus tamen adsit. Duri enim hominis vel potius vix hominis videtur periculum capitis inferre multis. Id cum periculosum ipsi est, tum etiam sordidum ad famam committere, ut accusator nominere; quod contigit M. Bruto, summo genere nato, illius filio, qui iuris civilis in primis peritus fuit.

51 Atque etiam hoc praeceptum officii diligenter tenendum est, ne quem umquam innocentem iudicio capitis arcessas; id enim sine scelere fieri nullo pacto potest. Nam quid est tam inhumanum, quam eloquentiam a natura ad salutem hominum et ad conservationem datam ad bonorum pestem perniciemque convertere? Nec tamen, ut hoc fugiendum est, item est habendum religioni nocentem aliquando, modo ne nefarium impiumque defendere. Vult hoc multitudo, patitur consuetudo, fert etiam humanitas. Iudicis est semper in causis verum sequi, patroni non numquam veri simile, etiam si minus sit verum, defendere, quod scribere, praesertim cum de philosophia scriberem, non auderem, nisi idem placeret gravissimo Stoicorum Panaetio. Maxime autem et gloria paritur et gratia defensionibus, eoque maior, si quando accidit ut ei subveniatur, qui potentis alicuius opibus circumveniri urgerique videatur, ut nos et saepe alias et adulescentes contra L. Sullae dominantis opes pro Sex. Roscio Amerino fecimus, quae, ut scis, extat oratio.

XV 52 Sed expositis adulescentium officiis, quae valeant ad gloriam adipiscendam, deinceps de beneficentia ac de liberalitate dicendum est: cuius est ratio duplex. Nam aut opera benigne fit indigentibus aut pecunia. Facilior est haec posterior, locupleti praesertim, sed illa lautior ac splendidior et viro forti claroque dignior. Quamquam enim in utroque inest gratificandi liberalis voluntas, tamen altera ex arca, altera ex virtute depromitur, largitioque, quae fit ex re familiari, fontem ipsum benignitatis exhaurit. Ita benignitate benignitas tollitur, qua quo in plures usus sis, eo minus in multos uti possis.

53 At qui opera, id est virtute et industria, benefici et liberales erunt primum, quo pluribus profuerint, eo plures ad benigne faciendum adiutores habebunt: dein consuetudine beneficentiae paratiores erunt et tamquam exercitatiores ad bene de multis promerendum. Praeclare in epistula quadam Alexandrum filium Philippus accusat, quod largitione benivolentiam Macedonum consectetur: 'Quae te, malum!' inquit, 'ratio in istam spem induxit, ut eos tibi fideles putares fore, quos pecunia corrupisses? An tu id agis, ut Macedones non te regem suum, sed ministrum et praebitorem sperent fore?' Bene 'ministrum et praebitorem', quia sordidum regi, melius etiam, quod largitionem 'corruptelam' dixit esse; fit enim deterior qui accipit atque ad idem semper expectandum paratior.

54 Hoc ille filio, sed praeceptum putemus omnibus. Quam ob rem id quidem non dubium est, quin illa benignitas, quae constet ex opera et industria, et honestior sit et latius pateat et possit prodesse pluribus: non numquam tamen est largiendum nec hoc benignitatis genus omnino repudiandum est et saepe idoneis hominibus indigentibus de re familiari impertiendum, sed diligenter atque moderate. Multi enim patrimonia effuderunt inconsulte largiendo. Quid autem est stultius quam. quod libenter facias, curare ut id diutius facere non possis? Atque etiam sequuntur largitionem rapinae. Cum enim dando egere coeperunt, alienis bonis manus afferre coguntur. Ita, cum benivolentiae comparandae causa benefici esse velint, non tanta studia assequuntur eorum, quibus dederunt, quanta odia eorum, quibus ademerunt.

55 Quam ob rem nec ita claudenda res est familiaris, ut eam benignitas aperire non possit, nec ita reseranda, ut pateat omnibus: modus adhibeatur isque referatur ad facultates. Omnino meminisse debemus id, quod a nostris hominibus saepissime usurpatum iam in proverbii consuetudinem venit, 'largitionem fundum non habere.' Etenim quis potest modus esse, cum et idem qui
XVI consueverunt et idem illud alii desiderent? Omnino duo sunt genera largorum, quorum alteri prodigi, alteri liberales: prodigi, qui epulis et viscerationibus et gladiatorum muneribus, ludorum venationumque apparatu pecunias profundunt in eas res, quarum memoriam aut brevem aut nullam omnino sint relicturi;

56 liberales autem, qui suis facultatibus aut captos a praedonibus redimunt, aut aes alienum suscipiunt amicorum aut in filiarum collocatione adiuvant aut opitulantur vel in re quaerenda vel augenda. Itaque miror, quid in mentem venerit Theophrasto, in eo libro, quem de divitiis scripsit, in quo multa praeclare, illud absurde: est enim multus in laudanda magnificentia et apparitione popularium munerum taliumque sumptuum facultatem fructum divitiarum putat. Mihi autem ille fructus liberalitatis, cuius pauca exempla posui, multo et maior videtur et certior. Quanto Aristoteles gravius et verius nos reprehendit! qui has pecuniarum effusiones non admiremur, quae fiunt ad multitudinem deleniendam. Ait enim, 'qui ab hoste obsidentur, si emere aquae sextarium cogerentur mina, hoc primo incredibile nobis videri omnesque mirari, sed cum adtenderint, veniam necessitati dare; in his immanibus iacturis infinitisque sumptibus nihil nos magnopere mirari, cum praesertim neque

necessitati subveniatur nec dignitas augeatur ipsaque illa delectatio multitudinis ad breve exiguumque tempus *capiatur* eaque a levissimo quoque; in quo tamen ipso una cum satietate memoria quoque moriatur voluptatis.'

57 Bene etiam colligit 'haec pueris et mulierculis et servis et servorum simillimis liberis esse grata, gravi vero homini et ea, quae fiunt iudicio certo ponderanti probari posse nullo modo.' Quamquam intellego in nostra civitate inveterasse iam bonis temporibus, ut splendor aedilitatum ab optimis viris postuletur. Itaque et P. Crassus cum cognomine dives tum copiis functus est aedilicio maximo munere et paulo post L. Crassus cum omnium hominum moderatissimo Q. Mucio magnificentissima aedilitate functus est: deinde C. Claudius App. f., multi post, Luculli, Hortensius, Silanus. Omnes autem P. Lentulus me consule vicit superiores: hunc est Scaurus imitatus. Magnificentissima vero nostri Pompei munera secundo consulatu: in quibus omnibus quid mihi placeat, vides.

XVII 58 Vitanda tamen suspicio est avaritiae. Mamerco, homini divitissimo, praetermissio aedilitatis consulatus repulsam attulit. Qua re et si, postulatur a populo, bonis viris si non desiderantibus, at tamen approbantibus faciundum est, modo pro facultatibus, nos ipsi ut fecimus, et, si quando aliqua res maior atque utilior populari largitione adquiritur, ut Oresti nuper prandia in semitis decumae nomine magno honori fuerunt. Ne Marco quidem Seio vitio datum est, quod in caritate asse modium populo dedit; magna enim se et inveterata invidia nec turpi iactura, quando erat aedilis, nec maxima liberavit. Sed honori summo nuper nostro Miloni fuit, qui gladiatoribus emptis rei publicae causa, quae salute nostra continebatur, omnes P. Clodii conatus furoresque compressit. Causa igitur largitionis est, si aut necesse est aut utile.

59 In his autem ipsis mediocritatis regula optima est. L. quidem Philippus, Q. f., magno vir ingenio inprimisque clarus, gloriari solebat se sine ullo munere adeptum esse omnia, quae haberentur amplissima. Dicebat idem Cotta, Curio. Nobis quoque licet in hoc quodam modo gloriari. Nam pro amplitudine honorum, quos cunctis suffragiis adepti sumus nostro quidem anno, quod contigit eorum nemini, quos modo nominavi, sane exiguus sumptus aedilitatis fuit.

60 Atque etiam illae impensae meliores, muri, navalia, portus, aquarum ductus omniaque, quae ad usum rei publicae pertinent. Quamquam, quod praesens tamquam in manum datur iucundius est: tamen haec in posterum gratiora. Theatra, porticus, nova templa verecundius reprehendo propter Pompeium, sed doctissimi non probant, ut et hic ipse Panaetius, quem multum in his libris secutus sum, non interpretatus, et Phalereus Demetrius, qui Periclem, principem Graeciae vituperat, quod tantam pecuniam in praeclara illa propylaea coniecerit. Sed de hoc genere toto in eis libris, quos de re publica scripsi, diligenter est disputatum. Tota igitur ratio talium largitionum genere vitiosa est, temporibus necessaria et tum ipsum et ad facultates accommodanda et mediocritate moderanda est.

XVIII 61 In illo autem altero genere largiendi, quod a liberalitate proficiscitur, non uno modo in disparibus causis adfecti esse debemus. Alia causa est eius, qui calamitate premitur, et eius, qui res meliores quaerit nullis suis rebus adversis.

62 Propensior benignitas esse debebit in calamitosos, nisi forte erunt digni calamitate. In eis tamen, qui se adiuvari volent, non ne adfligantur, sed ut altiorem gradum ascendant, restricti omnino esse nullo modo debemus, sed in deligendis idoneis iudicium et diligentiam adhibere. Nam praeclare Ennius

'Bene fácta male locata male facta árbitror.'

63 Quod autem tributum est bono viro et grato, in eo cum ex ipso fructus est, tum etiam ex ceteris. Temeritate enim remota gratissima est liberalitas, eoque eam studiosius plerique laudant, quod summi cuiusque bonitas commune perfugium est omnium. Danda igitur opera est ut eis beneficiis quam plurimos adficiamus, quorum memoria liberis posterisque prodatur, ut eis ingratis esse non liceat. Omnes enim immemorem beneficii oderunt eamque iniuriam in deterrenda liberalitate sibi etiam fieri eumque, qui faciat, communem hostem tenuiorum putant. Atque haec benignitas etiam rei publicae est utilis, redimi e servitute captos, locupletari tenuiores: quod quidem volgo solitum fieri ab ordine nostro in oratione Crassi scriptum copiose videmus. Hanc ergo consuetudinem benignitatis largitioni munerum longe antepono; haec est gravium hominum atque magnorum, illa quasi assentatorum populi multitudinis levi-

tatem voluptate quasi titillantium.

64 Conveniet autem cum in dando munificum esse, tum in exigendo non acerbum in omnique re contrahenda, vendundo emendo, conducendo locando, vicinitatibus et confiniis aequum facilem, multa multis de suo iure cedentem, a litibus vero, quantum liceat et nescio an paulo plus etiam quam liceat, abhorrentem. Est enim non modo liberale paulum non numquam de suo iure decedere, sed interdum etiam fructuosum. Habenda autem ratio est rei familiaris, quam quidem dilabi sinere flagitiosum est, sed ita, ut inliberalitatis avaritiaeque absit suspicio. Posse enim liberalitate uti non spoliantem se patrimonio nimirum est pecuniae fructus maximus. Recte etiam a Theophrasto est laudata hospitalitas. Est enim, ut mihi quidem videtur, valde decorum patere domos hominum inlustrium hospitibus inlustribus idque etiam rei publicae est ornamento homines externos hoc liberalitatis genere in urbe nostra non egere. Est autem etiam vehementer utile iis, qui honeste posse multum volunt, per hospites apud externos populos valere opibus et gratia. Theophrastus quidem scribit Cimonem Athenis etiam in suos curiales Laciadas hospitalem fuisse: ita enim instituisse et vilicis imperavisse, ut omnia praeberentur quicumque Laciades in villam suam devertisset.

XIX 65 Quae autem opera, non largitione beneficia dantur, haec tum in universam rem publicam tum in singulos cives conferuntur. Nam in iure cavere [consilio iuvare atque] hoc scientiae genere prodesse quam plurimis vehementer et ad opes augendas pertinet et ad gratiam. Itaque cum multa praeclara maiorum tum quod optime constituti iuris civilis summo semper in honore fuit cognitio atque interpretatio; quam quidem ante hanc confusionem temporum in possessione sua principes retinuerunt, nunc, ut honores, ut omnes dignitatis gradus, sic huius scientiae splendor deletus est, idque eo indignius, quod eo tempore hoc contigit, cum is esset, qui omnes superiores, quibus honore par esset, scientia facile vicisset. Haec igitur opera grata multis et ad beneficiis obstringendos homines accommodata.

66 Atque huic arti finitima est dicendi [gravior] facultas et gratior et ornatior. Quid enim eloquentia praestabilius vel admiratione audientium vel spe indigentium vel eorum, qui defensi sunt, gratia? Huic ergo a maioribus nostris est in toga dignitatis principatus datus. Diserti igitur hominis et facile laborantis, quodque in patriis est moribus, multorum causas et non gravate et gratuito defendentis beneficia et patrocinia late patent.

67 Admonebat me res, ut hoc quoque loco intermissionem eloquentiae, ne dicam interitum, deplorarem, ni vererer, ne de me ipso aliquid viderer queri. Sed tamen videmus, quibus extinctis oratoribus, quam in paucis spes, quanto in paucioribus facultas, quam in multis sit audacia. Cum autem omnes non possint, ne multi quidem, aut iuris periti esse aut diserti, licet tamen opera prodesse multis beneficia petentem, commendantem iudicibus, magistratibus, vigilantem pro re alterius, eos ipsos, qui aut consuluntur aut defendunt, rogantem; quod qui faciunt, plurimum gratiae consequ-

untur, latissimeque eorum manat industria.

68 Iam illud non sunt admonendi, —est enim in promptu—, ut animum advertant, cum iuvare alios velint, ne quos offendant. Saepe enim aut eos laedunt, quos non debent, aut eos, quos non expedit: si imprudentes, neglegentiae est, si scientes temeritatis. Utendum etiam est excusatione adversus eos, quos invitus offendas, quacumque possis, quare id, quod feceris, necesse fuerit nec aliter facere potueris, ceterisque operis et officiis erit id, quod violatum videbitur, compensandum.

XX 69 Sed cum in hominibus iuvandis aut mores spectari aut fortuna soleat, dictu quidem est proclive itaque volgo loquuntur, se in beneficiis collocandis mores hominum, non fortunam sequi. Honesta oratio est. Sed quis est tandem, qui inopis et optimi viri causae non anteponat in opera danda gratiam fortunati et potentis? A quo enim expeditior et celerior remuneratio fore videtur, in eum fere est voluntas nostra propensior. Sed animadvertendum est diligentius, quae natura rerum sit. Nimirum enim inops ille, si bonus est vir, etiam si referre gratiam non potest, habere certe potest. Commode autem, quicumque dixit, 'pecuniam qui habeat, non reddidisse, qui reddiderit non habere, gratiam autem et qui rettulerit habere et qui habeat rettulisse.' At qui se locupletes, honoratos beatos putant, ii ne obligari quidem beneficio volunt: qui etiam beneficium se dedisse arbitrantur, cum ipsi quamvis magnum aliquod acceperint, atque etiam a se aut postulari aut exspectari aliquid suspicantur, patrocinio vero se usos aut clientes appellari mortis instar putant.

70 At vero ille tenuis, cum quidquid factum sit, se spectatum, non fortunam putat, non modo illi, qui est meritus, sed etiam illis, a quibus exspectat — eget enim multis — gratum se videri studet neque vero verbis auget suum munus, si quo forte fungitur, sed etiam extenuat. Videndumque illud est, quod, si opulentum fortunatumque defenderis, in uno illo aut, si forte, in liberis eius manet gratia: sin autem inopem, probum tamen et modestum, omnes non improbi humiles quae magna in populo multitudo est, praesidium sibi paratum vident.

71 Quam ob rem melius apud bonos quam apud fortunatos beneficium collocari puto. Danda omnino opera est ut omni generi satis facere possimus; sed, si res in contentionem veniet, nimirum Themistocles est auctor adhibendus, qui cum consuleretur, utrum bono viro pauperi an minus probato diviti filiam collocaret: 'Ego vero, inquit, malo virum, qui pecunia egeat, quam pecuniam quae viro.' Sed corrupti mores depravatique sunt admiratione divitiarum: quarum magnitudo quid ad unumquemque nostrum pertinet? Illum fortasse adiuvat, qui habet. Ne id quidem semper. Sed fac iuvare: utentior sane sit, honestior vero quomodo? Quod si etiam bonus erit vir, ne impediant divitiae quominus iuvetur, modo ne adiuvent, sitque omne iudicium non, quam locuples, sed qualis quisque sit. Extremum autem praeceptum in beneficiis operaque danda, ne quid contra aequitatem contendas, ne quid pro iniuria. Fundamentum enim est perpetuae commendationis et famae iustitia,

sine qua nihil potest esse laudabile.

XXI 72 Sed quoniam de eo genere beneficiorum dictum est, quae ad singulos spectant, deinceps de eis, quae ad universos quaeque ad rem publicam pertinent, disputandum est. Eorum autem ipsorum partim eius modi sunt, ut ad universos cives pertineant, partim, singulos ut attingant, quae sunt etiam gratiora. Danda opera est omnino, si possit, utrisque, nec minus ut etiam singulis consulatur, sed ita, ut ea res aut prosit aut certe ne obsit rei publicae. C. Gracchi frumentaria magna largitio: exhauriebat igitur aerarium; modica M. Octavii et rei publicae tolerabilis et plebi necessaria: ergo et civibus et rei publicae salutaris.

73 In primis autem videndum erit ei, qui rem publicam administrabit, ut suum quisque teneat neque de bonis privatorum publice deminutio fiat. Perniciose enim Philippus in tribunatu cum legem agrariam ferret, quam tamen antiquari facile passus est et in eo vehementer se moderatum praebuit--sed cum in agendo multa populariter, tum illud male, 'non esse in civitate duo milia hominum, qui rem haberent.' Capitalis oratio est, ad aequationem bonorum pertinens, qua peste quae potest esse maior? Hanc enim ob causam maxime, ut sua tenerentur, res publicae civitatesque constitutae sunt. Nam, etsi duce natura congregabantur homines, tamen spe custodiae rerum suarum urbium praesidia quaerebant.

74 Danda etiam opera est, ne, quod apud maiores nostros saepe fiebat propter aerarii tenuitatem assiduitatemque bellorum,

tributum sit conferendum; idque ne eveniat multo ante erit providendum. Sin quae necessitas huius muneris alicui rei publicae obvenerit — malo enim quam nostrae ominari, neque tamen de nostra, sed de omni re publica disputo — danda erit opera, ut omnes intellegant, si salvi esse velint, necessitati esse parendum. Atque etiam omnes, qui rem publicam gubernabunt, consulere debebunt, ut earum rerum copia sit, quae sunt[ad victun] necessariae. Quarum qualis comparatio fieri soleat et debeat, non est necesse disputare; est enim in promptu: tantum locus attingendus fuit.

75 Caput autem est in omni procuratione negotii et muneris publici, ut avaritiae pellatur etiam minima suspicio. 'Utinam' inquit C. Pontius Samnis 'ad illa tempora me fortuna reservavisset et tum essem natus, quando Romani dona accipere coepissent! non essem passus diutius eos imperare.' Ne illi multa saecula expectanda fuerunt; modo enim hoc malum in hanc rem publicam invasit. Itaque facile patior tum potius Pontium fuisse, si quidem in illo tantum fuit roboris. Nondum centum et decem anni sunt, cum de pecuniis repetundis a L. Pisone lata lex est nulla antea cum fuisset. At vero postea tot leges et proxumae quaeque duriores, tot rei, tot damnati, tantum Italicum bellum propter iudiciorum metum excitatum, tanta sublatis legibus et iudiciis expilatio direptioque sociorum, ut inbecillitate aliorum, non nostra virtute valeamus.

XXII 76 Laudat Africanum Panaetius, quod fuerit abstinens. Quidni laudet? Sed in illo alia maiora; laus abstinentiae non hominis est solum, sed etiam temporum illorum. Omni Macedonum gaza, quae fuit maxima, potitus Paulus tantum in aerarium pecuniae invexit, ut unius imperatoris praeda finem attulerit tributorum: at hic nihil domum suam intulit praeter memoriam nominis sempiternam. Imitatus patrem Africanus nihilo locupletior karthagine eversa. Quid? qui eius collega fuit in censura, L. Mummius, num quid copiosior, cum copiosissimam urbem funditus sustulisset? Italiam ornare quam domum suam maluit. Quamquam Italia ornata domus ipsa mihi videtur ornatior.

77 Nullum igitur vitium taetrius est, ut eo, unde digressa est, referat se oratio, quam avaritia, praesertim in principibus et rem publicam gubernantibus. Habere enim quaestui rem publicam non modo turpe est, sed sceleratum etiam et nefarium. Itaque, quod Apollo Pythius oraclum edidit, Spartam nulla re alia nisi avaritia esse perituram, id videtur non solum Lacedaemoniis, sed etiam omnibus opulentis populis praedixisse. Nulla autem re conciliare facilius benivolentiam multitudinis possunt ei, qui rei publicae praesunt, quam abstinentia et continentia.

78 Qui vero se populares volunt ob eamque causam aut agrariam rem temptant, ut possessores pellantur suis sedibus, aut pecunias creditas debitoribus condonandas putant, labefactant fundamenta rei publicae, concordiam primum, quae esse non potest, cum aliis adimuntur, aliis condonantur pecuniae, deinde aequitatem, quae tollitur omnis, si habere suum cuique non licet. Id enim est proprium, ut supra dixi, civitatis atque urbis, ut sit libera et non sollicita suae rei cuiusque custodia.

79 Atque in hac pernicie rei publicae ne illam quidem consequuntur, quam putant, gratiam. Nam cui res erepta est, est inimicus: cui data est, etiam dissimulat se accipere voluisse et maxime in pecuniis creditis occultat suum gaudium, ne videatur non fuisse solvendo. At vero ille, qui accipit iniuriam, et meminit et prae se fert dolorem suum, nec, si plures sunt ei, quibus inprobe datum est, quam illi, quibus iniuste ademptum est, idcirco plus etiam valent. Non enim numero haec iudicantur, sed pondere. Quam autem habet aequitatem, ut agrum multis annis aut etiam saeculis ante possessum qui nullum habuit habeat, qui autem habuit amittat?

XXIII 80 Ac propter hoc iniuriae genus Lacedaemonii Lysandrum ephorum expulerunt, Agim regem, quod nunquam antea apud eos acciderat, necaverunt, exque eo tempore tantae discordiae secutae sunt, ut et tyranni existerent et optumates exterminarentur et praeclarissime constituta res publica dilaberetur; nec vero solum ipsa cecidit, sed etiam reliquam Graeciam evertit contagionibus malorum, quae a Lacedaemoniis profectae manarunt latius. Quid? nostros Gracchos, Ti. Gracchi summi viri filios, Africani nepotes, nonne agrariae contentiones perdiderunt?

81 At vero Aratus Sicyonius iure laudatur, qui, cum eius civitas quinquaginta annos a tyrannis teneretur, profectus Argis Sicyonem clandestino introitu urbe est potitus, cumque tyrannum Nicoclem inproviso oppressisset, sescentos exules, qui locupletissimi fuerant eius civitatis, restituit remque publicam adventu suo liberavit. Sed cum magnam animadverteret in bonis et possessionibus

difficultatem, quod et eos, quos ipse restituerat, quorum bona alii possederant, egere iniquissimum esse arbitrabatur et quinquaginta annorum possessiones movere non nimis aequum putabat, propterea quod tam longo spatio multa hereditatibus, multa emptionibus, multa dotibus tenebantur sine iniuria, iudicavit neque illis adimi nec eis non satis fieri, quorum illa fuerant oportere.

82 Cum igitur statuisset opus esse ad eam rem constituendam pecunia, Alexandream se proficisci velle dixit remque integram ad reditum suum iussit esse. Isque celeriter ad Ptolomaeum, suum hospitem venit, qui tum regnabat alter post Alexandream conditam. Cui cum euisset patriam se liberare velle causamque docuisset, a rege opulento vir summus facile impetravit ut grandi pecunia adiuvaretur. Quam cum Sicyonem attulisset, adhibuit sibi in consilium quindecim principes, cum quibus causas cognovit et eorum, qui aliena tenebant, et eorum, qui sua amiserant, perfecitque aestumandis possessionibus, ut persuaderet aliis, ut pecuniam accipere mallent, possessionibus cederent, aliis, ut commodius putarent numerari sibi, quod tanti esset, quam suum recuperare. Ita perfectum est, ut omnes concordia constituta sine querella discederent.

83 O virum magnum dignumque, qui in re publica nostra natus esset! Sic par est, agere cum civibus, non, ut bis iam vidimus, hastam in foro ponere et bona civium voci subicere praeconis. At ille Graecus, id quod fuit sapientis et praestantis viri, omnibus consulendum putavit, eaque est summa ratio et sapientia boni civis, commoda civium non divellere atque omnis aequitate eadem con-

tinere. Habitent gratis in alieno. Quid ita? ut, cum ego emerim, aedificarim, tuear impendam, tu me invito fruare meo? Quid est aliud aliis sua eripere, aliis dare aliena?

84 Tabulae vero novae quid habent argumenti, nisi ut emas mea pecunia fundum, eum tu habeas, ego non habeam pecuniam?
XXIV Quam ob rem ne sit aes alienum, quod rei publicae noceat, providendum est, quod multis rationibus caveri potest, non, si fuerit, ut locupletes suum perdant, debitores lucrentur alienum. Nec enim ulla res vehementius rem publicam continet quam fides, quae esse nulla potest, nisi erit necessaria solutio rerum creditarum. Numquam vehementius actum est quam me consule ne solveretur. Armis et castris temptata res est ab omni genere hominum et ordine: quibus ita restiti, ut hoc totum malum de re publica tolleretur. Numquam nec maius aes alienum fuit nec melius nec facilius dissolutum est: fraudandi enim spe sublata solvendi necessitas consecuta est. At vero hic nunc victor, tum quidem victus quae cogitarat, ea perfecit, cum eius iam nihil interesset. Tanta in eo peccandi libido fuit, ut hoc ipsum eum delectaret peccare, etiam si causa non esset.

85 Ab hoc igitur genere largitionis, ut aliis detur, aliis auferatur, aberunt ei, qui rem publicam tuebuntur, inprimisque operam dabunt ut iuris et iudiciorum aequitate suum quisque teneat et neque tenuiores propter humilitatem circumveniantur neque locupletibus ad sua vel tenenda vel recuperanda obsit invidia, praeterea, quibuscumque rebus vel belli vel domi poterunt, rem publicam augeant imperio, agris, vectigalibus. Haec magnorum hominum sunt, haec

apud maiores nostros factitata, haec genera officiorum qui persecuntur cum summa utilitate rei publicae magnam ipsi adipiscentur et gratiam et gloriam.

86 In his autem utilitatum praeceptis Antipater Tyrius, Stoicus, qui Athenis nuper est mortuus, duo praeterita censet esse a Panaetio, valitudinis curationem et pecuniae: quas res a summo philosopho praeteritas arbitror, quod essent faciles; sunt certe utiles. Sed valetudo sustentatur notitia sui corporis et observatione, quae res aut prodesse soleant aut obesse, et continentia in victu omni atque cultu corporis tuendi causa praetermittendis voluptatibus, postremo arte eorum quorum ad scientiam haec pertinent.

87 Res autem familiaris quaeri debet iis rebus, a quibus abest turpitudo, conservari autem diligentia et parsimonia, eisdem etiam rebus augeri. Has res commodissime Xenophon Socraticus persecutus est in eo libro, qui 'Oeconomicus' inscribitur, quem nos, ista fere aetate cum essemus, qua es tu nunc, e Graeco in Latinum convertimus. Sed toto hoc de genere, de quaerenda, de collocanda pecunia, vellem etiam de utenda, commodius a quibusdam optimis viris ad Ianum medium sedentibus quam ab ullis philosophis ulla in schola disputatur. Sunt tamen ea cognoscenda: pertinent enim ad utilitatem, de qua hoc libro disputatum est.

XXV 88 Sed utilitatum comparatio, quoniam hic locus erat quartus, a Panaetio praetermissus, saepe est necessaria. Nam et corporis commoda cum externis [et externa cum corporis] et ipsa inter se corporis et externa cum externis comparari solent. Cum externis corporis hoc modo comparantur, valere ut malis quam dives esse; [cum corporis externa hoc modo, dives esse potius quam maximis corporis viribus,] ipsa inter se corporis sic, ut bona valitudo voluptati anteponatur, vires celeritati; externorum autem, ut gloria divitiis, vectigalia urbana rusticis.

89 Ex quo genere comparationis illud est Catonis senis: a quo cum quaereretur, quid maxime in re familiari expediret, respondit 'Bene pascere.' Quid secundum? 'Satis bene pascere.' Quid tertium: 'Male pascere.' quid quartum? 'Arare.' Et cum ille, qui quaesierat, dixisset: 'Quid faenerari?'tum Cato 'Quid hominem,' inquit, 'occidere?' Ex quo et multis aliis intellegi debet utilitatum,' comparationes fieri solere recteque hoc adiunctum esse exquirendorum officiorum genus.

90 Reliqua deinceps persequemur.

LIBER TERTIVS

제 Ⅲ 권

LIBER TERTIVS

I 1 P. Scipionem, Marce fili, eum qui primus Africanus appellatus est, dicere solitum scripsit Cato, qui fuit eius fere aequalis, *numquam se minus otiosum esse, quam cum otiosus, nec minus solum, quam cum solus esset*. Magnifica vero vox et magno viro ac sapiente digna: quae declarat illum et in otio de negotiis cogitare et in solitudine secum loqui solitum, ut neque cessaret umquam et interdum conloquio alterius non egeret. Ita duae res, quae languorem adferunt ceteris, illum acuebant, otium et solitudo. Vellem nobis hoc idem vere dicere liceret, sed si minus imitatione tantam ingenii praestantiam consequi possumus, voluntate certe proxime accedimus. Nam et a re publica forensibusque negotiis armis impiis vique prohibiti otium persequimur et ob eam causam urbe relicta rura peragrantes saepe soli sumus.

2 Sed nec hoc otium cum Africani otio nec haec solitudo cum illa comparanda est. Ille enim requiescens a rei publicae pul-

cherrimis muneribus otium sibi sumebat aliquando et coetu hominum frequentiaque interdum tamquam in portum se in solitudinem recipiebat. Nostrum autem otium negotii inopia, non requiescendi studio constitutum est. Extincto enim senatu deletisque iudiciis quid est, quod dignum nobis aut in curia aut in foro agere possimus?

3 Ita qui in maxima celebritate atque in oculis civium quondam vixerimus, nunc fugientes conspectum sceleratorum, quibus omnia redundant, abdimus nos, quantum licet, et saepe soli sumus. Sed quia sic ab hominibus doctis accepimus, non solum ex malis eligere minima oportere, sed etiam excerpere ex his ipsis, si quid inesset boni, propterea et otio fruor, non illo quidem, quo debeat is, qui quondam peperisset otium civitati, nec eam solitudinem languere patior, quam mihi adfert necessitas, non voluntas.

4 Quamquam Africanus maiorem laudem meo iudicio assequebatur. Nulla enim eius ingenii monumenta mandata litteris, nullum opus oti, nullum solitudinis munus extat: ex quo intellegi debet illum mentis agitatione investigationeque earum rerum, quas cogitando consequebatur, nec otiosum nec solum umquam fuisse. Nos autem, qui non tantum roboris habemus, ut cogitatione tacita a solitudine abstrahamur, ad hanc scribendi operam omne studium curamque convertimus. Itaque plura brevi tempore eversa quam multis annis stante re publica scripsimus.

II 5 Sed cum tota philosophia, mi Cicero, frugifera et fructuosa nec ulla pars eius inculta ac deserta sit, tum nullus feracior in ea locus est nec uberior quam de officiis, a quibus constanter honesteque vivendi praecepta ducuntur. Quare quamquam a Cratippo nostro, principe huius memoriae philosophorum, haec te assidue audire atque accipere confido, tamen conducere arbitror talibus aures tuas vocibus undique circumsonare, nec eas, si fieri possit, quicquam aliud audire.

6 Quod cum omnibus est faciendum, qui vitam honestam ingredi cogitant, tum haud scio an nemini potius quam tibi. Sustines enim non parvam expectationem imitandae industriae nostrae, magnam honorum, non nullam fortasse nominis. Suscepisti onus praeterea grave et Athenarum et Cratippi: ad quos cum tamquam ad mercaturam bonarum artium sis profectus, inanem redire turpissimum est dedecorantem et urbis auctoritatem et magistri. Qua re quantum coniti animo potes, quantum labore contendere — si discendi labor est potius quam voluptas — tantum fac ut efficias neve committas, ut, cum omnia suppeditata sint a nobis, tute tibi defuisse videare. Sed haec hactenus: multa enim saepe ad te cohortandi gratia scripsimus. Nunc ad reliquam partem propositae divisionis revertamur.

7 Panaetius igitur, qui sine controversia de officiis accuratissime disputavit quemque nos correctione quadam adhibita potissimum secuti sumus, tribus generibus propositis, in quibus deliberare homines et consultare de officio solerent — uno, cum

dubitarent honestumne id esset de quo ageretur an turpe, altero, utilene esset an inutile, tertio, si id, quod speciem haberet honesti, pugnaret cum eo quod utile videretur, quomodo ea discerni oporteret: — de duobus generibus primis tribus libris explicavit, de tertio autem genere deinceps se scripsit dicturum nec exsolvit id, quod promiserat.

8 Quod eo magis miror, quia scriptum a discipulo eius Posidonio est, triginta annis vixisse Panaetium postea quam illos libros edidisset. Quem locum miror a Posidonio breviter esse tactum in quibusdam commentariis, praesertim cum scribat nullum esse locum in tota philosophia tam necessarium.

9 Minime vero assentior eis, qui negant eum locum a Panaetio praetermissum, sed consulto relictum nec omnino scribendum fuisse, quia numquam posset utilitas cum honestate pugnare. De quo alterum potest habere dubitationem, adhibendumne fuerit hoc genus, quod in divisione Panaetii tertium est, an plane omittendum, alterum dubitari non potest, quin a Panaetio susceptum sit, sed relictum. Nam qui e divisione tripertita duas partes absolverit, huic necesse est restare tertiam. Praeterea in extremo libro tertio de hac parte pollicetur se deinceps esse dicturum.

10 Accedit eodem testis locuples Posidonius, qui etiam scribit in quadam epistola, P. Rutilium Rufum dicere solere, qui Panaetium audierat, ut nemo pictor esset inventus, qui in Coa Venere eam partem, quam Apelles inchoatam reliquisset, absolveret — oris

enim pulchritudo reliqui corporis imitandi spem auferebat — sic ea, quae Panaetius praetermisisset et non perfecisset, propter eorum quae perfecisset praestantiam neminem persecutum.

III 11 Quam ob rem de iudicio Panaetii dubitari non potest; rectene autem hanc tertiam partem ad exquirendum officium adiunxerit an secus, de eo fortasse disputari potest. Nam, sive honestum solum bonum est, ut Stoicis placet, sive, quod honestum est, id ita summum bonum est, quem ad modum Peripateticis vestris videtur, ut omnia ex altera parte collocata vix minimi momenti instar habeant, dubitandum non est quin numquam possit utilitas cum honestate contendere. Itaque accepimus Socratem exsecrari solitum eos, qui primum haec natura cohaerentia opinione distraxissent. Cui quidem ita sunt Stoici assensi, ut et, quicquid honestum esset, id utile esse censerent nec utile quicquam, quod non honestum.

12 Quodsi is esset Panaetius, qui virtutem propterea colendam diceret, quod ea efficiens utilitatis esset, ut ii, qui res expetendas vel voluptate vel indolentia metiuntur, liceret ei dicere utilitatem aliquando cum honestate pugnare. Sed cum sit is, qui id solum bonum iudicet, quod honestum sit, quae autem huic repugnent specie quadam utilitatis eorum neque accessione meliorem vitam fieri nec decessione peiorem, non videtur debuisse eius modi deliberationem introducere, in qua quod utile videretur cum eo, quod honestum est, compararetur.

13 Etenim quod summum bonum a Stoicis dicitur, convenienter naturae vivere, id habet hanc, ut opinor, sententiam, cum virtute congruere semper, cetera autem, quae secundum naturam essent, ita legere, si ea virtuti non repugnarent. Quod cum ita sit, putant quidam hanc comparationem non recte introductam nec omnino de eo genere quicquam praecipiendum fuisse. Atque illud quidem honestum, quod proprie vereque dicitur, id in sapientibus est solis neque a virtute divelli umquam potest. In eis autem, in quibus sapientia perfecta non est, ipsum illud quidem perfectum honestum nullo modo, similitudines honesti esse possunt.

14 Haec enim officia, de quibus his libris disputamus, media Stoici appellant: ea communia sunt et late patent, quae et ingenii bonitate multi assequuntur et progressione discendi. Illud autem officium, quod rectum idem appellant, perfectum atque absolutum est et, ut idem dicunt, omnes numeros habet nec praeter sapientem cadere in quemquam potest.

15 Cum autem aliquid actum est, in quo media officia compareant, id cumulate videtur esse perfectum, propterea, quod vulgus, quid absit a perfecto, non fere intellegit; quatenus autem intellegit, nihil putat praetermissum: quod idem in poematis, in picturis usu venit in aliisque compluribus, ut delectentur imperiti laudentque ea, quae laudanda non sint, ob eam, credo, causam, quod insit in his aliquid probi, quod capiat ignaros, qui quid in una quaque re viti sit, nequeant iudicare. Itaque, cum sunt docti a peritis, desistunt facile
IV sententia. Haec igitur officia, de quibus his libris disserimus, quasi

secunda quaedam honesta esse dicunt, non sapientium modo propria, sed cum omni hominum genere communia.

16 Itaque iis omnes, in quibus est virtutis indoles, commoventur. Nec vero cum duo Decii aut duo Scipiones fortes viri commemorantur, aut cum Fabricius, [aut Aristides] iustus nominatur, aut ab illis fortitudinis aut ab his iustitiae tamquam a sapiente petitur exemplum. Nemo enim horum sic sapiens, ut sapientem volumus intellegi, nec ei, qui sapientes habiti et nominati, M. Cato et C. Laelius, sapientes fuerunt, ne illi quidem septem, sed ex mediorum officiorum frequentia similitudinem quandam gerebant speciemque sapientium.

17 Quocirca nec id, quod vere honestum est, fas est cum utilis repugnantia comparari nec id, quod communiter appellamus honestum, quod colitur ab eis, qui bonos se viros haberi volunt, cum emolumentis umquam est comparandum, tamque id honestum, quod in nostram intellegentiam cadit, tuendum conservandumque nobis est quam illud, quod proprie dicitur vereque est honestum, sapientibus; aliter enim teneri non potest, si quae ad virtutem est facta progressio. Sed haec quidem de eis, qui conservatione officiorum existimantur boni.

18 Qui autem omnia metiuntur emolumentis et commodis neque ea volunt praeponderari honestate, ei solent in deliberando honestum cum eo, quod utile putant, comparare, boni viri non solent. Itaque existimo Panaetium, cum dixerit homines

solere in hac comparatione dubitare, hoc ipsum sensisse, quod dixerit 'solere' modo, non etiam 'oportere.' Etenim non modo pluris putare, quod utile videatur quam quod honestum sit, sed etiam haec inter se comparare et in his addubitare turpissimum est. Quid ergo est quod non numquam dubitationem adferre soleat considerandumque videatur? Credo, si quando dubitatio accidit, quale sit id, de quo consideretur.

19 Saepe enim tempore fit, ut quod turpe plerumque haberi soleat, inveniatur non esse turpe. Exempli causa ponatur aliquid, quod pateat latius. Quod potest maius esse scelus quam non modo hominem, sed etiam familiarem hominem occidere? Num igitur se adstrinxit scelere, si qui tyrannum occidit quamvis familiarem? Populo quidem Romano non videtur, qui ex omnibus praeclaris factis illud pulcherrimum existimat. Vicit ergo utilitas honestatem? Immo vero honestas utilitatem secuta est. Itaque, ut sine ullo errore diiudicare possimus, si quando cum illo, quod honestum intellegimus, pugnare id videbitur, quod appellamus utile, formula quaedam constituenda est, quam si sequemur in comparatione rerum, ab officio numquam recedemus.

20 Erit autem haec formula Stoicorum rationi disciplinaeque maxime consentanea, quam quidem his libris propterea sequimur, quod, quamquam et a veteribus Academicis et a Peripateticis vestris, qui quondam idem erant, qui Academici, quae honesta sunt, anteponuntur eis, quae videntur utilia, tamen splendidius haec ab eis disserentur, quibus, quicquid honestum est idem utile videtur nec

utile quicquam, quod non honestum, quam ab iis, quibus et honestum aliquid non utile et utile non honestum. Nobis autem nostra Academia magnam licentiam dat, ut, quodcumque maxime probabile occurrat, id nostro iure liceat defendere. Sed redeo ad formulam.

V 21 Detrahere igitur alteri aliquid et hominem hominis incommodo suum commodum augere magis est contra naturam quam mors, quam paupertas, quam dolor, quam cetera, quae possunt aut corpori accidere aut rebus externis. Nam principio tollit convictum humanum et societatem. Si enim sic erimus adfecti, ut propter suum quisque emolumentum spoliet aut violet alterum, disrumpi necesse est eam, quae maxime est secundum naturam, humani generis societatem.

22 Ut, si unum quodque membrum sensum hunc haberet, ut posse putaret se valere, si proximi membri valitudinem ad se traduxisset, debilitari et interire totum corpus necesse esset, sic, si unus quisque nostrum ad se rapiat commoda aliorum detrahatque quod cuique possit, emolumenti sui gratia, societas hominum et communitas evertatur necesse est. Nam sibi ut quisque malit, quod ad usum vitae pertineat, quam alteri adquirere, concessum est non repugnante natura: illud natura non patitur, ut aliorum spoliis nostras facultates, copias, opes augeamus.

23 Neque vero hoc solum natura, id est iure gentium, sed etiam legibus populorum, quibus in singulis civitatibus res publica

contininetur, eodem modo constitutum est, ut non liceat sui commodi causa nocere alteri. Hoc enim spectant leges, hoc volunt, incolumem esse civium coniunctionem, quam qui dirimunt, eos morte, exsilio, vinclis damno coercent. Atque hoc multo magis efficit ipsa naturae ratio, quae est lex divina et humana: cui parere qui velit — omnes autem parebunt, qui secundum naturam volent vivere — numquam committet ut alienum appetat et id, quod alteri detraxerit, sibi adsumat.

24 Etenim multo magis est secundum naturam excelsitas animi et magnitudo itemque comitas, iustitia, liberalitas quam voluptas, quam vita, quam divitiae: quae quidem contemnere et pro nihilo ducere comparantem cum utilitate communi magni animi et excelsi est. [Detrahere autem de altero sui commodi causa magis est contra naturam quam mors, quam dolor, quam cetera generis eiusdem.]

25 Itemque magis est secundum naturam pro omnibus gentibus, si fieri possit, conservandis aut iuvandis, maximos labores molestiasque suscipere imitantem Herculem illum, quem hominum fama beneficiorum memor in concilio caelestium conlocavit quam vivere in solitudine non modo sine ullis molestiis sed etiam in maximis voluptatibus abundantem omnibus copiis, ut excellas etiam pulchritudine et viribus. Quocirca optimo quisque et splendidissimo ingenio longe illam vitam huic anteponit. Ex quo efficitur hominem naturae oboedientem homini nocere non posse.

26 Deinde qui alterum violat, ut ipse aliquid commodi consequatur, aut nihil existimat se facere contra naturam aut magis fugienda censet mortem, paupertatem, dolorem, amissionem etiam liberorum, propinquorum, amicorum, quam facere cuiquam iniuriam. Si nihil existimat contra naturam fieri hominibus violandis, quid cum eo disseras, qui omnino hominem ex homine tollat? Sin fugiendum id quidem censet, sed multo illa peiora, mortem, paupertatem, dolorem, errat in eo, quod ullum aut corporis aut fortunae
VI vitium vitiis animi gravius existimat. Ergo unum debet esse omnibus propositum; ut eadem sit utilitas uniuscuiusque et universorum, quam si ad se quisque rapiet, dissolvetur omnis humana consortio.

27 Atque etiam si hoc natura praescribit, ut homo homini, quicumque sit, ob eam ipsam causam, quod is homo sit, consultum velit, necesse est secundum eandem naturam omnium utilitatem esse communem. Quod si ita est, una continemur omnes et eadem lege naturae, idque ipsum si ita est, certe violare alterum naturae lege prohibemur.

28 Verum autem primum, verum igitur extremum. Nam illud quidem absurdum est, quod quidam dicunt, parenti se aut fratri nihil detracturos sui commodi causa, aliam rationem esse civium reliquorum. Hi sibi nihil iuris, nullam societatem communis utilitatis causa statuunt esse cum civibus, quae sententia omnem societatem distrahit civitatis. Qui autem civium rationem dicunt habendam, externorum negant, ei dirimunt communem humani

generis societatem, qua sublata beneficentia liberalitas, bonitas iustitia funditus tollitur. Quae qui tollunt, etiam adversus deos immortales impii iudicandi sunt. Ab eis enim constitutam inter homines societatem evertunt, cuius societatis artissimum vinculum est magis arbitrari esse contra naturam hominem homini detrahere sui commodi causa quam omnia incommoda subire vel externa vel corporis vel etiam ipsius animi, quae vacent iustitia; haec enim una virtus omnium est domina et regina virtutum.

29 Forsitan quispiam dixerit: 'Nonne igitur sapiens, si fame ipse conficiatur, abstulerit cibum alteri homini ad nullam rem utili?' [Minime vero: non enim mihi est vita mea utilior quam animi talis affectio, neminem ut violem commodi mei gratia.] Quid? si Phalarim, crudelem tyrannum et immanem, vir bonus, ne ipse frigore conficiatur, vestitu spoliare possit, nonne faciat? Haec ad iudicandum sunt facillima.

30 Nam si quid ab homine ad nullam partem utili utilitatis tuae causa detraxeris, inhumane feceris contraque naturae legem: sin autem is tu sis, qui multam utilitatem rei publicae atque hominum societati, si in vita remaneas, adferre possis, si quid ob eam causam alteri detraxeris, non sit reprehendendum. Sin autem id non sit eius modi, suum cuique incommodum ferendum est potius quam de alterius commodis detrahendum. Non igitur magis est contra naturam morbus aut egestas aut quid eiusmodi quam detractio atque appetitio alieni, sed communis utilitatis derelictio contra naturam est, est enim iniusta.

31 Itaque lex ipsa naturae, quae utilitatem hominum conservat et continet, decernet profecto, ut ab homine inerti atque inutili ad sapientem, bonum, fortem virum transferantur res ad vivendum necessariae, qui si occiderit, multum de communi utilitate detraxerit—modo hoc ita faciat, ut ne ipse de se bene existimans seseque diligens hanc causam habeat ad iniuriam. Ita semper officio fungetur utilitati consulens hominum et ei, quam saepe commemoro, humanae societati.

32 Nam quod ad Phalarim attinet, perfacile iudicium est. Nulla est enim societas nobis cum tyrannis, et potius summa distractio est, neque est contra naturam spoliare eum, si possis, quem est honestum necare, atque hoc omne genus pestiferum atque impium ex hominum communitate exterminandum est. Etenim ut membra quaedam amputantur, si et ipsa sanguine et tamquam spiritu carere coeperunt, et nocent reliquis partibus corporis, sic ista in figura hominis feritas et immanitas beluae a communi tamquam humanitate corporis segreganda est. Huius generis quaestiones sunt omnes eae, in quibus ex tempore officium exquiritur.

VII 33 Eius modi igitur credo res Panaetium persecuturum fuisse, nisi aliqui casus aut occupatio eius consilium peremisset. Ad quas ipsas consultationes ex superioribus libris satis multa praecepta sunt, quibus perspici possit, quid sit propter turpitudinem fugiendum, quid sit, quod idcirco fugiendum non sit, quod omnino turpe non sit. Sed quoniam operi inchoato, prope tamen absoluto, tamquam fastigium imponimus, ut geometrae solent non omnia docere, sed postulare, ut quaedam sibi concedantur, quo facilius quae volunt, explicent, sic ego a te postulo, mi Cicero, ut mihi concedas si potes, nihil praeter id, quod honestum sit, propter se esse expetendum. Sin hoc non licet per Cratippum, at illud certe dabis, quod honestum sit, id esse maxime propter se expetendum. Mihi utrumvis satis est et tum hoc, tum illud probabilius videtur nec praeterea quicquam probabile.

34 Ac primum in hoc Panaetius defendendus est, quod non utilia cum honestis pugnare aliquando posse dixerit — neque enim ei fas erat —, sed ea, quae viderentur utilia. Nihil vero utile, quod non idem honestum, nihil honestum, quod non idem utile sit, saepe testatur negatque ullam pestem maiorem in vitam hominum invasisse quam eorum opinionem, qui ista distraxerint. Itaque non ut aliquando anteponeremus utilia honestis, sed ut ea sine errore diiudicaremus, si quando incidissent, induxit eam, quae videretur esse, non quae esset, repugnantiam. Hanc igitur partem relictam explebimus nullis adminiculis, sed, ut dicitur, Marte nostro. Neque enim quicquam est de hac parte post Panaetium explicatum, quod quidem mihi probaretur, de iis, quae in manus meas venerint.

VIII 35 Cum igitur aliqua species utilitatis obiecta est, commoveri necesse est. Sed si, cum animum attenderis, turpitudinem videas adiunctam ei rei, quae speciem utilitatis attulerit, tum non utilitas relinquenda est, sed intellegendum, ubi turpitudo sit, ibi utilitatem esse non posse. Quod si nihil est tam contra naturam quam turpitudo — recta enim et convenientia et constantia natura desiderat aspernaturque contraria—nihilque tam secundum naturam quam utilitas, certe in eadem re utilitas et turpitudo esse non potest. Itemque, si ad honestatem nati sumus eaque aut sola expetenda est, ut Zenoni visum est, aut certe omni pondere gravior habenda quam reliqua omnia, quod Aristoteli placet, necesse est, quod honestum sit, id esse aut solum aut summum bonum: quod autem bonum, id certe utile, ita, quicquid honestum, id utile.

36 Qua re error hominum non proborum, cum aliquid, quod utile visum est, arripuit, id continuo secernit ab honesto. Hinc sicae, hinc venena, hinc falsa testamenta nascuntur, hinc furta peculatus, expilationes direptionesque sociorum et civium, hinc opum nimiarum, potentiae non ferendae, postremo etiam in liberis civitatibus regnandi existunt cupiditates, quibus nihil nec taetrius nec foedius excogitari potest. Emolumenta enim rerum fallacibus iudiciis vident, poenam non dico legum, quam saepe perrumpunt, sed ipsius turpitudinis, quae acerbissima est, non vident.

37 Quam ob rem hoc quidem deliberantium genus pellatur e medio—est enim totum sceleratum et impium—, qui deliberant, utrum id sequantur, quod honestum esse videant, an se scientes scelere contaminent; in ipsa enim dubitatione facinus inest, etiamsi ad id non pervenerint. Ergo ea deliberanda omnino non sunt, in quibus est turpis ipsa deliberatio. Atque etiam ex omni deliberatione celandi et occultandi spes opinioque removenda est; satis enim nobis, si modo in philosophia aliquid profecimus, persuasum esse debet, si omnes deos hominesque celare possimus,

nihil tamen avare, nihil iniuste, nihil libidinose, nihil incontinenter esse faciendum.

IX 38 Hinc ille Gyges inducitur a Platone, qui cum terra discessisset magnis quibusdam imbribus, descendit in illum hiatum aeneumque equum, ut ferunt fabulae, animadvertit, cuius in lateribus fores essent: quibus apertis corpus hominis mortui vidit magnitudine invisitata anulumque aureum in digito, quem ut detraxit, ipse induit — erat autem regius pastor —, tum in concilium se pastorum recepit. Ibi cum palam eius anuli ad palmam converterat, a nullo videbatur, ipse autem omnia videbat; idem rursus videbatur, cum in locum anulum inverterat. Itaque hac oportunitate anuli usus reginae stuprum intulit eaque adiutrice regem dominum interemit, sustulit quos obstare arbitrabatur, nec in his eum facinoribus quisquam potuit videre. Sic repente anuli beneficio rex exortus est Lydiae. Hunc igitur ipsum anulum si habeat sapiens, nihilo plus sibi licere putet peccare, quam si non haberet. Honesta enim bonis viris, non occulta quaeruntur.

39 Atque hoc loco philosophi quidam, minime mali illi quidem, sed non satis acuti, fictam et commenticiam fabulam prolatam dicunt a Platone, quasi vero ille aut factum id esse aut fieri potuisse defendat. Haec est vis huius anuli et huius exempli: si nemo sciturus, nemo ne suspicaturus quidem sit, cum aliquid divitiarum, potentiae, dominationis libidinis causa feceris, si id diis hominibusque futurum sit semper ignotum, sisne facturus? Negant id fieri posse. Nequaquam potest id quidem. Sed quaero, quod

negant posse, id si posset, quidnam facerent? Urgent rustice sane. Negant enim posse et in eo perstant, hoc verbum quid valeat non vident. Cum enim quaerimus, si celare possint, quid facturi sint, non quaerimus, possintne celare, sed tamquam tormenta quaedam adhibemus, ut, si responderint se impunitate proposita facturos, quod expediat, facinorosos se esse fateantur; si negent, omnia turpia per se ipsa fugienda esse concedant. Sed iam ad propositum revertamur.

X 40 Incidunt multae saepe causae, quae conturbent animos utilitatis specie, non, cum hoc deliberetur, relinquendane sit honestas propter utilitatis magnitudinem — nam id quidem improbum est —, sed illud, possitne id, quod utile videatur, fieri non turpiter. Cum Collatino collegae Brutus imperium abrogabat, poterat videri facere id iniuste fuerat enim in regibus expellendis socius Bruti consiliorum et adiutor. Cum autem consilium hoc principes cepissent, cognationem Superbi nomenque Tarquiniorum et memoriam regni esse tollendam, quod erat utile, patriae consulere, id erat ita honestum, ut etiam ipsi Collatino placere deberet. Itaque utilitas valuit propter honestatem, sine qua ne utilitas quidem esse potuisset.

41 At in eo rege, qui urbem condidit, non item. Species enim utilitatis animum pepulit eius; cui cum visum esset utilius solum quam cum altero regnare, fratrem interemit. Omisit hic et pietatem et humanitatem, ut id, quod utile videbatur neque erat, assequi posset, et tamen muri causa opposuit, speciem honestatis nec probabilem nec sane idoneam.

42 Peccavit igitur, pace vel Quirini vel Romuli dixerim. Nec tamen nostrae nobis utilitates omittendae sunt aliisque tradendae, cum his ipsi egeamus, sed suae cuique utilitati, quod sine alterius iniuria fiat, serviendum est. Scite Chrysippus, ut multa: 'qui stadium' inquit, 'currit, eniti et contendere debet quam maxime possit, ut vincat, supplantare eum, quicum certet, aut manu depellere nullo modo debet: sic in vita sibi quemque petere, quod pertineat ad usum, non iniquum est, alteri deripere ius non est.'

43 Maxime autem perturbantur officia in amicitiis, quibus et non tribuere, quod recte possis et tribuere quod non sit aequum, contra officium est. Sed huius generis totius breve et non difficile praeceptum est. Quae enim videntur utilia, honores, divitiae, voluptates, cetera generis eiusdem, haec amicitiae numquam anteponenda sunt. At neque contra rem publicam neque contra ius iurandum ac fidem amici causa vir bonus faciet, ne si iudex quidem erit de ipso amico. Ponit enim personam amici cum induit iudicis. Tantum dabit amicitiae, ut veram amici causam esse malit, ut orandae litis tempus, quoad per leges liceat, accomodet.

44 Cum vero iurato sententia dicenda erit, meminerit deum se adhibere testem, id est, ut ego arbitror, mentem suam, qua nihil homini dedit deus ipse divinius. Itaque praeclarum a maioribus accepimus morem rogandi iudicis, si eum teneremus, QVAE SALVA FIDE FACERE POSSIT. Haec rogatio ad ea pertinet, quae paulo ante dixi honeste amico a iudice posse concedi. Nam si omnia facienda sint, quae amici velint, non amicitiae tales sed coniurationes putandae sint.

45 Loquor autem de communibus amicitiis: nam in sapientibus viris perfectisque nihil potest esse tale. Damonem et Phintiam Pythagoreos ferunt hoc animo inter se fuisse, ut, cum eorum alteri Dionysius tyrannus diem necis destinavisset et is, qui morti addictus esset, paucos sibi dies commendandorum suorum causa postulavisset, vas factus est alter eius sistendi, ut, si ille non revertisset, moriendum esset ipsi. Qui cum ad diem se recepisset, admiratus eorum fidem tyrannus petivit, ut se ad amicitiam tertium adscriberent.

46 Cum igitur id, quod utile videtur in amicitia, cum eo, quod honestum est, comparatur, iaceat utilitatis species, valeat honestas. Cum autem in amicitia, quae honesta non sunt, postulabuntur, religio et fides anteponatur amicitiae; sic habebitur is, quem
XI exquirimus, dilectus officii. Sed utilitatis specie in republica saepissime peccatur, ut in Corinthi disturbatione nostri: durius etiam Athenienses, qui sciverunt, ut Aeginetis, qui classe valebant, pollices praeciderentur. Hoc visum est utile: nimis enim imminebat propter propinquitatem Aegina Piraeo. Sed nihil quod crudele, utile: est enim hominum naturae, quam sequi debemus, maxima inimica crudelitas.

47 Male etiam, qui peregrinos urbibus uti prohibent eosque exterminant, ut Pennus apud patres nostros, Papius nuper. Nam esse pro cive, qui civis non sit, rectum est non licere, quam legem tulerunt sapientissimi consules Crassus et Scaevola. Usu vero urbis prohibere peregrinos, sane inhumanum est. Illa praeclara, in

quibus publicae utilitatis species prae honestate contemnitur. Plena exemplorum est nostra res publica cum saepe tum maxime bello Punico secundo, quae Cannensi calamitate accepta maiores animos habuit quam unquam rebus secundis: nulla timoris significatio, nulla mentio pacis. Tanta vis est honesti, ut speciem utilitatis obscuret.

48 Athenienses cum Persarum impetum nullo modo possent sustinere statuerentque, ut urbe relicta, coniugibus et liberis Troezene depositis naves conscenderent libertatemque Graeciae classe defenderent, Cyrsilum quendam suadentem, ut in urbe manerent Xerxemque reciperent, lapidibus obruerunt. Atque ille utilitatem sequi videbatur, sed ea nulla erat repugnante honestate.

49 Themistocles post victoriam eius belli, quod cum Persis fuit, dixit in contione se habere consilium rei publicae salutare, sed id sciri non opus esse; postulavit, ut aliquem populus daret, quicum communicaret. Datus est Aristides. Huic ille, classem Lacedaemoniorum, quae subducta esset ad Gytheum, clam incendi posse, quo facto frangi Lacedaemoniorum opes necesse esset. Quod Aristides cum audisset, in contionem magna exspectatione venit dixitque perutile esse consilium, quod Themistocles adferret, sed minime honestum. Itaque Athenienses, quod honestum non esset, id ne utile quidem putaverunt totamque eam rem, quam ne audierant quidem, auctore Aristide repudiaverunt. Melius hi quam nos, qui
XII piratas immunes, socios vectigales habemus. Maneat ergo, quod turpe sit, id numquam esse utile, ne tum quidem, cum id quod utile

esse putes, adipiscare: hoc enim ipsum, utile putare quod turpe sit, calamitosum est.

50 Sed incidunt, ut supra dixi, saepe causae, cum repugnare utilitas honestati videatur, ut animadvertendum sit, repugnetque plane an possit cum honestate coniungi. Eius generis hae sunt quaestiones: Si exempli gratia vir bonus Alexandrea Rhodum magnum frumenti numerum advexerit in Rhodiorum inopia et fame summaque annonae caritate, si idem sciat complures mercatores Alexandrea solvisse navesque in cursu frumento onustas petentes Rhodum viderit, dicturusne sit id Rhodiis an silentio suum quam plurimo venditurus? Sapientem et bonum virum fingimus: de eius deliberatione et consultatione quaerimus, qui celaturus Rhodios non sit, si id turpe iudicet, sed dubitet, an turpe non sit.

51 In huius modi causis aliud Diogeni Babylonio videri solet, magno et gravi Stoico, aliud Antipatro, discipulo eius, homini acutissimo; Antipatro omnia patefacienda, ut ne quid omnino, quod venditor norit, emptor ignoret; Diogeni venditorem, quatenus iure civili constitutum sit, dicere vitia oportere, cetera sine insidiis agere et, quoniam vendat, velle quam optime vendere. 'Advexi, exposui, vendo meum non pluris, quam ceteri, fortasse etiam minoris, cum maior est copia; cui fit iniuria?'

52 Exoritur Antipatri ratio ex altera parte: 'Quid ais? tu, cum hominibus consulere debeas et servire humanae societati eaque lege natus sis et ea habeas principia naturae, quibus parere et

quae sequi debeas, ut utilitas tua communis sit utilitas vicissimque communis utilitas tua sit, celabis homines, quid iis adsit commoditatis et copiae?' Respondebit Diogenes fortasse sic: 'Aliud est celare, aliud tacere, neque ego nunc te celo, si tibi non dico, quae natura deorum sit, qui sit finis bonorum, quae tibi plus prodessent cognita quam tritici vilitas. Sed non, quicquid tibi audire utile est, idem mihi dicere necesse est.'

53 'Immo vero,' inquiet ille 'necesse est, si quidem meministi esse inter homines natura coniunctam societatem.' 'Memini,' inquiet ille, 'sed num ista societas talis est, ut nihil suum cuiusque sit? Quod si ita est, ne vendendum quidem quicquam est, sed donandum.'

XIII Vides in hac tota disceptatione non illud dici 'quamvis hoc turpe sit, tamen, quoniam expedit, faciam,' sed ita expedire, ut turpe non sit; ex altera autem parte, ea re, quia turpe sit, non esse faciendum.

54 Vendat aedes vir bonus, propter aliqua vitia, quae ipse norit, ceteri ignorent, pestilentes sint et habeantur salubres, ignoretur in omnibus cubiculis apparere serpentes, male materiatae *sint*, ruinosae,—sed hoc praeter dominum nemo sciat: quaero, si haec emptoribus venditor non dixerit aedesque vendiderit pluris multo quam se venditurum putarit, num id iniuste aut improbe fecerit? 'Ille vero' inquit Antipater.

55 'Quid est enim aliud erranti viam non monstrare, quod Athenis execrationibus publicis sanctum est, si hoc non est,

emptorem pati ruere et per errorem in maximam fraudem incurrere? Plus etiam est quam viam non monstrare: nam est scientem in errorem alterum inducere.' Diogenes contra: 'Num te emere coegit, qui ne hortatus quidem est? Ille quod non placebat proscripsit, tu quod placebat, emisti. Quod si qui proscribunt VILLAM BONAM BENEQUE AEDIFICATAM, non existimantur fefellisse, etiam si illa nec bona est nec aedificata ratione, multo minus qui domum non laudarunt. Ubi enim iudicium emptoris est, ibi fraus venditoris quae potest esse? Sin autem dictum non omne praestandum est, quod dictum non est, id praestandum putas? Quid vero est stultius quam venditorem eius rei, quam vendat, vitia narrare? Quid autem tam absurdum quam si domini iussu ita praeco praedicet: DOMUM PESTILENTEM VENDO?'

56 Sic ergo in quibusdam causis dubiis ex altera parte defenditur honestas, ex altera ita de utilitate dicitur, ut id, quod utile videatur, non modo facere honestum sit, sed etiam non facere turpe. Haec est illa, quae videtur utilium fieri cum honestis saepe dissensio. Quae diiudicanda sunt; non enim, ut quaereremus, euimus, sed ut explicaremus.

57 Non igitur videtur nec frumentarius ille Rhodios nec hic aedium venditor celare emptores debuisse. Neque enim id est celare, quicquid reticeas, sed cum, quod tu scias, id ignorare emolumenti tui causa velis eos, quorum intersit id scire. Hoc autem celandi genus quale sit et cuius hominis, quis non videt? Certe non aperti, non simplicis, non ingenui, non iusti, non viri boni, versuti potius obscuri, astuti fallacis, malitiosi callidi, veteratoris vafri.

Haec tot et alia plura nonne inutile est vitiorum subire nomina?

XIV 58 Quod si vituperandi qui reticuerunt, quid de eis existimandum est, qui orationis vanitatem adhibuerunt? C. Canius, eques Romanus, nec infacetus et satis litteratus, cum se Syracusas otiandi, ut ipse dicere solebat, non negotiandi causa contulisset, dictitabat se hortulos aliquos emere velle, quo invitare amicos et ubi se oblectare sine interpellatoribus posset. Quod cum percrebuisset, Pythius ei quidam, qui argentariam faceret Syracusis, venales quidem se hortos non habere, sed licere uti Canio, si vellet, ut suis, et simul ad cenam hominem in hortos invitavit in posterum diem. Cum ille promisisset, tum Pythius, qui esset ut argentarius apud omnes ordines gratiosus, piscatores ad se convocavit et ab iis petivit, ut ante suos hortulos postridie piscarentur, dixitque quid eos facere vellet. Ad cenam tempori venit Canius; opipare a Pythio adparatum convivium, cumbarum ante oculos multitudo; pro se quisque, quod ceperat, adferebat; ante pedes Pythii pisces abiciebantur.

59 Tum Canius: 'quaeso', inquit, 'quid est hoc, Pythi? tantumne piscium? tantumne cumbarum?' Et ille: 'Quid mirum?' inquit, 'hoc loco est Syracusis quidquid est piscium, hic aquatio, hac villa isti carere non possunt.' Incensus Canius cupiditate contendit a Pythio, ut venderet. Gravate ille primo. Quid multa? impetrat. Emit homo cupidus et locuples tanti, quanti Pythius voluit, et emit instructos. Nomina facit, negotium conficit. Invitat Canius postridie familiares suos, venit ipse mature, scalmum nullum videt.

Quaerit ex proximo vicino num feriae quaedam piscatorum essent, quod eos nullos videret? 'Nullae, quod sciam,' ille, 'sed hic piscari nulli solent: itaque heri mirabar quid accidisset.'

60 Stomachari Canius, sed quid faceret? Nondum enim C. Aquilius, collega et familiaris meus, protulerat de dolo malo formulas: in quibus ipsis, cum ex eo quaereretur, quid esset dolus malus, respondebat, cum esset aliud simulatum, aliud actum. Hoc quidem sane luculente, ut ab homine perito definiendi. Ergo et Pythius et omnes aliud agentes, aliud simulantes perfidi, improbi, malitiosi. Nullum igitur eorum factum potest utile esse, cum sit tot vitiis inquinatum.

XV 61 Quod si Aquiliana definitio vera est, ex omni vita simulatio dissimulatioque tollenda est. Ita nec ut emat melius nec ut vendat, quicquam simulabit aut dissimulabit vir bonus. Atque iste dolus malus et legibus erat vindicatus, ut [in] tutela duodecim tabulis, circumscriptio adulescentium lege Plaetoria, et sine lege iudiciis, in quibus additur EX FIDE BONA. Reliquorum autem iudiciorum haec verba maxime excellunt: in arbitrio rei UXORIAE MELIVS AEQVIVS, in fiducia vt inter bonos bene agier. Quid ergo? aut in eo, QVOD MELIVS AEQVIVS, potest ulla pars inesse fraudis? aut cum dicitur INTER BONOS BENE AGIER, quicquam agi dolose aut malitiose potest? Dolus autem malus in simulatione, ut ait Aquilius, continetur. Tollendum est igitur ex rebus contrahendis omne mendacium. Non inlicitatorem venditor, non qui contra se liceatur emptor apponet. Uterque si ad eloquendum venerit, non plus quam semel eloquetur.

62 Quintus quidem Scaevola, Publi filius, cum postulasset ut sibi fundus, cuius emptor erat, semel indicaretur idque venditor ita fecisset, dixit se pluris aestumare: addidit centum milia. Nemo est, qui hoc viri boni fuisse neget; sapientis negant, ut si minoris quam potuisset vendidisset. Haec igitur est illa pernicies, quod alios bonos, alios sapientes existimant. Ex quo Ennius

'nequiquam sapere sapientem,
qui ipse sibi prodesse non quiret.'

Vere id quidem, si quid esset '*prodesse*' mihi cum Ennio conveniret.

63 Hecatonem quidem Rhodium, discipulum Panaetii, video in iis libris, quos de officio scripsit Q. Tuberoni, dicere,

'sapientis esse nihil contra mores, leges,
instituta facientem habere rationem rei familiaris.
Neque enim solum nobis divites esse volumus,
sed liberis, propinquis, amicis maximeque
rei publicae. Singulorum enim facultates
et copiae divitiae sunt civitatis.'

Huic Scaevolae factum, de quo paulo ante dixi, placere nullo modo potest. Etenim omnino tantum se negat facturum compendii sui causa, quod non liceat.

64 Huic nec laus magna tribuenda nec gratia est. Sed sive et simulatio et dissimulatio dolus malus est, perpaucae res sunt, in quibus non dolus malus iste versetur; sive vir bonus est is, qui prodest quibus potest, nocet nemini, certe istum virum bonum non facile reperimus. Numquam igitur est utile peccare, quia semper est turpe, et quia semper est honestum virum bonum esse, semper est utile.

XVI 65 Ac de iure quidem praediorum sanctum apud nos est iure civili, ut in iis vendendis vitia dicerentur, quae nota essent venditori. Nam cum ex duodecim tabulis satis esset ea praestari, quae essent lingua nuncupata, quae qui infitiatus esset, dupli poena subiret, a iuris consultis etiam reticentiae poena est constituta. Quicdquid enim esset in praedio vitii, id statuerunt, si venditor sciret, nisi nominatim dictum esset, praestari oportere.

66 Ut, cum in arce augurium augures acturi essent iussissentque Ti. Claudium Centumalum, qui aedes in Caelio monte habebat, demoliri ea, quorum altitudo officeret auspiciis, Claudius proscripsit insulam [vendidit], emit P. Calpurnius Lanarius. Huic ab auguribus illud idem denuntiatum est. Itaque Calpurnius cum demolitus esset cognossetque Claudium aedes postea proscripsisse, quam esset ab auguribus demoliri iussus, arbitrum illum adegit QVICQVID SIBI DARE FACERE OPORTERET EX FIDE BONA. M. Cato sententiam dixit, huius nostri Catonis pater. Ut enim ceteri ex patribus, sic hic, qui illud lumen progenuit, ex filio est nominandus. Is igitur iudex ita pronuntiavit, 'cum in vendundo rem eam scisset et non pronuntias-

set, emptori damnum praestari oportere.'

67 Ergo ad fidem bonam statuit pertinere notum esse emptori vitium, quod nosset venditor. Quod si recte iudicavit, non recte frumentarius ille, non recte aedium pestilentium venditor tacuit. Sed huiusmodi reticentiae iure civili comprehendi non possunt: quae autem possunt, diligenter tenentur. M. Marius Gratidianus, propinquus noster, C. Sergio Oratae vendiderat aedes eas, quas ab eodem ipse paucis ante annis emerat. Eae [Sergio] serviebant, sed hoc in mancipio Marius non dixerat. Adducta res in iudicium est. Oratam Crassus, Gratidianum defendebat Antonius. Ius Crassus urgebat, 'quod vitii venditor non dixisset sciens, id oportere praestari,' aequitatem Antonius, 'quoniam id vitium ignotum Sergio non fuisset, qui illas aedes vendidisset, nihil fuisse necesse dici nec eum esse deceptum, qui id, quod emerat, quo iure esset, teneret.'

XVII 68 Quorsus haec? Ut illud intellegas, non placuisse maioribus nostris astutos. Sed aliter leges, aliter philosophi tollunt astutias: leges, quatenus manu tenere possunt, philosophi, quatenus ratione et intellegentia. Ratio ergo hoc postulat, ne quid insidiose, ne quid simulate, ne quid fallaciter. Suntne igitur insidiae tendere plagas, etiam si excitaturus non sis, nec agitaturus? Ipsae enim ferae nullo insequente saepe incidunt. Sic tu aedes proscribas, tabulam tamquam plagam ponas, [domum propter vitia vendas,] in eam aliquis incurrat inprudens?

69 Hoc quamquam video propter depravationem consuetudinis neque more turpe haberi neque aut lege sanciri aut iure civili, tamen naturae lege sanctum est. Societas est enim — etsi saepe dictum est, dicendum est tamen saepius —, latissime quidem quae pateat, omnium inter omnes, interior eorum, qui eiusdem gentis sint, propior eorum, qui eiusdem civitatis. Itaque maiores aliud ius gentium, aliud ius civile esse voluerunt: quod civile, non idem continuo gentium, quod autem gentium, idem civile esse debet. Sed nos veri iuris germanaeque iustitiae solidam et expressam effigiem nullam tenemus, umbra et imaginibus utimur. Eas ipsas utinam sequeremur! feruntur enim ex optimis naturae et veritatis exemplis.

70 Nam quanti verba illa: VTI NE PROPTER TE FIDEMVE TVAM CAPTVS FRAVDATVSVE SIM! quam illa aurea: VT INTER BONOS BENE AGIER OPORTET ET SINE FRAVDATIONE! Sed, qui sint 'boni' et quid sit 'bene agi,' magna quaestio est. Q. quidem Scaevola, pontifex maximus, summam vim esse dicebat in omnibus iis arbitriis, in quibus adderetur EX FIDE BONA, fideique bonae nomen existimabat manare latissime, idque versari in tutelis, societatibus, fiduciis mandatis, rebus emptis venditis, conductis locatis, quibus vitae societas contineretur: in eis magni esse iudicis statuere, praesertim cum in plerisque essent iudicia contraria, quid quemque cuique praestare oporteret.

71 Quocirca astutiae tollendae sunt eaque malitia, quae vult illa quidem videri se esse prudentiam, sed abest ab ea distatque plurimum. Prudentia est enim locata in dilectu bonorum et malorum, malitia, si omnia, quae turpia sunt, mala sunt, mala bonis ponit

ante. Nec vero in praediis solum ius civile ductum a natura malitiam fraudemque vindicat, sed etiam in mancipiorum venditione venditoris fraus omnis excluditur. Qui enim scire debuit de sanitate, de fuga, de furtis, praestat edicto aedilium. Heredum alia causa est.

72 Ex quo intellegitur, quoniam iuris natura fons sit, hoc secundum naturam esse, neminem id agere, ut ex alterius praedetur inscitia. Nec ulla pernicies vitae maior inveniri potest quam in malitia simulatio intellegentiae, ex quo ista innumerabilia nascuntur, ut utilia cum honestis pugnare videantur. Quotus enim quisque reperietur, qui impunitate et ignoratione omnium proposita abstinere possit iniuria.

XVIII 73 Periclitemur, si placet, et in eis quidem exemplis, in quibus peccari volgus hominum fortasse non putet. Neque enim de sicariis veneficis, testamentariis furibus, peculatoribus, hoc loco disserendum est, qui non verbis sunt et disputatione philosophorum, sed vinclis et carcere fatigandi, sed haec consideremus, quae faciunt ii, qui habentur boni. L. Minuci Basili locupletis hominis, falsum testamentum quidam e Graecia Romam attulerunt. Quod quo facilius obtinerent, scripserunt heredes secum M. Crassum et Q. Hortensium, homines eiusdem aetatis potentissimos: qui cum illud falsum esse suspicarentur, sibi autem nullius essent conscii culpae, alieni facinoris munusculum non repudiaverunt. Quid ergo? Satin est hoc, ut non deliquisse videantur? Mihi quidem non videtur, quamquam alterum vivum amavi, alterum non odi mortuum.

74 Sed cum Basilus M. Satrium sororis filium nomen suum ferre voluisset eumque fecisset heredem — hunc dico patronum agri Piceni et Sabini, o turpe notam temporum nomen illorum! —, non erat aequum principes civis rem habere, ad Satrium nihil praeter nomen pervenire. Etenim si is, qui non defendit iniuriam neque propulsat a suis, cum potest, iniuste facit, ut in primo libro disserui, qualis habendus est is, qui non modo non repellit, sed etiam adiuvat iniuriam? Mihi quidem etiam verae hereditates non honestae videntur, si sunt malitiosis blanditiis, officiorum non veritate, sed simulatione quaesitae. Atqui in talibus rebus aliud utile interdum, aliud honestum videri solet.

75 Falso; nam eadem utilitatis quae honestatis est regula. Qui
hoc non perviderit, ab hoc nulla fraus aberit, nullum facinus.
Sic enim cogitans 'est istuc quidem honestum, verum hoc expedit,'
res a natura copulatas audebit errore divellere, qui fons est fraudi-
XIX um, maleficiorum, scelerum omnium. Itaque si vir bonus habeat
hanc vim, ut, si digitis concrepuerit, possit in locupletium testamen-
ta nomen eius inrepere, hac vi non utatur, ne si exploratum quidem
habeat id omnino neminem umquam suspicaturum. At dares hanc
vim M. Crasso, ut digitorum percussione heres posset scriptus esse,
qui re vera non esset heres, in foro, mihi crede, saltaret. Homo
autem iustus isque, quem sentimus virum bonum, nihil cuiquam,
quod in se transferat, detrahet. Hoc qui admiratur, is se, quid sit vir
bonus, nescire fateatur.

76 At vero, si qui voluerit animi sui complicatam notionem evolvere, iam se ipse doceat eum virum bonum esse, qui prosit, quibus possit, noceat nemini nisi lacessitus iniuria. Quid ergo? Hic non noceat, qui quodam quasi veneno perficiat, ut veros heredes moveat, in eorum locum ipse succedat? 'Non igitur faciat' dixerit quis, 'quod utile sit, quod expediat?' Immo intellegat nihil nec expedire nec utile esse, quod sit iniustum. Hoc qui non didicerit, bonus vir esse non poterit.

77 C. Fimbriam consularem audiebam de patre nostro puer iudicem M. Lutatio Pinthiae fuisse, equiti Romano sane honesto, cum is sponsionem fecisset NI VIR BONVS ESSET. Itaque ei dixisse Fimbriam se illam rem numquam iudicaturum, ne aut spoliaret fama probatum hominem, si contra iudicavisset, aut statuisse videretur virum bonum esse aliquem, cum ea res innumerabilibus officiis et laudibus contineretur. Huic igitur viro bono, quem Fimbria etiam, non modo Socrates noverat, nullo modo videri potest quicquam esse utile, quod non honestum sit. Itaque talis vir non modo facere, sed ne cogitare quidem quicquam audebit, quod non audeat praedicare. Haec non turpe est dubitare philosophos, quae ne rustici quidem dubitent? a quibus natum est id, quod iam contritum est vetustate proverbium: cum enim fidem alicuius bonitatemque laudant, 'dignum esse' dicunt, 'quicum in tenebris mices.' Hoc quam habet vim nisi illam, nihil expedire quod non deceat, etiam si id possis nullo refellente optinere?

78 Videsne hoc proverbio neque Gygi illi posse veniam dari neque huic, quem paulo ante fingebam digitorum percussione hereditates omnium posse converrere! Ut enim, quod turpe est, id, quamvis occultetur, tamen honestum fieri nullo modo potest, sic, quod honestum non est, id utile ut sit effici non potest adversante et repugnante natura.

XX 79 At enim cum permagna praemia sunt, est causa peccandi. C. Marius, cum a spe consulatus longe abesset et iam septimum annum post praeturam iaceret neque petiturus umquam consulatum videretur, Q. Metellum, cuius legatus erat, summum virum et civem cum ab eo, imperatore suo, Romam missus esset, apud populum Romanum criminatus est 'bellum illum ducere: si se consulem fecissent, brevi tempore aut vivum aut mortuum Iugurtham se in potestatem populi Romani redacturum.' Itaque factus est ille quidem consul, sed a fide iustitiaque discessit, qui optimum et gravissimum civem, cuius legatus et a quo missus esset, in invidiam falso crimine adduxerit.

80 Ne noster quidem Gratidianus officio boni viri functus est tum, cum praetor esset, collegiumque praetorium tribuni plebi adhibuissent, ut res nummaria de communi sententia constitueretur; iactabatur enim temporibus illis nummus sic, ut nemo posset scire, quid haberet. Conscripserunt communiter edictum cum poena atque iudicio constitueruntque, ut omnes simul in rostra post meridiem escenderent. Et ceteri quidem alius alio, Marius ab subselliis in rostra recta idque, quod communiter compositum fuerat,

solus edixit. Et ea res, si quaeris, ei magno honori fuit. Omnibus vicis statuae, ad eas tus, cerei. Quid multa? Nemo umquam multitudini fuit carior.

81 Haec sunt quae conturbent in deliberatione non numquam, cum id, in quo violatur aequitas, non ita magnum, illud autem, quod ex eo paritur, permagnum videtur, ut Mario praeripere collegis et tribunis plebi popularem gratiam non ita turpe, consulem ob eam rem fieri, quod sibi tum proposuerat, valde utile videbatur. Sed omnium una regula est, quam tibi cupio esse notissimam: aut illud, quod utile videtur, turpe ne sit, aut, si turpe est, ne videatur esse utile. Quid igitur? possumusne aut illum Marium virum bonum iudicare aut hunc? Explica atque excute intellegentiam tuam, ut videas quae sit in ea [species] forma et notio viri boni. Cadit ergo in virum bonum mentiri, emolumenti sui causa criminari, praeripere, fallere? Nihil profecto minus.

82 Est ergo ulla res tanti aut commodum ullum tam expetendum, ut viri boni et splendorem et nomen amittas? Quid est quod afferre tantum utilitas ista, quae dicitur, possit, quantum auferre, si boni viri nomen eripuerit, fidem iustitiamque detraxerit? Quid enim interest, utrum ex homine se convertat quis in beluam an hominis figura immanitatem gerat beluae?

XXI Quid? qui omnia recta et honesta neglegunt, dummodo potentiam consequantur, nonne idem faciunt, quod is, qui etiam socerum habere voluit eum, cuius ipse audacia potens esset? Utile ei videbatur plurimum posse alterius invidia. Id quam iniustum in patriam et quam turpe [et quam inutile] esset, non videbat. Ipse autem socer in ore semper Graecos versus de Phoenissis habebat, quos dicam ut potero, incondite fortasse, sed tamen ut res possit intellegi:

Nam si violandum est iús, regnandi gratia,
violándum est: aliis rébus pietatém colas.

Capitalis [Eteocles vel potius Euripides], qui id unum quod omnium sceleratissimum fuerit, exceperit.

83 Quid igitur minuta colligimus, hereditates, mercaturas, venditiones fraudulentas? Ecce tibi, qui rex populi Romani dominusque omnium gentium esse concupiverit idque perfecerit! Hanc cupiditatem si honestam quis esse dicit, amens est: probat enim legum et libertatis interitum earumque oppressionem taetram et detestabilem gloriosam putat. Qui autem fatetur honestum non esse in ea civitate, quae libera fuerit quaeque esse debeat, regnare, sed ei, qui id facere possit, esse utile, qua hunc obiurgatione aut quo potius convitio a tanto errore coner avellere? Potest enim, di immortales! cuiquam esse utile foedissimum et taeterrimum parricidium patriae, quamvis is, qui se eo obstrinxerit, ab oppressis civibus parens nominetur? Honestate igitur dirigenda utilitas est, et quidem sic, ut haec duo verbo inter se discrepare, re unum sonare videantur.

84 Non habeo ad volgi opinionem quae maior utilitas quam regnandi esse possit; nihil contra inutilius ei, qui id iniuste

consecutus sit, invenio, cum ad veritatem coepi revocare rationem. Possunt enim cuiquam esse utiles angores, sollicitudines, diurni et nocturni metus, vita insidiarum periculorumque plenissima?

'*Múlti iniqui atque ínfideles régno, pauci bénivoli*'

inquit Accius. At cui regno? quod a Tantalo et Pelope proditum iure optinebatur. Nam quanto plures ei regi putas, qui exercitu populi Romani populum ipsum Romanum oppressisset civitatemque non modo liberam, sed etiam gentibus imperantem servire sibi coëgisset?

85 Hunc tu quas conscientiae labes in animo censes habuisse, quae vulnera? Cuius autem vita ipsi potest utilis esse, cum eius vitae ea condicio sit, ut qui illam eripuerit in maxima et gratia futurus sit et gloria? Quod si haec utilia non sunt, quae maxime videntur, quia plena sunt dedecoris ac turpitudinis, satis persuasum esse debet, nihil esse utile, quod non honestum sit.

XXII 86 Quamquam id quidem cum saepe alias, tum Pyrrhi bello a C. Fabricio consule iterum et a senatu nostro iudicatum est. Cum enim rex Pyrrhus populo Romano bellum ultro intulisset, cumque de imperio certamen esset cum rege generoso ac potenti, perfuga ab eo venit in castra Fabricii eique est pollicitus, si praemium sibi proposuisset, se, ut clam venisset, sic clam in Pyrrhi castra rediturum et eum veneno necaturum. Hunc Fabricius reducendum curavit ad Pyrrhum idque eius factum laudatum a senatu est. Atqui si speciem utilitatis opinionemque quaerimus, magnum illud bellum perfuga unus et gravem adversarium imperii sustulisset, sed magnum dedecus et flagitium, quicum laudis certamen fuisset, eum non virtute, sed scelere superatum.

87 Utrum igitur utilius vel Fabricio, qui talis in hac urbe qualis Aristides Athenis fuit, vel senatui nostro qui numquam utilitatem a dignitate seiunxit, armis cum hoste certare an venenis? Si gloriae causa imperium expetundum est, scelus absit, in quo non potest esse gloria: sin ipsae opes expetuntur quoquo modo, non poterunt utiles esse cum infamia. Non igitur utilis illa L. Philippi Q. f. sententia: quas civitates L. Sulla pecunia accepta ex senatus consulto liberavisset, ut eae rursus vectigales essent, neque iis pecuniam, quam pro libertate dederant, redderemus. Ei senatus est assensus. Turpe imperio! Piratarum enim melior fides quam senatus. 'At aucta vectigalia, utile igitur.' Quousque audebunt dicere quicquam utile, quod non honestum?

88 Potest autem ulli imperio, quod gloria debet fultum esse et benevolentia sociorum, utile esse odium et infamia? Ego etiam cum Catone meo saepe dissensi. Nimis mihi praefracte videbatur aerarium vectigaliaque defendere, omnia publicanis negare, multa sociis, cum in hos benefici esse deberemus, cum illis sic agere, ut cum colonis nostris soleremus, eoque magis, quod illa ordinum coniunctio ad salutem rei publicae pertinebat. Male etiam Curio, cum causam Transpadanorum aequam esse dicebat, semper autem addebat 'Vincat utilitas.' Potius doceret non esse aequam,

quia non esset utilis rei publicae, quam cum utilem non esse diceret esse aequam fateretur.

XXIII 89 Plenus est sextus liber de officiis Hecatonis talium quaestionum: 'sitne boni viri in maxima caritate annonae familiam non alere.' In utramque partem disputat, sed tamen ad extremum utilitate, ut putat, officium dirigit magis quam humanitate. Quaerit, 'si in mari iactura facienda sit, equine pretiosi potius iacturam faciat an servuli vilis?' Hic alio res familiaris, alio ducit humanitas.—'Si tabulam de naufragio stultus arripuerit, extorquebitne eam sapiens, si potuerit?' Negat, 'quia sit iniurium.'—'Quid? dominus navis eripietne suum?' 'Minime, non plus quam navigantem in alto eicere de navi velit, quia sua sit. Quoad enim perventum est eo, quo sumpta navis est, non domini est navis, sed navigantium.'

90 'Quid? si una tabula sit, duo naufragi, eique sapientes, sibine uterque rapiat an alter cedat alteri?' 'Cedat vero, sed ei, cuius magis intersit vel sua vel rei publicae causa vivere.'—'Quid? si haec paria in utroque?' 'Nullum erit certamen, sed quasi sorte aut micando victus alteri cedet alter.'—'Quid? si pater fana expilet, cuniculos agat ad aerarium, indicetne id magistratibus filius?' 'Nefas id quidem est, quin etiam defendat patrem si arguatur.' 'Non igitur patria praestat omnibus officiis?' 'Immo vero, sed ipsi patriae conducit pios habere cives in parentes.'—'Quid? si tyrannidem occupare, si patriam prodere conabitur pater, silebitne filius?' 'Immo vero obsecrabit patrem, ne id faciat. Si nihil proficiet, accusabit, minabitur etiam, ad extremum, si ad perniciem patriae res

spectabit, patriae salutem anteponet saluti patris.'

91 Quaerit etiam, 'si sapiens adulterinos nummos acceperit imprudens pro bonis, cum id nescierit, soluturusne sit eos, si cui debeat, pro bonis.' Diogenes ait, Antipater negat, cui potius assentior.—'Qui vinum fugiens vendat sciens, debeatne dicere?' 'Non necesse' putat Diogenes, Antipater 'viri boni' existimat. Haec sunt quasi controversiae iura Stoicorum. 'In mancipio vendundo dicendane vitia, non ea, quae nisi dixeris, redhibeatur mancipium iure civili, sed haec, mendacem esse, aleatorem, furacem, ebriosum.' Alteri dicenda videntur, alteri non videntur.

92 'Si quis aurum vendens orichalcum se putet vendere, indicetne ei vir bonus aurum illud esse, an emat denario, quod sit mille denarium.' Perspicuum est iam et quid mihi videatur
XXIV et quae sit inter eos philosophos, quos nominavi, controversia. Pacta et promissa semperne servanda sint, QVAE NEC VI NEC DOLO MALO, ut praetores solent, FACTA SINT.—Si quis medicamentum cuipiam dederit ad aquam intercutem pepigeritque, si eo medicamento sanus factus esset, ne illo medicamento umquam postea uteretur, si eo medicamento sanus factus sit et annis aliquot post inciderit in eundem morbum nec ab eo, quicum pepigerat, impetret, ut iterum eo liceat uti, quid faciendum sit. Cum sit is inhumanus, qui non concedat, nec ei quicquam fiat iniuriae, vitae et saluti consulendum.—

93 Quid? si qui sapiens rogatus sit ab eo, qui eum heredem faciat, cum ei testamento sestertium milies relinquatur, ut ante-

quam hereditatem adeat, luce palam in foro saltet, idque se facturum promiserit, quod aliter heredem eum scripturus ille non esset, faciat quod promiserit necne? Promisisse nollem et id arbitror fuisse gravitatis: quoniam promisit, si saltare in foro turpe ducet, honestius mentietur, si ex hereditate nihil ceperit, quam si ceperit, nisi forte eam pecuniam in rei publicae magnum aliquod tempus contulerit, ut vel saltare, cum patriae consulturus sit, turpe non sit.

XXV 94 Ac ne illa quidem promissa servanda sunt, quae non sunt iis ipsis utilia, quibus illa promiseris. Sol Phaëtonti filio, ut redeamus ad fabulas, facturum se esse dixit quidquid optasset. Optavit ut in currum patris tolleretur: sublatus est: atque is ante quam constitit, ictu fulminis deflagravit. Quanto melius fuerat in hoc promissum patris non esse servatum! Quid? quod Theseus exegit promissum a Neptuno? Cui cum tres optationes Neptunus dedisset, optavit interitum Hippolyti filii, cum is patri suspectus esset de noverca; quo optato impetrato Theseus in maximis fuit luctibus.

95 Quid? Agamemnon cum devovisset Dianae quod in suo regno pulcherrimum natum esset illo anno, immolavit Iphigeniam, qua nihil erat eo quidem anno natum pulchrius. Promissum potius non faciendum quam tam taetrum facinus admittendum fuit. Ergo et promissa non facienda nonnumquam neque semper deposita reddenda. Si gladium quis apud te sana mente deposuerit, repetat insaniens, reddere peccatum sit, officium non reddere. Quid? si is, qui apud te pecuniam deposuerit, bellum inferat patriae, reddasne depositum? Non credo; facies enim contra rem

publicam, quae debet esse carissima.

96 Sic multa, quae honesta natura videntur esse, temporibus fiunt non honesta. Facere promissa, stare conventis, reddere deposita commutata utilitate fiunt non honesta. Ac de eis quidem, quae videntur esse utilitates contra iustitiam simulatione prudentiae, satis arbitror dictum.

Sed quoniam a quattuor fontibus honestatis primo libro officia duximus, in eisdem versemur, cum docebimus ea, quae videantur esse utilia neque sint, quam sint virtutis inimica. Ac de prudentia quidem, quam vult imitari malitia, itemque de iustitia, quae semper est utilis, disputatum est. Reliquae sunt duae partes honestatis, quarum altera in animi excellentis magnitudine et praestantia cernitur, altera in conformatione et moderatione continentiae et temperantiae.

XXVI 97 Utile videbatur Ulixi, ut quidem poëtae tragici prodiderunt —nam apud Homerum, optimum auctorem, talis de Ulixe nulla suspicio est—, sed insimulant eum tragoediae simulatione insaniae militiam subterfugere voluisse. Non honestum consilium, at utile, ut aliquis fortasse dixerit, regnare et Ithacae vivere otiose cum parentibus, cum uxore, cum filio. Ullum tu decus in cotidianis laboribus cum hac tranquillitate conferendum putas? Ego vero istam contemnendam et abiciendam, quoniam quae honesta non sit ne utilem quidem esse arbitror.

98 Quid enim auditurum putas fuisse Ulixem, si in illa simulatione perseverasset? Qui cum maximas res gesserit in bello, tamen haec audiat ab Aiace

Cuius ípse princeps iúris iurandi fuit,
Quod ómnes scitis, sólus neglexit fidem.
Furere ádsimulare, ne coiret, ínstitit.
Quod ní Palamedi pérspicax prudéntia
Istíus percepset málitiosam audáciam,
Fidé sacratae iús perpetuo fálleret.

99 Illi vero non modo cum hostibus, verum etiam cum fluctibus, id quod fecit, dimicare melius fuit quam deserere consentientem Graeciam ad bellum barbaris inferendum. Sed omittamus et fabulas et externa: ad rem factam nostramque veniamus. M. Atilius Regulus, cum consul iterum in Africa ex insidiis captus esset duce Xanthippo Lacedaemonio, imperatore autem patre Hannibalis Hamilcare, iuratus missus est ad senatum, ut nisi redditi essent Poenis captivi nobiles quidam, rediret ipse Karthaginem. Is cum Romam venisset, utilitatis speciem videbat, sed eam, ut res declarat, falsam iudicavit: quae erat talis: manere in patria, esse domui suae cum uxore, cum liberis, quam calamitatem accepisset in bello communem fortunae bellicae iudicantem tenere consularis dignitatis gradum. Quis haec negat esse utilia? Quem censes? Magnitudo animi et fortitudo negat;

XXVII 100 num locupletiores quaeris auctores? Harum enim est virtutum proprium nihil extimescere, omnia humana despicere, nihil, quod homini accidere possit intolerandum putare. Itaque quid fecit? In senatum venit, mandata exposuit, sententiam ne diceret recusavit: quamdiu iure iurando hostium teneretur, non esse se senatorem. Atque illud etiam,—'O stultum hominem,' dixerit quispiam, 'et repugnantem utilitati suae!'—, reddi captivos negavit esse utile: illos enim adulescentes esse et bonos duces, se iam confectum senectute. Cuius cum valuisset auctoritas, captivi retenti sunt, ipse Karthaginem rediit, neque eum caritas patriae retinuit nec suorum. Neque vero tum ignorabat se ad crudelissimum hostem et ad exquisita supplicia proficisci, sed ius iurandum conservandum putabat. Itaque tum, cum vigilando necabatur, erat in meliore causa, quam si domi senex captivus, periurus consularis remansisset.

101 'At stulte, qui non modo non censuerit captivos remittendos, verum etiam dissuaserit.' Quo modo stulte? etiamne, si rei publicae conducebat? Potest autem, quod inutile rei publicae sit, id
XXVIII cuiquam civi utile esse? Pervertunt homines ea, quae sunt fundamenta naturae, cum utilitatem ab honestate seiungunt. Omnes enim expetimus utilitatem ad eamque rapimur nec facere aliter ullo modo possumus. Nam quis est, qui utilia fugiat, aut quis potius, qui ea non studiosissime persequatur? Sed quia nusquam possumus nisi in laude, decore, honestate utilia reperire, propterea illa prima et summa habemus, utilitatis nomen non tam splendidum quam necessarium ducimus.

102 'Quid est igitur' dixerit quis, 'in iure iurando? num iratum timemus Iovem? At hoc quidem commune est omnium philosophorum, non eorum modo, qui deum nihil habere ipsum negotii dicunt, nihil exhibere alteri, sed eorum etiam, qui deum semper agere aliquid et moliri volunt, numquam nec irasci deum nec nocere. Quid autem iratus Juppiter plus nocere potuisset, quam nocuit sibi ipse Regulus? Nulla igitur vis fuit religionis, quae tantam utilitatem perverteret. An ne turpiter faceret? Primum 'minima de malis.' Non igitur tantum mali turpitudo ista habebat, quantum ille cruciatus. Deinde illud etiam apud Accium:

'Fregistín fidem?
Néque dedi neque do ínfideli cuíquam…'

quamquam ab impio rege dicitur, luculente tamen dicitur.'

103 Addunt etiam, quemadmodum nos dicamus videri quaedam utilia, quae non sint, sic se dicere videri quaedam honesta quae non sunt: 'ut hoc ipsum videtur honestum conservandi iuris iurandi causa ad cruciatum revertisse, sed fit non honestum, quia, quod per vim hostium esset actum, ratum esse non debuit.' Addunt etiam, quicquid valde utile sit, id fieri honestum, etiam si antea non videretur. Haec fere contra Regulum. Sed prima videamus.

XXIX 104 'Non fuit Juppiter metuendus ne iratus noceret, qui neque irasci solet nec nocere.' Haec quidem ratio non magis contra Reguli, quam contra omne ius iurandum valet. Sed in iure iurando non qui metus, sed quae vis sit, debet intellegi. Est enim ius iurandum affirmatio religiosa: quod autem affirmate, quasi deo teste promiseris, id tenendum est. Iam enim non ad iram deorum, quae nulla est, sed ad iustitiam et ad fidem pertinet. Nam praeclare Ennius:

'Ó Fides alma ápta pinnis ét ius iurandúm Iovis!'

Qui ius igitur iurandum violat, is fidem violat, quam in Capitolio 'vicinam Iovis optimi maximi,' ut in Catonis oratione est, maiores nostri esse voluerunt.

105 'At enim ne iratus quidem Juppiter plus Regulo nocuisset, quam sibi nocuit ipse Regulus.' Certe, si nihil malum esset nisi dolere. Id autem non modo [non] summum malum, sed ne malum quidem esse maxima auctoritate philosophi affirmant. Quorum quidem testem non mediocrem, sed haud scio an gravissimum Regulum nolite quaeso vituperare. Quem enim locupletiorem quaerimus quam principem populi Romani, qui retinendi offici causa cruciatum subierit voluntarium? Nam quod aiunt 'minima de malis,' id est, ut turpiter potius quam calamitose: an est ullum maius malum turpitudine? Quae si in deformitate corporis habeat aliquid offensionis, quanta illa depravatio et foeditas turpificati animi debet videri!

106 Itaque nervosius qui ista disserunt, solum audent malum dicere id, quod turpe sit; qui autem remissius, ei tamen non

dubitant summum malum dicere. Nam illud quidem: Neque dedi neque do infideli cuiquam, idcirco recte a poeta, quia, cum tractaretur Atreus, personae serviendum fuit. Sed si hoc sibi sument, nullam esse fidem, quae infideli data sit, videant, ne quaeratur latebra periurio.

107 Est autem ius etiam bellicum fidesque iuris iurandi saepe cum hoste servanda. Quod enim ita iuratum est, ut mens conciperet fieri oportere, id servandum est: quod aliter, id si non fecerit, nullum est periurium. Ut si praedonibus pactum pro capite pretium non attuleris, nulla fraus est, ne si iuratus quidem id non feceris. Nam pirata non est ex perduellium numero definitus, sed communis hostis omnium. Cum hoc nec fides debet nec ius iurandum esse commune.

108 Non enim falsum iurare periurare est, sed, quod EX ANIMI TVI SENTENTIA iuraris, sicut verbis concipitur more nostro, id non facere periurium est. Scite enim Euripides:

Iurávi lingua, méntem iniuratám gero.

Regulus vero non debuit condiciones pactionesque bellicas et hostiles perturbare periurio. Cum iusto enim et legitimo hoste res gerebatur, adversus quem et totum ius fetiale et multa sunt iura communia. Quod ni ita esset, numquam claros viros senatus vinctos hostibus dedidisset.

XXX 109 At vero T. Veturius et Sp. Postumius, cum iterum consules essent, quia, cum male pugnatum apud Caudium esset, legionibus nostris sub iugum missis, pacem cum Samnitibus fecerant, dediti sunt eis, iniussu enim populi senatusque fecerant. Eodemque tempore Ti. Numicius, Q. Maelius, qui tum tribuni pl. erant, quod eorum auctoritate pax erat facta, dediti sunt, ut pax Samnitium repudiaretur. Atque huius deditionis ipse Postumius, qui dedebatur, suasor et auctor fuit. Quod idem multis annis post C. Mancinus, qui, ut Numantinis, quibuscum sine senatus auctoritate foedus fecerat, dederetur, rogationem suasit eam, quam L. Furius, Sex. Atilius ex senatus consulto ferebant; qua accepta est hostibus deditus. Honestius hic quam Q. Pompeius, quo, cum in eadem causa esset, deprecante accepta lex non est. Hic ea, quae videbatur utilitas, plus valuit quam honestas, apud superiores utilitatis species falsa ab honestatis auctoritate superata est.

110 'At non debuit ratum esse, quod erat actum per vim.' Quasi vero forti viro vis possit adhiberi. 'Cur igitur ad senatum proficiscebatur, cum praesertim de captivis dissuasurus esset?' Quod maximum in eo est, id reprehenditis. Non enim suo iudicio stetit, sed suscepit causam, ut esset iudicium senatus: cui nisi ipse auctor fuisset, captivi profecto Poenis redditi essent; ita incolumis in patria Regulus restitisset. Quod quia patriae non utile putavit, idcirco sibi honestum et sentire illa et pati credidit. Nam quod aiunt, quod valde utile sit, id fieri honestum, immo vero esse, non fieri. Est enim nihil utile quod idem non honestum, nec, quia utile, honestum, sed quia honestum, utile. Quare ex multis mirabilibus exemplis

haud facile quis dixerit hoc exemplo aut laudabilius aut praestantius.

XXXI 111 Sed ex tota hac laude Reguli unum illud est admiratione dignum, quod captivos retinendos censuit. Nam quod rediit, nobis nunc mirabile videtur, illis quidem temporibus aliter facere non potuit. Itaque ista laus non est hominis, sed temporum. Nullum enim vinculum ad astringendam fidem iure iurando maiores artius esse voluerunt. Id indicant leges in duodecim tabulis, indicant sacratae, indicant foedera, quibus etiam cum hoste devincitur fides, indicant notiones animadversionesque censorum, qui nulla de re diligentius quam de iure iurando iudicabant.

112 L. Manlio A. f., cum dictator fuisset, M. Pomponius tr. pl. diem dixit, quod is paucos sibi dies ad dictaturam gerendam addidisset; criminabatur etiam, quod Titum filium, qui postea est Torquatus appellatus, ab hominibus relegasset et ruri habitare iussisset. Quod cum audivisset adulescens filius negotium exhiberi patri, accurisse Romam et cum primo luci Pomponii domum venisse dicitur. Cui cum esset nuntiatum, qui illum iratum allaturum ad se aliquid contra patrem arbitraretur, surrexit e lectulo remotisque arbitris ad se adulescentem iussit venire. At ille, ut ingressus est, confestim gladium destrinxit iuravitque se illum statim interfecturum, nisi ius iurandum sibi dedisset se patrem missum esse facturum. Iuravit hoc terrore coactus Pomponius; rem ad populum detulit, docuit, cur sibi causa desistere necesse esset, Manlium missum fecit. Tantum temporibus illis ius iurandum valebat. Atque hic T. Manlius is est, qui

ad Anienem Galli, quem ab eo provocatus occiderat, torque detracto cognomen invenit, cuius tertio consulatu Latini ad Veserim fusi et fugati, magnus vir in primis et qui perindulgens in patrem, idem acerbe severus in filium.

XXXII 113 Sed, ut laudandus Regulus in conservando iure iurando, sic decem illi, quos post Cannensem pugnam iuratos ad senatum misit Hannibal, se in castra redituros ea, quorum erant potiti Poeni, nisi de redimendis captivis impetravissent, si non redierunt, vituperandi. De quibus non omnes uno modo: nam Polybius, bonus auctor inprimis, ex decem nobilissimis, qui tum erant missi, novem revertisse dicit, re a senatu non impertrata: unum ex decem, qui paulo post quam erat egressus e castris, redisset quasi aliquid esset oblitus, Romae remansisse. Reditu enim in castra liberatum se esse iure iurando interpretabatur. Non recte; fraus enim distringit, non dissolvit periurium. Fuit igitur stulta calliditas perverse imitata prudentiam. Itaque decrevit senatus ut ille veterator et callidus vinctus ad Hannibalem duceretur.

114 Sed illud maximum: octo hominum milia tenebat Hannibal, non quos in acie cepisset aut qui periculo mortis diffugissent, sed qui relicti in castris fuissent a Paulo et a Varrone consulibus. Eos senatus non censuit redimendos, cum id parva pecunia fieri posset, ut esset insitum militibus nostris aut vincere aut emori. Qua quidem re audita fractum animum Hannibalis scribit idem, quod senatus populusque Romanus rebus afflictis tam excelso animo fuisset. Sic honestatis comparatione ea, quae videntur utilia, vincuntur.

115 C. Acilius autem, qui Graece scripsit historiam, plures ait fuisse, qui in castra revertissent eadem fraude, ut iure iurando liberarentur eosque a censoribus omnibus ignominiis notatos. Sit iam huius loci finis. Perspicuum est enim ea, quae timido animo, humili, demisso fractoque fiant,—quale fuisset Reguli factum, si aut de captivis quod ipsi opus esse videretur, non quod rei publicae, censuisset aut domi remanere voluisset,—non esse utilia, quia sint flagitiosa, foeda, turpia.

XXXIII 116 Restat quarta pars, quae decore, moderatione, modestia, continentia, temperantia continetur. Potest igitur quicquam utile esse, quod sit huic talium virtutum choro contrarium? At qui ab Aristippo Cyrenaici atque Annicerii philosophi nominati omne bonum in voluptate posuerunt virtutemque censuerunt ob eam rem esse laudandam, quod efficiens esset voluptatis(Quibus obsoletis floret Epicurus, eiusdem fere adiutor auctorque sententiae), cum his 'viris equisque,' ut dicitur, si honestatem tueri ac retinere sententia est, decertandum est.

117 Nam si non modo utilitas, sed vita omnis beata corporis firma constitutione eiusque constitutionis spe explorata, ut a Metrodoro scriptum est, continetur, certe haec utilitas et quidem summa—sic enim censent—cum honestate pugnabit. Nam ubi primum prudentiae locus dabitur? an ut conquirat undique suavitates? Quam miser virtutis famulatus servientis voluptati! Quod autem munus prudentiae? an legere intellegenter voluptates? Fac nihil isto esse iucundius, quid cogitari potest turpius? Iam, qui dolorem sum-

mum malum iudicat, apud eum quem habet locum fortitudo, quae est dolorum laborumque contemptio? Quamvis enim multis locis dicat Epicurus, sicuti dicit, satis fortiter de dolore, tamen non id spectandum est, quid dicat, sed quid consentaneum sit ei dicere, qui bona voluptate terminaverit, mala dolore. Et si illum audiam de continentia et temperantia, dicit ille quidem multa multis locis, sed aqua haeret, ut aiunt. Nam qui potest temperantiam laudare is, qui ponat summum bonum in voluptate? Est enim temperantia libidinum inimica, libidines autem consectatrices voluptatis.

118 Atque in his tamen tribus generibus quoquo modo possunt non incallide tergiversantur. Prudentiam introducunt scientiam suppeditantem voluptates, depellentem dolores. Fortitudinem quoque aliquo modo expediunt, cum tradunt rationem neglegendae mortis, perpetiendi doloris. Etiam temperantiam inducunt non facillime illi quidem, sed tamen quoquo modo possunt; Dicunt enim voluptatis magnitudinem doloris detractione finiri. Iustitia vacillat vel iacet potius omnesque eae virtutes, quae in communitate cernuntur et in societate generis humani. Neque enim bonitas nec liberalitas nec comitas esse potest, non plus quam amicitia, si haec non per se expetantur, sed ad voluptatem utilitatemve referantur. Conferamus igitur in pauca.

119 Nam ut utilitatem nullam esse docuimus, quae honestati esset contraria, sic omnem voluptatem dicimus honestati esse contrariam. Quo magis reprehendendos Calliphontem et Dinomachum iudico, qui se dirempturos controversiam putaverunt,

si cum honestate voluptatem tamquam cum homine pecudem copulavissent. Non recipit istam conjunctionem honestas, aspernatur, repellit. Nec vero finis bonorum [et malorum], qui simplex esse debet, ex dissimillimis rebus misceri et temperari potest.

120 Sed de hoc—magna enim res est—alio loco pluribus. Nunc ad propositum. Quem ad modum igitur, si quando ea, quae videtur utilitas, honestati repugnat, diiudicanda res sit, satis est supra disputatum. Sin autem speciem utilitatis etiam voluptas habere dicetur, nulla potest esse ei cum honestate coniunctio. Nam, ut tribuamus aliquid voluptati, condimenti fortasse nonnihil, utilitatis certe nihil habebit.

121 Habes a patre munus, Marce fili, mea quidem sententia magnum, sed perinde erit, ut acceperis. Quamquam hi tibi tres libri inter Cratippi commentarios tamquam hospites erunt recipiendi: sed ut, si ipse venissem Athenas, quod quidem esset factum, nisi me e medio cursu clara voce patria revocasset, aliquando me quoque audires, sic, quoniam his voluminibus ad te profecta vox est mea, tribues iis temporis quantum poteris, poteris autem quantum voles. Cum vero intellexero te hoc scientiae genere gaudere, tum et praesens tecum propediem, ut spero, et dum aberis, absens loquar. Vale igitur, mi Cicero, tibique persuade esse te quidem mihi carissimum, sed multo fore cariorem, si talibus monumentis praeceptisque laetabere.